CONTENTS

제 3 부 자기자본가치접근법

CONTENTS

제 2 부 기업가치접근법

CONTENTS

차 례

제 1 부 기업가치평가의 기초개념

총목차

머리말

미국에서는 1980년대부터 M&A가 기업의 성장전략으로 자주 이용되었다. M&A의 성공 여부는 정확한 기업가치평가에 의해서 좌우되는 것이기 때문에 자연스럽게 기업가치를 평가하는 이론과 기법도 일찍 발전하게 되었다. 이에 비해서 우리나라에서는 M&A가 정치적 로비와 압력으로 강행된 경우가 많았기 때문에 이 분야의 이론에 관심이 적었다. 그러나 1997년 외환위기 이후부터는 상황이 많이 달라져서 경제적 유인에 따라 자발적인 M&A가 빈번히 이루어지고 있으며 기업가치평가에 대한 관심도 크게 증대되고 있다. 기업가치평가는 비단 M&A 과정에서만 필요한 것이 아니다. 최근 많은 관심을 받고 있는 가치중심경영도 올바른 가치평가가 선행되어야 성공적인 성과를 낼 수 있는 것이다. 그리고 금융기관이 대출신청기업을 평가하는 것도 종전의 신용분석만으로는 미흡한 면이 많아 별도로 기업가치평가과정을 추가하고 있는 추세이다.

한편, 재무이론의 체계에서 기업가치평가는 상당한 내공이 필요한 분야이다. 이 분야는 회계학에 대한 지식은 물론이고 기업재무, 투자론, 금융기관경영론 등 재무이론의 전 분야에 걸친 지식을 바탕으로 하고 있기 때문이다. 이렇다보니 대부분의 기업가치평가와 관련된 시중의 전문서들은 이러한 지식들을 이미 알고 있는 독자를 대상으로 논의를 전개하고 있다. 따라서 그렇지 못한 독자들이 기업가치평가에 관심을 갖고 해당 전문서들을 접하게 되면 적잖이 당황하게 된다.

이러한 상황에서 필자는 재무 관련지식이 충분치 못하지만 기업가치평가에 관심을 갖고 있는 독자들을 위한 책이 필요하다고 생각해왔다. 그래서 필자가 그동안 학교나 실무현장에서 기업가치평가를 강의하면서 사용했던 교안을 다듬어 이번에 책으로 출간하게 되었다. 강의에 앞서 수강생들의 수준을 고려하여 교안을 반늘고 강의진행 중에 제기되었던 질문들을 반영하여 수정하였다. 기업가

기업가치 평가

MEASURING
THE COMPANY'S VALUE

이의경

經文社

- 끝으로 제5부에서는 기업가치평가방법이 적용되는 구체적 분야를 소개하였다. 대개의 기업가치평가방법이 제조기업들을 대상으로 하지만 이러한 방법이 금융기관의 평가에는 잘 맞지 않기 때문에 금융기관의 평가문제를 별도로 다루었다. 그리고 기업가치평가와 관련된 우리나라의 규정으로 세법과 자본시장법에서 적용되는 기업가치평가의 내용을 사례와 함께 소개하였다.

이 책의 체계도 재무 관련지식이 충분치 못한 독자들을 염두에 두고 구성하였다. 그래서 각 장은 미리보기, 본문, 요약, 그리고 다양한 유형의 연습문제 순서로 이루어져 있다. 기업가치평가라는 주제에 관심은 있지만 내공이 부족한 실무자들이나 대학생들이 이 책을 읽으면 기업가치평가의 체계를 쉽게 이해할 수 있을 것으로 기대한다.

2013년 4월

이 의 경

치평가를 이해하는 데 필요한 기초적인 내용부터 시작하여 단계적으로 수준을 높여가는 방식으로 집필하였다. 따라서 이 책은 재무 관련지식이 부족한 독자들도 기업가치평가를 쉽게 이해할 수 있는 안내자의 역할을 할 것이다.

이 책은 크게 5부로 구성되어 있다.

- 제1부에서는 기업가치평가와 관련된 기초개념을 소개하고 있다. 재무이론에서 가장 중요하다고 할 수 있는 현재가치와 이를 산출하기 위해서 필요한 위험과 수익률의 관계를 설명하고 있다.
- 제2부에서부터 본격적인 기업가치평가를 다루는데 재무상태표의 차변에서 접근하는 기업가치접근법을 먼저 다루었다. 측정해야 할 현금흐름(잉여현금흐름)과 이를 현재가치로 계산하기 위한 할인율(가중평균자본비용)을 설명하였다. 그리고 경제적 부가가치를 이용한 기업가치평가방법도 함께 소개하였다.
- 제3부에서는 재무상태표의 대변에서 접근하는 자기자본가치접근법을 다루었다. 기업가치접근법은 한번에 기업가치를 구하지만 자기자본가치접근법은 자기자본가치를 먼저 구하고 이에 부채가치를 더해서 기업가치를 구하는 것이다. 자기자본가치를 구하기 위해서 측정해야 할 현금흐름(주주현금흐름)과 이를 현재가치로 계산하기 위한 할인율(자기자본비용)을 설명하였다.
- 제2부와 제3부에서 소개된 가치평가방법은 모두 현금흐름할인법(DCF법)이다. 이 방법이 이론적으로 우수하고 많이 사용되는 방법이지만 제4부에서는 이와는 다른 방법들을 소개하고 있다. 이들은 현금흐름할인법이 갖는 한계점을 보완하는 대체적 평가기법들이라고 할 수 있는데 상대가치평가방법, 자산접근법, 옵션가격결정모형을 이용한 평가방법 등이 그것들이다.

CONTENTS

CONTENTS

MEASURING
THE COMPANY'S VALUE

PART 01

기업가치평가의 기초개념

01 기업가치평가의 개요

02 화폐의 시간적 가치

03 위험과 수익률

Chapter 01

기업가치평가의 개요

기업가치를 평가하기 위해서는 먼저 가치라는 개념에 대한 이해가 필요하다. 가치라는 개념에는 시장가치, 투자가치, 내재가치 등의 다양한 개념이 있는데 이들 용어의 의미를 명확하게 구분할 수 있어야 한다. 그리고 재무이론에서 가치평가기법이 누구에 의해서 어떠한 목적으로 이용되는지를 살펴볼 것이다. 시장의 균형상태와 불균형상태를 설명하고 불균형상태에서 발생하는 차익거래의 역할을 이해하도록 한다. 또한 재무상태표를 중심으로 기업가치접근법과 자기자본가치접근법의 두 가지 기업가치평가기법을 비교해서 설명한다.

제1절 가치란 무엇인가?

01 가치와 가격

가치와 가격의 구별

가치(value)와 가격(price)은 어떤 경우에는 구별되어 사용되지만 또 어떤 경우에는 같은 의미로 사용되기도 하기 때문에 처음 공부하는 사람들은 적지 않은 혼란을 겪게 된다. 벤자민 그레이엄(Benjamin Graham)이 사용한 사례를 통해서 그 의미를 이해해보자.

우리는 가치투자의 대가인 워렌 버핏(Warren Buffet)에 대해서 잘 알고 있다. 벤자민 그레이엄은 워렌 버핏의 스승으로서 가치투자이론의 창시자라고 할 수 있다. 그가 제시한 가치투자이론의 핵심은 가격(price)과 가치(value)라는 개념을 구별하는 것이다. 시장에서 형성되는 가격과 달리 가치는 사실에 의해서 평가되는 금액이라는 것이다. 그는 이러한 개념을 정립해서 투자에 적용하였다. 그리고 훌륭한 투자는 1달러의 가치가 있는 것을 50센트의 가격으로 매입하는 것이라고 하였다.

가치투자의 사례

실제로 벤자민 그레이엄이 투자한 다음 사례를 보면 가격과 가치의 차이를 좀 더 잘 이해할 수 있다.

첫 번째 사례는 1910년대 초반 미국 송유관회사였던 노던 파이프라인(Northern Pipeline)이라는 회사에 대한 투자 일화이다. 당시 이 회사의 1주당 가격이 65달러였는데 벤자민 그레이엄이 이 회사의 재무자료를 살피던 중 이 회사가 보유하고 있는 철도채권만 매각해도 1주당 95달러가 배분된다는 사실을 알게 되었다. 즉, 1주당 가격은 65달러이지만 1주당 가치는 이보다 훨씬 높다는 것이다. 벤자민 그레이엄은 이 회사의 주식을 매입하여 주주총회에 참석해서 다른 주주들의 동의를 이끌어내서 채권을 매각하였고 그 결과로 주주들은 1주당 70

달러씩 받게 되었다. 벤자민 그레이엄은 이 투자로 200% 정도의 투자이익을 거두었다.

또 다른 사례는 듀퐁(DuPont)이라는 회사에 대한 투자였다. 듀퐁은 GM주식을 보유하고 있었는데 듀퐁의 시가총액이 듀퐁이 보유한 GM주식의 시가총액과 비슷한 적이 있었다. 듀퐁은 GM주식 말고 다른 자산도 보유하고 있으므로 논리적으로 듀퐁의 가치는 당연히 GM지분보다 높아야 한다고 판단했다. 따라서 GM주식을 빌려서 매각하여 자금을 확보하였다.[1) 이 자금으로 듀퐁 주식을 매입하였다. 이후에 듀퐁의 주식가격은 상승하고 GM주식이 하락하자 높은 가격으로 듀퐁 주식을 매각하고 이 자금으로 GM주식을 매입해서 상환하였다. 결과적으로 가치와 가격의 차이를 이용해서 큰 이익을 올린 것이다.

02 다양한 가치 개념

시장가치

재무이론에서는 가치(value)의 개념이 여러 가지 관점에서 서로 다르게 정의되어 사용되고 있다. 중요한 몇 가지 개념을 살펴보자. 우선 시장가치(market value)라는 개념이 있는데, 이는 시장의 수요와 공급의 관계에서 형성된 가격을 뜻한다. 따라서 수요가 증가하여 가격이 오른다면 시장가치가 증가하는 것이고 공급이 늘어나서 가격이 하락한다면 시장가치가 하락하는 것이다. 정리하면 시장가치란 벤자민 그레이엄이 말하는 가격(price)에 해당하는 개념이다.

내재가치

내재가치(intrinsic value)는 평가대상이 갖는 본질적 가치를 말한다. 내재가치는 일정한 조건에서 사실자료를 이용하여 분석적 기법으로 산출하기 때문에 과학적 성격을 갖는다.

재무이론에서 내재가치를 구할 때에는 이론적인 평가모형을 이용하는 경우

1) 이렇게 주식을 빌려 매각하는 것을 공매(short selling)라고 하는데 나중에는 해당 주식으로 갚아야 한다.

가 많다. 그런데 이 평가모형들은 대개 시장의 균형상태를 전제로 도출된 것이어서 내재가치를 균형가치(equilibrium value)라고도 한다. 그리고 이론적 평가모형을 통해서 구하기 때문에 이론적 가치(theoretic value)라고도 한다. 우리가 이제부터 가치평가이론에서 공부하는 대부분의 내용이 내재가치를 구하는 것이라고 생각하면 된다.

투자가치

투자가치(investment value)는 특정한 투자자가 자신의 전략적 차원에서 평가대상을 평가한 금액을 말한다. 그래서 전략적 가치(strategic value)라고도 한다. 투자가치에는 주관적 성격이 반영되는 특징이 있다.

2012년에 하나은행이 외환은행을 인수했지만 한때 국민은행과 HSBC가 외환은행을 인수하기 위해서 경쟁을 한 적이 있었다. 이러한 인수경쟁의 상황에서 국민은행과 HSBC가 외환은행을 평가한다고 하자. 국민은행은 취약한 외환업무를 강화하는 차원에서 외환은행을 평가할 것이고 HSBC는 이미 외환업무에 밝은 은행이므로 한국 금융시장의 진출을 위한 교두보로서 외환은행의 가치를 평가할 것이다. 이러한 경우 국민은행과 HSBC가 평가하는 외환은행의 투자가치는 서로 다를 수밖에 없을 것이다.

이러한 투자가치는 주로 기업의 M&A과정에서 합병회사와 피합병회사 사이의 시너지효과로 나타나기 때문에 합병과 관련된 의사결정문제에서 중요하게 다루어지게 된다.

지금까지 설명한 다양한 가치 개념을 정리해서 표로 제시하면 다음과 같다.

표 1-1 다양한 가치 개념

가치의 종류	산출방식	특 징
시장가치	시장의 수요와 공급에 의해서 결정된다.	객관적 성격
내재가치	이론적 평가모형을 통해서 산출한다.	과학적 성격
투자가치	투자자의 입장을 반영해서 산출한다.	주관적 성격

03 가치평가의 주체

모든 경제주체는 투자를 통해서 이익을 극대화하려고 한다. 그런데 투자를 하려면 투자대상의 가치를 제대로 평가할 수 있어야 한다. 투자대상의 가치가 투자비용보다 큰 경우에만 이익이 나기 때문이다.

재무이론의 영역은 크게 기업재무, 증권투자론, 금융기관경영론 등으로 구분되어 있다. 가치평가의 주체도 이러한 구분을 따라서 살펴볼 수 있다.

경영자

우선 기업재무의 관점에서 보자. 기업 활동을 관리하는 경영자는 낮은 자본비용으로 자금을 조달해서 높은 수익성이 기대되는 실물자산에 투자하여 이익을 많이 내는 것이 목표가 될 것이다. 따라서 기계구입이나 공장설립 등의 투자안을 평가해서 그 가치가 투자비용보다 높을 때에 투자를 한다. 이때 투자안을 평가하는 것이 곧 투자안의 내재가치를 구하는 것이다.

투자자

그리고 증권투자론의 관점에서 보자. 증권투자를 하는 투자자의 입장에서는 좋은 주식을 낮은 가격에 구입하였다가 높은 가격에 매도하여 재산을 증식시키는 것이 목표가 될 것이다. 구체적으로는 저평가된 주식을 매입해야 하는데 여기서 저평가된 주식이란 시장가치가 내재가치보다 낮게 형성된 주식을 말하는 것이다.

금융기관

이번에는 금융기관경영론의 관점에서 보자. 금융기관의 경영자는 낮은 금리로 예금을 받아서 높은 금리를 받을 수 있는 대출을 통하여 은행의 가치를 높이는 것이 목표가 될 것이다. 이렇게 수신자금을 대출해서 이자마진을 올리는 은행은 상업은행(commercial bank)이라고 한다. 상업은행의 경우에는 대출을 신청한 기업에 대한 신용분석으로 대출여부를 결정해왔다. 그러나 최근에는 신용분석의 한계를 보완하기 위해서 기업가치평가기법을 도입해서 대출여부와 대출조건을 결정하는 데 활용하는 추세이다.

투자은행

상업은행과는 다른 유형의 투자은행(investment bank)이 있다. 투자은행은 기업이 발행하는 주식을 인수해서 투자자들에게 다시 매각하기도 하고 M&A시장에서는 기업을 매수하면서 큰 이익을 내기도 한다. 이러한 과정에서 인수대상 기업의 가치를 평가하는 것은 인수조건을 결정하는 데 필수적인 작업이 된다. 상황에 따라서 상업은행과 투자은행의 업무가 엄격하게 분리되기도 하고 어떤 때에는 업무영역을 구분하지 않고 경쟁적인 관계에서 업무를 수행하기도 한다.

지금까지 설명한 경영자, 투자자, 금융기관, 투자은행 등 가치평가의 주체별로 주요 평가내용을 요약하면 〈표 1-2〉와 같이 정리할 수 있다.

표 1-2 가치평가 주체별 주요 평가내용

가치평가의 주체	주요 평가내용
경영자	실물투자안의 가치를 산출하여 투자비용과 비교한 후 투자여부를 결정한다.
투자자	주식의 내재가치를 산출하여 현재 주식가격과 비교해서 매수 또는 매도 여부를 결정한다.
금융기관	대출신청기업의 가치를 산출하여 대출여부와 대출조건을 결정한다.
투자은행	기업의 발행주식을 인수하거나 M&A시장에서 인수대상 기업의 가치를 평가해서 인수조건을 결정한다.

제2절 차익거래

01 내재가치와 가격결정모형

내재가치

일반적으로 어떤 자산이든지 그 내재가치를 구할 때에는 이론적 모형을 이용한다. 이렇게 내재가치를 구하기 위한 모형을 재무이론에서는 가격결정모형(pricing model) 또는 가치평가모형(valuation model)이라고 한다. 그런데 여기서 주의할 점은 내재가치를 구하면서 이용하는 이론적 모형이 하나만 있는 것이 아니라는 것이다. 즉, 여러 가지 모형들이 있기 때문에 이들 모형을 이용하여 구한 내재가치는 서로 다를 수 있다.

그림 1-1 내재가치의 결정

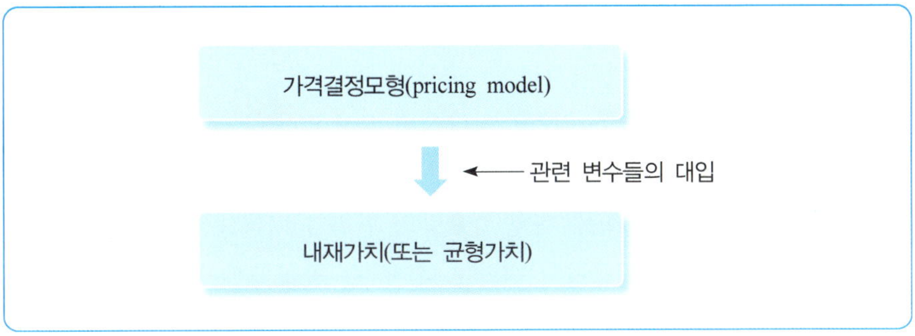

가격결정모형

앞으로 차차 공부하겠지만 재무이론에서 자산의 내재가치를 구하기 위해서 많이 사용되는 모형으로 자본자산가격결정모형(CAPM: capital asset pricing model), 차익거래가격결정모형(APM: arbitrage pricing model)이나 옵션가격결정모형(OPM: option pricing model) 등이 있다. 이러한 가격결정모형의 명칭에 들어있는 '가격'은 시장가치를 의미하는 것이 아니고 내재가치를 의미하는 것이라는 점을 유념해야 한다.

그리고 이러한 가격결정모형에 필요한 변수들을 대입하면 그 결과로 내재가치를 구할 수 있는데 대개 시장의 균형상태를 전제로 내재가치를 산출한다고 해서 내재가치를 균형가치라고도 부른다.

02 시장가치와 수요공급

시장가치

어떤 주식의 가치를 가격결정모형으로 구한 값을 내재가치라고 한다고 하였다. 그런데 이 주식이 실제로 증권시장에서는 얼마로 거래될까? 실제로 증권시장에서 형성되는 이 주식의 가격은 시장가치(market value) 또는 시장가격(market price)이라고 한다. 주식의 시장가치를 구하는 방법은 간단하다. 증권시장에서 형성된 가격을 확인하기만 하면 된다.

수요와 공급의 일치

이러한 시장가치는 그 주식에 대한 시장의 수요와 공급의 관계에서 결정된다.[2] 시장가치는 수요가 많으면 오르고 공급이 많으면 내린다. 이렇듯 시장가치는 이론적 가격결정모형에서 구한 내재가치와는 다른 원리로 결정된다.

가격의 변화에 대한 수요량의 변화를 나타내는 수요곡선, 그리고 가격의 변화에 대한 공급량의 변화를 나타내는 공급곡선이 교차하는 점에서 시장가치(또는 시장가격)이 결정되는 것이다. 이렇게 시장가치는 내재가치와 다른 과정을 통해서 결정되기 때문에 내재가치와 같을 수도 있고 다를 수도 있다.

시장가치의 결정과정을 그림으로 나타내면 [그림 1-2]와 같다. 즉, 시장가치는 시장의 수요곡선(D)과 공급곡선(S)이 만나는 수준에서 결정된다.

2) 이러한 시장가격을 경제학에서는 수요와 공급이 균형을 이루어 형성된 가격이라고 해서 균형가격이라고 부른다. 경제학에서의 균형가격은 재무이론에서 말하는 균형가치와는 다른 것이니 혼동하지 않기 바란다.

I 그림 1-2 시장가치의 결정

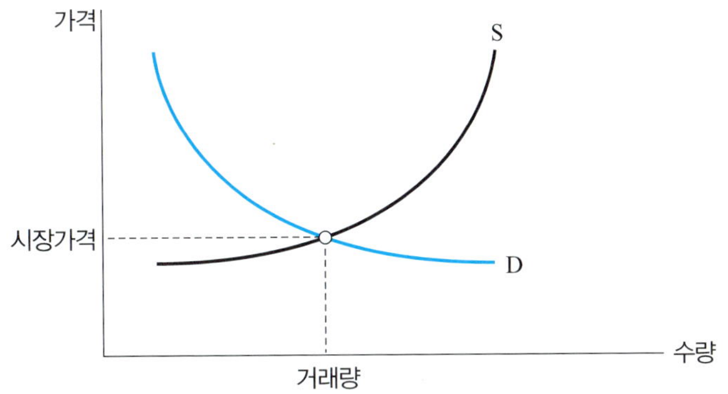

03 시장균형과 차익거래

균형상태와 불균형상태

재무이론에서는 어떤 자산의 시장가격이 내재가치와 똑같은 수준으로 형성되어 있다면 시장이 균형상태(equilibrium)에 있다고 한다. 그러나 현실적으로는 이 두 가지 가격이 서로 다를 수 있는데, 이러한 경우에는 불균형상태(dis-equilibrium)라고 한다.

불균형상태는 다음과 같이 시장가격이 내재가치보다 낮은 경우와 높은 경우, 두 가지 경우로 구분된다.

① 시장가격 〈 내재가치

만약 어떤 자산의 시장가격이 내재가치보다 낮다면 이 자산은 저평가된 것이라고 한다. 이 경우에 사람들은 이 자산을 구입하려고 할 것이다. 이렇게 구입의사(수요)가 증가하면 시장가격은 상승하여 내재가치와 같아지게 된다.

② 시장가격 〉 내재가치

이와 반대로 시장가격이 내재가치보다 높게 형성되어 있다면 사람들은 이를 시장에 내다 팔려고 한다. 이로 인해서 시장에서는 이 자산의 공급이 증가하게 되고 시장가격은 하락하여 내재가치와 같아지게 된다.

차익거래

어떤 자산의 시장가격이 내재가치보다 낮은 경우를 다시 생각해보자. 이런 불균형상태라면 투자자들은 낮은 시장가격으로 이 자산을 구입한 후 시장가격이 상승해서 균형가격수준이 될 때 이를 되팔아서 이익을 얻을 수 있다. 이렇게 해서 얻게 되는 이익은 내재가치와 시장가격의 차이에 해당된다. 이러한 거래를 차익거래 또는 재정거래(arbitrage)라고 한다. 그리고 이러한 거래에서 얻게 되는 차익을 재정이익(arbitrage profit)이라고 부른다.

재무이론에서는 시장이 일시적으로 불균형상태가 될 수 있지만 투자자들의 이러한 차익거래로 인해서 결국은 균형상태로 가게 된다고 한다. 그리고 이렇게 시장이 균형상태가 되면 재정이익을 얻을 수 있는 기회가 없어진다.

지금까지 설명한 시장불균형상태와 이에 대응한 차익거래의 유형, 그리고 차익거래에서 얻게 되는 이익을 함께 나타내면 〈표 1-3〉과 같이 요약할 수 있다.

표 1-3 시장불균형과 차익거래

불균형상태	차익거래	이 익
시장가격 < 균형가격	매 입	균형가격−시장가격
시장가격 > 균형가격	매 도	시장가격−균형가격

예제 1-1

어떤 주식이 주식시장에서 5만원에 거래되고 있다. 이 주식과 관련된 정보를 분석해서 구한 내재가치는 6만원이라고 하자.

(1) 주식시장은 균형상태인가?
(2) 이 주식을 사야 할지 판단하라. 그리고 사게 되면 얼마의 손익이 발생하는가?
(3) 만약 내재가치가 4만원이라면 어떤 방식의 차익거래를 할 수 있는가?

풀이

(1) 이 주식의 시장가격은 5만원이고 내재가치(균형가격)는 이와 다른 6만원이므로 주식시장은 균형상태라고 할 수 없다. 즉, 불균형상태이다.
(2) 6만원의 가치를 갖는 주식을 5만원에 살 수 있으므로 구입한다. 시장이 균형상태가 되면서 이 주식의 시장가격은 6만원으로 상승하고, 이에 따라 1만원의 차익을 얻게

된다.

(3) 만약 내재가치가 4만원이라면 시장이 균형상태가 되면서 이 주식은 5만원에서 4만원으로 떨어질 것이다. 따라서 먼저 증권회사로부터 이 주식을 빌려서 매각한다(이를 공매라고 한다). 이로 인해서 현금 5만원의 수입이 발생한다.
그리고 4만원으로 주가가 떨어지면 주식을 매입해서 증권회사에게 빌린 주식을 갚는다. 이로 인해서 현금 4만원의 지출이 발생하므로 재정이익이 1만원이 된다.

제3절 기업가치평가

01 등장배경

재무관리이론은 기업가치의 극대화에 목표를 두고 있다. 그런데 이러한 목표를 달성하려면 우선 기업가치를 정확하게 평가할 수 있어야 할 것이다. 이와 같은 차원에서 기업가치를 평가하기 위한 체계적인 기법이 필요하게 되었다. 특히 1980년대 미국에서 M&A와 같은 기업인수가 경영전략의 하나로 일반화되면서 기업가치 평가기법에 관심이 집중되었다.

우리나라의 경우에는 기업인수와 합병의 사례가 미국과 같이 활발하지는 않았다. 그러나 1990년대 말 외환위기를 맞아서 국제통화기금(IMF)의 관리체제로 들어가게 되었는데 이때에 기업구조조정의 기초자료로 기업가치에 대한 평가자료가 많이 필요하여 본격적으로 기업가치평가기법이 활용되기 시작하였다.

02 재무상태표

재무상태표의 이해

기업가치를 평가하는 과정에서 가장 많이 이용되는 재무제표 중 하나가 재무상태표이다. [그림 1-3]에 간단한 형식으로 재무상태표가 제시되어 있다.

재무상태표의 차변은 기업이 보유하고 있는 자산의 내역이 제시되어 있다.

그림 1-3
재무상태표

재무상태표	
유동자산	부채 (타인자본)
고정자산	자본 (자기자본)
총자산	총자본

자산은 기업이 영업활동을 위해서 취득한 것인데 1년 이내에 현금화되는 유동자산과 장기간에 걸쳐서 수익을 창출하는데 기여하는 고정자산(비유동자산)이 있다.[3] 이 둘을 합쳐서 총자산이라고 한다.

그리고 대변에는 이러한 자산들을 취득하기 위해서 조달한 자금의 형태가 표시된다. 자금조달형태는 상황에 따라서 매우 다양하게 나타날 수 있지만 크게 보면 부채와 자본으로 구분할 수 있다. 부채는 채권자에게 빌린 돈이고 자본은 주주로부터 출자 받은 돈이기 때문에 부채와 자본을 각각 타인자본과 자기자본으로 부르기도 한다. 그렇기 때문에 대변의 합계를 총자본이라고 한다.

그런데 우리가 일반적으로 보게 되는 재무상태표의 항목들은 회계자료로서 장부금액으로 표시되어 있다. 그러나 장부금액은 과거에 자산을 취득한 당시의 역사적 원가에 기초한 금액이므로 기업가치평가를 목적으로 볼 때 적합한 정보가 되지 못한다. 이제부터 우리가 다루어야 할 기업가치평가란 이러한 항목들의 내재가치를 구하는 과정이다.

03 기업가치 평가방법의 분류(1)

앞서 언급하였듯이 어떤 자산의 내재가치를 구하는 방법은 한 가지만 있는 것이 아니다. 즉, 자산의 가격결정모형(pricing model)이 여러 가지 모형이 있다. 기업가치를 평가하는 방법도 마찬가지로 여러 가지 방법이 있다. 우선 재무상태표의 구조를 중심으로 기업가치 평가방법을 두 가지로 구분해보자.

3) 물론 영업활동과 무관하게 보유하고 있는 자산도 있기는 하지만 여기서는 그러한 비영업용자산은 없다고 하자. 이러한 비영업용자산에 대한 논의는 뒤에서 다룰 것이다.

기업가치접근법

기업가치접근법(enterprise approach, 또는 entity approach)이란 전체기업을 분석대상으로 해서 기업가치(enterprise value)를 직접 구하는 방법이다. 재무상태표의 구조를 생각해보면 이 말의 뜻을 좀 더 잘 이해할 수 있을 것이다.

재무상태표의 차변에는 자산이 있고, 대변에는 부채와 자본이 있다. 그런데 자산=부채+자본이라는 재무상태표 등식의 원리를 고려하면 기업가치는 차변이나 대변, 어느 쪽에서도 구할 수 있다. 먼저 차변 쪽에서 자산의 가치를 측정하여 기업가치로 평가할 수 있다. 그리고 대변 쪽에서는 부채의 가치와 자본의 가치를 각각 산출해서 더한 값으로 기업가치를 평가할 수도 있다.

여기서 차변 쪽에서 자산의 가치를 구해 기업가치를 평가하는 방식을 기업가치접근법이라고 한다. 그리고 대변 쪽에서 부채의 가치와 자본의 가치를 각각 구해서 더하는 방식으로 기업가치를 평가하는 것을 자기자본가치접근법이라고 한다.

자기자본가치접근법

앞서 밝혔듯이 자기자본가치접근법(equity approach)이란 재무상태표의 대변 쪽에서 부채의 가치와 자기자본의 가치를 각각 산출해서 이 두 값을 더하는 방법으로 기업가치(enterprise value)를 평가하는 방법이다. 그런데 이 방법은 자기자본의 가치뿐만 아니라 부채의 가치도 구해야 하는 것인데 왜 자기자본가치접근법이라고 할까라는 의문이 생길 수도 있겠다. 그 이유는 부채의 가치를 구하는 것보다 자기자본의 가치를 구하는 것이 더 어렵기 때문이라고 볼 수 있다. 즉, 여기서 기업가치평가 방법의 내용은 주로 자기자본가치를 구하는 데 중점을 두고 있기 때문에 그 명칭도 자연스럽게 자기자본가치접근법이 된 것이라고 생각하면 될 것이다.

그리고 자기자본가치를 산출해서 이 값을 기업가치로 보는 경우도 있다. 대표적인 경우가 은행을 비롯한 금융기관들의 가치를 평가할 때이다. 그래서 자세히 살펴보면 은행의 가치를 말할 때는 은행의 자기자본가치를 지칭하고 있는 것을 확인할 수 있을 것이다.

04 기업가치 평가방법의 분류(2)

이번에는 내재가치를 구하는 방법들이 갖는 특징을 기준으로 기업가치 평가방법을 구분해보자. 미국평가사회(ASA)는 이러한 구분에 따라서 가치평가방법을 소득접근법, 시장접근법, 자산접근법, 세 가지로 분류하고 있다. 각 내용을 간단하게 설명하면 다음과 같다.

소득접근법

소득접근법(income approach)은 기업이 앞으로 벌어들일 소득을 추정해서 이를 근거로 기업가치를 평가하는 방법이다. 이 방법에서는 먼저 앞으로 벌어들일 소득(income)을 미래의 현금흐름(cash flow)으로 측정한다. 그리고 다음 단계에서는 미래현금흐름을 현재시점을 기준으로 평가하게 된다. 다음 장에서 설명하겠지만 이렇게 미래현금흐름을 현재시점에서 평가하는 과정을 할인(discount)한다고 말한다.

이러한 배경에서 소득접근법은 현금흐름할인법(DCF법: discounted cash flow method)이라고도 한다. 실제로는 소득접근법이라는 용어보다는 현금흐름할인법이라는 용어가 더 널리 사용된다. 본서에서도 현금흐름할인법이라는 용어를 사용할 것이다.

시장접근법

시장접근법(market approach)은 주로 주식을 평가할 때에 많이 이용되는 방법이다. 구체적으로는 어떤 주식을 평가할 때에 그 주식과 유사한 종목의 시장가격을 반영하는 것이다. 예를 들어서 비상장 건설회사의 주식가치를 평가한다고 하자. 이때 비슷한 여건의 상장된 건설회사의 주식이 증권시장에서 거래되는 가격을 이용해서 평가하는 것이 시장접근법이다.

이러한 시장접근법은 상대가치평가법이라고도 한다. 소득접근법이라는 용어보다 현금흐름할인법이 더 많이 사용되는 것처럼 여기서도 시장접근법이라는 용어보다는 상대가치평가법이라는 용어가 더 많이 사용된다. 본서에서도 상대가치평가법이라는 용어를 사용할 것이다.

자산접근법

자산접근법(asset approach)은 기업이 보유하고 있는 자산들을 개별 항목별로 평가해서 더한 값으로 기업가치를 평가하는 것이다. 정상적으로 영업활동을 하는 기업이라면 영업권이 있기 때문에 개별항목의 평가액을 단순히 합한 것보다 기업가치가 더 크기 마련이다.

따라서 자산접근법은 정상적인 영업활동을 수행하는 기업을 평가할 때에 이용하는 방법이 아니다. 청산 또는 파산을 앞두고 있는 기업을 평가하거나 합병 대상이 되는 기업을 평가할 때에 이용될 수 있는 방법이다.

제4절 이 책의 구성

01 전체 내용

이 책은 구성내용을 크게 세 가지로 분류하면, 첫째 파트에서는 기업가치를 평가하기 위한 기초개념을 소개하는 것이다. 그리고 둘째 파트에서는 기초개념을 이용해서 기업가치를 평가하는 구체적인 기법을 설명한다. 끝으로 셋째 파트에서는 이러한 기업가치평가기법을 적용하는 내용으로 구성되어 있다. 이러한 순서를 그림으로 나타내면 [그림 1-4]와 같다.

이러한 내용은 모두 5부로 구성되어 있다. 대략적인 내용을 설명하면 다음과 같다.

1부는 본격적인 기업가치의 평가 작업에 앞서서 기본적으로 미리 알아두어야 할 내용들이다. 가치 개념의 이해, 화폐의 시간적 가치, 위험과 수익률의 관계에 대한 것들로서 재무관리이론의 기초적 개념에 해당된다고 할 수 있다.

2부에서부터는 본격적인 기업가치평가기법을 설명하고 있다. 우선 2부에서는 기업가치평가기법 중에서 가장 많이 이용되는 기업가치접근법을 소개하였다. 이는 기업에 유입되는 전체 현금흐름을 할인해서 기업가치를 구하는 방법이다.

그림 1-4
이 책의 주요 내용

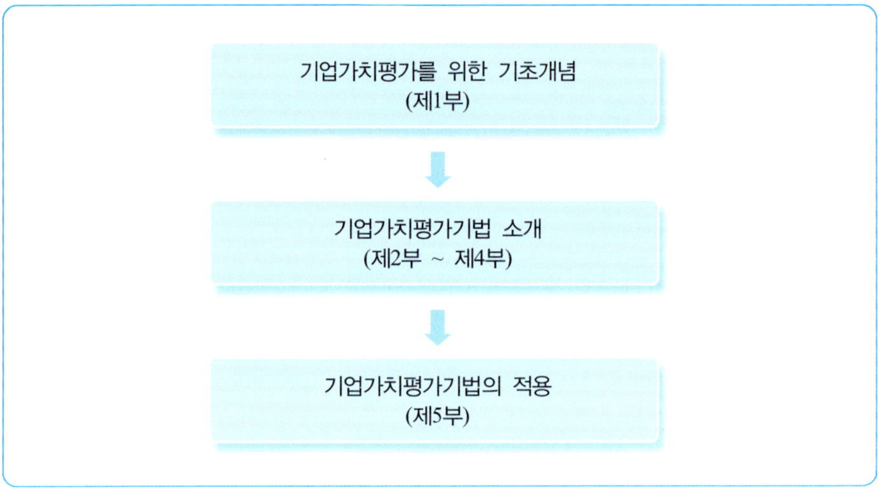

3부에서는 자기자본가치접근법을 이용한 기업가치평가기법을 소개하였다. 이는 주주에게 귀속되는 현금흐름을 할인해서 자기자본가치를 구하는 방법이다. 이렇게 구한 자기자본가치에다가 부채가치를 평가해서 더하면 기업가치가 된다.

2부와 3부에서 소개한 기업가치접근법과 자기자본가치접근법이 둘 다 현금흐름할인법(DCF법)인데 비해서 4부에서는 이와는 다른 상대가치평가방법이나 자산접근법을 소개하고 있다. 그리고 옵션평가모형을 이용한 가치평가방법도 설명하였다.

끝으로 5부에서는 구체적으로 기업가치평가기법을 적용하는 분야로 금융기관의 가치평가와 관리기법을 보고 우리나라의 세법과 자본시장법에서의 기업가치평가규정을 사례와 함께 설명하였다.

02 세부내용

모두 5부의 내용으로 구성되어 있는 이 책의 내용은 각 부별로 3개의 장으로 세부적 내용을 이루고 있다. 각 부를 구성하고 있는 세부내용을 함께 나타내서 구성체계를 보이면 다음의 표와 같다.

I 표 1-4
각 부를 구성하고 있는 장

부(Part)	장(Chapter)
1부 기업가치평가의 기초개념	1장 기업가치평가의 개요 2장 화폐의 시간적 가치 3장 위험과 수익률
2부 기업가치접근법	4장 현금흐름할인법 5장 자본비용 6장 EVA와 기업가치
3부 자기자본가치접근법	7장 주주현금흐름할인법 8장 자기자본비용 9장 주식평가모형
4부 기타의 평가방법	10장 상대가치평가모형 11장 자산접근법 12장 OPM을 이용한 가치평가
5부 기업가치평가의 적용	13장 금융기관의 가치평가 14장 세법의 가치평가 15장 IPO기업의 주식평가

요약

1. 가치는 가격과 다른 개념이다.
2. 내재가치는 이론적 모형으로 구한 값인데 이론가치, 균형가치라고도 부른다.
3. 시장가치는 시장에서 수요와 공급에 의해서 결정된다.
4. 재무이론은 기업재무론, 증권투자론, 금융기관경영론 등으로 구분되며 가치평가이론은 이 모든 분야에서 이용된다.
5. 시장이 균형상태라면 내재가치와 시장가치가 같다.
6. 시장이 불균형상태라면 내재가치와 시장가치가 다른데 이러한 불균형상태에서는 차익거래가 발생해서 시장은 균형상태로 가게 된다.
7. 기업가치를 평가하는 방법은 재무상태표의 차변에서 접근하는 기업가치접근법, 재무상태표의 대변에서 접근하는 자기자본가치접근법으로 분류할 수 있다.

연습문제

진위형

1. 투자가치는 투자자의 입장을 반영한 값이지만 어떤 투자자가 평가하느냐에 따라서 그 값이 달라지는 것은 아니다. ( )
2. 시장이 균형상태이면 차익거래로 이익을 얻을 수 없다. ( )
3. 기업가치접근법은 기업가치를 평가할 때 재무상태표의 대변에서 접근하는 방법이다. ( )
4. 자기자본가치접근법이 적합한 평가대상은 은행과 같은 금융기관이다. ( )

객관식

1. 다음 중 처음으로 가치와 가격의 개념을 구분해서 투자에 이용한 사람은?
   ① 워렌 버핏 ② 조지 소로스
   ③ 벤자민 그레이엄 ④ 피터 린치

2. 다음의 가치 중 객관적 성격이 강한 것은?
   ① 내재가치 ② 시장가치
   ③ 이론가치 ④ 투자가치

3. 다음은 가격결정모형을 이용해서 구하는 것들이다. 이에 해당되지 않는 것은?
   ① 시장가치 ② 내재가치
   ③ 이론가치 ④ 균형가치

4. 재무이론의 세 가지 중요한 영역은 다음과 같다. 이에 포함되지 않는 것은?
   ① 기업재무론 ② 증권투자론
   ③ 금융기관경영론 ④ 보험론

5. 차익거래에 대한 설명이다. 옳지 않은 것은?
① 과대평가된 것을 매각한다.
② 과소평가된 것을 매입한다.
③ 균형시장, 불균형시장에서 모두 이익을 얻을 수 있다.
④ 내재가치의 값을 제대로 구해야 이익을 얻을 수 있다.

6. 다음 중 시장가치를 결정하는 것은?
① 자본자산가격결정모형 ② 차익거래가격결정모형
③ 옵션가격결정모형 ④ 수요와 공급의 관계

7. 다음 중 재무상태표의 대변과 관련된 기업가치평가방법은 어느 것인가?
① enterprise approach ② business approach
③ equity approach ④ arbitrage approach

8. 다음 중 자기자본가치접근법에 의한 기업가치평가기법이 적합한 대상은 어느 것인가?
① 제조회사 ② 건설회사
③ 유통회사 ④ 금융기관

9. 다음 중 투자의 주체에 따라서 그 값이 달라질 수 있는 것은 어느 것인가?
① 시장가치 ② 투자가치
③ 내재가치 ④ 이론가치

주관식

1. 가치와 가격의 개념을 구분해서 설명하시오.
2. 재무상태표를 기준으로 기업가치접근법과 자기자본가치접근법의 차이를 설명하시오.
3. 차익거래가 어떻게 불균형상태를 균형상태로 돌려놓는지 설명하시오.

Chapter 02

화폐의 시간적 가치

화폐의 시간적 가치는 기업가치의 평가 분야에서뿐만 아니라 재무이론의 전반에 걸쳐서 적용되는 기초적 개념이다. 이 개념을 이용해서 산출된 값들은 여러 재무의사결정의 중요한 근거가 되기 때문이다. 화폐의 시간적 가치에는 미래가치와 현재가치가 있는데 그 중에서도 특히 현재가치에 대한 내용이 중요하다. 재무이론에서는 기업가치를 평가하고 각종 금융자산의 균형가격을 산출하는데 모두 현재가치 개념을 이용하기 때문이다. 그리고 그 결과는 실물투자나 증권투자에서 투자여부를 판단하는 기준을 제공하게 된다.

제1절 화폐의 시간적 가치란?

01 화폐의 시간적 가치

"지금의 100만원이 좋은가, 내년의 100만원이 좋은가?" 하고 묻는다면 누구나 지금의 100만원이 좋다고 말할 것이다. 그 이유는 지금의 100만원이 내년에 들어올 100만원보다 더 가치가 크다고 생각하기 때문이다. 이처럼 같은 금액이라도 어느 시점에서 평가하느냐에 따라서 그 가치는 달라지게 되는데, 평가시점을 고려한 화폐의 가치를 화폐의 시간적 가치(time value of money)라고 한다. 화폐의 시간적 가치에 대한 개념은 재무관리의 거의 모든 분야에서 경제적 의사결정을 수행할 때에 고려해야 하기 때문에 매우 중요한 개념이다.

02 시간선호

이렇게 사람들은 동일한 금액이라면 현재의 현금흐름을 미래의 현금흐름보다 선호하는데 이러한 성향을 시간선호(time preference)라고 한다. 시간선호의 이유로는 대체로 다음과 같은 것들을 들 수 있다.

첫째, 미래의 재투자기회 때문이다. 즉, 현재의 100만원을 1년 동안 갖고 있다 보면 좋은 투자기회가 나타나서 재산을 늘릴 수가 있다는 것이다. 그러나 내년의 100만원은 그런 기회가 없으니 현재의 100만원을 내년의 100만원보다 선호하는 것이다.

둘째, 물가상승에 따른 구매력 손실의 가능성 때문이다. 즉, 1년 동안에 물가가 크게 오르면 내년의 100만원으로 살 수 있는 물건은 올해의 100만원으로 살 수 있는 물건보다 훨씬 적게 되므로 현재의 100만원을 더 선호하는 것이다.

셋째, 미래현금흐름의 불확실성 때문이다. 즉, 내년에 받게 되는 100만원은 아직 실현된 것이 아니므로 그 사이에 전쟁이 날 수도 있고 또는 100만원을 주기로 약속한 경제주체가 파산할 수도 있으므로 현재 내 손에 쥐어진 100만원이 더 좋은 것이다.

03 기업의 투자결정

어떤 기업이 1,000만원을 투자하면 1년 후 1,200만원을 얻는 투자안을 놓고 고민하고 있다고 가정해보자. 이 투자안을 수행하는 것은 현재의 1,000만원과 1년 후의 1,200만원을 교환하는 것과 동일하다. 그런데 현재의 돈과 미래의 돈은 동일한 가치를 가지는 것이 아니므로 현재의 돈을 미래의 돈으로 환산하든지 반대로 미래의 돈을 현재의 돈으로 환산하는 과정이 필요하다. 만약 현재의 돈 1,000만원이 1년 후의 돈 1,100만원의 가치가 있다면 이 투자를 하는 것이 유리하며 반대로 1,300만원의 가치가 있다면 이 투자는 하지 말아야 할 것이다.

이렇듯 기업의 투자결정은 대부분 현재의 돈과 미래의 돈을 교환하는 문제와 같은 것이므로 현재의 돈이 미래의 얼마에 해당되는지(이를 미래가치라 한다), 반대로 미래의 돈은 현재의 얼마에 해당되는지(이를 현재가치라 한다)를 판단해야만 정확한 의사결정을 할 수 있다.

제2절 미래가치

사람들이 현재의 100만원을 미래의 100만원보다 더 선호하기 때문에 현재의 100만원과 동일한 가치로 평가하는 내년의 금액은 항상 100만원보다 크게 된다. 예를 들어서 현재 100만원을 예금한다면 1년 후에 은행은 100만원보다 더 많은 금액을 지급해야 할 것이고, 남에게 현재 100만원을 빌려준다면 나중에는 100만원보다 더 많은 금액을 받으려고 한다. 만약 이때의 금액을 110만원이라고 하면 현재 100만원의 1년 후 미래가치(future value)가 110만원이라고 말한다. 그리고 흔히 여기서의 10만원을 이자라고 하며 이자율은 10%라고 한다. 특히 미래가치를 계산할 때에는 이자율을 수익률(rate of return)이라고도 한다.

구체적으로 미래가치를 계산하는 과정을 다음과 같이 살펴본다.

01 일시불의 미래가치

일시불(one payment)이란 현재의 일정금액을 말한다. 따라서 일시불의 경우 미래가치란 현재의 일정금액을 미래의 특정한 시점에서 평가하여 산출한 가치를 말한다.

일반적인 공식을 도출하기에 앞서 먼저 현재의 P_0원이 1년 후에는 얼마의 가치가 있는지 생각해보자. 이자율을 R이라 하면 P_0을 1년 저금하여 얻을 수 있는 금액 P_1은 다음과 같이 된다.

$$\begin{aligned} P_1 &= \text{원금} + \text{이자} \\ &= P_0 + P_0 \times R \\ &= P_0(1+R) \end{aligned}$$

따라서 현재 P_0원의 1년 후 미래가치는 $P_0(1+R)$원이 된다. 예를 들어 100원을 1년간 10%의 이자율로 예금하였다면 110원(=100(1+0.1))이 될 것이므로 현재 100원의 1년 후 미래가치는 110원이 된다.

이번에는 P_0원의 2년 후 미래가치를 구하기 위해 P_0을 2년간 저금하는 경우를 생각해보자. P_0원을 1년간 저금하면 P_1원이 되므로 이를 다시 1년 더 저금한다고 생각하면 2년 후의 미래가치 P_2를 구할 수 있다.

$$\begin{aligned} P_2 &= \text{원금} + \text{이자} \\ &= P_1 + P_1 \times R \\ &= P_1(1+R) \\ &= P_0(1+R)^2 \end{aligned}$$

따라서 현재 P_0원의 2년 후 미래가치는 $P_0(1+R)^2$원이 된다. 예를 들어 이자율이 10%인 경우 현재의 100원은 1년 저금하면 110원이 되고 이를 다시 1년간 저금하면 121원이 되므로 현재 100원의 2년 후 미래가치는 121원이라 할 수 있다.

이러한 논리는 임의의 n시점까지 계속 반복될 수 있다. 이자율(R)이 일정하다고 가정하면 현재 P_0원의 n시점의 미래가치 P_n은 다음과 같이 계산된다.

$$P_n = P_0(1+R)^n \qquad [식\ 2\text{-}1]$$

[식 2-1]은 만기가 될 때까지 중간에 이자를 찾지 않고 재투자한다는 전제로 계산하는 것이기 때문에 이러한 계산과정을 복리계산(compounding)이라고 하고 이렇게 산출된 값을 복리가치(compound value)라고 한다.

그런데 여기서 $(1+R)^n$은 현재 1원의 미래 n시점에서의 가치를 나타내는데 이를 복리계수(CVIF: compound value interest factor)라고 하며 계산의 편의를 위해 이자율(R)과 기간(n)별로 구분해서 미리 산출해놓은 복리표를 이용한다. 이러한 복리표는 부록의 〈표1〉에 제시되어 있다.

이러한 일시불의 미래가치 개념이 적용되는 대표적인 예를 들면 현재시점에서 일정한 금액을 정기예금에 들고 만기에 가서 수령하게 되는 원리금을 계산하는 것을 들 수 있다.

예제 2-1

연 이자율이 10%라고 하고 현재 100만원을 예금한다고 가정하고 다음 각 물음에 답하라.

(1) 1년 후에는 얼마를 찾게 되는가?
(2) 만약 3년 후에 예금을 찾는다면 얼마의 금액이 되는가?

풀이

(1) 1년 후에 찾게 되는 금액은 다음과 같이 계산된다.

$$P_1 = 100만원 \times (1+0.1) = 110만원$$

(2) 그리고 3년 후에 찾게 되는 금액은 다음과 같다.

$$P_3 = 100만원 \times (1+0.1)^3 = 133.1만원$$

이러한 내용을 그림으로 보이면 [그림 2-1]과 같이 나타낼 수 있다.

그림 2-1 일시불의 미래가치

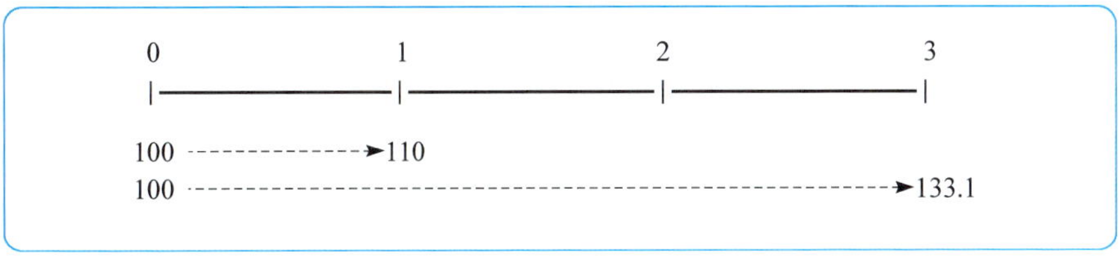

72법칙

일시불의 미래가치를 구하는 과정에서 확인된 흥미로운 결과가 있다. 72법칙이라는 것인데 이자율이 R로 주어진 경우 원금의 두 배가 될 때까지 걸리는 기간은 72를 R로 나눈 값과 같다는 것이다.

만약 이자율이 8%라면 100만원의 일시불이 미래가치가 200만원이 되려면 72/8=9(년)이 된다는 것이다. 이러한 법칙은 근사값으로 성립하는 것이어서 대체로 이자율이 5%에서 20% 사이에 있을 때 잘 맞는 편이다.

02 연금의 미래가치

연금(annuity)이란 일정기간 동안 매기간 말에 동일한 금액을 수령하는 것을 말한다. 그리고 연금의 최종수령시점에서 이러한 현금흐름의 총가치를 계산한 값을 연금의 미래가치라 한다. 연금의 미래가치를 구하기 위해 매년 C원씩 n년간 지급하는 연금을 생각해보자. 이자율은 매년 R로 일정하다고 가정한다.

1년 후 받는 현금 C는 n시점까지 n-1년간 저금할 수 있으므로 이것의 n시점의 미래가치는 $C(1+R)^{n-1}$이 된다. 또한 2년 후에 받게 되는 현금 C는 n시점까지 n-2년간 저금할 수 있으므로 n시점의 미래가치는 $C(1+R)^{n-2}$가 되며 이후의 연금의 가치도 같은 방법으로 구할 수 있다.

그런데 연금의 n시점에서의 미래가치 S_n은 매년 받게 되는 연금들의 n시점에서의 가치를 모두 더한 값이 되므로 다음과 같이 나타낼 수 있다.

$$S_n = C + C(1+R)^1 + C(1+R)^2 + \cdot\cdot\cdot + C(1+R)^n$$

$$= C\left[\frac{(1+R)^n - 1}{R}\right] \qquad \text{[식 2-2]}$$

[식 2-2]에서 $\frac{(1+R)^n - 1}{R}$은 매기간 말에 1원씩 n년간 수령하는 연금을 n 시점에서 계산한 총가치를 나타내는데 이를 연금의 복리계수(CVIFA: compound value interest factor for annuity)라고 한다. 이 계수도 역시 계산의 편의를 위해서 이자율과 기간별로 미리 산출해놓은 연금복리표를 이용한다. 이러한 연금의 복리표는 부록의 〈표 2〉에 제시되어 있다.

이러한 개념이 적용되는 대표적인 예를 들면 정기적금을 들고 만기의 원리금을 계산하는 것을 들 수 있다.

그림 2-2
연금의 미래가치

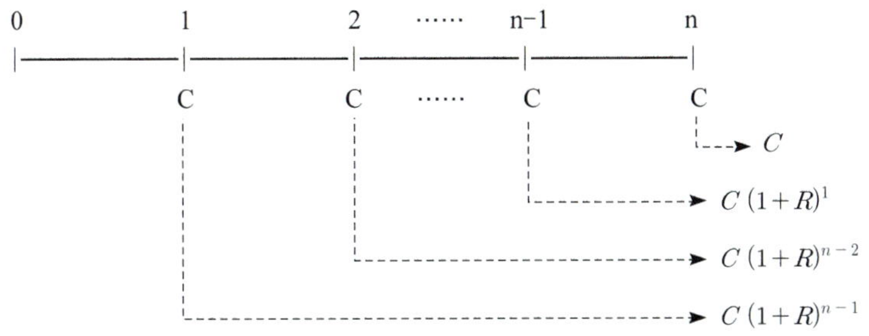

예제 2-2

현재의 이자율은 연 10%이다. 3년 동안 매년도 말에 100만원씩을 예금하면 3년 후 미래가치는 얼마가 되는가?

풀이

위의 [식 2-2]를 이용해서 계산하면 다음과 같다.

$$S_3 = 100\text{만원} \times \frac{(1+0.1)^3 - 1}{0.1} = 331\text{만원}$$

이 내용을 그림으로 나타내면 다음과 같다.

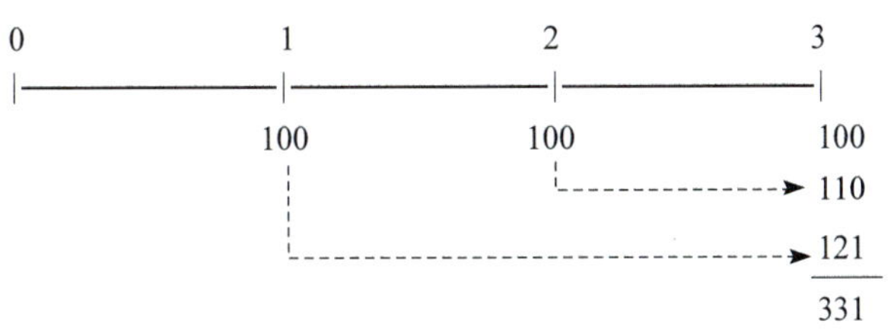

제3절 현재가치

현재가치(present value)란 미래에 발생할 현금흐름을 현재시점에서 평가한 값을 말한다. 앞으로 공부하면서 알게 되겠지만 현재가치에 관한 개념은 재무관리에서 특히 중요한 개념이다. 그 이유는 어떤 투자안의 수행여부를 판단하거나 어떤 자산의 균형가격을 산출할 때, 그리고 기업의 가치를 평가할 때에도 모두 현재가치의 개념이 이용되기 때문이다.

현재가치의 구체적인 값을 구하려면 미래가치를 계산할 때와 마찬가지로 이자율(R)을 알아야 한다. 미래가치를 계산할 때에는 이자율을 수익률이라고도 한다고 하였는데 현재가치를 계산할 때에는 이자율을 흔히 할인율(discount rate)이라고 부른다.

현재가치가 적용되는 구체적인 내용은 차차 설명하기로 하고 우선 현재가치를 계산하는 과정을 살펴보자.

01 일시불의 현재가치

일시불의 현재가치란 미래 일정시점에서 발생할 현금흐름을 현재시점에서 평가한 값을 말하는데 현금흐름의 현재가치를 구하는 과정은 미래가치를 구하는 과정과 역관계에 있게 된다. 우선 1년 후 금액의 현재가치를 생각해보자. 1년 후의 P_1은 현재가치(P_0)로 환산하면 다음과 같이 된다.[1)]

$$P_0 = \frac{P_1}{(1+R)}$$

이러한 이유는 $\frac{P_1}{(1+R)}$를 1년간 저금하면 다음과 같이 P_1이 되기 때문이다.

1) 미래가치를 나타내는 식에서 $P_1 = P_0(1+R)$이 되는데 양변을 $(1+R)$로 나누면 이 식이 도출된다. 이러한 이유에서 현재가치를 구하는 과정은 미래가치를 구하는 과정의 역과정이라고 할 수 있다.

$$\frac{P_1}{(1+R)} \times (1+R) = P_1$$

이번에는 2년 후 금액의 현재가치를 생각해보자. 2년 후의 P_2는 현재가치(P_0)로 환산하면 다음과 같이 된다.

$$P_0 = \frac{P_2}{(1+R)^2}$$

이러한 이유 역시 현재의 $\frac{P_2}{(1+R)^2}$를 2년간 저금하면 다음과 같이 P_2가 되기 때문이다.

$$\frac{P_2}{(1+R)^2} \times (1+R)^2 = P_2$$

이러한 논의를 일반화하여 생각하게 되면 임의의 n시점 후의 금액 P_n의 현재가치 P_0는 다음의 [식 2-3]으로 계산된다.

$$P_0 = \frac{P_n}{(1+R)^n} \qquad \text{[식 2-3]}$$

이처럼 미래의 현금흐름에 대해서 현재가치를 구하는 과정을 할인(discount)한다고 한다. 그리고 이때에 $\frac{1}{(1+R)^n}$은 n시점에서 발생할 1원의 현재가치를 나타내는데 이를 현가계수(PVIF: present value interest factor)라고 한다. 현가계수도 역시 이자율과 기간별로 미리 계산해놓은 현가표를 이용하는데 부록의 〈표 3〉에 제시되어 있다. 그런데 현가계수는 앞서서 미래가치를 계산할 때 설명한 복리계수와 역관계에 있기 때문에 이들 간에는 다음의 식이 성립된다.

$$PVIF = \frac{1}{CVIF}$$

이렇게 일시불의 현재가치를 계산하는 예를 들면 만기가 도래하기 이전에 어음을 할인해서 현금으로 수령하는 것을 들 수 있다. 또한 만기에 원금만 상환해주는 할인채권을 만기 이전에 매각할 경우 받게 되는 금액을 산출하는 것도 이에 해당한다.

예제 2-3

만기가 1년 후에 도래되는 액면금액이 50만원인 채권을 갖고 있다. 이 채권은 만기에 가서 원금만 지급하고 중도에 지급되는 이자는 없는 할인채권이다. 다음 각 물음에 답하라.

(1) 채권시장에서 연 10%로 할인한다면 현재 얼마의 현금을 받을 수 있는가?
(2) 만약 다른 조건은 똑같고 만기까지 남은 기간이 2년인 채권이 있다면 이를 할인할 경우에는 얼마의 현금을 받게 되는가?

풀이

(1) 1년 후 만기가 도래되는 할인채권의 경우는 다음과 같이 계산된다.

$$P_0 = \frac{50\text{만원}}{(1+0.1)} = 45.5\text{만원}$$

(2) 그리고 2년 후 만기가 도래되는 할인채권은 다음과 같이 계산된다.

$$P_0 = \frac{50\text{만원}}{(1+0.1)^2} = 41.3\text{만원}$$

이러한 내용을 그림으로 보이면 다음과 같이 나타낼 수 있다.

그림 2-3 일시불의 현재가치

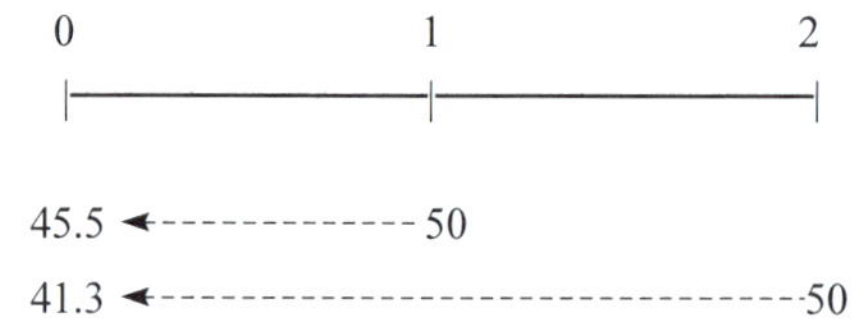

02 연금의 현재가치

연금의 현재가치는 매기간 말에 받게 되는 일정 금액들을 현재의 시점에서 평가한 가치로 매기말 얻게 되는 금액을 현재가치로 환산하여 모두 더한 값이다. 매기간 말에 C씩 n년간 지급받는 연금의 현재가치를 구해보자.

1년 후 얻게 되는 C의 현재가치는 $\frac{C}{(1+R)}$가 되며, 2년 후 얻게 되는 C의 현재가치는 $\frac{C}{(1+R)^2}$가 된다. 이러한 논리를 반복하면 임의의 t년 후 받게 되는 C의 현재가치는 $\frac{C}{(1+R)^t}$가 되는데 연금의 현재가치 S_0는 이를 모두 합한 값이 되므로 다음과 같이 계산된다.

$$S_0 = \frac{C}{(1+R)^1} + \frac{C}{(1+R)^2} + \cdots + \frac{C}{(1+R)^n}$$

$$= C\left[\frac{(1+R)^n - 1}{R(1+R)^n}\right] \qquad [식\ 2\text{-}4]$$

이때에 $\left[\frac{(1+R)^n - 1}{R(1+R)^n}\right]$은 매기간 말에 1원씩 n년간 지급되는 연금의 현재가치를 나타내는데 이를 연금의 현가계수(PVIFA: present value interest factor for annuity)라고 하며 연금현가표를 이용할 수 있다. 이 표는 부록의 〈표 4〉에 제시되어 있다.

이러한 개념에 대한 사례를 들면 원리금을 매기 일정한 금액으로 균등분할해서 상환하는 조건으로 조달하는 차입금이 이에 해당한다. 또한 일정한 기간 동안 매번 동일한 금액으로 받게 되는 연금을 현재시점에서 일시에 받을 수도 있다면 일시에 받게 되는 금액이 바로 그 기간 동안 받게 될 미래 연금의 현재가치에 해당하는 것이다.

| 그림 2-4
연금의 현재가치

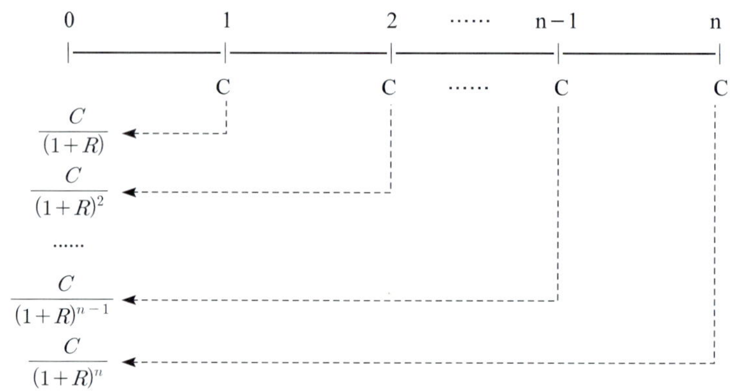

예제 2-4

앞으로 매년도 말에 100만원씩의 연금을 3년 동안 받게 되었다. 이를 현재시점에서 일시불로 받는다면 얼마를 받을 수 있는가? 단, 시장이자율은 연 10%이다.

풀이

[식 2-4]를 이용해서 계산하면 다음과 같다.

$$S_0 = 100만원 \times \left[\frac{(1+0.1)^3-1}{0.1(1+0.1)^3}\right] = 248.6만원$$

내용을 그림으로 나타내면 다음과 같다.

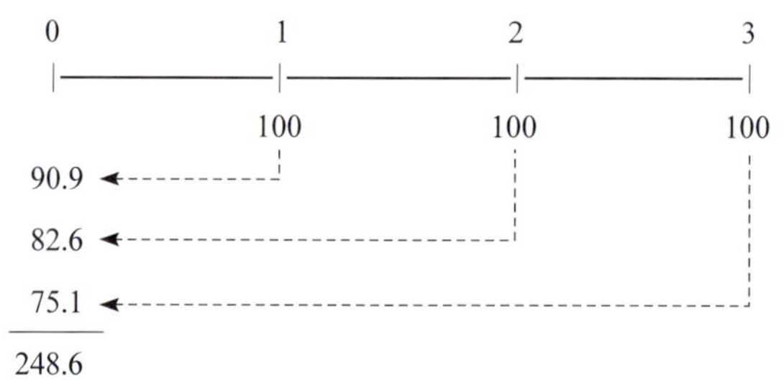

03 영구연금의 현재가치

연금이 일정한 경우 : 제로성장모형

영구연금(perpetuity)이란 일정한 금액의 현금흐름이 영원히 계속되는 것을 말한다. 만기가 없고 무한히 이자만 수령하게 되는 영구채권(consol)의 경우가 이러한 현금흐름에 해당하는 예이다. 이러한 현금흐름을 시간선상에 나타내면 다음과 같이 표현된다.

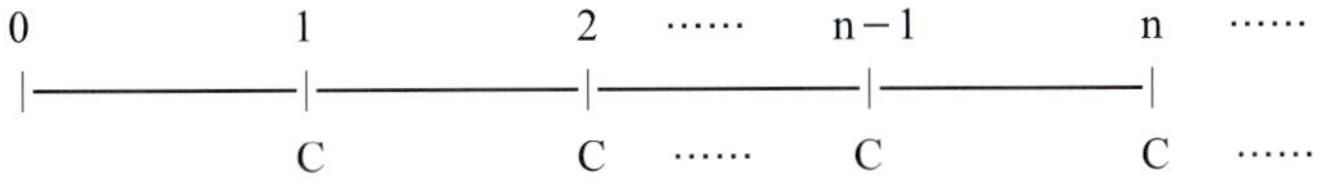

이러한 현금흐름의 현재가치는 연금의 현재가치를 나타내는 [식 2-4]에서 n이 무한대인 경우로 생각하면 된다. 또는 다음과 같이 표현되는 식에서 무한등비급수의 합계로 영구연금의 현재가치 S_0를 구할 수 있다. 어떤 방법을 사용해도 다음과 같은 [식 2-5]를 구할 수 있다.

$$S_0 = \frac{C}{(1+R)^1} + \frac{C}{(1+R)^2} + \frac{C}{(1+R)^3} + \cdot\cdot\cdot\cdot\cdot$$

$$= \frac{C}{R} \qquad \text{[식 2-5]}$$

도출과정이 좀 복잡할지 모르겠지만 결과식은 단순하다. 즉, 매년 말 동일한 금액 C를 무한히 받게 되는 무한연금의 현재가치는 C를 이자율 R로 나누어주면 된다는 것이다.

이와 같이 연금이 일정한 금액으로 무한하게 지급되는 현금흐름을 현재가치로 평가하는 [식 2-5]를 제로성장모형(zero-growth model), 또는 무성장모형(non-growth model)이라고 한다.

예제 2-5

앞으로 매년도 말에 10만원씩의 이자가 무한히 지급하는 영구채권이 있다. 시장이자율이 8%라고 하면 이 채권의 가격은 얼마인가?

풀 이

위의 [식 2-5]를 이용해서 계산하면 다음과 같다.

$$\frac{10\text{만원}}{0.08}=125\text{만원}$$

이는 125만원을 예금하고 이 예금을 찾지 않는다면 매년 8%에 해당하는 이자 10만원을 영구히 받을 수 있다는 의미와 같은 것이다.

연금이 일정한 비율로 증가하는 경우 : 일정성장모형

이번에는 연금금액이 일정한 비율로 계속 증가하는 경우에 그 현재가치를 구해보자. 즉, 1년 후 금액을 C라고 하고 증가율을 g라고 하면 2년 후 금액은 $C\times(1+g)$가 되고 3년 후 금액은 $C\times(1+g)^2$가 되는 형태의 현금흐름이다.

우선 이러한 현금흐름을 시간선상에 나타내면 다음과 같다.

0	1	2 ……	n−1	n	……
	C	$C\times(1+g)^1$ ……	$C\times(1+g)^{n-2}$	$C\times(1+g)^{n-1}$	……

그러면 다음과 같은 식에서 무한등비급수의 합계를 현재가치 S_0로 구할 수 있다.

$$\begin{aligned}S_0&=\frac{C}{(1+R)^1}+\frac{C(1+g)}{(1+R)^2}+\frac{C(1+g)^2}{(1+R)^3}+\cdot\cdot\cdot\cdot\cdot\\&=\frac{C}{R-g}\end{aligned}\qquad\text{[식 2-6]}$$

이와 같이 매년 일정한 비율로 연금금액이 증가하는 경우에 그 현재가치를 구하는 [식 2-6]을 일정성장모형 또는 항상성장모형(constant growth model)이라고 한다.

단, 여기서 전제로 해야 하는 것은 연금증가율이 할인율보다 작아야 한다는 것이다. 즉, $g<R$이어야 한다. 만약 연금증가율이 할인율보다 크다면(즉, $g>R$) 그 현재가치는 무한대가 되어 특정한 값으로 정의되지 않기 때문이다.

예제 2-6

올해 말에 10만원씩의 이자가 지급되고 앞으로는 매년 3%씩 금액을 증가시키면서 무한히 지급하는 영구채권이 있다. 시장이자율이 8%라고 하면 이 채권의 가격은 얼마인가?
그리고 매년 3%씩 이자금액이 증가하는 것에 대해서 얼마의 가치가 부여되는 것인가를 생각해보자.

풀이

위의 [식 2-6]을 이용해서 계산하면 다음과 같다.

$$\frac{10\text{만원}}{0.08-0.03} = 200\text{만원}$$

이자금액이 증가하지 않고 매년 10만원씩 지급되는 영구채권은 앞의 사례에서 보듯이 125만원이었다. 그런데 매년 3%씩 금액이 증가하는 영구채권은 200만원이므로 75만원(=200만원−125만원)이 이에 대한 가치라고 할 수 있다.

영구연금이 중요한 이유

얼핏 생각하면 현금흐름이 무한히 지급되는 영구연금이 비현실적인 것처럼 보일 수도 있다. 그러나 기업을 둘러싼 재무환경에서는 매우 현실적이며 중요한 개념이다. 왜냐하면 우리는 특별한 반증이 없는 한, 모든 기업들은 무한하게 존속한다는 가정을 전제로 기업을 평가하기 때문이다.[2)]

따라서 기업을 평가할 때에는 이러한 영구연금의 현재가치 개념이 많이 이용된다. 예를 들어 성장이 없는 기업을 평가할 때는 제로성장모형을 이용하고 일정한 비율로 계속 성장하는 기업을 평가할 때는 일정성장모형을 이용하게 되는 것이다.

2) 이렇게 무한하게 기업이 존속한다는 가정을 계속기업(going concern)의 가정이라고 한다.

04 불규칙한 현금흐름의 현재가치

시점별로 불규칙하게 발생하는 현금흐름의 현재가치를 구하려면 각 시점별로 현금흐름을 개별적으로 할인하여 현재가치를 산출해서 이들을 모두 합산하는 방법밖에 없다. 다만 앞서 설명한 몇 가지 유형의 현재가치 산출식을 주어진 상황에 맞게 적절하게 사용하면 그 불편을 덜 수 있다. 또한 부록의 현가표나 재무용 계산기 등을 이용해도 도움이 될 수 있을 것이다.

예제 2-7

이승희 씨는 앞으로 현금유입이 1년 후에는 500만원, 2년 후에는 800만원, 3년 후에는 900만원이 예상되는 투자안을 놓고 투자여부를 고민하고 있다. 할인율이 20%라고 할 때에 이 투자안의 현재가치는 얼마인가?

풀이

각 시점별로 유입되는 현금의 크기가 서로 다르므로 각 현금흐름을 개별적으로 현재가치로 계산하고 이들 값을 더해서 이 투자안의 현재가치를 구해야 한다. 이를 계산한 내역은 다음과 같다.

$$\frac{500}{(1+0.2)}+\frac{800}{(1+0.2)^2}+\frac{900}{(1+0.2)^3}=1{,}493(\text{만원})$$

제4절 화폐의 시간적 가치 개념의 이용

화폐의 시간적 가치 개념은 기업가치평가뿐만 아니라 재무관리의 전 분야에 걸쳐서 적용된다. 구체적인 내용은 차차 공부하겠지만 전체적인 윤곽을 이해할 필요가 있기 때문에 중요한 세 가지 분야를 먼저 간단하게 소개한다.

첫째, 기업의 가치를 평가할 때에 화폐의 시간적 가치 개념이 이용된다. 즉, 자산가치, 부채가치, 그리고 자본가치를 구하면서 이러한 개념을 이용하게 되는데 자세한 내용은 이 책의 전반에서 다루게 된다.

둘째, 증권에 대한 투자결정문제인데 이 때에는 증권의 균형가격을 구하는 것이 중요한 문제가 된다. 이는 기업가치의 평가에서는 물론이고 투자론에서도 중요시하는 내용이다.

셋째, 실물자산에 대한 투자결정문제에서 화폐의 시간적 가치 개념이 이용된다. 특히 이 분야를 자본예산이라고 한다.

01 기업가치의 평가

현금흐름을 기준으로 보면 손익계산서상의 영업이익의 현재가치가 자산, 지급이자의 현재가치가 부채, 순이익의 현재가치가 자본이 된다.

여기서 기업은 특별한 사유가 없으면 계속적으로 존재할 것이므로 영업이익의 현재가치를 계산하거나, 지급이자의 현재가치를 계산하거나, 또는 순이익의 현재가치를 구할 때에 모두 영구연금의 현재가치를 계산하는 방식을 이용해서 자산, 부채, 자본의 가치가 산출되는 것이다.

그래서 이때의 손익계산서는 회계기준을 적용해서 작성된 것이 아니고 현금흐름기준을 적용해서 작성된 것으로 이해해야 한다. 그리고 재무상태표 역시 기업회계기준을 적용해서 작성된 것이 아니고 시장가치기준을 적용해서 작성된 것이다. 실제로 재무상태표에서 자본의 시장가치를 측정할 때에는 주가자료를 이용해서 현재 1주당 가격에 발행주식수를 곱한 금액(시가총액)으로 산출한다.

그림 2-5 화폐의 시간적 가치 개념으로 보는 손익계산서와 재무상태표

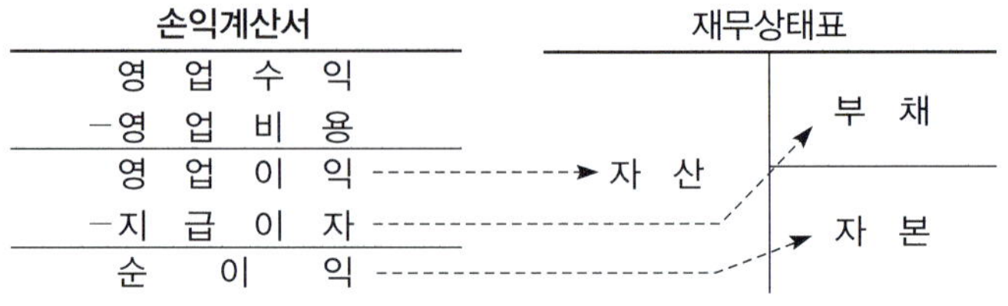

예제 2-8

현대기업은 무한하게 존속하는 계속기업이다. 이 기업이 매년 벌어들이는 영업이익은 4억원이다. 부채에 대한 이자는 매년 1억원을 지급하며 나머지 3억원이 순이익이다. 지급이자에 대한 할인율은 10%, 순이익에 대한 할인율은 20%라고 하면 현대기업의 가치는 얼마가 되는가?

풀이

기업의 가치는 자산의 시장가치인데 이는 부채와 자기자본의 가치를 합한 값이므로 먼저 이들 값부터 구한다. 부채의 가치는 매년 지급되는 1억원의 영구적 현금흐름의 현재가치이므로 다음과 같이 10억원이 된다.

$$\frac{1}{0.1} = 10(\text{억원})$$

그리고 자기자본의 가치는 매년 유입되는 순이익 3억원의 영구적 현금흐름의 현재가치이다.

$$\frac{3}{0.2} = 15(\text{억원})$$

따라서 현대기업의 가치는 25억원(=10+15)이 된다.

이렇게 부채와 자기자본의 가치, 그리고 기업가치를 현금흐름과 할인율과의 관계에서 파악하는 것도 화폐의 시간적 가치 개념이 이용되는 것이다.

02 증권가격의 산출

주식가격

주식을 매입해서 이를 팔지 않고 계속 보유하게 되면 배당금을 받게 된다. 따라서 배당금의 현재가치를 구하면 이 값이 주식가격이 된다. 그런데 현실적으로 주식가격은 증권시장에서의 수요와 공급에 의해서 결정된다. 만약 시장이 균형상태라고 가정하면 이렇게 수요와 공급에 의해서 결정된 값이 미래 배당금의 현재가치라고 이해하면 된다.

예제 2-9

삼성기업은 주주들에게 매년도 말에 7,000원씩의 배당금을 지급할 것이다. 이 현금흐름에 대한 할인율이 연 10%라고 할 때에 삼성기업의 주식가격은 얼마가 되는가?

풀이

삼성기업은 계속기업이므로 이 주식을 갖고 있는 주주는 영원히 7,000원씩의 현금흐름을 받게 될 것이므로 이의 현재가치는 다음과 같이 영구연금의 현재가치로 계산된다. 이 값이 삼성기업의 주식가격이 된다.

$$\frac{7{,}000\text{원}}{0.1} = 70{,}000\text{원}$$

채권가격

이제 채권을 보유할 경우 얻게 되는 현금흐름을 생각해보자. 채권을 갖고 있게 되면 일정기간 동안 이자를 받다가 만기에 원금을 받게 되므로 이자와 원금의 현재가치를 구하여 합하면 이 값이 채권가격이 된다.

채권가격도 현실적으로 채권시장에서 수요와 공급에 의해서 결정되는데 일반적으로 채권가격에 대한 정보는 채권수익률로 제시되는 경우가 많다.

예제 2-10

홍길동 씨는 현대기업이 발행한 회사채를 갖고 있다. 이 채권의 액면금액은 100,000원이고 매년도 말에 5,000원의 이자를 지급하고 만기까지는 2년이 남아 있다. 급하게 돈이 필요해서 이 채권을 팔려고 하는데 얼마를 받을 수 있을까? 시장이자율이 연 10%라고 하자.

풀이

먼저 채권의 이자금액 5,000원의 현재가치를 구한다.

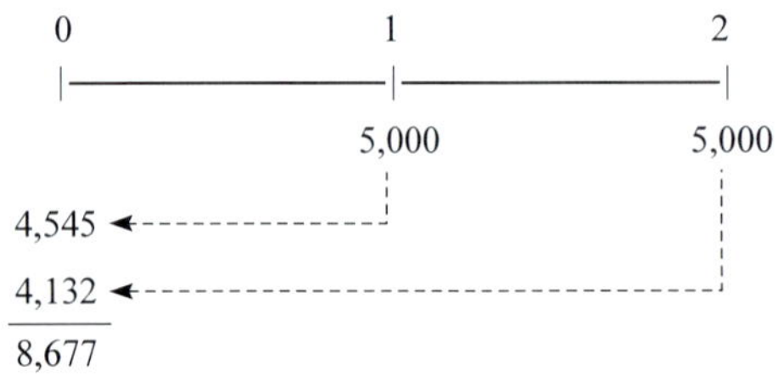

그리고 2년 후 만기에 받게 되는 원금 100,000원의 현재가치를 구한다.

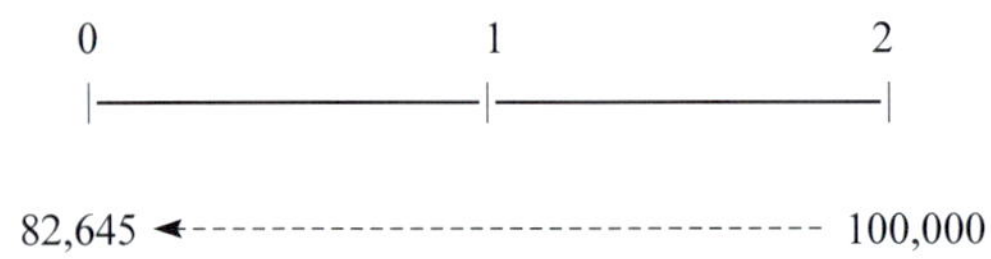

따라서 이 채권의 가격은 91,322원(=8,677+82,645)이 된다. 즉, 홍길동 씨가 이 채권을 판다면 91,322원을 받을 수 있다.

이렇게 주식이든 채권이든 어떤 증권의 가격도 그 증권을 갖고 있을 때 미래에 얻게 되는 현금흐름을 현재가치로 산출한 값이 된다. 이러한 원리는 증권 이외의 모든 자산에도 그대로 적용되는 것이기 때문에 매우 중요한 개념이 된다.

03 실물투자의 결정

재무관리에서는 기계설비, 토지, 건물 등을 구입여부를 판단하는 문제를 다루는 이론과 기법을 자본예산(capital budgeting)이라고 한다. 즉, 자본예산을 한마디로 말하면 실물투자에 대한 의사결정문제라고 할 수 있다. 다음과 같은 사례를 통해서 자본예산에서 화폐의 시간적 가치 개념이 어떻게 이용되는지를 살펴보자.

예제 2-11

이진희 씨는 건물을 지어서 분양하려고 한다. 이 건물을 짓는데 현재 7,000만원이 소요되지만 1년 후에 7,920만원의 현금을 받고 매각할 수 있다고 한다. 시장이자율이 연 10%라고 할 때 이 투자안의 현재가치를 구해보라. 그리고 이진희 씨는 이 투자안을 수행해야 하는가를 판단해보라.

풀이

먼저 이 투자안의 현재가치는 1년 후의 7,920만원을 10%로 할인한 값이므로 다음과 같이 산출된다.

$$\frac{7{,}920}{(1+0.1)} = 7{,}200(\text{만원})$$

즉, 투자안의 가치는 7,200만원인데 이를 7,000만원에 수행할 수 있다는 것이다. 결국 건물을 짓는다는 것은 이진희 씨 입장에서 볼 때 7,000만원을 주고 7,200만원을 받는 것과 같은 것이어서 200만원의 이득을 보게 된다. 이때의 200만원을 순현재가치(NPV: net present value)라고 한다.

순현재가치란 순현가라고도 하는데 특정한 투자안으로부터 유입되는 현금흐름의 현재가치에서 투자에 소요되는 투자비용을 차감해서 산출한 값을 말한다. 따라서 순현재가치란 어떤 투자안을 수행함으로써 얻게 되는 이득이라고 할 수 있다. 어떤 투자안의 순현재가치가 0보다 크면 그 투자안에서 들어오는 현금유입의 현재가치가 투자비용보다 크다는 의미이기 때문에 투자가치가 있다고 판단한다. 그러나 만약 투자안의 순현재가치가 0보다 작으면 투자를 하는 것이 오히려 손해이기 때문에 투자안을 기각해야 한다.

요 약

1. 화폐의 시간적 가치에는 미래가치와 현재가치가 있는데 이들을 구하려면 이자율을 알아야 한다.
2. 미래가치를 구하는 것은 복리계산한다고 하고 이때 사용하는 이자율은 수익률이라고 한다.
3. 현재가치를 구하는 것은 할인한다고 하고 이때 사용하는 이자율은 할인율이라고 한다.
4. 현재가치는 분수값의 구조를 갖는데 분자는 미래현금흐름, 분모는 할인율이 된다.
5. 재무이론에서는 현재가치가 특히 중요한데 이는 모든 자산의 내재가치를 구하는 방법이 되기 때문이다.
6. 기업가치는 무한연금의 현재가치 개념을 이용해서 평가한다.
7. 무한연금 중에서 현금의 크기가 일정한 경우에는 제로성장모형을 적용하고 현금의 크기가 일정한 비율로 증가하는 경우에는 항상성장모형을 적용한다.
8. 현재가치 개념이 이용되는 중요한 분야로 기업가치평가, 증권평가, 실물투자안평가 등의 분야가 있다.

연습문제

진위형

1. 복리계산이란 이자의 재투자를 전제로 미래가치를 구하는 계산과정이다. ( )
2. 기업가치를 평가하는 과정에서 가장 많이 이용되는 개념은 무한연금(영구연금)의 현재가치 개념이다. ( )
3. 일정성장모형이 제로성장모형보다 비현실적이다. ( )
4. 일정성장모형을 이용할 수 있으려면 성장률이 할인율보다 작아야 한다. ( )
5. 재무이론에서는 현재가치 개념이 미래가치 개념보다 더 중요하다. ( )

객관식

1. 채권의 현금흐름을 결정하는 요소들을 열거한 것이다. 이에 해당되지 않는 것은?
   ① 표면금리 ② 만기
   ③ 액면금액 ④ 할인율

2. 다음은 채권의 가치에 영향을 주는 요인들을 설명한 것이다. 바르게 설명한 것은?
   ① 표면금리가 커지면 채권가치도 커진다.
   ② 만기가 길면 채권가치도 커진다.
   ③ 액면금액은 채권가치와 무관하다.
   ④ 할인율이 작아지면 채권가치도 작아진다.

3. 다음 중 기업가치를 평가할 때에 가장 적합한 개념은?
   ① 일시불의 현재가치 ② 연금의 현재가치
   ③ 순현재가치 ④ 영구연금의 현재가치

4. 만기 3년, 액면금액 100만원인 할인채가 있다. 그리고 같은 액면금액에 표면금리가 7%인 영구채가 있다. 시장이자율이 10%일 때 어느 것의 가치가 더 큰가?

① 할인채 ② 영구채
③ 둘이 같다. ④ 답이 없다.

5. 한국기업은 매년 1주당 배당금을 1,500원씩 무한히 지급할 것이다. 이 배당금에 대한 할인율이 12%라면 이 주식의 가격은 얼마인가?

① 7,500원 ② 10,000원
③ 12,500원 ④ 15,000원

6. 한국기업은 올해 말 1주당 1,500원의 배당금을 지급할 것이다. 그리고 내년부터 2%씩 배당금을 증가시킬 것이다. 이 배당금에 대한 할인율이 12%이라면 이 주식의 가격은 얼마인가?

① 7,500원 ② 10,000원
③ 12,500원 ④ 15,000원

7. 현재가치는 분수값의 구조를 갖는다. 다음 중 분자에 해당하는 것은 어느 것인가?

① 현금흐름 ② 할인율
③ 이자율 ④ 수익률

8. 다음 중 현재가치 개념이 적용되는 분야로 보기 어려운 것은?

① 기업가치의 평가 ② 증권가격의 산출
③ 투자안의 경제성 분석 ④ 포트폴리오 효과

9. 화폐의 시간적 가치에 대한 다음 설명 중 잘못된 것은?

① 미래가치를 계산할 때 적용되는 이자율은 수익률이라고 한다.
② 현재가치를 계산하는 과정을 할인(discount)이라고 한다.
③ 재무의사결정에는 현재가치의 개념보다 미래가치의 개념이 더 중요하게 이용된다.
④ 미래가치와 현재가치의 계산과정은 역관계에 있다.

주관식

1. 배당평가모형(dividends discount model)에 대해서 설명해보시오.
2. 재무이론에서 현재가치 개념이 이용되는 대표적인 분야를 열거해보시오.
3. 기업가치를 평가할 때 무한연금의 현재가치가 중요한 이유를 설명하시오.

Chapter 03

위험과 수익률

○○○ 기업이 벌어들이는 미래의 현금흐름은 불확실한 것이다. 불확실성이 크면 위험이 큰 것이다. 위험을 측정하는 지표로 표준편차 또는 베타가 이용된다. 표준편차는 총위험이고 베타는 체계적 위험인데 위험이 크면 투자자들은 높은 수익률을 요구한다. 수익률은 할인율과 같은 것이어서 위험이 크면 미래현금흐름의 현재가치를 구할 때 적용하는 할인율도 커진다. 이 장에서는 위험과 수익률(할인율)의 관계식인 자본자산가격결정모형(CAPM)을 설명할 것이다. 이 모형은 기업가치평가뿐만 아니라 재무이론의 거의 모든 분야에서 이용되기 때문에 매우 중요한 모형이다.

제1절 기초개념

01 수익률과 할인율

재무이론에서 가장 중요한 개념을 한 가지만 꼽으라면 현재가치라고 할 수 있다. 제2장에서 설명하였듯이 현재가치는 미래의 현금흐름을 할인해서 구한다. 그리고 현재가치를 구할 때 사용하는 할인율은 미래가치를 구할 때 사용하는 수익률과 같은 것이라고 하였다.

예를 들어 100만원을 예금해서 1년 후에 110만원을 받는다면 이자율은 10%가 된다. 여기서 현재의 100만원으로 내년의 110만원을 산출하면서 사용되는 이자율 10%는 수익률(rate of return)이 된다. 그러나 내년의 110만원을 대상으로 현재의 100만원을 산출한다면 이자율 10%는 할인율(discount rate)이 되는 것이다. 이처럼 수익률과 할인율은 동전의 앞뒷면과 같아서 미래가치를 산출할 때에는 수익률이라고 하고 현재가치를 산출할 때에는 할인율이라고 하는 것이다.

02 무위험자산과 위험자산

무위험자산의 수익률

무위험자산(riskfree asset)이란 미래의 소득을 확정금액으로 지급받을 수 있는 자산이다. 예를 들어 은행의 정기예금이라든가 정부가 발행한 국공채같은 것들이 대표적인 무위험자산이다.

이러한 자산들에 투자하면 미래수익을 확실한 금액으로 받을 수 있는 상황이 된다. 이러한 상황은 확실성(certainty)이라고 한다. 확실성하에서 얻게 되는 수익률(할인율)은 무위험수익률(risk free rate of return)이라고 한다. 만약 100만원으로 정기예금(무위험자산)에 가입하여 1년 후 110만원을 받는다면 10%의 수익률을 얻게 되는데 이것이 무위험수익률이 되는 것이다.

위험자산의 수익률

그러나 대부분의 경제 환경에는 불확실성이 존재한다. 기업이 설비투자를 하는 경우 미래의 투자수익이 얼마가 될지 확실한 금액으로 알 수 없다. 개인의 경우도 주식투자나 부동산투자를 할 때에 미래수익이 얼마가 될지 확실하게 알 수 없다. 이렇게 미래수익을 확실한 금액으로 알 수 없는 상황을 불확실성(uncertainty)이라고 한다. 그리고 이렇게 미래수익이 불확실한 투자대상을 위험자산(risky asset)이라고 한다.

정기예금과 같은 무위험자산에서 얻는 수익률은 무위험수익률이라고 한다. 그러면 설비투자나 주식투자와 같이 위험자산에서 얻는 수익률은 무엇이라고 할까? 위험수익률? 틀린 말은 아니지만 재무이론에서는 기대수익률(또는 예상수익률)이라는 용어를 사용한다. 위험자산이라고 해서 미래수익을 전혀 예상해보지도 않고 투자하지는 않는다. 대략적으로 기대(또는 예상)되는 미래수익을 이용해서 수익률을 산출할 수 있는데 이를 기대수익률(expected rate of return)이라고 하는 것이다.

03 무위험수익률과 기대수익률

수익률의 비교

무위험수익률과 기대수익률 중 어느 것이 더 클까? 간단한 사례로 우리가 은행에 예금을 들 때와 주식투자를 할 때의 마음가짐을 비교해보면 쉽게 알 수 있다.

똑같은 100만원으로 은행에 예금을 들 때와 주식에 투자할 때 어느 쪽의 수익률을 높게 기대할까를 스스로 물어보자. 누구나 주식투자할 때 더 높은 수익률을 기대할 것이다.

그리고 이번에는 왜 주식투자에서 더 높은 수익률을 기대하냐고 물어보자. 그러면 주식투자는 위험한 것이고 위험을 감수하는 대가로 높은 수익률을 기대하는 것이라고 답할 것이다.

결론적으로 기대수익률이 무위험수익률보다 높은데 그 이유는 위험이 있기 때문이라고 할 수 있다.

위험과 수익률

주식과 같은 위험자산에 투자한다고 해서 다 똑같은 수준의 수익률을 기대하는 것은 아니다. 어떤 주식이냐에 따라서 기대수익률이 달라지게 된다.

한국전력과 같은 주식에 투자하는 것과 코스닥의 벤처기업에 투자하는 것을 비교해보자. 한국전력에 투자하는 사람은 안정적인 수익률을 기대하겠지만 코스닥의 벤처기업에 투자하는 사람은 높은 수익률을 얻으려고 할 것이다. 이러한 사례에서 위험이 높으면 그에 따라서 기대수익률도 높아진다는 것을 알 수 있다.

위험, 할인율, 현재가치

위험이 높으면 기대수익률이 높아진다. 그런데 기대수익률은 현재가치를 구할 때의 할인율과 같은 것이라고 했다. 따라서 위험이 높으면 할인율도 높아지고 그에 따라서 똑같은 미래의 기대수익이라고 해도 현재가치는 더 작아지게 된다.

만약 안정적인 기업이 벌어들일 것으로 기대되는 미래수익이 10억원이고 위험이 높은 기업이 벌어들일 것으로 기대되는 미래수익도 똑같이 10억원이라면 위험이 높은 기업의 미래수익의 현재가치는 안정적인 기업의 미래수익의 현재가치보다 더 작게 되는 것이다.

이러한 논리는 기업가치평가뿐만 아니라 재무이론 전반에서 매우 중요한 개념이다. 기업가치평가, 실물투자안의 평가, 주식과 채권의 평가 등 거의 모든 분야에서 적용되는 개념이기 때문이다.

제2절 위험의 의미와 측정

01 대표적인 위험자산

이제부터는 위험의 의미를 살펴보고 이를 구체적인 값으로 측정하는 방법에 대해서 살펴볼 것이다. 위험자산은 불확실한 현실적 상황에서 여러 가지 형태로 존재한다. 예를 들어 기업이 설비투자를 하는 것도 위험자산을 구입하는 것이고 개인이 주식이나 부동산투자를 하는 것도 위험자산을 구입하는 것이다. 그런데 재무이론에서는 주식을 대표적인 위험자산으로 다룬다. 주식을 이용하면 위험의 의미, 위험의 분류, 위험의 측정방법도 쉽게 설명할 수 있기 때문이다.

우리가 어떤 주식을 산다고 할 때에 고려하는 중요한 두 가지 요소는 기대수익률과 위험이다. 이 두 가지 요소에 대해서 살펴보자.

02 기대수익률

주식수익률

주식수익률이란 주식을 보유하여 얻게 되는 수익률을 말한다. 주식을 보유하면 주가상승과 배당으로 이익을 얻게 된다. 따라서 어떤 주식을 P_0에 취득하였는데 1기 후에 주가는 P_1이 되고 배당은 D_1만큼 받았다면 주식수익률 R은 다음 식으로 구할 수 있다.

$$R = \frac{(P_1 - P_0) + D_1}{P_0} \qquad [식\ 3\text{-}1]$$

기대수익률

위 식으로 구한 주식수익률은 1기 후에 실제로 나타난 실현수익률이다. 그런데 기초시점에서는 이 값을 미리 알 수 없다. 그렇기 때문에 재무이론에서는 1기 후에 나타날 수 있는 상황별로 발생확률을 파악할 수 있다고 가정한다.

이로부터 각 상황별 주식수익률(R)과 발생확률(p)을 대응시켜서 평균값(또는 기대값)을 구할 수 있는데 이 값을 기대수익률이라고 한다. 그래서 어떤 주식의 기대수익률은 다음과 같이 측정된다.

$$E(R) = p_1 \times R_1 + p_2 \times R_2 + \cdot \cdot \cdot + p_n \times R_n$$
$$= \sum_{i=1}^{n} p_i \cdot R_i \qquad \text{[식 3-2]}$$

예제 3-1

현재 가나기업의 주가는 10,000원이다. 1년 후 주가와 배당에 대한 전망이 다음과 같은 확률분포로 파악되었다. 가나주식의 기대수익률은 얼마인가?

상 황	발생확률	주 가	배 당
호황	$\frac{1}{2}$	11,600원	400원
불황	$\frac{1}{2}$	11,000원	–

풀이

먼저 [식 3-1]을 이용해서 호황일 때의 주식수익률을 다음과 같이 구한다.

$$R = \frac{(P_1 - P_0) + D_1}{P_0}$$
$$= \frac{(11{,}600 - 10{,}000) + 400}{10{,}000} = 0.2\ (20\%)$$

불황일 때의 주식수익률도 같은 방법으로 구하면 다음과 같다.

$$R = \frac{(11{,}000 - 10{,}000) + 0}{10{,}000} = 0.1\ (10\%)$$

그러면 주식수익률의 확률분포는 다음과 같이 작성할 수 있다.

발생확률	주식수익률
$\frac{1}{2}$	20%
$\frac{1}{2}$	10%

이제 [식 3-2]를 이용해서 가나주식의 기대수익률을 구하면 다음과 같이 15%가 된다.

$$E(R) = \sum p_i \cdot R_i$$
$$= \frac{1}{2} \times 0.2 + \frac{1}{2} \times 0.1 = 0.15\ (15\%)$$

03 위 험

위험의 의미

재무이론에서 위험(risk)이란 미래 현금흐름의 변동가능성(variability)을 의미한다. 즉, 현금흐름의 변동폭이 작으면 위험이 작고 현금흐름의 변동폭이 크면 위험이 크다고 한다. 예를 들어 슈퍼마켓의 경우에는 상황이 나쁘다고 해도 큰 손실을 보지는 않고 좋은 상황에서도 막대한 이익을 얻지는 못한다. 그러나 유전사업에 투자하는 경우라면 나쁜 상황에서는 큰 손실을 볼 수 있는 반면 잘되면 엄청 큰 이익을 올릴 수 있다. 그래서 슈퍼마켓보다 유전사업이 더 위험이 크다고 하는 것이다.

위험의 측정

주식수익률의 위험은 실제수익률이 평균값으로부터 얼마나 멀리 나타날 수 있는가를 의미한다. 이를 나타내는 값으로 분산(σ^2) 또는 표준편차(σ)를 이용한다. 분산(σ^2)을 구하는 식은 다음과 같다.

$$\sigma^2 = \sum p_i \cdot [R_i - E(R_i)]^2 \qquad [식\ 3\text{-}3]$$

위 식의 구조를 보면 분산(variance)이란 개별적으로 나타날 수 있는 실제수익률 R과 기대수익률 $E(R)$과의 차이를 각 발생확률과 대응시켜서 구한다는 것을 알 수 있다. 이때에 주식수익률과 기대수익률과의 차이, 즉 $[R_i - E(R_i)]$를 편차(deviation)라고 한다. 따라서 분산은 편차를 제곱해서 각각의 확률을 곱하여 더한 값이라고 정의할 수 있다.

그런데 분산은 측정단위가 제곱되어 $\%^2$으로 측정된 값이다. 이 분산에 제곱근을 취한 값을 표준편차(standard deviation)라고 하는데 표준편차 역시 위험의 단위로 이용할 수 있다. 표준편차는 %로 측정된 값이기 때문에 수익률의 측정 단위 %와 일치하기 때문에 이해하기가 쉽다.

예제 3-2

가나기업 주식수익률의 확률분포는 다음과 같다.

발생확률	주식수익률
$\frac{1}{2}$	20%
$\frac{1}{2}$	10%

이 주식의 위험을 분산과 표준편차로 측정하라.

풀이

먼저 기대수익률을 구하면 다음과 같다.

$$E(R) = \sum p_i \cdot R_i$$
$$= \frac{1}{2} \times 0.2 + \frac{1}{2} \times 0.1 = 0.15\ (15\%)$$

그리고 개별적으로 나타날 수 있는 주식수익률과 기대수익률과의 차이를 발생확률과 대응시켜서 나타내면 다음과 같다.

발생확률	편차(=주식수익률−기대수익률)
$\frac{1}{2}$	20 − 15 = 5%
$\frac{1}{2}$	10 − 15 = −5

분산을 구하기 위해 편차의 제곱에 해당 확률을 곱해서 더하면 다음과 같다.

$$\sigma^2 = \sum p_i \cdot [R_i - E(R)]^2$$
$$= \frac{1}{2} \times 5^2 + \frac{1}{2} \times (-5)^2 = 25\%^2$$

그런데 이렇게 구한 분산은 수익률의 제곱값이므로 루트를 취하면 수익률과 똑같은 단위(%)로 바뀌는데 이를 표준편차라고 한다.

$$\sigma = \sqrt{\sigma^2} = \sqrt{25} = 5\%$$

위 사례의 풀이는 통계적 계산과정을 보여주기 위해서 공식을 이용했지만 그 내용은 눈으로도 쉽게 이해할 수 있다. 만약 동전을 던져서 앞면이 나오면 20원을 주고 뒷면이 나오면 10원을 준다고 하자. 그러면 반반의 확률이므로 동전을 던져서 받을 수 있는 평균값이 15원이라는 것은 누구나 쉽게 알 수 있을 것이다. 이 15원이 기대수익이 되는 것이다. 그리고 앞면 또는 뒷면이 나오면 20원 또는 10원을 받으니까 이 값들은 평균값 15원으로부터 5원씩 떨어져 있으므로 위험(표준편차)은 5원이 되는 것이다.

04 평균-분산 기준

지금까지의 내용에서 보면 투자대상이 되는 주식의 특성을 기대수익률(평균)과 위험(분산)으로 측정하였다. 그리고 투자자들은 기대수익률이 높은 것은 좋아하지만 위험이 높은 것은 싫어하기 때문에 투자자의 만족도(효용수준)는 이 두 가지 요소에 의해서 결정된다. 그러므로 투자자들은 이 두 가지 요소를 기준으로 주식을 선택하게 되는데 이를 평균-분산기준(mean-variance criterion)이라고 한다.

평균-분산기준에 따르면 투자자들은 기대수익률이 같으면 위험이 작은 주식을 선택하고, 위험이 같으면 기대수익률이 높은 주식을 선택하게 된다. 이를 지배원리(dominance principle)라고 한다. 지배원리라고 하는 것은 기대수익률이 같으면 위험이 작은 주식이 위험이 큰 주식을 지배하고 위험이 같으면 기대수익률이 큰 주식이 기대수익률이 작은 주식을 지배한다고 하기 때문에 붙여진 이름이다.

제3절 자본시장선

01 시장불균형과 시장균형

시장불균형

평균-분산기준에 따르면 사람들은 수익률이 높은 것은 좋아하지만 위험이 큰 것은 싫어한다. 따라서 누구나 위험이 작으면서도 수익률이 높은 투자대상을 원할 것이다. 그러나 공짜점심(free lunch)은 없다는 월가의 격언을 생각해보자. 즉, 대가없이 얻어지는 것은 아무것도 없다. 결국 위험이 작으면서 수익률이 높은 투자상품은 없다는 것이다. 이러한 투자대상이 존재한다면 시장이 불균형상태라고 할 수 있다.

다음의 사례로 위험과 수익률의 관계에서 시장불균형상태를 생각해보자.

예제 3-3

다음과 같은 두 개의 주식이 있다. 사람들은 어떤 주식을 선택할 것인가? 사람들의 선택으로 인해서 이 주식들의 가격과 기대수익률은 어떻게 변화할 것인가?

주 식	기대수익률	위 험
A	20%	8%
B	10%	12%

풀이

현재 주식 A는 주식 B에 비해서 기대수익률은 더 크면서도 위험이 더 작다. 그러나 이러한 상태는 시장불균형상태로서 지속되지는 않는다. 왜냐하면 사람들은 위험이 작으면서도 기대수익률이 더 큰 주식 A를 사려고 하고 주식 B를 내다 팔려고 하기 때문이다. 따라서 A의 주가는 상승하고 B의 주가는 하락하게 된다.

주식가격과 주식수익률은 역관계에 있다. 주식가격이 상승하면 앞으로 예상되는 기대수익률은 떨어지기 때문이다. 그러면 주식 A의 기대수익률은 떨어지고 주식 B의 기대수익률은 올라간다. 그래서 결국에는 주식 A의 기대수익률이 주식 B의 기대수익률보다 낮아지게 된다.

시장균형

앞의 사례에서 주식 A와 같이 주식 B에 비해서 위험이 더 작으면서도 기대수익률이 더 큰 주식이 존재한다면 불균형상태라고 하였다. 그래서 주식 A에 대한 수요 증가로 가격이 오르고 결국 기대수익률은 떨어지게 된다. 그리고 결국에는 주식 A는 주식 B에 비해서 수익률도 낮고 위험도 낮은 상태가 된다. 물론 주식 B를 보면 주식 A에 비해서 수익률도 높고 위험도 높은 상태가 된다. 이러한 상태에 해당하는 예를 들어 제시하면 다음과 같다.

주 식	기대수익률	위 험
A	10%	8%
B	15%	12%

이러한 상태가 되면 수익률이 낮더라도 안전한 주식을 원하는 사람들은 주식 A를 구입하는 것이고 높은 위험을 감수하면서 높은 수익률을 원하는 사람들은 주식 B를 구입하는 것이다.

그러면 주어진 위험에 대해서 어느 정도의 기대수익률이 적정 수준일까? 주어진 위험에 대한 적정 수준의 기대수익률을 균형수익률이라고 한다. 이러한 균형수익률은 위험자산으로부터 기대되는 미래의 현금흐름을 현재가치로 구할 때에 할인율로 이용되기 때문에 재무이론에서는 매우 중요한 개념이다. 이렇게 구한 현재가치가 바로 그 자산의 균형가치(내재가치)가 되는 것이다.

이제부터는 주어진 위험에 상응하는 균형수익률을 구하는 식을 설명하겠다.

02 자본시장선

자본자산가격결정모형

위험과 기대수익률 사이의 관계식으로 가장 널리 사용되고 있는 것은 자본자산가격결정모형(CAPM: capital asset pricing model)이다. CAPM은 자본시장선(CML: capital market line)과 증권시장선(SML: security market line)이라는 두 가지 식을 포함하는 개념이다. 여기서는 자본시장선에 대하여 먼저 설명하고 증권시장선에 대해서는 뒤에서 살펴보겠다.

자본시장선을 한마디로 표현하면 표준편차(σ)로 측정된 위험과 이에 상응하는 균형수익률($E(R)$)과의 관계식이다. 자본시장선은 다음과 같은 식으로 표현한다.

$$E(R_p) = R_f + [\frac{E(R_m) - R_f}{\sigma_m}] \cdot \sigma_p \qquad [식\ 3\text{-}4]$$

위 식에서 사용되는 부호에 대하여 살펴보자.

첫째, $E(R_p)$는 P의 균형수익률을 말한다. 아래첨자를 P로 표시하는 것은 자본시장선이 포트폴리오의 위험과 균형수익률의 관계식을 나타내는 것이기 때문이다. 그리고 σ_p는 포트폴리오의 위험을 표준편차로 측정한 것이다.

둘째, R_f는 무위험수익률로서 은행금리(또는 국공채금리)로 볼 수 있다.

셋째, $E(R_m)$은 시장포트폴리오의 기대수익률이고 σ_m은 시장포트폴리오의 위험을 표준편차로 측정한 것이다. 시장포트폴리오란 주식시장에서 거래되는 모든 주식으로 구성된 포트폴리오를 의미한다. 시장포트폴리오의 가격변동은 주가지수의 변동으로 나타내기 때문에 $E(R_m)$은 주가지수의 예상변동률을 의미한다고 할 수 있다.

x축에 위험, y축에 기대수익률의 평면에 위와 같은 자본시장선을 그림으로 나타내면 다음과 같은 직선이 된다. 즉, 절편은 위 식에서 상수항인 무위험수익률(R_f)이고 기울기는 $[\frac{E(R_m) - R_f}{\sigma_m}]$인 직선이다.

그림 3-1
자본시장선

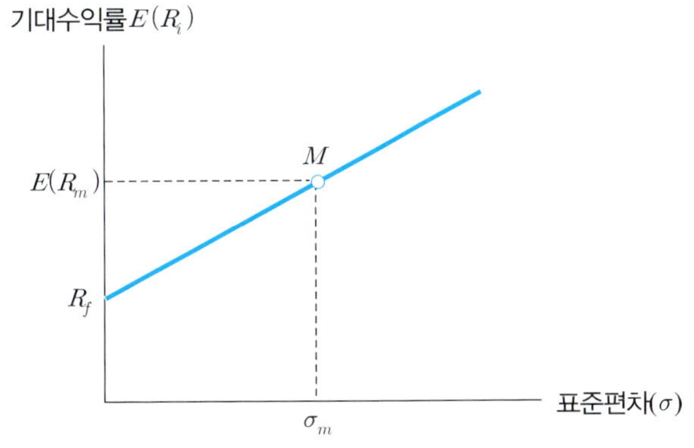

시장포트폴리오

CAPM에서 등장하는 시장포트폴리오(market portfolio)는 [그림 3-1]에서 M으로 나타냈는데 이는 매우 중요한 개념이다. 시장포트폴리오는 여기서 설명하는 자본시장선뿐만 아니라 뒤에서 설명할 증권시장선을 이용할 때에도 필수적인 변수이다. 그래서 시장포트폴리오의 기대수익률과 위험에 대해서는 좀 더 자세하게 살펴볼 필요가 있다.

다음의 사례에서 구체적으로 시장포트폴리오의 기대수익률과 위험을 구해보자.

예제 3-4

현재의 주가지수는 1,000포인트이다. 1년 후의 주가지수에 대한 정보가 다음과 같은 확률분포로 파악되었다.

상 황	확 률	주가지수(포인트)
호 황	$\frac{1}{2}$	1,250
불 황	$\frac{1}{2}$	1,070

시장포트폴리오의 기대수익률 $E(R_m)$과 위험(σ_m)을 구하라.

풀이

주어진 주가지수에 대한 정보를 주가지수변동률에 대한 확률분포로 나타내면 다음과 같다.

확 률	주가지수변동률
1/2	25%
1/2	7%

먼저 확률분포의 평균값(기대수익률)을 구하면 다음과 같다.

$$E(R) = \sum p_i \cdot R_i$$
$$= \frac{1}{2} \times 0.25 + \frac{1}{2} \times 0.07 = 0.16 \ (16\%)$$

그리고 분산을 구한 후 이로부터 표준편차를 산출한다.

$$\sigma^2 = \sum p_i \cdot [R_i - E(R_i)]^2$$
$$= \frac{1}{2} \times [25 - 16]^2 + \frac{1}{2} \times [7 - 16]^2 = 81$$
$$\sigma = \sqrt{\sigma^2} = \sqrt{81} = 9\%$$

따라서 기대수익률-위험의 평면에서 시장포트폴리오는 16%, 9%의 위치에 나타낼 수 있다.

자본시장선의 이용

자본시장선은 위험(σ)과 기대수익률($E(R)$) 사이의 균형식이다. 따라서 자본시장선에 위험을 대입해서 얻게 되는 기대수익률은 균형수익률이 된다. 이렇게 구한 균형수익률은 위험자산으로부터 예상되는 미래의 현금흐름을 현재가치로 만들 때에 할인율이 된다. 그리고 이렇게 구한 현재가치가 그 위험자산의 균형가치가 되는 것이다.

자본시장선을 나타내는 식을 보면 알 수 있듯이 무위험이자율, 시장포트폴리오의 기대수익률과 위험을 알아야 구체적인 자본시장선을 도출할 수 있다. 다음의 사례로 먼저 자본시장선을 도출하고 이를 이용해서 위험자산의 균형가치를 구하는 과정까지 살펴보자.

예제 3-5

시장포트폴리오의 기대수익률은 16%, 표준편차는 9%이다. 은행금리(무위험이자율)는 10%라고 할 때에 다음의 각 물음에 답하다.

(1) 자본시장선(CML)을 구하라.
(2) 어떤 위험자산의 1년 후 기대값이 59,000원이라고 할 때 이의 균형가치는 얼마인가? 단 이 포트폴리오의 위험(σ)은 12%이다.

풀이

(1) 자본시장선은 다음과 같다.

$$E(R_p) = R_f + \left[\frac{E(R_m) - R_f}{\sigma_m}\right] \cdot \sigma_p$$
$$= 0.1 + \frac{0.16 - 0.1}{0.09} \cdot \sigma_p = 0.1 + \frac{2}{3}\sigma_p$$

(2) 먼저 자본시장선에 위험(σ) 12%를 대입해서 다음과 같이 균형수익률을 구한다.

$$E(R_p) = 0.1 + \frac{2}{3}\sigma_p$$
$$= 0.1 + \frac{2}{3} \times 0.12 = 0.18(18\%)$$

이렇게 구한 균형수익률을 할인율로 이용해서 미래 현금흐름의 현재가치를 구하면 이 위험자산의 균형가치(내재가치)가 된다.

$$P_0 = \frac{E(P_1)}{1 + E(R_p)}$$
$$= \frac{59,000}{1 + 0.18} = 50,000(\text{원})$$

제4절 체계적 위험, 베타(β)

01 비체계적 위험과 체계적 위험

자본시장선과 총위험

우리는 지금까지 위험을 표준편차나 분산으로 측정하였다. 이렇게 측정한 값은 총위험(total risk)이라고 한다. 따라서 앞서 설명한 자본시장선은 총위험과 기대수익률의 관계를 나타내는 식이라고 할 수 있다. 즉, 어떤 위험자산의 총위험이 주어지면 이를 자본시장선에 대입하여 기대수익률을 구하고 이를 할인율로 해서 그 위험자산의 미래현금흐름을 현재가치로 계산하면 균형가격(내재가치)이 되는 것이다.

분산투자와 위험

이제 분산투자가 가능한 상황을 생각해보자. 분산투자를 통해서 포트폴리오를 구성하면 포트폴리오를 구성하는 여러 종목들이 갖는 서로간의 상관관계 때문에 포트폴리오의 위험은 개별주식의 위험을 평균한 값보다 작게 된다. 이를 포트폴리오효과 또는 분산투자효과라고 한다. 그렇다면 투자자들은 위험을 최소화하려고 하기 때문에 가능한 많은 종목으로 포트폴리오를 구성하려고 할 것이다. 따라서 최종적으로는 증권시장 전체종목으로 구성된 시장포트폴리오를 선택하게 된다.

어떤 위험자산의 위험은 이렇게 시장포트폴리오를 구성하면 분산투자효과로 없어지는 부분과 시장포트폴리오를 구성해도 없어지지 않고 남아있는 부분으로 구분된다. 여기서 시장포트폴리오를 구성하면 없어지는 부분은 비체계적 위험(unsystematic risk)이라고 하고, 시장포트폴리오를 구성해도 여전히 남아있는 부분은 체계적 위험(systematic risk)이라고 한다.

02 체계적 위험

체계적 위험의 시장관련성

체계적 위험과 시장과의 관련성을 예를 들어 쉽게 이해해보자. 우선 삼성전자의 주식만을 갖고 있는 투자자가 있다고 하자. 이때 삼성전자 주가는 어떤 요인에 의해서 변동할까? 첫 번째, 경제성장률, 금리, 수출증가율 등 거시적 경제변수가 반영된 시장 전체의 움직임에 의해서 영향을 받을 것이다. 그리고 두 번째, 삼성전자만의 신기술개발, 경영진 교체 등 개별기업의 요인에 의해서도 영향을 받을 것이다. 그런데 이 투자자가 현대자동차의 주식도 매입해서 분산투자를 하였다고 하자. 현대자동차의 주가변동도 시장 전체의 움직임과 현대자동차의 기업적 요인에 의해서 영향을 받을 것이다.

여기서 만약 삼성전자의 기업적 요인이 예측치 못한 악재로 나타났다면 이는 현대자동차의 예측치 못한 호재로 상쇄될 수 있을 것이다. 이러한 기업적 요인이 비체계적 위험인데 이는 여러 주식에 분산투자함으로써 제거할 수 있는 것이다.

그런데 이렇게 분산투자해도 거시적 경제변수가 반영된 시장 전체의 움직임에 의해서 주가가 변동하는 것은 어떻게 할 도리가 없다. 이것이 바로 체계적 위험이다. 그러므로 체계적 위험은 시장 전체의 움직임과의 관련성을 의미하는 것이라고 한다. 그리고 시장 전체의 움직임은 주가지수로 나타낼 수 있으므로 체계적 위험은 주가지수와의 관계로 측정한다.

베타(β)

체계적 위험을 측정하는 가장 일반적인 방법은 베타를 이용하는 것이다. 체계적 위험은 시장 전체의 움직임과 관련된 위험이라고 하였다. 베타를 통계적 의미에서 보면 시장포트폴리오 수익률(주가지수의 변동률)을 독립변수로 하고 개별주식 수익률을 종속변수로 하는 다음의 회귀모형에서 회귀계수 β_i와 같다.[1)]

1) 회귀계수 α, β_i를 구해서 산출한 회귀식 $R_i = \alpha_i + \beta_i \cdot R_m$를 시장모형(market model)이라고 한다.

$$R_i = \alpha_i + \beta_i R_m + \epsilon_i \qquad [식\ 3\text{-}5]$$

단, R_i : 주식 i의 수익률
R_m : 시장포트폴리오의 수익률
ϵ_i : 오차항

여기서 회귀계수 β_i의 경제적 의미는 시장포트폴리오수익률의 변화에 대해 개별주식의 수익률이 얼마나 변화하는가를 나타내는 민감도이다. 따라서 종합주가지수가 1% 증가할 때 어떤 주식수익률이 2.5% 증가하였다면 이 주식의 베타는 2.5가 되는 것이다.

먼저 시장포트폴리오의 베타는 얼마일까를 생각해보자. 시장포트폴리오의 베타는 시장포트폴리오의 시장포트폴리오에 대한 민감도로서 자기 자신에 대한 민감도이므로 1이 된다. 따라서 어떤 주식의 베타가 1보다 크면 주식시장 전반의 움직임보다 더 크게 움직이는 주식이고, 베타가 1보다 작으면 주식시장의 움직임보다 더 작게 움직이는 주식이다. 그리고 은행예금이나 국공채의 경우에는 무위험자산으로서 그 수익률이 확정값으로서 상수항이므로 주가지수에 영향을 받지 않기 때문에 베타가 0이 된다.

제5절 증권시장선

01 베타와 기대수익률

앞서 설명한 자본시장선은 총위험(표준편차)과 기대수익률의 관계식이다. 그런데 현실적으로 분산투자가 가능한 상황에서 비체계적 위험은 기대수익률에 영향을 주지 않는다. 따라서 체계적 위험과 기대수익률의 관계식이 더 중요한데 증권시장선(SML: security market line)이 바로 이 관계식인 것이다.

그리고 체계적 위험은 시장과의 관련성을 반영하는 베타로 측정하는 것이 일반적이다. 그래서 증권시장선은 다음과 같이 기대수익률 $E(R_i)$와 베타(β)와의 직선식으로 표현할 수 있다.

$$E(R_i) = R_f + [E(R_m) - R_f] \cdot \beta_i \qquad [식\ 3\text{-}6]$$

이 식은 재무이론에서는 가장 많이 이용되는 매우 중요한 식이다. 그리고 이 식을 기대수익률 $E(R_i)$, 베타(β)의 평면에 나타내면 다음의 [그림 3-2]와 같다.

그림 3-2
증권시장선

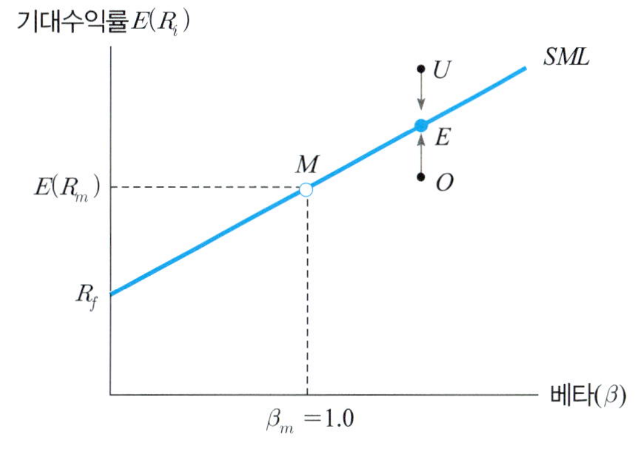

02 증권시장선의 의미

경제적 의미

[식 3-6]으로 표현한 증권시장선의 구조를 보면 기대수익률 $E(R_i)$은 R_f와 $[E(R_m) - R_f] \cdot \beta_i$의 두 가지 요소로 구성된 것을 알 수 있다. 여기서 R_f는 은행금리와 같은 무위험수익률이다. 그리고 $[E(R_m) - R_f] \cdot \beta_i$는 체계적 위험(베타)에 대한 대가로서 위험프리미엄(risk premium)이라고 한다.

그런데 은행금리나 시장포트폴리오 수익률은 모든 주식에 공통적으로 똑같은 값으로 주어지는 것이므로 위험프리미엄은 베타에 의해서 결정된다. 따라서 증권시장선으로 구하는 기대수익률은 결국 그 주식의 베타에 의해 결정된다고 할 수 있다.

자본시장선과의 비교

증권시장선을 앞서 제시된 자본시장선과 비교해보자.

• 자본시장선 $E(R_p) = R_f + [\frac{E(R_m) - R_f}{\sigma_m}] \cdot \sigma_p$ [식 3-4]

• 증권시장선 $E(R_i) = R_f + [E(R_m) - R_f] \cdot \beta_i$ [식 3-6]

위의 두 식 모두 위험과 기대수익률 사이의 관계식이다. 즉, 위험정보를 이용해서 그에 해당하는 기대수익률을 구할 수 있는 식이다. 그리고 기대수익률도 무위험수익률에다가 위험프리미엄을 더하는 방식으로 구성된다.

그런데 자본시장선에서는 위험정보로 총위험에 해당하는 표준편차(σ)를 이용하는 반면, 증권시장선에서는 위험정보로 체계적 위험에 해당하는 베타(β)를 이용한다.

03 증권시장선의 이용

균형주가의 산출

증권시장선을 통해서 구한 기대수익률은 균형수익률이다. 즉, 어떤 주식의 위험(베타)을 증권시장선에 대입하면 그 위험수준에 해당하는 균형수익률을 구할 수 있다. 그리고 이를 할인율로 이용해서 미래현금흐름의 현재가치를 구하면 그 주식의 균형가격을 구한 것이 된다.

그런데 베타가 클수록 증권시장선의 균형수익률도 큰 값을 갖는다. 따라서 똑같은 미래현금흐름이 예상되는 주식이라고 해도 베타가 큰 주식은 할인율로 사용할 균형수익률이 크게 되고, 이에 따라 현재가치인 균형주가는 낮아지게 된다.

투자종목의 선택

증권시장선을 통해서 구한 균형주가는 투자종목을 선택하는 기준이 된다. 균형주가와 실제시장주가가 같다면 균형상태라고 한다. 그러나 일시적 불균형으로 시장주가가 균형주가보다 높거나 낮은 가격으로 형성되어 있을 수 있다.

[그림 3-2]에서 U로 표시된 주식은 균형점 E로 표시된 주식과 베타는 같지만 기대수익률, 즉 할인율이 높다. 할인율이 높다는 것은 현재주가가 균형주가보다

낮다는 뜻이다. 즉, 과소평가된(undervalued) 주식이다. 그러면 사람들은 주식 U를 사려고 할 것이다. 주식U에 대한 수요증가는 시장가격을 상승시키고 이에 따라서 수익률은 하락한다. 결국 수익률이 E 수준이 되는 주가 수준에서 가격은 멈추고 균형상태가 된다.

반대로 같은 베타를 가지면서 수익률이 낮은, 즉 과대평가된(overvalued) 주식 O는 같은 논리로 투자자들은 팔려고 할 것이며 U와는 반대의 과정을 거쳐서 균형점 E로 가게 된다. 이렇게 시장균형이 이루어지면서 투자자들은 시장주가와 균형주가의 차이에 해당하는 이익을 얻게 되는 것이다.

자본비용의 산출

증권시장선을 통해 구한 균형수익률은 투자자들이 자신이 부담하는 위험(베타)에 대해서 요구하는 수익률이다. 그런데 주식은 투자자의 입장에서는 투자대상이지만 기업의 입장에서는 자본조달수단이 된다. 따라서 증권시장선을 통해 구한 균형수익률은 기업의 입장에서는 주식발행으로 자금을 조달할 때 주주에게 제공해야 할 자본사용의 대가가 되는 것이다. 이러한 자본사용대가를 자본비용이라고 한다. 이렇게 재무이론에서는 자본비용을 금액단위로 나타내지 않고 %단위로 나타내는 것이 일반적이다.[2)]

자본예산

기업재무에서는 기계설비를 구입하거나 공장을 설립하는 것과 같이 실물자산에 투자하는 것을 자본예산(capital budgeting)이라고 한다. 이러한 투자안의 경제성을 평가할 때에는 투자안의 현재가치를 구해야 한다. 투자안의 현재가치를 구하기 위해서는 할인율이 필요한데 그 할인율이 곧 자본비용이다. 그리고 여기서 배운 증권시장선을 통해서 구한 균형수익률을 구하면 그 수익률이 바로 자본비용에 해당하는 것이다.

2) 자본비용에 대한 자세한 내용은 뒤에서 다룰 것이다.

예제 3-6

가나기업의 현재 주가는 20,000원인데 올해 말 가나기업의 1주당 배당액은 2,000원, 1주당 주가는 26,000원으로 기대된다. 가나기업 주식의 베타는 2.4이고 무위험이자율은 10%, 시장포트폴리오의 기대수익률은 16.25%이다.

(1) 가나기업 주식의 균형수익률 및 균형가격은 얼마인가?
(2) 가나기업 주식의 예상수익률을 산출하여 이 주식의 주가변화를 예측하라.

풀이

(1) 균형수익률은 SML을 통해서 구한 기대수익률을 말한다.

$$E(R_i) = R_f + [E(R_m) - R_f] \cdot \beta_i$$
$$= 0.1 + [0.1625 - 0.1] \times 2.4 = 0.25(25\%)$$

이 주식의 1년 후 현금흐름의 기대값은 28,000원(=2,000+26,000)이므로 이를 균형수익률로 할인하면 균형가격을 다음과 같이 구할 수 있다.

$$\frac{28{,}000}{1+0.25} = 22{,}400(\text{원})$$

(2) 예상수익률이란 현재주가를 기준으로 산출한 기대수익률을 말한다. 따라서 다음과 같이 구한다.

$$\frac{(P_1 - P_0) + D_1}{P_0} = \frac{(26{,}000 - 20{,}000) + 2{,}000}{20{,}000} = 0.4(40\%)$$

현재의 시장가격 20,000원은 균형가격 22,400원에 비해서 과소평가되어 있으므로 투자자들은 이를 구입하려 할 것이다. 그래서 수요증가에 따라 주가는 상승하면서 균형가격 22,400원으로 될 것이다.

요 약

1. 무위험자산은 미래수익을 확정된 금액으로 알 수 있는 자산이고 위험자산은 미래수익이 불확실한 자산이다.

2. 위험자산의 가치를 평가하기 위해서는 불확실한 미래수익의 기대값과 이의 현재가치를 구할 수 있는 수익률(할인율)이 필요하다.

3. 불확실한 상황에서 위험과 수익률의 관계를 나타내는 식으로 대표적인 것이 자본자산가격결정모형(CAPM)이다. CAPM은 자본시장선과 증권시장선으로 구성된다.

4. 자본시장선은 표준편차로 측정된 총위험과 기대수익률의 관계식이다.

5. 증권시장선은 베타로 측정된 체계적 위험과 기대수익률의 관계식이다.

6. 현실세계에서는 분산투자가 가능하므로 체계적 위험(베타)과 기대수익률의 관계식인 증권시장선이 더 중요하다.

7. 증권시장선은 균형주가를 산출하거나 투자종목을 선택하는 데에 이용되며 실물투자에서 자본비용을 산출하거나 기업가치평가에 중요하게 이용된다.

연습문제

진위형

1. 주식은 위험자산이지만 채권은 무위험자산이다. ( )
2. 자본자산가격결정모형(CAPM)이라고 하면 일반적으로 증권시장선(SML)을 말한다. ( )
3. 비체계적 위험을 측정하는 표준편차와 체계적 위험을 측정하는 베타는 측정단위가 동일하다. ( )
4. 시장포트폴리오란 시장에 존재하는 모든 주식으로 구성된 포트폴리오를 말하는 것이다. ( )
5. 불확실한 상황에서 위험자산을 평가하는 두 가지 요소는 기대수익률과 위험이다. ( )

객관식

1. 다음은 위험에 대한 설명이다. 올바른 것은?
   ① 총위험은 표준편차 또는 베타로 측정한다.
   ② 위험이 큰 현금흐름에 대한 할인율은 위험이 작은 현금흐름의 할인율보다 낮다.
   ③ 위험자산의 기대수익률은 무위험자산의 기대수익률보다 낮다.
   ④ 체계적 위험은 포트폴리오의 종목 수를 늘려도 줄일 수 없다.

2. 주식수익률을 구성하는 두 가지 요소는?
   ① 주가상승률과 배당수익률 ② 무위험이자율과 주가상승률
   ③ 주가상승률과 위험프리미엄 ④ 배당수익률과 위험프리미엄

3. 다음 중 나머지들과 관련성이 가장 적은 것은?
   ① 체계적 위험 ② 시장위험 ③ 거시경제변수 ④ 기업요인

4. 다음 중 불확실성에 대해서 올바르게 설명하고 있는 것은?
① 미래의 수익이 얼마가 될지 전혀 모르는 상황이다.
② 미래의 수익을 확률분포로 알 수 있는 상황이다.
③ 미래의 수익을 확정금액으로 알 수 있는 상황이다.
④ 답이 없다.

5. 불확실한 상황에서 투자를 할 때 고려하는 두 가지 요소는?
① 기대수익률과 분산 ② 주가상승률과 배당수익률
③ 주가상승률과 표준편차 ④ 공분산과 상관계수

6. 자본자산가격결정모형(CAPM)은 무엇과 무엇의 관계를 나타내는 식인가?
① 위험과 기대수익률 ② 베타와 기대수익률
③ 표준편차와 기대수익률 ④ 분산과 기대수익률

7. 다음 중 시장포트폴리오의 변동으로 볼 수 있는 것은 어느 것인가?
① 주가지수의 변화율 ② 정기예금금리
③ 국공채수익률 ④ 대형우량주의 수익률

8. 다음 중 베타에 대해서 잘못 설명하고 있는 것은?
① 베타는 주가지수변동에 대한 특정 주식의 민감도라고 할 수 있다.
② 경기변동주식의 경우에는 베타가 크다.
③ 베타가 크면 주식가격도 커진다.
④ 내수주의 경우에는 베타가 작다.

9. 시장포트폴리오의 베타는 얼마인가?
① −1.0 ② 0 ③ +0.5 ④ +1.0

10. CAPM에 대한 다음 설명 중 잘못된 것은?
① 위험과 기대수익률의 관계를 나타내는 식이다.
② 은행금리가 높을수록 기울기가 크게 된다.
③ 주가지수상승률이 높게 예상될수록 기울기가 크게 된다.

④ 직선식이다.

11. CAPM이 이용되는 분야를 열거한 것이다. 이에 해당되지 않는 것은?

① 자본비용을 산출할 때 ② 투자종목을 선택할 때
③ 투자성과를 평가할 때 ④ 주식위험을 측정할 때

12. 시장포트폴리오에 대한 설명이다. 잘못된 것은?

① 시장의 모든 주식들이 포함된 포트폴리오를 말한다.
② 주가지수의 변동률로 시장포트폴리오의 수익률을 측정한다.
③ 자본시장선을 이용하려면 꼭 필요한 값이다.
④ 증권시장선을 이용하는 경우라면 꼭 필요하지는 않다.

13. 은행금리는 8%, 주가지수예상변동률은 12%로 예상된다. 한국기업 주식의 베타는 2.5라면 한국기업 주식에 대한 기대수익률은 얼마가 적정한 수준인가? CAPM을 이용해서 답하라.

① 10% ② 14% ③ 16% ④ 18%

주관식

1. 무위험자산과 위험자산의 차이에 대해서 설명하고 각 자산에 해당하는 사례를 들어보시오.
2. 체계적 위험과 비체계적 위험의 차이를 설명하고 포트폴리오를 구성하면 이들 위험이 어떻게 변화하는지 설명하시오.
3. 평균–분산기준과 지배원리에 대해서 설명하시오.
4. CAPM에서 자본시장선과 증권시장선의 공통점과 차이점을 비교해보시오.
5. 실무에서 체계적 위험(베타)을 산출하는 방법을 설명하시오.

※6~10. 다음의 자료로 각 물음에 답하시오.

은행금리는 8%이며 주가지수의 예상변동률은 11%이다. 대한기업의 주식 베타가 3이고, 현재 주식시장에서 대한기업의 주가는 48,000원이다.

6. CAPM(증권시장선)을 구하라.
7. 대한기업 주식의 균형수익률은 얼마인가?
8. 대한기업은 매년 8,500원의 배당을 지급할 것이다. 대한기업 주식의 균형주가는 얼마인가?
9. 대한기업의 주식을 매입해야 하는가 아니면 매도해야 하는가?
10. 위의 거래로 1주당 얼마의 투자이익을 올릴 수 있는가?

PART 02

기업가치접근법

Chapter 04

현금흐름할인법

재무이론에서는 미래현금흐름을 현재가치로 할인한 값을 내재가치로 보는데 이러한 평가방법을 현금흐름할인법이라고 한다. 현금흐름할인법을 이용하려면 현금흐름을 먼저 구하고 그 현금흐름에 알맞은 할인율로 현재가치를 계산해야 한다. 기업가치를 평가하기 위해서 측정해야 할 현금흐름은 잉여현금흐름인데 잉여현금흐름은 영업현금흐름에 자본적 지출과 순운전자본의 증감을 반영하여 구한다. 잉여현금흐름의 현재가치를 구하면 기업가치가 되고 이 기업가치는 곧 자산가치와 동일한 값이 된다. 따라서 잉여현금흐름은 자산이 만들어내는 현금흐름이라고 할 수 있다. 이렇게 자산이 만들어내는 잉여현금흐름을 측정해서 이를 할인하여 한 번에 기업가치를 산출하는 방식을 기업가치접근법이라고 한다. 여기서는 현금흐름의 측정방식에 대해서 설명하고 할인율에 관해서는 다음 장에서 살펴볼 것이다.

제1절 현금흐름할인법의 기초개념

01 실물자산의 가치

빌딩의 내재가치

재무이론에서는 기본적으로 모든 자산의 가치를 해당자산의 현금흐름을 현재가치로 할인하여 산출한다. 예를 들어서 어떤 빌딩이 있다고 하자. 그 빌딩을 보유하면 임대료 수입을 얻게 된다. 따라서 그 빌딩의 수명이 다할 때까지 생기는 미래의 임대료 수입이 그 빌딩의 현금흐름이 된다. 이런 상황에서 빌딩의 가치는 어떻게 구할까? 재무이론에서는 그 빌딩이 가져다주는 미래의 임대료 수입을 현재가치로 할인한 값이 그 빌딩의 가치가 된다고 본다.

빌딩거래의 사례

1990년대 말 외환위기를 맞아서 우리나라 경제는 국제통화기금(IMF)의 관리체제에 있었다. 당시 기업구조조정의 차원에서 서울 도심의 많은 빌딩들이 매물로 나왔다. 그런데 외국자본들이 이러한 빌딩을 매입하는 과정에서 국내 기업들과 가격조건이 맞지 않아서 거래가 잘 이루어지지 않고 있다는 기사가 보도된 적이 있다. 구체적인 내용을 소개하면 국내 건물주들은 과거 시세나 빌딩의 건축비 등을 매도가격의 기준으로 삼고 있는데 비해서 외국자본들은 빌딩 임대료 수입의 현재가치를 빌딩 매수가격의 기준으로 삼고 있기 때문이라고 하였다.

기계설비의 가치

어떤 기업이 새로운 기계설비를 구입하려고 한다고 하자. 어떤 기준으로 구입여부를 결정해야 할까? 우선 새로운 기계설비로 새 제품을 생산하게 되면 매출액이 증가할 것이다. 이렇게 매출액이 증가하면 비용도 증가할 것이다. 그렇지만 현금수입에서 현금지출을 차감한 순현금유입이 늘어날 것이다(순현금유입

표 4-1 자산과 현금흐름

자산분류		현금흐름
실물자산	빌 딩	빌딩으로부터 얻게 되는 수입임대료
	기계설비	기계를 생산활동에 사용해서 생기는 현금수입
금융자산	주 식	배당금과 처분시점의 처분가격
	채 권	이자수령액과 만기의 원금

이 줄어들 것을 기대하고 투자하는 기업은 없을 것이다). 이렇게 늘어나는 순현금유입이 곧 이 기계설비의 구입에 따른 현금흐름이 될 것이므로 이를 현재가치로 계산하면 그 값이 기계설비의 내재가치가 되는 것이다. 만약 내재가치가 기계설비의 구입금액보다 크면 구입하는 것이고 반대로 내재가치가 구입금액보다 작으면 구입하지 말아야 할 것이다.

02 금융자산의 가치

주식의 내재가치

이러한 원리는 빌딩과 같은 실물자산뿐만 아니라 주식이나 채권과 같은 금융자산에도 그대로 적용된다. 주식을 갖고 있으면 주식을 보유하는 기간 동안 배당금을 받게 된다. 그리고 처분할 때에는 처분시점의 주식가격을 회수하게 된다. 따라서 주식을 평가할 때에는 보유기간 동안 받게 되는 배당금과 처분시점에서 회수하게 되는 처분가격에 해당하는 금액을 받게 되므로 배당과 처분가격이 현금흐름이 된다. 그러므로 주식의 내재가치를 구할 때에는 배당과 처분가격의 현재가치를 구하면 된다.

채권의 내재가치

채권의 경우도 마찬가지이다. 채권을 보유하고 있으면 채권의 만기가 되기 전까지 일정한 금액의 이자를 수령하게 된다. 그리고 만기가 되면 채권의 액면금액을 원금으로 받게 된다. 따라서 채권보유에 따른 현금흐름은 이자와 액면금액이 된다. 그러므로 채권의 내재가치를 구할 때에는 이자와 액면금액을 할인하여 그 현재가치를 구하면 된다.

03 위험과 할인율

할인율과 수익률

실물자산과 금융자산의 내재가치를 구하기 위해서는 우선 각각의 자산들로부터 얻게 되는 미래의 현금흐름을 현재가치로 계산해야 한다고 하였다. 그런데 현재가치를 구하기 위해서는 할인율을 알아야 한다고 하였다. 그러면 할인율은 어떻게 구할 것인가?

우리는 앞서 할인율과 수익률의 관계를 살펴보았다. 미래가치를 계산할 때에는 수익률이라는 용어를 쓰고 현재가치를 계산할 때에는 할인율이라는 용어를 쓰지만 기본적으로 이 둘은 서로 같은 개념이라고 하였다. 이렇게 할인율과 수익률을 혼용하기 때문에 '수익률로 할인하여 현재가치를 구한다'는 표현이 자주 등장하는 것이다.

위험조정할인율

위에서 예로 든 몇 가지 상황에서 할인율을 생각해보자. 첫째, 빌딩 임대료의 현재가치를 구하는 과정에서 사용하는 할인율, 둘째, 기계설비의 현재가치를 구하는 과정에서 사용하는 할인율, 셋째, 주식의 현재가치를 구하는 과정에서 사용하는 할인율, 넷째, 채권의 현재가치를 구하는 과정에서 사용하는 할인율들은 모두 다를 것이다. 왜 모두 다를까? 그 이유는 각각의 자산들로부터 얻게 되는 미래의 현금흐름이 내포하고 있는 위험이 서로 다르기 때문이다.

이렇게 위험이 서로 다르기 때문에 할인율도 서로 다르게 적용해서 현재가치를 구해야 하는 것이다. 즉, 서로 다른 위험수준을 고려해서 할인율을 산출하여 현재가치를 구해야 한다. 이렇게 현금흐름이 갖는 위험수준에 맞추어서 산출한 할인율을 위험조정할인율(risk adjusted discount rate)이라고 한다.

04 증권시장선

위험의 측정

그러면 위험수준에 맞추어 위험조정할인율을 산출하려면 어떻게 해야 할까? 일단 미래의 현금흐름이 내포하고 있는 위험을 측정해야 할 것이다. 그런데 위험은 총위험으로 측정하기도 하고 체계적 위험으로 측정하기도 한다. 먼저 총위험으로 측정하는 경우에는 표준편차를 이용해서 측정한다. 그리고 체계적 위험의 경우에는 베타로 위험의 크기를 측정한다. 그러나 현실적 상황은 분산투자가 가능한 상황이어서 총위험 중 비체계적 위험은 분산투자로 제거되므로 제거되지 않는 체계적 위험(베타)을 이용해서 위험을 측정하는 것이 합리적이다.

위험과 수익률의 관계식

앞에서 자본자산가격결정모형(CAPM: Capital Asset Pricing Model)을 소개하였는데 이 모형을 다시 한 번 살펴보자. CAPM은 다음과 같이 자본시장선(CML: Capital Market Line)과 증권시장선(SML: Security Market Line)으로 구성된다고 하였다.

- 자본시장선 $E(R_p) = R_f + [\frac{E(R_m) - R_f}{\sigma_m}] \cdot \sigma_p$
- 증권시장선 $E(R_i) = R_f + [E(R_m) - R_f] \cdot \beta_i$

여기서 자본시장선은 총위험(표준편차)과 기대수익률의 관계식을 나타내는 것이고, 증권시장선은 체계적 위험(베타)과 기대수익률의 관계식을 나타내는 것이다. 그런데 자본시장선은 효율적으로 분산투자된 포트폴리오에 대해서 적용하는 식으로서 사용범위가 제한적인데 비해서 증권시장선은 포트폴리오는 물론 개별 자산에 대해서도 폭넓게 사용할 수 있는 식이다.

그래서 자본시장선은 보통 포트폴리오(P)를 염두에 두고 포트폴리오의 기대수익률 $E(R_p)$과 포트폴리오의 총위험 σ_p의 관계식으로 표현하고 증권시장선은 개별주식(i)를 염두에 두고 개별주식의 기대수익률 $E(R_i)$와 개별주식의 체계적 위험 β_i와 관계식으로 표현하는 것이다.

그런데 현실세계는 분산투자가 가능한 상황이므로 자본시장선보다는 증권시장선이 더 실용성이 높다고 하였다. 이러한 이유로 보통 CAPM이라고 하면 증권시장선을 의미하며 자본시장선보다 더 널리 사용되는 것이다.

05 현금흐름할인법

현금흐름할인법의 중요성

재무이론에서는 기본적으로 지금까지 설명한 방식을 따라서 자산의 가치를 평가한다. 즉, 어떤 자산의 현금흐름을 먼저 측정하고 그 현금흐름의 위험수준에 알맞은 할인율(수익률)을 이용해서 현금흐름의 현재가치를 구한 값을 그 자산의 내재가치로 평가한다. 이러한 방법을 현금흐름할인법(DCF법: Discounted Cash Flow법)이라고 부른다. 이러한 현금흐름할인법은 재무이론의 거의 모든 영역에서 각 상황에 맞게 약간씩 고쳐가면서 적용되기 때문에 가치평가이론에서는 가장 중요한 개념이라고 할 수 있다. 실제 앞으로 공부하는 내용을 살펴보면 현금흐름할인법의 중요성을 확인할 수 있을 것이다.

현금흐름할인법의 적용

그리고 현금흐름할인법의 적용절차는 개념적으로는 아주 간단한다. 다음과 같이 현금흐름을 측정하는 절차와 할인율을 구하여 현재가치를 계산하는 것이다.

그림 4-1 DCF법의 적용절차

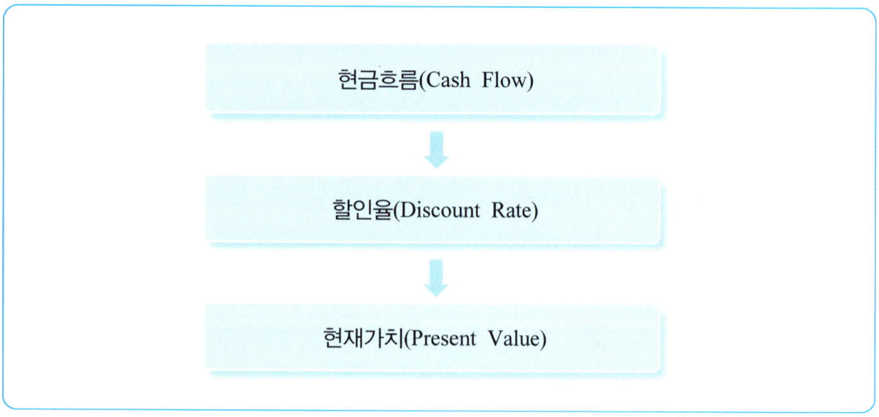

개념적으로 현금흐름할인법의 적용절차가 간단하다고 해서 실제 이 방법을 이용하는 것도 간단한 것은 아니다. 우선 현금흐름을 측정하는 것이 쉽지 않다. 현금흐름에 대한 정의가 통일되어 있지 않아서 여러 가지 용어들이 사용되고 있다. 그래서 혼란스러운 면이 있다. 용어가 통일되었다고 해도 어떤 자산에서 앞으로 나타날 현금흐름을 예측하는 것은 매우 어려운 일이다. 항상 불확실성이 있기 때문이다.

현금흐름이 측정되었다고 해도 그 현금흐름에 알맞은 할인율을 구하는 것도 쉬운 일이 아니다. 자본자산가격결정모형(CAPM)을 많이 이용하지만 이 모형은 도출과정에서 비현실적인 가정도 전제로 하고 있기 때문에 현실에 사용하는 것이 적합한가에 대해서는 의문이 제기되기 때문이다. 그래서 할인율에 대한 현실성도 다각도로 체크해야 할 것이다.

제2절 현금흐름의 측정

01 발생주의와 현금주의

발생주의

일반적으로 모든 재무제표는 발생주의에 입각한 회계기준에 따라서 작성된다. 발생주의(accrual basis)란 어떤 거래가 발생하면 현금의 유출 또는 유입과 상관없이 수익(revenue)과 비용(expense)을 인식하는 것을 말한다. 예를 들어 제품을 외상으로 판매하면 현금은 들어온 것이 없지만 매출(영업수익)은 기록된다. 반대로 이번 달 직원들의 월급을 자금사정이 좋지 않아서 지급하지 못했다면 현금은 나간 것이 없지만 임금(영업비용)은 발생한 것이다.

현금주의

그런데 재무이론에서는 발생주의에 근거해서 기록된 수익이나 비용보다는 현금주의에 따라서 파악된 현금유입과 현금유출을 더 중요한 분석대상으로 한다.[1] 왜냐하면 매출이 많아도 현금을 가진 것이 없으면 부채를 상환하지 못해서 부도날 수 있기 때문이다. 이렇게 회계상으로는 이익이 나고도 현금흐름이 원활하지 못해서 파산하는 것을 흑자도산이라고 하는데 실제 이러한 흑자도산은 현실적으로 많이 나타난다.

이러한 배경에서 재무이론에서는 현금흐름을 더 중요하게 보는데 이렇게 실제 현금유출과 현금유입을 찾아서 기록하는 것을 현금기준(cash basis)이라고 한다. 따라서 재무이론에서는 현금기준에 의해서 작성된 자료가 필요한 것이다.

표 4-2 발생주의와 현금주의

발생주의	현금주의
수 익	수 입
−비 용	−지 출
순이익	순현금유입

발생주의 → 현금주의

물론 현금기준으로 작성된 손익계산서가 있으면 그 손익계산서를 그대로 사용할 수 있지만 대개 우리가 접하는 손익계산서는 발생주의에 의해서 작성된 것이다. 그렇기 때문에 이를 현금기준으로 변환시킬 필요가 있다.

이제부터는 발생주의를 기준으로 작성된 손익계산서에서 기업가치평가에 필요한 현금흐름을 측정할 수 있는 방법을 익히도록 한다.

02 손익계산서

일반적으로 손익계산서는 발생주의에 입각한 회계기준에 따라서 작성된다. 따라서 손익계산서상의 순이익은 회계기준에 따른 기업의 성과라고 할 수 있으며 우리가 기업가치를 평가하려는 목적으로 사용하는 현금흐름과는 차이가 있다. 일단 다음과 같은 손익계산서를 가정하여 기업가치평가에서 분석대상이 되는 현금흐름에 대해서 설명해보겠다.

1) 이러한 현금수입과 현금지출은 발생주의의 수익과 비용에 대응해서 수입과 지출이라고 표현해서 구별하기도 한다.

표 4-3
손익계산서(1)

손익계산서(1)		
매출액		900
매출원가		500
매출총이익		400
판매관리비		
급　여	60	
감가상각비	90	150
영업이익(EBIT)		250
영업외비용		
지급이자		50
납세전순이익		200
법인세(세율 40%)		80
당기순이익		120

손익계산서(1)은 우리가 흔히 볼 수 있는 손익계산서로서 기업회계기준에 따라서 작성된 것이다. 여기서 매출대금은 즉시 현금으로 수령하고 매입대금이나 급여 등 각종 비용 등은 즉시 현금으로 지급한다고 가정하자. 물론 현실적으로는 외상매출도 있을 것이다. 그리고 매입도 외상으로 이루어지고 비용도 나중에 지급되는 경우가 많을 것이다. 이러한 사항들은 현금기준으로 조정해야 한다. 그러나 핵심적인 내용을 파악하는 것이 우선이므로 가정을 단순화시켜서 여기서는 손익계산서상의 매출, 매입, 비용은 현금기준으로 표시된 것으로 보는 것이다.

이렇게 단순화한다고 해도 손익계산서에서의 영업비용은 현금유출이 수반되느냐 수반되지 않느냐를 기준으로 구분해서 표시해야 한다. 영업비용 중 감가상각비는 현금이 지급되는 비용이 아니므로 손익계산서(1)은 다음과 같은 형태의 손익계산서(2)와 같은 형태로 고칠 수 있다. 여기서도 마찬가지로 현실에서는 현금이 지급되지 않는 비용이 감가상각비만은 아니다. 예를 들어 무형자산(지적재산권, 특허권, 영업권 등)의 상각비와 같은 것들도 다 현금이 유출되지 않는 비용이지만 대표적인 항목으로 감가상각비를 제시한 것이다.

표 4-4
손익계산서(2)

손익계산서(2)		
영업수익		900
영업비용		
현금유출이 있는 비용	560	
현금유출이 없는 비용	90	650
영업이익(EBIT)		250
지급이자		50
납세전순이익		200
법인세		80
당기순이익		120

이때에 손익계산서(2)의 영업비용 중 현금유출이 있는 비용 560은 손익계산서(1)의 매출원가 500과 판매관리비 중 급여 60을 합한 금액이다. 그리고 현금유출이 없는 비용은 감가상각비이다. 감가상각비까지 차감한 후의 영업이익 250은 이자 및 세금을 차감하기 전의 이익이라고 해서 흔히 EBIT(earnings before interests and taxes)로 줄여서 표현하기도 한다.

이러한 손익계산서를 토대로 재무관리에서 분석대상으로 삼는 영업현금흐름이라는 개념을 먼저 설명하겠다.

03 영업현금흐름

기업의 자기자본가치를 극대화하기 위해서는 손익계산서상의 순이익을 극대화하여야 할 것이다. 그리고 기업가치를 극대화하기 위해서는 순이익이 아니라 채권자의 몫(이자)까지 포함된 영업이익을 극대화하여 할 것이다. 우리는 여기서 기업가치를 측정하는 것이므로 분석대상을 순이익이 아닌 영업이익에 초점을 맞추어야 한다. 그런데 엄밀하게 말하면 영업이익보다는 영업현금흐름(OCF: operating cash flow)이 더 정확한 표현이다. 〈표 4-3〉, 〈표 4-4〉의 손익계산서에서 보면 알겠지만 만약 감가상각비가 없으면, 즉 0이라면 영업이익이나 영업현금흐름이 똑같다. 그러나 그렇지 않을 수도 있으니 앞으로는 영업현금흐름이라는 표현을 사용하도록 하자. 영업현금흐름은 다음과 같이 두 가지 방법으로 측정할 수 있다.

측정방법1 : 세후EBIT + 감가상각비

구체적으로 영업현금흐름은 어떻게 구할까? 첫 번째로 손익계산서상의 영업이익(EBIT)에다가 감가상각비(Dep)를 더해주는 방법으로 구할 수 있다. 여기서 감가상각비를 더해주는 이유는 감가상각비가 영업이익을 계산할 때에는 비용항목으로 처리되지만 실제로는 현금이 나가는 비용이 아니기 때문에 현금흐름을 계산할 때에는 다시 더해주는 것이다.

그리고 이 값으로부터 법인세를 차감한다. 이때에 주의할 것은 여기서 차감하는 법인세는 실제로 납부하는 금액이 아니고 이자비용을 차감하지 않은 상태의 영업이익(EBIT)에 세율(t)을 곱해서 산출한 법인세를 말한다. 따라서 이때의 법인세는 EBIT·t에 해당하는 금액이 된다. 그런데 실제로 기업이 내는 법인세는 EBIT · t보다 작다. 왜냐하면 실제로 내는 법인세는 (EBIT－이자비용)에다가 세율을 곱한 금액, 즉 (EBIT－이자비용)·t이기 때문이다. 그럼에도 불구하고 영업이익을 기준으로 세금을 산출하는 것은 기업의 영업능력의 가치를 평가하기 위함이다. 만약 기업이 부채를 많이 사용해서 이자비용이 많다면 법인세가 그만큼 적어질 것인데 이것은 부채사용효과이지, 영업능력이 좋은 것으로 볼 수 없기 때문이다. 그러므로 영업현금흐름은 다음과 같이 산출된다.

$$\begin{aligned} \text{영업현금흐름} &= EBIT + Dep - t \cdot EBIT \\ &= EBIT(1-t) + Dep \end{aligned} \quad [식\ 4\text{-}1]$$

위 식에는 이자비용이 없으므로 영업현금흐름을 한마디로 정의하면 '무부채상태의 현금흐름'이라고 할 수 있다. 그리고 위의 두 번째 식으로 정리된 것을 보면 영업현금흐름은 '세후EBIT에 감가상각비를 더한 것'이라고도 할 수도 있다.

이제 〈표 4-3〉에 주어진 손익계산서를 갖고 영업현금흐름을 측정해보자. [식 4-1]을 이용하면 영업현금흐름은 다음과 같이 240이 된다.

$$\begin{aligned} \text{영업현금흐름} &= 250 + 90 - 0.4 \times 250 \\ &= 250 \times (1-0.4) + 90 = 240 \end{aligned}$$

측정방법2 : 세후EBITDA + 감가상각비의 감세효과

그런데 영업수익을 R이라고 하고 영업비용 중 현금지출금액을 C라고 하면

EBIT=R−C−Dep가 된다. 이를 [식 4-1]에 대입하면 영업현금흐름은 다음과 같은 식으로 표현할 수도 있다.

$$\begin{aligned} \text{영업현금흐름} &= (R-C-Dep)(1-t)+Dep \\ &= (R-C)(1-t)+t\cdot Dep \end{aligned} \qquad \text{[식 4-2]}$$

여기서 (R−C)에 해당하는 현금흐름은 이자, 세금은 물론 감가상각비도 차감하기 전의 이익이어서 EBITDA(earnings before interests, taxes, depreciation and amortization)라고 한다.

그리고 감가상각비는 현금지출항목이 아니면서 법인세를 산출할 때에는 비용으로 인정되기 때문에 납부할 세금을 줄여주는데 t·Dep가 바로 감가상각비 때문에 감소된 세금의 크기를 나타내는 것이다. 이를 감가상각비의 감세효과(depreciation tax shield effect)라고 한다. 따라서 [식 4-2]에 따르면 영업현금흐름은 '세후EBITDA에 감가상각비의 감세효과를 더한 것'이라고 할 수 있다. 이 방법을 따라도 [식 4-1]을 이용한 것과 같이 영업현금흐름이 240이 된다는 것을 확인할 수 있다.

$$\text{영업현금흐름} = (900-560)\times(1-0.4)+0.4\times90 = 240$$

04 잉여현금흐름

기업가치평가에 필요한 현금흐름

그러나 기업가치를 평가하거나 실물투자안의 경제성을 평가하면서 측정해야 할 최종적인 현금흐름은 영업현금흐름이 아니다. 최종적으로 우리가 측정해야 할 현금흐름은 잉여현금흐름(FCF: free cash flow)이라고도 하는 것이다. 잉여현금흐름은 앞서 측정한 영업현금흐름에다가 자본적 지출이나 운전자본의 변동까지 포함시킨 것을 말한다. 그래서 잉여현금흐름, FCF는 다음과 같이 정의된다.

$$\text{FCF}=\text{영업현금흐름}-\text{자본적 지출}-\text{순운전자본 증가액} \qquad \text{[식 4-3]}$$

이러한 잉여현금흐름은 기업에게 귀속되는 것이라고 해서 Damodaran과 같은 학자는 기업잉여현금흐름(FCFF: free cash flow to the firm)이라고 부른다.

자본적 지출과 순운전자본 증가액

위 식에서 자본적 지출(capital expenditure)을 차감하는 이유는 자본적 지출이란 현금이 나가고 다른 고정자산이 들어오는 거래인데 고정자산은 내용연수 동안 감가상각이 되는 것이다. 이러한 자산을 취득하느라 나가는 현금은 영업이익을 산출하는 과정에 반영되지 않는 현금유출이기 때문에 FCF를 산출할 때에 차감하는 것이다.

그리고 순운전자본(net working capital)의 증가액을 차감하는 이유에 대해서 살펴보자. 순운전자본은 영업활동에 필요한 자본으로서 유동자산에서 유동부채를 차감한 값이다. FCF를 구하는 과정에서 차감하는 순운전자본의 증가액이란 전기에 비해서 당기에 순운전자본이 얼마나 증가했는가를 의미한다. 이 증가액은 현금유출임에도 불구하고 영업이익을 구하는 과정에는 반영되지 않으므로 차감항목이 되는 것이다. 만약 이와는 반대로 전기에 비해서 당기에 순운전자본이 감소하였다면 감소액을 가산해주어야 한다.

잉여현금흐름과 영업현금흐름

잉여현금흐름은 영업현금흐름보다 클 수도 있고 작을 수도 있다. 자본적 지출 또는 운전자본이 추가로 필요하다면 잉여현금흐름은 영업현금흐름보다 작아진다. 그렇지만 고정자산을 매각한다면 자본적 지출이 음수가 될 수 있다. 또 전기에 비해서 당기의 순운전자본이 더 작은(운전자본이 회수되는) 경우도 있다. 이러한 경우에는 잉여현금흐름이 영업현금흐름보다 크게 된다. 물론 자본적 지출이나 추가운전자본이 없다면 잉여현금흐름은 영업현금흐름과 똑같게 된다.

다음과 같은 사례에서 이 두 현금흐름의 관계를 좀 더 살펴보자.

예제 4-1

올해의 영업현금흐름이 240이라고 하자. 다음 각 경우에 잉여현금흐름이 얼마인지 산출해보라.

(1) 올해 자본적 지출이 30만큼 필요하고, 운전자본은 10만큼 추가로 소요되는 경우

(2) 올해 자본적 지출이 30만큼 필요하지만 운전자본은 50만큼 회수되는 경우

풀이

(1) 각 경우의 잉여현금흐름은 [식 4-3]을 이용하여 다음과 같이 산출한다.

FCF＝영업현금흐름－자본적 지출－추가운전자본
＝240－3－10＝200

(2) FCF＝영업현금흐름－자본적 지출－추가운전자본
＝ 240－30＋50＝260

제3절 현금흐름의 측정사례(1)

01 측정기간의 확장

앞에서 설명한 현금흐름의 측정방법은 어느 한 기간의 손익계산서를 분석대상으로 한 것이었다. 그러나 기업은 어느 한 기간만 존재하는 것이 아니다. 기업은 곧 부도나서 파산할 것이라는 분명한 증거가 없다면 무한하게 존속하는 것으로 본다. 이러한 가정을 계속기업(going concern)의 가정이라고 한다.

기업가치를 평가하려면 그 기업이 앞으로 벌어들일 현금흐름을 측정해야 한다. 따라서 그 현금흐름도 단일 기간의 현금흐름이 아닌 무한하게 계속되는 현금흐름이어야 한다. 구체적으로는 어떤 기업의 잉여현금흐름(FCF)을 무한한 기간으로 확장하여 측정하는 것이다.

02 한국기업(주)의 사례

자본적 지출과 운전자본의 변동이 없는 경우

가장 단순한 형태의 현금흐름을 생각해보자. 만약 한국기업(주)의 올해 손익계산서가 다음과 같이 파악되었다고 하자.

표 4-5 손익계산서(1)

손익계산서		(단위 : 억원)
매출액		900
매출원가		400
매출총이익		500
판매관리비		
급 여	80	
감가상각비	70	150
영업이익(EBIT)		350
영업외비용		
지급이자		50
납세전순이익		300
법인세(세율 30%)		90
당기순이익		210

그리고 이 손익계산서의 성과가 매년 똑같이 계속된다고 가정하자. 그리고 자본적 지출이나 운전자본의 변동도 없다고 하자. 물론 비현실적인 사례이지만 현금흐름의 측정과 기업가치의 평가 사례로서는 가장 간단해서 이해하기가 쉽다.

자본적 지출과 운전자본의 변동이 없다고 하였으므로 잉여현금흐름(FCF)은 영업현금흐름(OCF)과 같다. 구체적으로 위의 손익계산서에서 잉여현금흐름을 측정하면 다음과 같다.

$$
\begin{aligned}
\text{잉여현금흐름} &= EBIT + Dep - t \cdot EBIT \\
&= EBIT(1-t) + Dep \\
&= 350(1-0.3) + 70 = 315\ (\text{억원})
\end{aligned}
$$

즉, 한국기업(주)의 매년 잉여현금흐름이 315억원이고 이 금액의 현금흐름이 무한히 계속된다는 것이므로 이를 현재가치로 할인한 값이 이 기업의 내재가치가 되는 것이다. 이때에는 이 현금흐름의 현재가치를 구하기 위한 할인율이 필요하다. 이 할인율은 한국기업(주)의 현금흐름이 내포하고 있는 변동성(위험)을 반영해서 이에 알맞은 균형기대수익률을 구해서 사용한다. 그리고 이때의 기대수익률은 앞서 설명하였듯이 자본자산가격결정모형(CAPM)을 이용해서 구한다. 그러나 정확한 할인율을 구하는 과정은 꽤 복잡한 편이다. 자세한 내용은 뒤에서 구체적으로 다룰 것이다.

일단 여기서는 한국기업(주)의 현금흐름이 갖는 위험수준을 고려해서 산출한 기대수익률(할인율)이 9%라고 하자.[2] 그렇다면 한국기업(주)의 기업가치는 다음과 같이 3,500억원이 되는데 이는 무한연금 315억원의 현재가치이다.

$$V = \frac{C}{R} = \frac{315}{9\%} = 3{,}500\ (\text{억원})$$

자본적 지출과 운전자본의 변동이 있는 경우

위에서 제시된 한국기업(주)의 사례에 다음과 같은 조건을 추가해보자. 즉, 한국기업(주)의 영업현금흐름은 315억원이지만 매년 자본적 지출이 13억원이 필요하다. 그리고 운전자본도 매년 5억원이 추가로 소요된다고 하자.

이와 같이 자본적 지출과 운전자본의 변동이 있는 경우에는 잉여현금흐름은 영업현금흐름과 다른 값을 갖게 된다. 즉, 잉여현금흐름은 산출하면 다음과 같이 297억원이 된다.

$$\begin{aligned}\text{잉여현금흐름} &= \text{영업현금흐름} - \text{자본적 지출} - \text{추가운전자본} \\ &= 315 - 13 - 5 = 297\ (\text{억원})\end{aligned}$$

그리고 여기서도 할인율은 동일하게 9%라고 하자. 그렇다면 한국기업(주)의 기업가치는 다음과 같이 3,300억원이 된다. 이는 무한연금 297억원의 현재가치이다.

2) 제5장에서 자세하게 설명하겠지만 여기서의 할인율 9%는 자기자본비용과 타인자본비용을 부채비율을 감안해서 평균한 가중평균자본비용(WACC)이다.

$$V = \frac{C}{R} = \frac{297}{9\%} = 3{,}300\ (\text{억원})$$

03 대한기업(주)의 사례

매년 현금흐름이 증가하는 경우

아무래도 기업의 잉여현금흐름이 매년 똑같은 금액이라는 것은 지나치게 비현실적이다. 이번에는 이러한 가정을 좀 더 현실화시켜서 기업의 잉여현금흐름이 증가하는 사례를 보자. 부도나고 파산하는 기업들도 있지만 대부분의 기업들은 정상적인 상황에서 어느 정도씩 성장하는 것이 일반적이다. 그 성장률도 경기상황에 따라서 어떤 기간에는 높고 어떤 기간에는 낮다. 심지어 마이너스 성장을 기록하기도 한다. 그러나 이러한 상황을 모두 반영하는 것은 복잡하므로 단순하게 일정한 비율로 성장하는 경우를 먼저 다루도록 한다.

손익계산서의 제시

대한기업(주)의 손익계산서를 올해와 내년을 기준으로 예측한 결과 다음과 같이 작성되었다고 하자. 즉, 올해에 비해서 내년에는 매출액, 매출원가, 급여

표 4-6
손익계산서

손익계산서

	올해		내년	
매출액		900		945
매출원가		500		520
매출총이익		400		425
판매관리비				
급 여	60		65	
감가상각비	90	150	90	155
영업이익(EBIT)		250		270
영업외비용				
지급이자		50		50
납세전순이익		200		220
법인세(세율 40%)		80		88
당기순이익		120		132

등 현금유입과 유출항목들의 금액 증가가 있다. 그러나 추가적인 자본적 지출이 없어서 감가상각비는 변동이 없다. 그리고 차입금도 그대로여서 지급이자는 변동이 없다.

이러한 상황에서 내년의 잉여현금흐름은 올해의 잉여현금흐름보다 증가하는데 그 증가율은 2년 후, 3년 후에도 동일한 값으로 유지된다고 하자. 그리고 자본적 지출과 운전자본의 증감이 없다고 하자. 그렇기 때문에 영업현금흐름과 잉여현금흐름은 같다.

현금흐름의 측정과 증가율 산출

대한기업(주)의 손익계산서로부터 올해와 내년의 잉여현금흐름을 측정하자. 자본적 지출과 운전자본의 증감이 없다고 하였으므로 영업현금흐름을 구하면 된다. 우선 올해의 현금흐름은 다음과 같다.

$$\begin{aligned}\text{잉여현금흐름(영업현금흐름)} &= EBIT + Dep - t \cdot EBIT \\ &= EBIT(1-t) + Dep \\ &= 250(1-0.4) + 90 = 240\ (\text{억원})\end{aligned}$$

그리고 내년의 현금흐름은 다음과 같다.

$$\begin{aligned}\text{잉여현금흐름(영업현금흐름)} &= EBIT + Dep - t \cdot EBIT \\ &= EBIT(1-t) + Dep \\ &= 270(1-0.4) + 90 = 252\ (\text{억원})\end{aligned}$$

그러면 현금흐름의 증가율은 다음과 같이 구할 수 있다.

$$\frac{252-240}{240} = 5\%$$

할인율과 기업가치의 평가

화폐의 시간적 가치에서 공부한 내용을 생각해보자. 올해 말 현금흐름이 C이고 매년 증가율이 g인 무한한 현금흐름을 시간선상에 나타내면 다음과 같다.

0	1	2	……	n-1	n	……
	C	$C(1+g)^1$	……	$C(1+g)^{n-2}$	$C(1+g)^{n-1}$	……

그러면 다음과 같은 식에서 무한등비급수의 합계를 현재가치 S_0로 구할 수 있다고 하였다.

$$S_0 = \frac{C}{(1+R)^1} + \frac{C(1+g)}{(1+R)^2} + \frac{C(1+g)^2}{(1+R)^3} + \cdot\cdot\cdot\cdot\cdot$$

$$= \frac{C}{R-g}$$

위와 같은 내용을 대한기업(주)의 가치평가에 적용할 수 있다. 대한기업(주)의 현금흐름 증가율 5%가 앞으로 계속된다고 하였으므로 현금흐름을 시간선상에 나타내면 다음과 같이 나타낼 수 있다.

0	1	2	……	n-1	n ……
	240	$240(1+0.05)$	…	$240(1+0.05)^{n-2}$	$240(1+0.05)^{n-1}$

그리고 대한기업(주)의 현금흐름에 대한 할인율도 앞서 한국기업(주)의 경우와 마찬가지로 9%라고 가정하자. 그러면 다음과 같은 무한등비급수의 합계로 대한기업(주)의 내재가치(6,000억원)를 구할 수 있다.

$$V = \frac{240}{(1+0.09)^1} + \frac{240(1.05)}{(1+0.09)^2} + \frac{240(1.05)^2}{(1+0.09)^3} + \cdot\cdot\cdot\cdot\cdot$$

$$= \frac{240}{0.09-0.05} = 6,000 \text{ (억원)}$$

제4절 현금흐름의 측정사례(2)

01 현실적 상황

기업의 잉여현금흐름이 매년 똑같은 금액이라고 가정하는 것은 비현실적이다. 이를 좀 더 현실화한다고 했지만 기업의 잉여현금흐름이 일정한 비율로 무한하게 증가한다는 가정 역시 여전히 비현실적인 면이 있다. 왜냐하면 경기상황에 따라서 기업의 잉여현금흐름은 들쑥날쑥할 것이기 때문이다. 이러한 상황까지 반영해서 좀 더 현실적 상황을 반영하려면 어떻게 해야 할까?

사실 경기상황에 따라서 변동하는 기업의 현금흐름을 예측한다는 것은 쉬운 일이 아니다. 더구나 기업이 무한히 존속한다고 가정하고 이러한 계속기업의 무한한 현금흐름을 예측한다는 것은 매우 어려운 일이다. 이러한 현실적 상황에서는 다음과 같은 두 단계의 절차를 따라서 기업의 현금흐름을 측정한다.

그림 4-2 현실적 상황에서 현금흐름의 측정

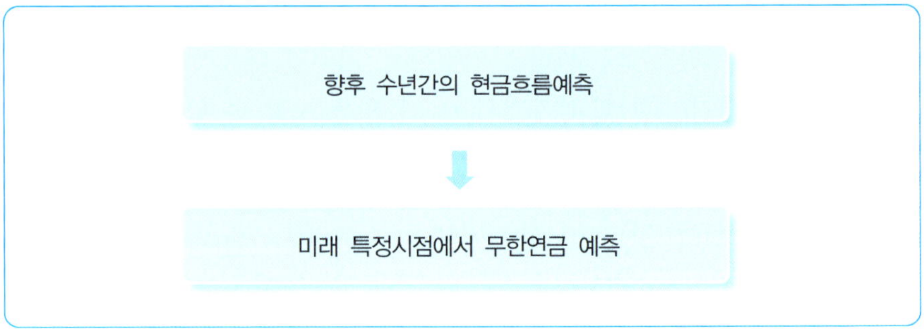

02 향후 수년간의 현금흐름 예측

재무예측기법의 활용

계속기업의 무한한 현금흐름을 예측한다는 것은 어쩌면 불가능해 보일 수도 있다. 그러나 향후 수년 동안의 현금흐름은 어느 정도 예측할 수 있다고 본다. 예를 들어 지금부터 향후 5년간의 현금흐름은 좀 더 구체적인 수치로 예측할 수 있다는 것이다. 실제로 기업의 재무제표도 재무예측기법을 이용해서 추정재무제표(pro forma financial statements)를 작성하고 이렇게 작성된 재무제표를 투자설명회에서 활용하기도 한다.

판매예측의 중요성

기업의 미래 현금흐름을 측정하기 위해서는 가장 먼저 처음 몇 년간의 판매예측이 선행되어야 한다. 판매예측은 기업의 매출추이를 살펴보거나 해당 업종의 저널이나 시장의 통계자료 등 2차 자료를 이용하는 것이 필요하다. 이에 추가해서 해당 업종의 영업부문에 종사하는 실무자들의 의견을 반영함으로써 정확도를 더 높일 수 있다. 판매예측을 통해서 미래의 매출액을 추정하는 것은 기업의 현금흐름을 예측하는 데에 첫 번째 단계이면서 가장 중요한 작업이다.

현금흐름의 측정

판매예측을 통해서 매출액이 산출되면 매출액을 기준으로 추정재무제표를 만들 수 있다. 재무제표의 많은 항목들이 매출액과 깊은 연관성을 갖고 변동하기 때문이다. 고정비와 변동비와 같은 구조적 특성을 갖는 비용이나 재료비, 노무비, 경비 등 계정으로 측정되는 비용들이 거의 모두 매출액과 연관성을 갖는다. 이러한 비용이 예측되면 추정재무제표를 만들고 이로부터 영업현금흐름(OCF)을 측정할 수 있다. 그리고 여기에 자본적 지출이나 운전자본의 증감항목까지 반영해서 잉여현금흐름(FCF)을 측정한다.

03 미래 특정시점에서 무한연금 예측

미래 특정시점이란?

앞서 향후 수년간의 현금흐름은 좀 더 구체적으로 예측할 수 있다고 하였다. 예를 들어 5년 동안의 재무예측을 통해서 추정재무제표를 만들고 현금흐름을 측정하였다고 하자. 미래의 특정시점이란 이렇게 구체적인 현금흐름을 측정할 수 있는 가장 먼 시점을 말한다.

그러면 5년 이후의 기간(즉, 6년부터의 기간)에 대해서는 어떻게 예측할 것인가? 물론 5년 이후의 기간에 대해서도 여러 가지 가정을 전제로 하면서 현금흐름을 측정할 수도 있다. 그러나 이러한 작업에 대해서는 비용-편익의 관점에서 그 필요성을 고민해볼 필요가 있다. 먼 미래로 갈수록 정확성이 떨어지기 때문이다.

무한연금으로 예측

5년 이후의 기간까지 구체적인 가정을 전제로 현금흐름을 측정한다고 해도 그 정확성은 크게 떨어진다. 그 이후에 발생할 수 있는 불확실성은 예측하기 어렵기 때문이다. 그래서 대개 이러한 경우에는 무한연금으로 예측하는 경우가 많다. 일정한 현금흐름이 무한하게 계속되거나 일정한 비율로 증가하는 현금흐름이 무한하게 계속되는 것으로 가정한다. 그러면 5년 이후의 현금흐름은 연금의 현재가치 평가식을 이용해서 5년 시점의 현재가치로 평가할 수 있다. 이렇게 구한 5년 시점의 현재가치를 계속가치 또는 영구가치(CV: Continuing Value)라고 하며 잔여가치 또는 종점가치(TV: Terminal Value) 등 다양한 이름으로 부른다.

04 서울기업(주)의 사례

사례 제시

서울기업(주)에 대한 기업가치를 평가하려고 한다. 이를 위해서 관련부서들로부터 정보를 수집하고 서울기업의 매출추이와 비용분석 등의 작업을 통해서 앞으로 3년간의 추정재무제표를 작성하였다. 앞으로 3년간의 추정재무제표는 다음과 같다.

표 4-7
추정재무제표

	1년	2년	3년
매출액	100억원	130억원	170억원
매출원가	40	60	80
감가상각비	20	20	20
영업이익	40	50	70
법인세(30%)	12	15	21
순이익	28	35	49
자본적 지출	20	20	9
순운전자본	60	80	40

위와 같은 예상손익계산서를 3년까지는 추정하였지만 그 이후에 무한한 기간으로 확대해서 예측하는 것은 불가능하다고 판단되었다. 따라서 3년 후에는 3년째의 현금흐름이 매년 5%씩의 증가율로 늘어난다고 가정하자. 그리고 이러한 현금흐름에 대한 적정한 할인율을 계산하였더니 10%로 산출되었다. 이러한 가정으로부터 서울기업(주)의 기업가치를 산출해보자.

향후 3년간의 현금흐름 측정

잉여현금흐름의 측정식(잉여현금흐름 = 세후영업이익+감가상각비−자본적 지출−순운전자본 증가)을 이용해서 서울기업(주)의 1차년도, 2차년도, 3차년도의 잉여현금흐름을 구한다.

1차년도: $FCF = 40 \times (1-0.3) + 20 - 20 - 60 = -32$
2차년도: $FCF = 50 \times (1-0.3) + 20 - 20 - 20 = 15$
3차년도: $FCF = 70 \times (1-0.3) + 20 - 9 + 40 = 100$

위에서 1차년도 순운전자본 증가액은 현재 순운전자본이 0이라고 보고 60−0=60이 된 것이다. 그리고 2차년도 순운전자본 증가액은 80−60=20이 된 것이다. 그러나 3차년도 순운전자본 증가액은 40−80=-40로서 감소된 것이므로 FCF 산출과정에 가산한 것이다.

3년 시점에서 무한연금의 예측

3년 이후에서는 현금흐름이 3년째의 현금흐름이 매년 5%씩 증가한다고 가정하였으므로 4년째의 현금흐름은 105(=100×1.05)가 된다. 따라서 이후에 계속되는 무한연금을 대상으로 무한연금현가식을 이용해서 현재가치를 구하면 다음과 같다.

$$V_3 = \frac{C}{R-g}$$

$$= \frac{105}{0.1-0.05} = 2,100 \text{ (억원)}$$

이렇게 구한 2,100억원은 3년 시점에서 평가한 서울기업(주)의 가치로서 계속가치(Continuing Value)가 된다.

서울기업(주)의 기업가치

이제 서울기업(주)의 현금흐름을 시간선상에 나타내면 다음과 같이 유한한 현금흐름이 된다.

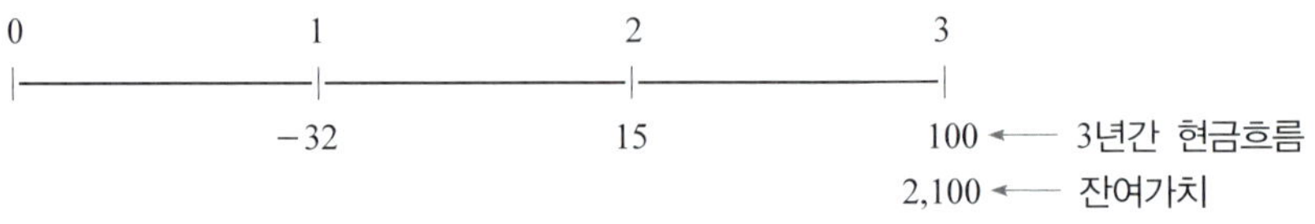

위와 같은 현금흐름의 현재가치를 10%의 할인율로 구하면 다음 값이 된다.

$$V = \frac{-32}{(1+0.1)^1} + \frac{15}{(1+0.1)^2} + \frac{100+2,100}{(1+0.1)^3} = 1,636 \text{ (억원)}$$

즉, 서울기업(주)의 기업가치는 1,636억원이 된다.

요 약

1. 현금흐름할인법이란 모든 자산을 평가할 때에 적용하는 방법으로 해당자산이 가져오는 미래의 현금흐름을 할인한 현재가치를 그 자산의 가치로 보는 것이다.
2. 위험조정할인율이란 분자의 현금흐름이 갖는 위험을 감안해서 산출한 할인율을 말하는데 보통 CAPM으로 할인율을 구한다.
3. 기업가치접근법은 재무상태표의 차변에 있는 자산이 벌어들이는 현금흐름을 할인해서 기업가치를 구하는 방식이다.
4. 자산이 벌어들이는 현금흐름은 잉여현금흐름이다. 잉여현금흐름을 구하기 위해서는 영업현금흐름을 먼저 구하고 여기에 자본적 지출과 순운전자본의 증감을 반영해야 한다.
5. 기업의 잉여현금흐름을 측정하려면 미래기간을 예측기간과 예측기간 이후의 기간으로 구분해야 한다.
6. 예측기간 이후의 잉여현금흐름을 예측기간 말 시점을 기준으로 산출한 현재가치를 잔여가치(영구가치, 계속가치, 종점가치)라고 한다.
7. 잔여가치와 예측기간 동안의 잉여현금흐름을 현재 시점을 기준으로 현재가치를 산출하면 기업가치가 된다.

연습문제

진위형

1. 영업현금흐름(OCF)에 자본적 지출에 따른 현금증감까지 고려하면 잉여현금흐름(FCF)이 된다. (　)
2. 기업가치평가에서는 현금주의보다 발생주의에 따른 성과가 더 중요하다. (　)
3. 기업의 미래 현금흐름을 측정하는 경우 판매예측이 첫 번째 단계이면서 가장 중요하다. (　)
4. 기업의 미래 현금흐름을 측정하는 경우 특정 시점 이후에는 항상 무한연금을 가정하게 된다. (　)
5. 기업가치를 평가하기 위한 현금흐름은 기업잉여현금흐름(free cash flow to the firm)이지 잉여현금흐름(free cash flow)이 아니다. (　)

객관식

1. 현금흐름할인법(DCF법)을 적용하기 위해서 필요한 두 가지 요소는?
   ① 현금흐름과 위험　　② 기대수익률과 위험
   ③ 현금흐름과 할인율　　④ 기대수익률과 할인율

2. 영업현금흐름을 측정하는 식을 바르게 제시한 것은? 단, R; 현금수익, C; 현금비용, D; 감가상각비, t; 법인세율이다.
   ① $(R-C)(1-t)+D$　　② $(R-C-D)(1-t)+D$
   ③ $(R-C)(1-t)-t^{*}D$　　④ $(R-C-D)(1-t)+t^{*}D$

3. 영업현금흐름이 240이다. 자본적 지출이 30이고 운전자본은 50만큼 감소한다고 하자. 잉여현금흐름은 얼마인가?
   ① 160　② 220　③ 260　④ 320

4. 자본적 지출은 0이고 운전자본의 변동이 없는 경우에는?

① 영업현금흐름이 잉여현금흐름과 같다.

② 영업현금흐름이 잉여현금흐름보다 작다

③ 영업현금흐름이 잉여현금흐름보다 크다

④ 답이 없다.

5. 영업현금흐름이 315이고 자본적 지출은 13, 추가운전자본은 5이다. 자본비용은 9%라면 이 기업의 가치는 얼마인가?

① 3,500 ② 3,444 ③ 3,355 ④ 3,300

6. 다음 중 기업가치를 바르게 설명하고 있는 것은 어느 것인가?

① 예측기간의 잉여현금흐름과 잔여가치를 합한 금액

② 예측기간의 잉여현금흐름과 잔여가치의 현재가치를 합한 금액

③ 예측기간의 잉여현금흐름의 현재가치와 잔여가치를 합한 금액

④ 예측기간의 잉여현금흐름의 현재가치와 잔여가치의 현재가치를 합한 금액

7. 위험조정할인율에서 말하는 위험은 다음 중 어느 것을 말하는가?

① 측정대상이 되는 현금흐름에 포함되어 있는 변동성

② 현금흐름의 예측이 실제와 차이가 날 가능성

③ 기업이 입을 수 있는 손실

④ 금리변동으로 인한 손실가능성

8. 위험조정할인율을 구하는 가장 일반적인 방법은 어느 것인가?

① 배당평가모형을 이용한다.

② 옵션가격결정모형을 이용한다.

③ 자본자산가격결정모형을 이용한다.

④ 채권평가모형을 이용한다.

9. 잔여가치를 바르게 설명하고 있는 것은?

① 예측기간내의 현금흐름을 현재시점에서 평가한 값

② 예측기간내의 현금흐름을 예측기간 말 시점에서 평가한 값

③ 예측기간 이후의 현금흐름을 현재시점에서 평가한 값
④ 예측기간 이후의 현금흐름을 예측기간 말 시점에서 평가한 값

10. 잔여가치와 같은 의미를 갖는 용어가 아닌 것은?
① 계속가치
② 영구가치
③ 종점가치
④ 현재가치

주관식

1. 영업현금흐름과 잉여현금흐름을 산출하는 방법을 비교하여 설명하시오.
2. 기업가치를 결정하는 현금흐름은 영업현금흐름과 잉여현금흐름 중 어느 것인가를 설명하시오.
3. 현금흐름할인법에서 위험조정할인율의 의미를 설명하시오.
4. 잉여현금흐름을 측정할 때에 예측기간이란 무엇인지 설명하시오.

Chapter 05

자본비용

앞 장에서는 기업가치를 평가하기 위한 첫 단계로 미래의 현금흐름을 측정하는 내용을 설명하였다. 이러한 미래현금흐름을 현재가치로 계산한 값이 기업의 내재가치라고 하였다. 그런데 이렇게 현재가치를 구하기 위해서는 할인율이 있어야 하는데 이제부터는 이러한 할인율을 구하는 과정을 소개할 것이다. 이때의 할인율은 자본비용이라고 한다. 자본비용은 자본을 제공한 사람들에게 지급해야 할 대가를 말한다. 본 장에서는 자본비용의 의미와 기업가치와의 관련성을 살펴본다. 자본조달방법에 따른 원천별 자본비용을 구하는 방법에 대해서 설명하고, 이러한 원천별 자본비용의 가중평균으로서의 가중평균자본비용의 의미와 그 용도에 대해서도 살펴보기로 한다.

제1절 자본비용에 대한 기초개념

01 자본비용의 의미

지금까지는 기업으로 들어올 미래의 현금흐름을 측정하는 내용을 설명하였다. 그리고 이러한 미래의 현금흐름을 현재가치로 계산한 값을 그 기업의 가치라고 하였다. 그런데 이렇게 기업가치를 구하면서 암묵적으로 현재가치를 계산하기 위해 필요한 할인율을 주어진 값으로 가정하고 이를 이용하였다. 이제부터는 이 할인율을 직접 구해야 한다. 결론부터 말하면 이 할인율은 이제 설명할 자본비용과 같은 것이다.

재무이론에서는 자본을 조달하는 대가로 자본제공자에게 지불해야 하는 비용을 자본비용(cost of capital)이라고 한다. 기업에 자본을 공급해주는 투자자는 어떠한 형태로든지 자본을 제공한 대가를 요구할 것이다. 부채로 자본을 공급해준 투자자는 이자의 형태로 그 대가를 지급받고 주식으로 자본을 공급해준 투자자는 배당과 자본차익의 형태로 그 대가를 지급받게 되는데 이러한 대가가 바로 자본비용이다. 그런데 어떻게 기업가치를 구할 때에 사용하는 할인율이 자본비용과 같은 것일까? 이제부터 그 이유를 알아보자.

02 자본비용, 기대수익률, 할인율

투자이론을 역으로 생각하면 자본비용을 쉽게 이해할 수 있다. 기업의 입장에서는 자본을 공급해준 사람을 자본제공자라고 하지만 자본제공자의 입장에서 보면 수익을 바라고 기업에 투자한 것이므로 이들은 투자자이기도 하다. 또한 기업의 입장에서 보면 자본을 사용하는 대가로 지불하는 비용이므로 이를 자본비용이라 하지만 자본제공자(투자자)의 입장에서는 자신이 투자한 자금에 대한 대가이므로 수익률이라 할 수 있다. 그런데 수익률은 미래가치를 계산할 때에 쓰는 용어이고 현재가치를 계산할 때에는 할인율이라는 용어를 쓴다. 이러한 의미에서 자본비용과 수익률, 할인율은 모두 같은 것이다. 다만 어느 쪽에서 보느냐에 따라서 이들 용어 중에 하나를 사용하는 것이다.

결국 자본비용이란 기업의 입장에서 바라본 표현일 뿐 사실은 앞에서 배운 수익률과 동일한 개념이라고 할 수 있다. 투자자는 수익이 없는 곳에 투자할 이유가 없다. 따라서 투자자가 자본을 제공했다는 것은 그만한 수익을 기대하고 투자한 것이고, 이에 따라 기업의 입장에서는 반드시 이에 대한 대가를 지불해야 할 것이다.

그림 5-1 자본비용, 기대수익률, 할인율

자본비용 = 기대수익률 = 할인율

03 자본비용과 기업가치의 역관계

재무이론에서 기업가치는 기업이 벌어들일 미래의 현금흐름의 현재가치이다. 그런데 여기서 현재가치를 구하기 위한 할인율로 자본비용이 이용되는 것이다. 그러므로 자본비용이 커지면 기업가치는 작아지고 자본비용이 작으면 기업가치는 커지는 것이다. 즉, 자본비용과 기업가치는 역관계에 있다는 것이다. 다음의 사례를 통해서 구체적인 사례를 분석해보자.

예제 5-1

삼성기업은 매년 10억원씩 현금흐름이 발생하는 기업이다. 자본비용이 10%인 경우 이 기업의 가치는 얼마인가? 또한 자본비용이 20%인 경우 이 기업의 가치는 얼마인가?

풀이

자본비용이 10%인 경우, 즉 이 기업이 10%에 자금을 조달할 수 있는 경우 이 기업의 가치는 다음과 같이 100억원이 된다.

$$V = \frac{10}{1+0.1} + \frac{10}{(1+0.1)^2} + \cdot\cdot\cdot\cdot = \frac{10}{0.1} = 100$$

한편 자본비용이 20%인 경우, 즉 이 기업이 20%에 자금을 조달할 수 있는 경우 이 기업의 가치는 다음과 같이 50억원으로 감소한다.

$$V = \frac{10}{1+0.2} + \frac{10}{(1+0.2)^2} + \cdot\cdot\cdot\cdot = \frac{10}{0.2} = 50$$

이러한 예에서 우리는 기업의 현금흐름이 동일하더라도 기업이 얼마의 자본비용으로 자본을 조달할 수 있는가에 따라 기업의 가치는 크게 변동함을 알 수 있다. 기업이 보다 낮은 자본비용으로 필요한 자금을 조달할 수 있다면 기업의 가치는 증가할 것이고 반대로 높은 자본비용으로 자금을 조달한다면 기업의 가치는 감소할 것이다. 즉, 기업가치와 자본비용은 역관계에 있는 것이다. 사실 이러한 내용은 현재가치를 계산할 때 할인율이 높으면 현재가치가 작아지고 할인율이 낮으면 현재가치가 커지는 논리와 동일한 것이다.

그래서 기업에 무한히 C만큼의 현금흐름이 발생하고 이 기업의 자본비용을 k_0라 하면 기업의 가치는 다음과 같이 표현된다.

$$V = \frac{C}{1+k_0} + \frac{C}{(1+k_0)^2} + \cdot\cdot\cdot\cdot = \frac{C}{k_0}$$

이 식을 보면 기업가치를 극대화하기 위해서는 분자에 나타난 현금흐름을 크게 하고 분모에 있는 자본비용을 작게 해야 한다는 것을 알 수 있다. 그런데 현금흐름이란 투자에 의해 그 크기가 결정이 되며 자본비용이란 자본조달(혹은 자본구조)에 따라 그 크기가 결정된다. 이러한 이유에서 자본비용은 기업의 가치와 직접적으로 연관되는 중요한 문제라는 사실을 알 수 있다. 따라서 기업의 CEO는 어떤 투자를 할 것인가는 물론이고 투자자금을 어떤 방법으로 조달해야 하는가에도 관심을 가져야 하는 것이다.

그림 5-2 재무이론의 2가지 기능과 기업가치

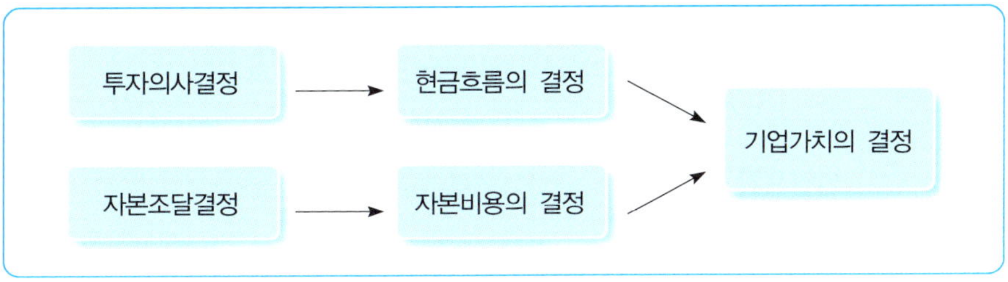

제2절 원천별 자본비용

경영자는 자금을 여러 가지 방법으로 조달할 수 있다. 부채를 통해서 조달하는 경우도 있고 자기자본을 통해서 조달하는 경우도 있을 것이다. 그런데 각 자금의 조달원천마다 자본조달비용은 다를 것인데 그 이유는 자금을 제공해주는 투자자가 부담해야 하는 위험이 다르기 때문이다.

부채로 자금을 제공해준 투자자는 비교적 안전하게 이자와 원금을 받을 수 있기 때문에 낮은 자본비용(채권자 입장에서의 수익률)으로 자금을 제공할 것이다. 그러나 주식을 매입해서 자기자본의 형태로 자금을 제공한 투자자는 자신이 앞으로 얻게 될 배당이나 자본이득이 기업의 수익과 연계되므로 그 투자수익이 불확실할 수밖에 없다. 따라서 자기자본으로 자금을 제공한 투자자는 비교적 높은 자본비용(주주 입장에서의 기대수익률)을 요구할 것이다.

본 절에서는 자본조달의 원천별로 자본비용을 어떻게 구할 수 있는지 살펴보겠다.

01 타인자본비용

기업이 자본을 조달하는 방법으로 은행에서 차입금을 조달하는 경우가 가장 쉽게 떠오른다. 이때의 차입금이 타인자본이다. 물론 회사채를 발행해서 자본을 조달한 것도 타인자본이다. 이러한 경우 타인자본에 대해서는 이자를 지급해야 하는데 이때의 이자율이 타인자본비용이다. 우선 법인세가 없는 경우를 가정해서 타인자본비용을 살펴본다. 그리고 현실적으로 법인세가 존재하므로 법인세가 있는 경우의 타인자본비용을 살펴보자.

법인세가 없는 경우

법인세가 없는 경우에는 기업이 채권자에게 지급하는 이자가 타인자본을 제공해준 투자자에게 주는 비용이 될 것이다. 따라서 타인자본비용은 이자율이 된다. 기업의 타인자본을 B라고 하고 지급해야 하는 이자를 I라고 하자. 자본비용은 금액이 아닌 %단위로 측정한다. 따라서 기업의 타인자본비용, 즉 이자율 k_d는 다음과 같이 표시된다.

$$k_d = \frac{I}{B} \qquad \text{[식 5-1]}$$

그런데 이렇게 구한 타인자본비용(k_d)은 이자비용의 법인세 감소효과를 고려하지 않은 것이기 때문에 세전 타인자본비용이라고 부른다.

예제 5-2

제일기업은 10억원의 부채를 사용하며 이에 대한 대가로 매년 1억원의 이자를 지급하고 있다. 이 기업의 영업이익이 3억원이라고 할 때 제일기업의 부채에 대한 자본비용은 얼마인가? 손익계산서를 이용해서 설명해보자. 단, 법인세는 없다고 가정한다.

풀이

법인세가 없는 경우에 부채를 사용하면 제일기업의 순이익이 부채를 사용하지 않는 경우와 어떻게 차이가 나는지 알아보기 위해서 다음과 같은 손익계산서를 작성한다.

	부채를 사용하지 않은 경우	부채를 사용하는 경우
영업이익	3억원	3억원
지급이자	0	1억원
순이익	3억원	2억원

위의 손익계산서를 살펴보면 10억원의 부채를 사용하는 경우 순이익이 1억원만큼 감소함을 알 수 있는데 이것이 바로 부채사용에 대한 대가라고 할 수 있다. 즉, 부채를 사용하는 데 대한 대가가 1억원인 것이다. 따라서 타인자본비용은 다음과 같이 10%가 된다.

$$k_i = \frac{1억원}{10억원} = 0.1(10\%)$$

법인세가 존재하는 경우

법인세가 존재하지 않는 경우에는 기업이 지급하는 이자와 기업이 실질적으로 부담하는 금액(즉, 부채를 사용하는 대가로 순이익이 감소한 금액)이 동일했다. 그러나 법인세가 존재하는 경우에는 양자가 일치하지 않게 된다. 구체적으로 설명하면 이자는 비용으로 처리되기 때문에 과세대상이익을 작게 만들고 이에 따라서 기업이 내야 할 법인세도 줄어든다. 이를 이자비용의 감세효과(interest tax shield effect)라고 한다.

그러면 이자가 비용으로 처리되면서 얼마의 법인세를 감소시켜줄까? 법인세율을 t라고 하면 이자금액에 법인세율을 곱한 금액($I \cdot t$)만큼의 세금을 덜 내게 된다. 그러므로 이 효과를 감안하면 기업이 부채사용에 대해서 실제로 부담하는 이자부담액은 $I - I \cdot t = I(1-t)$가 된다. 이 금액을 기준으로 타인자본비용을 산출하면 다음과 같이 k_i가 된다.

$$k_i = \frac{I(1-t)}{B} = k_d(1-t) \qquad [식\ 5\text{-}2]$$

이때의 k_i는 이자비용의 감세효과를 고려한 것이기 때문에 세후 타인자본비용이라고 한다. 이러한 내용을 다음의 예제에서 자세하게 확인해보자.

예제 5-3

[예제 5-2]에서 다른 조건은 동일하고 추가적으로 법인세가 존재한다고 가정하자. 법인세율이 40%인 경우 부채를 사용하는 경우와 부채를 사용하지 않는 경우의 차이를 비교하고 실질적으로 기업이 부담하는 비용을 구하여라. 이를 통해 법인세가 존재하는 경우 타인자본에 대한 자본비용을 구하라.

풀이

법인세가 존재하는 경우 제일기업이 부채를 사용하면 부채를 사용하지 않는 경우와 순이익이 어떻게 차이가 나는지 알아보기 위해서 앞서와 같은 방법으로 손익계산서를 작성해보자.

	부채를 사용하지 않은 경우	부채를 사용하는 경우
영업이익	3억원	3억원
지급이자	0	1억원
세전 순이익	3억원	2억원
법인세	1.2억원	0.8억원
순이익	1.8억원	1.2억원

위의 손익계산서를 보면 부채를 사용하는 경우에는 순이익이 1.2억원이고 부채를 사용하지 않는 경우에 비해 순이익이 1.8억원이므로 부채사용으로 순이익이 6,000만원 감소했다. 따라서 부채사용으로 인해 기업이 부담하는 비용은 6,000만원이라 할 수 있다. 자본비용은 %단위로 측정하므로 타인자본비용은 다음과 같다.

$$k_i = \frac{6{,}000\text{만원}}{10\text{억원}} = 0.06\ (6\%)$$

이자비용의 감세효과

[예제 5-3]에서 제일기업이 지급하는 이자금액은 1억원이다. 그런데 실제로 부담하는 비용은 0.6억원이다. 이러한 차이가 왜 발생하는 것일까?

이렇게 실제 부담해야 하는 비용과 이자지급액의 차이를 가져오는 이유는 이자비용의 법인세 감세효과 때문이다. 부채를 사용하지 않는 경우에는 이자를 지급하는 경우에 비해 1억원만큼의 세전 순이익이 더 발생할 것이다. 그러나 여기에 대해 40%의 세금이 부과되므로 세후로 볼 때 순이익의 차이는 이자비용만큼 차이가 발생하는 것이 아니라 이자비용에서 세금을 차감한 부분만큼만 발생하는 것이다.

이러한 사실을 정리하면 다음과 같다(단, I는 이자지급액, t는 법인세율이다).

부채로 인해서 기업이 부담하는 비용

= 부채를 사용하지 않는 경우의 순이익(1.8억) − 부채를 사용하는 경우의 순이익(1.2억)

= 이자지급액(1억) − 이자지급액에 대한 세금(0.4억)

= $I \times (1 - t)$ = 1억 × (1 − 0.4) = 0.6억원

그러므로 법인세가 존재하는 경우, 기업이 부채에 대해 부담하는 타인자본비

용(k_i)은 다음과 같이 표시되는 것이다.

$$k_i = \frac{I(1-t)}{B} = k_d(1-t)$$

이러한 논리를 통해 법인세율이 40%인 경우 제일기업의 타인자본비용은 다음과 같이 6%가 되는 것을 확인할 수 있다.

$$k_i = \frac{1\text{억원}(1-0.4)}{10\text{억원}} = 0.06\ (6\%)$$

그런데 여기서 주의할 점이 있다. 만약 기업의 영업이익이 충분하지 못해서 이자비용의 감세효과를 누릴 수 없는 경우가 있기 때문이다. 따라서 영업손실이 발생하였거나 영업이익이 있더라도 이자비용의 감세효과를 얻을 수 없는 수준이라면 법인세가 존재하더라도 타인자본비용은 세전 타인자본비용을 사용해야 한다.

02 자기자본비용

자기자본비용 산출의 어려움

타인자본에 대한 자본비용의 경우 비교적 쉽게 구할 수 있다. 은행으로부터 차입금을 조달한다면 차입조건에 지급이자율이 명시되어 있고 회사채를 발행해서 자본을 조달한다고 해도 회사채발행시의 채권수익률을 이용할 수 있기 때문이다.

그러나 자기자본비용은 자기자본에 대한 자본비용이 명시되어 있지 않기 때문에 재무이론에 대한 이해가 부족했던 과거에는 이를 무시하는 경우도 있었다. 그렇지만 이제는 그 중요성을 인식하고 이를 산출하려는 노력들이 결실을 맺어 여러 가지 방법이 제시되고 있다. 자기자본비용을 추정하는 방법이 여러 가지가 있다는 것은 그만큼 자기자본비용을 추정하는 것이 어렵다는 의미가 되기도 한다. 자기자본비용을 구하는 여러 가지 방법에 대해서는 자기자본가치접근법에서 자세하게 다룰 것이다. 여기서는 가장 많이 이용되는 자본자산가격결정모형(CAPM)을 이용해서 자기자본비용을 구하는 방법을 살펴본다.

CAPM을 이용하는 방법

기업의 입장에서 자본제공자에게 지급해야 하는 비용이라는 의미에서 자본비용이라는 말을 사용하지만 투자자의 입장에서 보면 투자에 대한 대가이므로 투자수익률의 의미를 갖는다고 하였다. 이러한 의미에서 본다면 자기자본비용이란 그 회사의 주식에 투자한 투자자(즉, 자기자본제공자)의 입장에서 보면 기대수익률이 된다. 그렇다면 주식에 대해 요구하는 기대수익률은 얼마가 될까?

균형상태에서 투자자들은 그 기업의 위험에 맞는 기대수익률을 요구하게 되는데,[1] 이러한 요구수익률이 기업의 입장에서는 자기자본비용이 되는 것이다. 현실적으로는 분산투자가 가능한 상황에서 어떤 기업에 투자하면서 우리가 고민해야 할 위험은 총위험이 아니라 분산투자를 하고도 제거되지 않는 체계적 위험이라고 했다. 왜냐하면 가격에 반영되는 것은 체계적 위험뿐이기 때문이다. 체계적 위험을 β_i로 측정하면 요구수익률, 즉 자기자본비용 k_e는 다음과 같이 산출할 수 있다.

$$k_e = E(R_i) = R_f + [E(R_m) - R_f]\,\beta_i \qquad \text{[식 5-3]}$$

위의 식은 이미 앞에서 소개한 자본자산가격결정모형(CAPM) 중에서 증권시장선(SML)이다. 이를 이용해서 자기자본비용을 산출하는 다음과 같은 사례를 살펴보자.

예제 5-4

현대기업은 100억원을 모두 자기자본으로 조달하여 운영하는 기업이다. 이 기업의 베타는 2이며 정기예금에 대한 수익률은 10%이고 종합주가지수의 기대수익률은 12%라면 이 기업의 자기자본비용은 얼마인가?

풀이

현대기업의 체계적 위험을 나타내는 베타가 2이므로 이 기업의 주주들이 요구하는 기대수익률은 다음과 같다. 따라서 현대기업의 자기자본비용은 14%이 된다.

$$k_e = 0.1 + [0.12 - 0.1] \times 2 = 0.14$$

1) 이러한 의미에서 기대수익률을 요구수익률(required rate of return)이라고도 한다.

그리고 지금까지의 내용에서 주목해야 할 점이 있다. 자본자산가격결정모형(CAPM)을 이용하면서 주어진 베타를 이용해서 기대수익률, 즉 자기자본비용을 구했다는 것이다. 그러면 베타는 어떻게 구해야 하는 것인가? 이에 대해서 생각해보자. 우리가 처음에는 기업의 현금흐름을 측정하면서 먼저 할인율은 주어진 것으로 보고 현재가치를 구하여 기업가치를 평가하였다. 그리고 지금은 그 할인율(자본비용)을 산출하는 방법을 공부하고 있다. 이와 마찬가지로 여기서는 자기자본비용을 구하면서 베타를 주어진 것으로 보지만 베타를 구하는 방법은 뒤에서 자세하게 다룰 것이다. 일단 여기서는 이러한 점을 인식하고만 있으면 되겠다.

03 유보이익의 자본비용

자본조달원천으로서 유보이익

손익계산서란 주주에게 귀속될 이익을 산출하는 과정을 나타낸 표라고 할 수 있다. 매출액에서 기업을 운영하는데 기여한 사람들에 대한 대가와 세금(매출원가, 인건비, 이자, 법인세 등)을 차감하고 순수하게 주주에게 귀속되어야 하는 이익이 순이익인 것이다. 따라서 순이익은 주주의 재산이며 이는 배당을 통해 주주에게 지급되어야 한다. 그렇지만 현실적으로 순이익이 모두 주주에게 배당되는 일은 거의 없다. 대부분의 경우 일부만 주주에게 배당하고 나머지는 유보를 하게 되는데 이렇게 기업이 이익을 유보하는 이유는 나중에 투자자금으로 사용하기 위해서이다.

기업이 투자를 위해서 필요로 하는 자금은 주식이나 채권의 발행 등으로 외부로부터 조달될 수도 있고 유보한 순이익으로 조달하는 경우도 있는데, 전자를 외부금융이라 하고 후자를 내부금융이라고 한다. 이러한 내부금융은 중요한 자본조달원천이 될 수 있다.

유보이익의 자본비용

그렇다면 유보이익에서 자본을 조달할 경우에는 회사 내의 자금이기 때문에 자본비용이 없는 것일까? 그렇지 않다. 유보이익에도 자본비용이 있다. 그렇다면 그 자본비용은 얼마나 될까? 결론부터 말하면 유보이익의 자본비용은 앞서 산출한 자기자본비용과 같다.

다음의 예를 통해서 유보이익의 자본비용에 대해서 구체적으로 살펴보자.

예제 5-5

정선기업(주)은 자본금이 1억원인 기업으로 현재 주가는 액면가와 동일한 10,000원이며 올해순이익은 1,000만원이다. 이 기업은 투자를 위해 1,000만원의 자금이 필요한데 이 자금을 조달하는 데 다음과 같은 2가지 방법을 생각하고 있다.

- 방법 1 : 순이익 1,000만원을 모두 유보하여 이를 투자자금으로 사용한다.
- 방법 2 : 순이익 1,000만원을 모두 배당하고 신주 1,000주를 발행하여 투자자금을 조달한다.

이 두 가지 방법에는 어떤 차이가 있는가? 문제를 간단히 하기 위해 현재 발행주식은 사장인 이진희 씨가 모두 소유하고 있으며 새로 발행하는 주식도 이진희 씨가 모두 구입한다고 가정하라.

풀이

이진희 씨의 입장에서 두 방법의 차이가 있는지 생각해 보자. 방법 1을 통해 투자를 하게 되면 이진희 씨는 정선기업(주)의 지분을 모두 소유한 상태에서 아무런 현금유입이나 유출도 없게 된다. 이에 비해서 방법 2를 채택하면 1,000만원의 배당을 받지만 다시 신규로 발행한 주식 1,000주를 구입해야 하므로 순현금유입은 0이 되며 역시 기업의 지분을 모두 소유하게 된다. 따라서 이진희 씨의 입장에서 보면 두 방법은 실제적으로는 아무런 차이가 없으며 단지 방법 2는 방법 1에 비해 유보이익이 자본금에 편입된다는 형식적인 차이만 존재한다. 두 방법에 따른 재무상태표의 구성을 살펴보면 다음과 같다.

방법 1

자 산	자본금 1억원 유보이익 0.1억원

방법 2

자 산	자본금 1.1억원

위 예제에서 얻게 되는 결과는 유보이익을 투자자금으로 사용하는 것은 유보이익을 주주에게 배당하고 이 금액에 해당하는 주식을 추가로 발행해서 자금을 조달하는 경우와 실질적으로 동일하다는 것이다. 그런데 방법 2와 같이 주식을 신규로 발행할 때 주주들은 어느 정도의 수익률을 요구할까? 추가로 발행한 신주도 모든 권리와 의무가 구주와 동일하므로 이 기업의 위험에 맞는 수익률, 즉 자기자본비용을 요구할 것이다. 따라서 유보이익으로 투자하는 경우에도 신주를 발행하는 경우와 동일하므로 유보이익에 대해서도 신주에 대한 자본비용, 즉 자기자본비용만큼의 보상을 해주어야 한다. 즉 유보이익의 자본비용은 자기자본비용과 동일하다는 것이다.

04 우선주의 자본비용

채권과 유사한 우선주

보통주 소유자의 측면에서 보면 우선주는 채권과 유사한 측면이 많다. 그 이유로는 첫째, 이자와 유사하게 우선적으로 배당을 받으며, 둘째, 의결권이 없다는 점을 들 수 있다. 물론 우선주에 대한 대가도 법적으로 보면 배당이므로 이를 지급하지 못한다고 해서 기업이 파산하는 것은 아니지만 정상적으로 이자 및 배당을 지급하는 상황에서는 거의 채권에 해당하는 성격을 갖게 된다. 따라서 우선주의 자본비용은 부채에 대한 자본비용과 동일한 방법으로 구할 수 있다.

우선주에 대한 가격을 P라 하고 매기 지급하는 배당을 D_p라 하면 이는 P원을 차입하고 D_p원을 이자로 지급하는 것과 마찬가지이므로 우선주의 자본비용 k_p는 다음과 같이 표시된다.

$$k_p = \frac{D_p}{P} \qquad \text{[식 5-4]}$$

채권과 차이점

채권과 비슷한 측면이 많지만 우선주에 대한 자본비용을 산출할 때에는 다음과 같은 점을 유의해야 한다.

첫째, 우선주에 대한 배당은 법적으로 비용처리가 되지 않으므로 세금절감효과가 없다. 따라서 세금이 존재하더라도 우선주에 대한 자본비용은 낮아지지 않는다.

둘째, 일반적으로 우선주는 일정액의 배당을 받게 되지만 이것이 법적으로 보장된 것은 아니다. 따라서 우선주는 보통주보다는 안전하지만 채권보다는 위험하므로 일반적으로 자본비용은 보통주보다는 낮고 채권보다는 높게 된다.

제3절 가중평균자본비용

01 가중평균자본비용의 의미

평균자본비용

기업이 자금을 조달할 수 있는 방법은 한 가지가 아니며 실제로 대부분의 기업들은 필요한 자금을 여러 가지 원천에서 조달하고 있다. 만약 기업이 여러 가지 원천에서 자본을 조달하고 있고 각 원천별 자본비용이 각기 다르다면 이 기업의 전체자금에 대해서 부담하게 되는 자본비용은 얼마가 될까? 이런 경우에는 각 원천별 자본비용을 평균한 값을 자본비용으로 사용해야 한다. 이러한 자본비용을 평균자본비용(ACC: Average Cost of Capital)이라고 한다. 그런데 평균값을 구하는 과정에서 전체자본 중 개별자본이 차지하는 비중을 가중치로 평균하기 때문에 가중평균자본비용(WACC: Weighted Average Cost of Capital)이라고 부른다.

가중평균자본비용의 산출

그러면 가중평균자본비용은 어떻게 산출하는지 구체적으로 살펴보겠다. 그리고 이를 이용해서 기업가치는 어떻게 계산할 수 있을까를 설명한다. 먼저 다음의 사례부터 보자.

예제 5-6

한국건설(주)은 총 100억원의 자본을 조달했는데 50억원은 10%의 이자율로 조달하고 50억원은 20%의 이자율로 조달하였다. 이 기업이 매년 부담하는 이자비용은 얼마인가? 이 회사의 자본비용은 얼마인가? 단, 세금은 고려하지 않는다.

풀이

한국건설은 10%로 조달한 50억원에 대해서는 매년 5억원의 이자를 지급해야 하고, 20%로 조달한 50억원에 대해서는 매년 10억원의 이자를 지급해야 한다. 따라서 매년 부담하는 이자비용은 15억원이므로 한국건설은 100억원의 자금을 15%의 이자율로 차입한 결과가 된다. 따라서 한국건설의 자본비용은 15%라 할 수 있다.

이와 동일한 논리로 타인자본과 자기자본으로 자금을 조달한 경우의 자본비용도 구할 수 있다. 다음의 예제를 살펴보자.

예제 5-7

서울전자(주)는 총 100억원의 자본을 조달했는데 50억원은 10%의 이자율로 부채로 조달하고 나머지 50억원의 자기자본으로 조달했는데 자기자본비용은 20%이다. 이 기업이 자본을 조달한 대가로 부담하는 금액은 얼마인가? 서울전자의 자본비용은 얼마라고 할 수 있는가? 단, 법인세율은 40%라고 하자.

풀이

서울전자가 부채에 대해 지불하는 이자는 매년 5억원이다. 그러나 앞에서 설명했듯이 법인세를 고려하는 경우 이자비용이 법인세를 줄여주는 효과가 있기 때문에 이를 감안하면 서울전자가 실제로 부담하는 비용은 3억원이 될 것이다. 또한 서울전자는 자기자본에 대해서는 매년 10억원의 비용을 부담해야 하므로 100억원의 자본에 대한 대가는 매년 13억원이 된다. 따라서 서울전자의 자본비용은 13%가 된다.

그런데 이러한 자본비용은 원천별 자본비용에서 직접적으로 구할 수 있다. 법인세를 고려한 부채에 대한 자본비용은 6%이고 자기자본비용은 20%인데 총 자본조달액 중 타인자본과 자기자본이 반반이므로 타인자본비율은 0.5이고 자기자본비율 역시 0.5이다. 따라서 기업의 자본비용은 다음과 같이 13%가 된다.

$$\text{자본비용} = 0.06 \times \frac{1}{2} + 0.2 \times \frac{1}{2} = 0.13$$

위 예제를 보면 기업의 자본비용은 원천별 자본비용을 가중평균한 값이라 할 수 있는데 이러한 의미에서 기업의 자본비용을 가중평균자본비용이라고 하는 것이다. 대체로 가중평균자본비용은 k_0로 표시하는데 이는 자기자본비용 k_e와 납세 후 타인자본비용 k_i, 그리고 자기자본금액과 타인자본금액을 이용해서 다음 식으로 산출된다.

$$k_0 = \frac{S}{S+B}k_e + \frac{B}{S+B}k_i \qquad [식\ 5\text{-}5]$$

단, S: 자기자본금액
B: 타인자본금액

그런데 위 식에서 자기자본금액이나 타인자본금액은 장부금액이 아닌 시장가치를 사용해야 한다. 장부금액은 역사적 금액으로서 현재의 시장가치를 제대로 반영하지 못하기 때문이다. 또한 자본비용을 산출하여 의사결정에 이용하는 시점은 현재 시점인 것을 유의해야 한다. 그리고 만약 자본조달원천이 더 많은 경우(예를 들어 우선주도 발행한 경우)라고 해도 위와 동일한 방법을 적용해서 평균값을 구하면 된다.

02 가중평균자본비용과 기업가치

가중평균자본비용의 이용

앞에서 자본비용이란 기업이 자본을 사용하는 대가로 지불해야 하는 비용이라 정의했다. 그런데 기업은 여러 가지 원천에서 자본을 조달할 수 있는데 가중평균자본비용이 기업이 다양한 방법으로 조달한 자금에 대한 평균 대가의 의미를 가지므로 비록 기업은 다양한 원천과 각기 다른 비용으로 자금을 조달했지만 마치 기업이 전체자금을 가중평균자본비용으로 조달한 것처럼 생각하면 되는 것이다.

예제 5-8

100억원을 투자해서 매년 현금흐름이 12억원씩 발생할 것으로 예측되는 투자안이 있다. 그런데 투자자금을 조달하는 방법으로 타인자본과 자기자본이 반반씩 되도록 계획하고 있다. 부채의 이자율은 10%, 자기자본비용은 15%이며 법인세율은 30%이다. 이러한 투자안을 채택하는 것이 좋을까?

풀이

100억원을 투자해서 매년 12억원의 현금흐름이 유입된다면 수익률이 12%가 된다. 따라서 투자자금을 조달하는데 부담하는 평균자본비용이 12%보다 낮으면 이 투자안을 채택하는 것이 바람직하다.

이자비용의 법인세 감소효과를 고려하지 않은 납세 전 타인자본비용 k_d는 10%이지만 이자비용의 법인세 감소효과를 고려한 납세 후 타인자본비용 k_i은 다음과 같이 7%가 된다.

$$
\begin{aligned}
k_i &= k_d \times (1-t) \\
&= 10\%(1-0.3) \ = \ 7\%
\end{aligned}
$$

그리고 가중평균자본비용은 다음과 같이 산출된다.

$$
\begin{aligned}
k_0 &= \frac{S}{S+B} k_e + \frac{B}{S+B} k_i \\
&= 0.5 \times 15\% + 0.5 \times 7\% \ = \ 11\%
\end{aligned}
$$

자본비용은 11%인데 수익률은 12%이므로 이 투자안을 채택하는 것이 이익이 된다.

가중평균자본비용과 기업가치

앞서 기업가치와 자본비용이 역관계에 있다고 하였다. 따라서 기업의 가치를 극대화하기 위해서 낮은 자본비용을 유지해야 한다. 여기서의 자본비용은 실제적으로는 가중평균자본비용을 의미하는 것이다. 그리고 기업의 가치는 현금흐름을 자본비용으로 할인하여 구한다고 할 때의 자본비용도 가중평균자본비용을 말하는 것이다.

그러므로 기업이 자본을 조달할 때의 목표는 적절히 원천별로 자본을 조달하여 기업의 가중평균자본비용을 최소화하는 것이라 할 수 있다. 다음의 사례를 통해서 가중평균자본비용과 기업가치의 역관계구조를 다시 확인해보자.

예제 5-9

이승희 씨는 신림기업을 설립하려고 한다. 신림기업을 운영하는 경우 매년 현금흐름이 10억원씩 발생할 것으로 예측된다. 소요되는 자금을 조달하는 방법은 다음과 같이 두 가지가 있다.

- 방법 1 : 50%는 부채로 나머지 50%는 자기자본으로 조달한다. 이 경우 부채에 대한 이자율은 10%이며 자기자본에 대한 요구수익률은 12%이다.
- 방법 2 : 80%를 부채로 조달하며 나머지 20%는 자기자본으로 조달한다. 이 경우 부채에 대한 이자율은 10%이며 자기자본에 대한 요구수익률은 20%이다.

법인세율이 40%인 경우 각 자본조달방법에 따른 신림기업의 가중평균자본비용과 기업가치를 구하라. 그 결과를 이용해서 이승희 씨는 어떤 방법으로 자본을 조달하는 것이 유리한가 판단하라.

풀이

■ 방법 1에 따라 자본을 조달하는 경우 가중평균자본비용은 다음과 같이 된다.

$$k_0 = 0.1 \times (1-0.4) \times 0.5 + 0.12 \times 0.5 = 0.09$$

따라서 신림기업의 기업가치는 다음과 같다.

$$V = \frac{10억원}{0.09} = 111.1억원$$

■ 방법 2에 따라 자본을 조달하는 경우 가중평균자본비용과 기업가치는 다음과 같다.

$$k_0 = 0.1 \times (1-0.4) \times 0.8 + 0.2 \times 0.2 = 0.088$$

$$V = \frac{10억원}{0.088} = 113.6억원$$

따라서 이승희 씨는 방법 2를 채택해야 한다.

요 약

1. 자본비용은 기업이 자본을 사용하는 대가로 자본제공자에게 제공하는 수익을 말하는데 자본제공자의 입장에서는 수익률과 같은 것이다.
2. 자본조달방법은 여러 가지가 있는데 자본조달방법별로 구한 자본비용을 원천별 자본비용이라고 한다.
3. 타인자본비용은 이자율로 측정되지만 이자비용의 감세효과를 반영한 세후타인자본비용이 정확한 타인자본비용이다.
4. 자기자본비용은 측정하기가 어려워서 여러 가지 모형을 이용한다. 가장 많이 이용하는 모형은 CAPM이다.
5. 유보이익의 자본비용은 자기자본비용과 동일하다.
6. 여러 가지 원천별 자본비용을 자본구성비율을 가중치로 해서 평균한 값을 가중평균자본비용이라고 한다.
7. 기업가치는 잉여현금흐름을 가중평균자본비용으로 할인해서 구하기 때문에 기업가치와 자본비용은 역관계에 있게 된다.

연습문제

진위형

1. 법인세율이 높아지면 세후 타인자본비용의 수준은 낮아진다. (　)
2. 가중평균자본비용은 가중치를 회계자료에 의해서 구하기 때문에 쉽게 산출할 수 있다. (　)
3. 유보이익, 보통주, 우선주의 자본비용을 높은 순서로 열거하면 보통주, 유보이익, 우선주가 된다. (　)
4. 영업이익이 없는 기업이라면 이자비용의 감세효과는 누릴 수 없으므로 타인자본비용은 세전 타인자본비용을 사용해야 한다. (　)

객관식

1. 기업가치접근법을 적용할 때에 측정해야 할 현금흐름은 재무상태표의 자산이 벌어들이는 잉여현금흐름이다. 이에 대한 적절한 할인율은?

   ① 자기자본비용　　② 세전타인자본비용
   ③ 세후타인자본비용　　④ 가중평균자본비용

2. 다음의 자본비용 중에서 암묵적 비용이 아닌 것은?

   ① 타인자본비용　　② 자기자본비용
   ③ 유보이익의 자본비용　　④ 우선주의 자본비용

3. 다음 중 유보이익의 자본비용과 같은 것은?

   ① 자기자본비용　　② 세전타인자본비용
   ③ 세후타인자본비용　　④ 가중평균자본비용

4. 우선주의 자본비용은?

① 타인자본비용보다 낮다.

② 타인자본비용보다 높고 보통주 자본비용보다는 낮다.

③ 보통주 자본비용과 같다.

④ 가중평균자본비용보다 낮다.

5. 일반적으로 다음의 자본비용 중에서 가장 낮은 값을 갖는 것은?

① 자기자본비용　② 세전타인자본비용

③ 세후타인자본비용　④ 가중평균자본비용

6. 자본비용에 대한 다음 설명 중 잘못된 것은?

① 자본비용은 투자자의 입장에서 보면 수익률이 된다.

② 자본비용은 자본조달방법에 따라서 다른 수준이 된다.

③ 자본비용은 기업가치에 영향을 준다.

④ 투자안의 가치는 자본비용과 무관하다.

7. 다음은 법인세가 자본비용에 미치는 효과를 설명한 것이다. 잘못된 것은?

① 기업이 은행에서 돈을 빌릴 때 적용하는 이자율은 세전 타인자본비용이다.

② 이자비용의 법인세 감세효과 때문에 세후 타인자본비용은 세전 타인자본비용보다 낮다.

③ 법인세는 자기자본비용에 영향을 미치지 않는다.

④ 가중평균자본비용은 법인세가 높을수록 낮게 된다.

8. 법인세율이 높을수록 세전 타인자본비용과 세후 타인자본비용의 차이에 미치는 효과는?

① 차이가 커진다.　② 차이가 작아진다.

③ 차이는 변동 없다.　④ 답이 없다.

9. 자기자본비용에 대한 설명이다. 이에 대한 다음 설명 중 잘못된 것은?

① 그 기업의 주식투자자가 기대하는 수익률과 같다.

② 타인자본비용과 함께 가중평균자본비용을 구성한다.

③ 타인자본비용보다 산출하기 어렵다.

④ 부채수준과는 관계없이 결정된다.

10. 다음 중 가중평균자본비용(WACC)이 기업가치에 미치는 영향을 바르게 설명한 것은?

① WACC가 높아질수록 기업가치는 작아진다.

② WACC가 높아질수록 기업가치는 커진다.

③ WACC는 기업가치와 무관하다.

④ 부채수준과 법인세에 따라서 WACC가 기업가치에 미치는 영향은 달라진다.

주관식

1. 이자비용의 감세효과란 무엇인지 설명해보시오.

2. 자기자본비용이 타인자본비용보다 높은 이유를 위험과 수익률의 관점에서 설명해보시오.

3. 진승기업(주)이 은행에서 이자율 10%의 조건으로 차입금을 조달하였다.

(1) 세전 타인자본비용은 얼마인가?

(2) 법인세율이 30%라고 할 때 진승기업(주)의 세후 타인자본비용은 얼마인가?

※4~7. 다음의 자료로 각 물음에 답하시오.

> 현재 은행금리는 8%이다. 현재 주가지수는 2000포인트이지만 1년 후에는 2240포인트가 될 것으로 예상하고 있다. 서울기업의 베타는 2.5이고 부채비율은 300%이다. 그리고 서울기업의 부채이자율은 현재 은행금리수준인 8%이다.

4. 증권시장선을 제시하시오.

5. 자기자본비용은 얼마인가?

6. 가중평균자본비용은 얼마인가?

7. 서울기업이 벌어들이는 매년 잉여현금흐름(FCF)은 21억원이다. 이 기업의 가치는 얼마인가?

Chapter 06

EVA와 기업가치

1990년대부터 미국의 컨설팅회사들은 새로운 성과지표들을 만들기 시작하였다. 이 중에서 스턴스튜어트사가 개발한 경제적 부가가치(EVA)가 많은 관심을 받게 되었는데 그 이유는 경제적 부가가치라는 개념이 기존의 현금흐름할인법에 기초하여 그렇게 어렵지도 않으면서 다양한 이해관계자의 관심을 반영할 수 있기 때문이다. 기본적으로 EVA는 영업이익에서 채권자와 주주의 몫을 차감하고 남은 금액을 의미한다. 이것이 기업가치를 증가시키는 금액이다. 좀 더 정확하게 말하면 EVA는 플로우(flow) 개념이고 이를 스톡(stock) 개념으로 만든 시장부가가치(MVA)가 기업가치의 증분이라고 할 수 있다. EVA와 기업가치의 관계에 대해서 살펴본다.

제1절 가치중심경영의 등장

01 종전의 경영환경

경영환경의 변화

회계자료에 의존하는 종전의 기업성과지표는 자칫 기업의 경영목표를 외형성장에 치중하게 하는 경우가 많았다. 1960년대 이후 우리나라 기업들은 오랫동안 고성장을 누리다가 1990년대 말 외환위기를 맞게 되었다. 위환위기를 맞아 우리나라 경제는 국제통화기금(IMF)의 구제금융을 받게 되었고, 구조조정의 과정 속에서 많은 기업들이 문을 닫거나 다른 기업에 인수되어 소멸되었다. 대우그룹, 한보철강, 강원산업 등 굵직굵직한 기업들이 공중분해되거나 없어졌고 현대전자, 현대건설 등 현대그룹사들도 유동성위기를 겪으면서 워크아웃 대상이 되었다. 2010년대 초에 와서도 금호아시아나 그룹이 대한통운, 대우건설 등을 인수하면서 외형을 키우다가 그룹 자체가 위태해지는 처지가 되기도 했다.

경영목표의 문제

우리나라의 많은 기업들이 이렇게 어려운 처지에 처하게 된 배경에는 여러 가지 원인이 있겠지만 그동안 매출액이나 자산규모를 늘리는 것을 경영목표로 삼았기 때문이라는 지적이 많다. 즉, 외형확대라는 양적 성장에 기반을 둔 기업목표를 달성하는 데 치중했기 때문이다. 사실 1990년대까지 우리나라 기업들은 서로 매출액이나 자산규모를 늘리느라고 치열한 경쟁을 벌여왔다. 그래서 당시 신문이나 매스컴에서는 이와 관련된 순위를 자주 보도하였고, 경영자들은 이를 중요한 자신의 성과로 삼았던 것이다.

이러한 양적 성장에 치중하다 보면 기업은 부실해진다. 우선 지나치게 매출액을 늘리다 보면 출혈경쟁과 덤핑판매로 수익성이 악화된다. 그리고 자산규모를 늘리느라 과잉투자를 하게 되면 자산운영이 비효율적이 될 수밖에 없고, 고정비 증대로 기업의 레버리지가 높아져서 조그만 경기불황에도 견디지 못하고 부도를 맞게 되는 것이다.

02 가치중심경영과 EVA

경영목표의 변화

이러한 외형성장의 문제는 우리나라의 기업들만이 아니라 세계적인 기업들도 겪었다. 따라서 1990년대부터 급변하는 세계경제환경에서 양적 성장전략이 한계를 맞게 되자 성장모형을 질적 성장으로 전환할 필요성이 대두되었다. 이를 위해서 많은 경영컨설팅회사들이 새로운 성과지표를 도입하면서 질적 성장을 추구할 수 있는 방안을 모색하였다. 스턴스튜어트(Stern Stewart)의 경제적 부가가치(EVA: economic value added), 보스턴컨설팅그룹(BSG: Boston Consulting Group)의 현금흐름투자수익률(CFROI: Cash Flow Return on Investment)이나 알카(Alcar)의 현금흐름할인분석(DCA: Discounted Cash Flow Analysis), 마라콘어소시에이트(Marakon Associates)의 경제이익(EP: Economic Profit), 그리고 KPMG의 경제적 가치경영(EVM: Economic Value Management) 등이 모두 질적 성장을 위해서 새로 도입한 성과측정지표라고 할 수 있다.

표 6-1 다양한 성과지표

컨설팅회사	도입한 개념	영문명
스턴스튜어트	경제적 부가가치	EVA: Economic Value Added
보스턴컨설팅그룹	현금흐름투자수익률	CFROI: Cash Flow Return on Investment
알카	현금흐름할인분석	DCA: Discounted Cash Flow Analysis
마라콘어소시에이트	경제이익	EP: Economic Profit
KPMG	경제적 가치경영	EVM: Economic Value Management

가치중심경영

이와 같이 양적 성장으로부터 벗어나서 질적 성장을 추구하는 관점에서 기업가치를 측정하고 관리하는데 새로운 패러다임이 등장하였는데 이를 가치중심경영(VBM: value based management)이라고 한다.

가치중심경영이란 투자자본을 활용하여 추가적인 가치를 만들어내는 것을 경영목표로 하는 것을 말한다. 그런데 기업가치란 기업에게 귀속되는 미래의 현금흐름(잉여현금흐름, FCF)을 적정한 할인율(WACC)로 할인한 현재가치를 말한다. 이 기업가치를 분해해서 살펴보면 다음과 같이 현재의 투자자본에 미래의 경제이익(EP: Economic Profit)을 현재가치로 계산한 값을 더한 것이다.

기업가치 = 미래의 현금흐름의 현재가치
= 현재의 투자자본 + 미래 경제이익의 현재가치

따라서 미래의 경제이익이 양(+)의 값을 가져야 기업가치가 증가하는 것이다. 만약 미래의 경제이익이 0보다 작다면 오히려 기업가치는 감소하게 된다. 이러한 관점에서 가치중심경영이란 기업을 경영하면서 기업가치를 높일 수 있는 요소에 중점을 두고 기업 전체와 관련된 전략적 의사결정을 위한 통합시스템이라고 할 수 있다.

경제적 부가가치

기업가치를 구성하는 두 가지 요소를 보면 현재의 투자자본과 미래 경제이익의 현재가치라고 하였다. 이때의 경제이익이 가치중심경영의 구체적인 관리목표가 되는데 이것이 바로 경제적 부가가치(EVA: economic value added)인 것이다. 앞서 밝힌 대로 EVA는 1980년대 후반 미국의 경영컨설턴트회사인 스턴스튜어트(Stern Stewart)사가 개발한 새로운 경영관리지표로서 가치중심경영의 가장 대표적인 성과지표로 인정받고 있어서 널리 이용되고 있다.

제2절 EVA의 기초개념

01 EVA의 의의

경제적 부가가치(EVA: Economic Value Added)란 기업이 본연의 영업활동을 통해서 만들어낸 가치의 증가분을 말한다. 종전 기업들이 사용하던 회계적 이익과는 다른 개념으로서 현금흐름에 중심을 두고 세후순영업이익에서 자본비용을 차감한 잔액으로 정의된다. 그런데 여기서는 다음과 같은 두 가지 점을 주의깊게 보아야 한다.

첫째, 여기서 말하는 자본비용은 타인자본비용(부채사용에 대한 이자비용)뿐만 아니라 자기자본비용(주주에게 지급할 배당금)까지 포함한다는 것이다.

둘째, 종전에는 자본비용을 %단위로 측정하였지만 여기서 자본비용은 종전과 달리 금액 단위로 측정한다는 것이다.

그러므로 EVA는 다음과 같이 표현된다.

EVA = 세후순영업이익 − 자본비용
= (영업이익 − 법인세) − (타인자본비용 + 자기자본비용)

그리고 세후순영업이익(NOPAT: Net Operating Profit After Tax)은 영업이익에서 법인세를 차감해서 구하는데 이때의 법인세는 영업이익을 기준으로 산출된 금액을 말한다. 따라서 기업이 실제 납부하는 법인세 금액과는 다른 것이다. 그리고 여기서의 영업이익도 손익계산서상의 영업이익과 개념적으로는 같지만 계정과목과 회계처리 등에서 약간의 조정을 필요로 하기 때문에 세후순영업이익을 NOPLAT(Net Operating Profit Less Adjusted Tax)라고 표현하기도 한다.

02 회계상 순이익

당기순이익의 문제점

종전에는 회계상 순이익이 기업의 성과를 측정하는 지표로 이용되었다. 그렇다보니 경영자들도 이에 관심을 가져왔다. 그러나 손익계산서상의 당기순이익은 발생주의에 근거한 회계기준을 적용해서 산출한 성과지표이다. 그래서 당기순이익은 현금흐름을 나타내는 것이 아니라서 기업가치를 측정하는데 부적합하다.

그런데 여기서 말하고자 하는 당기순이익의 문제점은 발생주의에 근거한 성과라는 점을 지적하는 것이 아니다. 만약 현금주의로 측정된 것이라고 해도 당기순이익은 지급이자(타인자본비용을 금액으로 표시한 것)만 차감한 후의 성과지표라는 점이 여전히 문제점으로 남는다. 즉, 자기자본을 제공한 주주들에게 지급할 자본비용은 차감하지 않은 것이다. 따라서 당기순이익에 근거해서 경영성과를 측정하면 주주들의 기대수익에 미치지 못하는 당기순이익을 올리고도 긍정적인 평가를 받게 되는 불합리한 결과를 가져올 수 있다. 기존의 손익계산서 체계에서 경제적 부가가치를 이해해보자. 일단 여기서는 세금이 없다고 가정한다.

| 표 6-2
손익계산서

손익계산서		
매출액	130	
매출원가	60	
매출총이익	70	
판매관리비	30	
영업이익	40	
지급이자	15	← 금액으로 나타낸 타인자본비용
당기순이익	25	

위 손익계산서에서 보듯이 지급이자는 타인자본비용을 금액으로 나타낸 것이다. 따라서 당기순이익 25는 지급이자(타인자본비용) 15를 차감한 것이다.

노동과 자본의 대가

만약 위와 같은 상황에서 노동조합측이 순이익을 기준으로 성과급을 추가로 요구한다면 정당한 요구일까? 일단 기업활동에 투입되는 생산요소는 노동과 자본이라고 할 수 있다. 그런데 생산과정에 참가한 노동자는 노동을 제공하는 사람들이다. 이들은 노동의 대가로 임금, 복리후생비 등의 인건비를 받는다. 이들이 받은 금액은 매출원가와 판매관리비에 포함되어 있다.

그리고 자본을 제공한 사람은 채권자와 주주이다. 채권자는 돈을 빌려주거나 회사채를 매입하는 방식으로 타인자본을 제공하고 주주는 주식을 매입하는 방식으로 자기자본을 제공하는 사람들이다. 위의 손익계산서를 보면 타인자본을 제공한 채권자에게는 지급이자 15가 자본사용대가로 지급되었다.

이렇게 노동의 대가와 타인자본의 대가까지 지급된 후의 남은 금액이 당기순이익 25인 것이다. 그러니까 아직 주주들은 자신들이 제공한 자기자본의 사용대가를 받지 못한 상태이다. 이러한 상태에서 노동조합측이 당기순이익이 생겼으니 추가로 보너스를 달라고 한다면 주주들이 동의할까? 당연히 동의하지 않을 것이다. 그리고 노동조합의 요구도 정당하지 못하다.

그림 6-1
생산요소별 제공자

<table>
<tr><th colspan="2">생산요소</th><th>제공자</th></tr>
<tr><td colspan="2">노동</td><td>노동자</td></tr>
<tr><td rowspan="2">자본</td><td>타인자본</td><td>채권자</td></tr>
<tr><td>자기자본</td><td>주주</td></tr>
</table>

03 EVA의 필요성

EVA의 산출

손익계산서상의 당기순이익은 노동자와 채권자의 입장까지만 반영한 경영성과지표이다. 즉, 주주의 입장에서 보면 아직 자기의 몫을 챙기지 못한 것이다. 따라서 주주도 자기의 몫을 가져간다면 어떻게 될까? 즉, 주주 몫을 차감한 후 남는 금액이 얼마일까? 이 금액이 바로 경제적 부가가치(EVA)인 것이다.

앞서 제시한 사례의 손익계산서에서 채권자에 대한 지급이자는 15라고 하였다. 여기에 추가해서 주주들의 자본을 기업이 사용한 대가로 지급해야 할 자본비용이 20이라고 가정하자. 그러면 앞서의 손익계산서는 다음과 같은 형태로 바뀔 수 있다.

표 6-3
EVA산출을 위한 손익계산서

손익계산서		
매출액	130	
매출원가	60	
매출총이익	70	
판매관리비	30	
영업이익	40	
지급이자	15	← 금액으로 나타낸 타인자본비용
주주 몫	20	← 금액으로 나타낸 자기자본비용
EVA	5	

여기서 맨 마지막 단계에서 산출된 5가 바로 경제적 부가가치인 것이다. 이렇게 경제적 부가가치를 금액 단위로 측정되기 때문에 타인자본비용과 자기자본

비용도 모두 금액으로 측정해야 하는 것이다. 대개의 현금흐름할인법(DCF method)에서 타인자본비용, 자기자본비용을 %단위로 측정했던 것과 가장 큰 차이점이라고 할 수 있다.

EVA의 경제적 의미

경제적 부가가치는 생산과정에 참가한 당사자들, 즉 노동자, 채권자, 주주들이 모두 자기 몫을 챙겨간 후에도 남는 이익을 말한다. 따라서 이는 기업에 남게 되어 기업의 가치를 높이는 것이다. 이러한 내용을 다음과 같은 그림으로 설명해보자.

I 그림 6-2 영업이익의 구성

<table>
<tr><td rowspan="3">(세후) 영업이익</td><td>지급이자</td><td>채권자 몫</td></tr>
<tr><td rowspan="2">순이익</td><td>주주의
'적정한 몫'</td></tr>
<tr><td>경제적 부가가치</td></tr>
</table>

위 그림은 영업이익의 구성내용을 설명하는 것이다. 법인세를 납부해야 하므로 세후 영업이익이라고 해도 좋다. 아무튼 기업이 벌어들인 영업이익에서 지급이자를 차감해서 순이익을 구한다. 그런데 종전에는 순이익이 모두 주주의 몫이라고 보는 시각이 지배적이었다. 그리고 이 금액이 양(+)의 값을 갖는지, 아니면 음(−)의 값(즉, 손실)을 갖는지에 관심을 가졌다.

그러나 EVA분석에서는 순이익에서 주주의 '적정한 몫'을 차감하고 난 후의 남는 금액, 즉 경제적 부가가치에 관심을 갖는다. 따라서 순이익이 양(+)의 값을 가져도 주주의 몫을 차감하고 나면 경제적 부가가치는 음(−)의 값을 가질 수 있다. 이와 같은 경우에는 기업가치가 증가하는 것이 아니다. 오히려 감소하는 것이다.

과거 우리나라 기업들의 경우 순이익을 올리면서도 경제적 부가가치는 음(−)의 값을 기록한 경우가 많았다. 당연히 순이익을 올린 기업들 중에서 경제적 부가가치도 양(+)의 값을 기록한 기업들의 비중이 낮았다. 2000년까지만 해도 순이익을 올린 우리나라 상장기업들 중에서 경제적 부가가치도 양(+)의 값을 올린 기업이 40%도 채 안 되었다.

초과이익, 잔여이익, 경제이익

경제적 부가가치는 이와 같이 채권자에게 지급할 이자, 그리고 주주에게 돌아갈 몫까지 차감하고도 남는 이익을 말한다. 따라서 경제적 부가가치를 초과이익(EE: Excess Earnings)이라고도 부른다. 이는 기본적으로 잔여이익(RI: Residual Income)의 개념에 해당된다고 하는데 또 어떤 경우에는 회계상 순이익과 구별해서 경제이익(EP: Economic Profit)이라고 부르기도 한다.

경제적 부가가치는 주주의 몫까지 챙기고 난 후의 성과를 갖고 경영성과를 평가하기 때문에 주주의 입장이 잘 반영된 주주 중심의 성과지표라고 한다.

예제 6-1

한국기업(주)은 영업용 투자자본이 100억원이고 그 외의 비영업자본은 없다. 부채비율은 100%이고 타인자본비용은 10%, 자기자본비용은 20%이다. 영업이익은 19억원이고 법인세율은 30%라고 하자.

(1) 손익계산서를 작성하여 회계상 순이익은 얼마인지 확인하라.
(2) 노조에서 순이익에 대한 성과급을 요구한다. EVA를 구하여 이에 대해 평가하라.

풀이

(1) 회계상의 순이익을 구하기 위해 손익계산서를 작성하면 다음과 같다.

손익계산서

영업수익	**	
영업비용	**	
영업이익	19억원	
이자비용	5	← 50억원 × 10%
세전이익	14	
법인세	4.2	← 14억원 × 30%
순이익	9.8	

(2) 이번에는 EVA를 구해보자. EVA를 구하기 위해서는 먼저 세후순영업이익(NOPAT)

을 구해야 한다. 세후순영업이익을 구하는 자세한 방법은 다음 절에서 구체적으로 다루겠지만 간단하게 다음과 같이 영업이익에서 법인세를 차감한다.

$$\begin{aligned} NOPAT &= \text{영업이익} \times (1 - \text{법인세율}) \\ &= 19\text{억원} \times (1 - 0.3) = 13.3\text{억원} \end{aligned}$$

그리고 영업용 투자자본은 100억원이고 부채비율은 100%이므로 자기자본과 타인자본의 총자본에서 차지하는 비율은 각각 50%씩이다. 따라서 가중평균자본비용(WACC)은 다음과 같이 산출한다.[1)]

$$WACC = 10(1-0.3) \times \frac{50}{100} + 20 \times \frac{50}{100} = 13.5(\%)$$

이 결과를 이용해서 다음과 같이 EVA를 구한다.

$$\begin{aligned} EVA &= NOPAT - \text{자본비용} \times \text{투자자본} \\ &= 13.3 - 13.5\% \times 100 = -0.2\text{억원} \end{aligned}$$

결국 이 기업의 성과는 채권자에 대한 이자는 지급하였지만 주주에 대해서는 적정한 대가를 주지 못하는 수준이다. 즉, 주주로서는 0.2억원의 손실을 본 것이므로 노조 측의 성과급 요구는 부당한 것이다.

제3절 EVA의 산출방법

01 EVA의 측정

EVA란 종전 기업들이 사용하던 회계적 이익과는 다른 개념으로서 현금흐름에 중심을 두고 세후순영업이익에서 자본비용을 차감한 잔액으로 정의된다. 그리고 여기서 자본비용이란 이미 앞서 밝혔듯이 %단위가 아닌 금액단위로 나타낸 것이다. 따라서 EVA를 산출하는 식은 다음과 같이 표현할 수 있다.

1) 법인세가 존재하는 경우 지급이자는 비용으로 처리되어 법인세를 줄여주는 감세효과가 있기 때문에 타인자본비용은 10%가 아닌 7%(=10%×(1−0.3))을 사용한 것이다.

EVA = 세후순영업이익 − 자본비용(금액)
= (영업이익 − 법인세) − (타인자본비용 + 자기자본비용)

그런데 전통적으로 재무이론에서는 자본비용을 %단위로 측정하는 것이 일반적이다. 이러한 관행을 그대로 적용하려면 투자자본(IC: Invested Capital)에다가 %단위의 자본비용을 곱해서 금액단위의 자본비용을 구할 수 있다.

이와 동일한 논리로 세후순영업이익도 투자자본에 %단위의 수익률을 곱해서 구할 수 있다. 이때의 수익률은 투자자본을 기준으로 산출한 것이므로 투자자본이익률(ROIC: Return on Invested Capital)이라고 한다. 이를 이용하면 EVA를 다음과 같이 나타낼 수도 있다.

EVA = 세후순영업이익 − 투자자본 × 가중평균자본비용(%)
= 투자자본 × 투자자본이익률 − 투자자본 × 가중평균자본비용
= 투자자본 × (투자자본이익률 − 가중평균자본비용)

02 EVA의 산출과정

위의 EVA 산출식을 살펴보면 산출과정을 다음과 같이 네 단계로 구분해서 나타낼 수 있다.

제1단계

손익계산서에서 영업이익을 기준으로 법인세 등을 산출해서 차감하여 세후순영업이익(NOPAT)을 계산한다.

손익계산서 ⇨ 영업이익의 조정과 세금 차감 ⇨ 세후순영업이익 (NOPAT)

제2단계

재무상태표에서 영업용 자산으로부터 이자를 지급하지 않는 부채를 차감하

여 투자자본(IC: invested capital)을 계산한다.

재무상태표 ⇨ 영업자산에서 비이자발생부채 차감 ⇨ 투자자본 (IC)

제3단계

원천별 자본비용(타인자본비용과 자기자본비용 등)과 원천별 자본구성비율을 이용해서 가중평균자본비용(WACC: weighted average cost of capital)을 계산한다.

원천별 자본비용 ⇨ 자본구성비율 ⇨ 가중평균자본비용 (WACC)

제4단계

세후 영업이익에서 금액기준으로 측정된 자본비용을 차감해서 경제적 부가가치를 구한다. 여기서 금액기준의 자본비용이란 투자자본(IC)에 %단위의 가중평균자본비용(WACC)을 곱한 값이다.

세후순영업이익 (NOPAT) − 자본비용 (IC×WACC) = 경제적 부가가치 (EVA)

제4절 EVA의 구성요소

위의 EVA산출과정을 살펴보면 EVA의 가장 중요한 구성요소는 세후순영업이익, 투자자본, 자본비용이라는 세 가지 요소임을 알 수 있다. 이제부터 이들 세 가지 요소에 대해 좀 더 살펴보자.

01 세후순영업이익

기본개념

세후순영업이익(NOPAT: Net Operating Profit After Tax)은 기업 본연의 영업활동으로부터 창출된 순현금유입을 법인세 납부 후 기준으로 측정한 것이다. 산출방법을 간단하게 말하면 영업이익에서 법인세를 차감해서 구한다고 할 수 있다. 좀 더 구체적으로 표현하면 손익계산서상의 영업이익에서 영업외수익 및 비용 중 고유사업활동과 관련된 수익 및 비용을 가감한 이익에서 법인세를 차감한 것이다. 따라서 이때의 법인세는 기업이 실제 납부하는 법인세 금액과는 다른 값이다. 그래서 세후순영업이익을 '조정된 법인세 납부 후 순영업이익'(NOPLAT: Net Operating Profit Less Adjusted Tax)이라고도 한다.

손익계산서상의 영업이익과의 차이점

EVA 계산의 기초가 되는 '세후순영업이익(NOPAT)'에서 말하는 영업이익은 우리가 흔히 보는 발생주의 기준으로 작성된 손익계산서상의 영업이익과 개념적으로는 비슷하다. 그러나 구체적인 사항에서는 다음과 같이 다른 면이 있다.

첫째, 손익계산서상의 비용항목 중에서 추정에 의해서 산출된 금액이 있다면 이를 실제 현금유출액으로 조정해주어야 한다는 것이다. 이러한 이유는 세후순영업이익(NOPAT)은 회계상 이익이 아닌 현금흐름추정에 초점이 맞추어져 있기 때문이다.

둘째, 손익계산서에서는 영업외 수익과 영업외 비용으로 분류되어 있더라도 실질적으로 본연의 영업과 관련해서 부수적으로 발생하는 수익과 비용이라면 이들은 NOPAT의 영업이익에는 포함된다. 이러한 이유는 세후순영업이익(NOPAT)은 기업 본연의 사업성과를 제대로 찾아서 평가하기 위한 것이기 때문이다.

세후순영업이익산출을 위한 수정사항

① 수정항목

세후순영업이익(NOPAT)의 영업이익과 손익계산서상의 영업이익 사이에 존재하고 있는 위와 같은 차이점 때문에 세후순영업이익(NOPAT)을 산출하기 위해서는 손익계산서상의 영업이익을 수정해야 한다. 경영컨설팅회사인 스턴스튜어트(Stern Stewart)에서 제시한 항목은 100개도 넘지만 대부분 기업의 경우는 이 중에서 약 20여 개 항목을 수정하게 된다고 한다. 그리고 해당항목이 없는 경우도 많아서 실제로 수정해야 할 항목은 이보다도 훨씬 적어서 몇 개 항목만 고치면 된다.

② 수정내용

앞에서 세후순영업이익(NOPAT)의 영업이익과 손익계산서상의 영업이익 사이에 존재하고 있는 두 가지 차이점을 기준으로 수정할 사항을 설명하면 다음과 같다.

우선 첫 번째 차이점을 반영하기 위해서 영업비용(매출원가, 판매비와 일반관리비)에 포함되어 있는 각종 충당금 전입액을 실제 현금유출액으로 수정하는 것이다. 이러한 예로 대손충당금, 퇴직급여충당금 등이 대표적인데 이 금액은 모두 추정에 기초해서 산출된 금액을 비용으로 계상한 것이기 때문이다.

두 번째 차이점을 반영하기 위해서 손익계산서상의 영업외수익과 영업외비용 항목 중에서 고유사업에 포함되지 않는 항목을 차감한 후의 금액을 손익계산서상의 영업이익에 가감한다. 여기서 고유사업에 포함되지 않는 대표적인 항목이란 주로 재무활동과 관련된 항목들로서 이자수익(이자비용), 유가증권처분이익(유가증권처분손실), 유가증권평가이익(유가증권평가손실), 사채상환이익(사채상환손실), 외환차익(외환차손), 외화환산이익(외화환산손실) 등이 이에 해당된다.

손익계산서와 세후순영업이익

위와 같은 수정사항을 반영해서 손익계산서로부터 세후순영업이익(NOPAT)이 도출되는 과정을 요약해보자.

우선 영업비용을 각종 충당금을 현금기준으로 조정해서 산출한 금액을 영업수익으로부터 차감해서 영업이익을 구한다. 그리고 영업외수익과 영업외비용 항목에서 재무관련 수익과 비용을 차감해서 고유사업과 관련된 모든 항목을 포함시켜서 세전영업이익을 구한다. 끝으로 조정법인세를 차감해서 세후순영업이익(NOPAT)을 구한다. 이러한 내용을 손익계산서상에 표현하면 다음과 같다.

표 6-4
NOPAT산출을 위한 손익계산서

손익계산서

Ⅰ. 영업수익	
매출액	×××
Ⅱ. 영업비용	
매출원가와 판매관리비	×××
수정: 충당금 등 조정	
Ⅲ. 영업이익	×××
Ⅳ. 영업외수익	×××
수정: 재무관련수익 차감	
Ⅴ. 영업외비용	×××
수정: 재무관련비용 차감	
Ⅵ. 세전영업이익	×××
Ⅶ. 조정법인세	×××
Ⅷ. 세후순영업이익(NOPAT)	×××

그리고 여기서 세전영업이익에서 차감하는 조정법인세란 사업관련 영업이익에 대한 실효법인세를 말한다. 즉, 고유사업과 무관한 손익이 없는 경우를 가정해서 산출한 법인세를 의미한다.

예제 6-2

한국기업(주)의 손익계산서는 다음과 같다.

손익계산서

매출액	20,000
매출원가	13,000
매출총이익	7,000
판매관리비	4,000
영업이익	3,000
지급이자	1,000
수입임대료	500
납세전이익	2,500
법인세	750
당기순이익	1,750

경제적 부가가치를 산출하기 위한 세후순영업이익(NOPAT)을 구하려고 한다. 관련된 사항을 조사한 내용은 다음과 같다.

① 판매관리비에는 대손충당금전입액이 1,000원이 포함되어 있으나 실제로 대손이 발생한 금액은 400원이다.

② 수입임대료는 계정분류상 영업외항목이지만 실제로는 전액 영업과 관련

된 수익이다.

③ 법인세율은 30%이지만 영업과 관련된 이익에 대해서 산출한 조정법인세는 1,300원이다.

(1) 이상의 자료를 이용해서 세후순영업이익(NOPAT)을 산출하라.
(2) 수정사항을 반영한 손익계산서를 제시하라.

풀 이

(1) 주어진 손익계산서상의 영업이익에서부터 세후순영업이익(NOPAT)이 산출되는 과정은 다음과 같다.

$$\text{세후순영업이익(NOPAT)} = \text{영업이익} + \text{대손수정액} + \text{수입임대료} - \text{조정법인세}$$
$$= 3{,}000\text{원} + (1{,}000\text{원} - 400\text{원}) + 500\text{원} - 1{,}300\text{원}$$
$$= 2{,}800\text{원}$$

(2) 위의 손익계산서에 수정사항을 반영한 손익계산서를 작성하면 다음과 같다.

손익계산서

매출액	20,000
매출원가	13,000
매출총이익	7,000
판매관리비	3,400
영업이익	3,600
수입임대료	500
납세전이익	4,100
조정법인세	1,300
NOPAT	2,800

02 투자자본

기본개념

투자자본(IC: invested capital)이란 순수하게 본래의 영업활동에 투자된 자본으로서 자본비용을 부담하고 있는 것을 말한다. 따라서 영업활동과 무관하게 보유하고 있는 비영업자산이나 아직 영업활동에 기여하지 않고 있는 건설 중인 자산은 제외된다. 그리고 만약 이자부담이 없는 부채가 있다면 이는 자본비용이 없는 것이므로 이 역시 제외된다.

재무상태표를 중심으로 차변(자산운용)의 측면에서 설명하면 영업관련자산에서 비이자발생부채를 차감한 금액이 된다. 한편 대변(자본조달)의 측면에서 설명하면 채권자와 주주가 투자한 자금, 즉 차입금과 자기자본에서 비영업자산을 차감한 금액이 된다.

재무상태표 차변에서 투자자본을 구하는 방법

순수하게 영업활동에 투자된 자본이 얼마인가를 확인하기 위해서는 재무상태표를 이용해야 한다. 우선 재무상태표 차변에서 투자자본을 구하는 방법으로는 다음과 같이 두 가지 방법이 제시되어 있다.

① 영업용 순자산을 집계하는 방법

이 방법은 영업에 관련된 순자산을 집계하는 방법인데 구체적으로는 다음과 같이 영업용 순운전자본과 영업용 고정자산을 더해서 구한다. 이때에 영업용 순운전자본은 영업용 유동자산에서 영업용 유동부채를 차감하여 구한다.

투자자본 = 영업용 순운전자본 + 영업용 고정자산

② 영업용 총자산에서 비이자발생부채를 차감하는 방법

이 방법은 영업에 관련된 총자산에서 이자비용이 발생하지 않는 부채를 차감하는 방법이다. 영업에 관련된 총자산이란 영업용 유동자산과 영업용 고정자산을 합한 것을 말한다. 그리고 이자비용이 발생하지 않는 부채란 외상매입금, 미지급금 등과 같은 것들인데 이는 자본비용을 부담하지 않기 때문에 차감하는 것이다. 그러면 이자발생부채에는 어떤 것들이 있는가? 이자발생부채란 은행차입금이나 회사채와 같이 자본비용이 발생하는 것을 말한다. 외상매입금, 미지급금 같은 것들은 영업활동에서 자연스럽게 발생하는 것들이지만 차입금이나 회사채 같은 것들은 별도의 재무활동을 통해서 회사가 필요한 자본을 조달하기 위해서 발생하는 것들이다.

투자자본 = 영업용 총자산 − 비이자발생부채

재무상태표 대변에서 투자자본을 구하는 방법

재무상태표의 대변에서 투자자본을 구하는 것은 자본조달의 측면에서 접근하는 것이다. 즉, 이자비용이 발생하는 부채와 자기자본을 더한 금액(이는 모두 자본비용이 발생하는 것임)에서 영업활동에 사용되지 않는 자산을 차감하는 것이다. 영업활동에 사용되지 않는 자산이란 앞서 설명하였듯이 영업활동과 무관하게 보유하고 있는 비영업자산이나 아직 영업활동에 기여하지 않고 있는 건설중인 자산까지 포함된다. 따라서 재무상태표 대변에서 투자자본을 구하는 방법은 다음과 같은 식으로 요약할 수 있다.

투자자본 = 이자발생부채 + 자기자본 − 비영업용자산

다음의 예제를 통해서 투자자본(IC)을 구해보자. 지금까지 설명한 세 가지 방법들을 차례로 적용하면서 그 내용을 확인하도록 한다.

예제 6-3

대한기업(주)의 재무상태표는 다음과 같다.

재무상태표

차변	금액	대변	금액
영업유동자산	2,000	매입채무	1,500
영업고정자산	5,000	차입금	2,500
비영업자산	3,000	자기자본	6,000
총자산	10,000	총자본	10,000

풀이

(1) 재무상태표의 차변에서 투자자본을 구하는 방법을 이용하면 다음과 같다.

① 영업용 순자산을 집계하는 방법

영업용 순자산은 영업용 순운전자본과 영업용 고정자산으로 구성된다. 그런데 영업용 순운전자본은 영업유동자산에서 영업유동부채를 차감한 값이므로 500(= 2,000 − 1,500)이 된다. 따라서 투자자본은 다음과 같이 5,500이 된다.

투자자본 = 영업용 순운전자본 + 영업용 고정자산
= 500 + 5,000 = 5,500

② 영업용 총자산에서 비이자발생부채를 차감하는 방법

여기서 말하는 영업용 총자산은 영업유동자산과 영업고정자산을 모두 합친 값이므로 7,000(=2,000+5,000)이 된다. 따라서 투자자본은 다음과 같이 5,500이 된다.

투자자본 = 영업용 총자산－비이자발생부채
= 7,000－1,500=5,500

(2) 재무상태표의 대변에서 투자자본을 구하는 방법을 이용하면 다음과 같다.

투자자본 = 이자발생부채+자기자본－비영업용자산
= 2,500+6,000－3,000
= 5,500

이러한 결과에서 보듯이 어떠한 접근방법을 적용하더라도 그 결과는 똑같게 나온다.

적정수준을 넘는 현금보유액

투자자본이란 자본비용을 부담하고 있는 영업용자산으로 정의할 수 있다. 따라서 비영업용자산은 투자자본을 산출할 때에 포함시키면 안 된다고 하였다. 비영업용자산을 좀 더 구체적으로 살펴보자.

예를 들어 자동차를 제조해서 판매하는 회사가 보유하고 있는 토지 중에서도 그 위에 공장이 있다면 영업용자산이 된다. 그러나 땅값이 오를 것으로 예상해서 향후 시세차익을 얻고자 투자목적으로 보유한 토지는 비영업용자산이다. 또 나중에 공장을 지으려고 미리 사놓은 토지나 지금 공장건설 중인 토지도 아직 영업용으로 사용되지 않은 것이므로 비영업용자산이 된다. 자동화설비를 건설 중이라고 해도 비영업용자산이 된다.

이러한 고정자산의 경우에는 영업용과 비영업용을 구별하기가 쉬운 편이지만 유동자산의 경우에는 다소 어려운 면도 있다. 예를 들어 일시적으로 자금여유가 있어서 금융자산에 투자해놓으면 예금이나 유가증권 등 유동자산계정에 계상될 것이다. 그렇다고 해도 이것이 영업용에 필요한 적정수준을 초과한 것이라면 그 초과액은 영업유동자산에서 차감해서 비영업용자산으로 보아야 한다.

투자자본이익률

세후순영업이익(NOPAT)은 투자자본(IC)에서 만들어진 이익이다. 따라서 세후순영업이익을 투자자본으로 나누면 투자자본의 수익률이 산출된다. 이를 투자자본이익률(ROIC: Return on Invested Capital)이라고 한다.

만약 투자자본이익률을 합리적으로 추정할 수 있다면 이러한 관계를 이용해서 투자자본으로부터 세후순영업이익을 예측할 수 있다. 즉, 다음과 같이 투자자본에 투자자본이익률을 곱하면 세후순영업이익이 되는 것이다.

세후순영업이익 = 투자자본 × 투자자본이익률
즉, NOPAT = IC × ROIC

03 가중평균자본비용

기본개념

자본비용은 기업이 자본을 조달해서 사용하는 대가로 자본을 제공한 투자자에게 지급하는 비용을 의미한다. 즉, 채권자에게는 이자의 형태로 지급하고 주주에게는 배당이나 주가상승의 형태로 그 대가를 지급하는 것이다.

투자자의 입장까지 생각해보면 이러한 자본비용은 투자자의 기대수익률이다. 기업의 입장에서는 낮은 자본비용을 지급하고 싶지만 너무 낮은 수준이 되면 투자자들이 외면하여 자금조달을 할 수 없다. 반대로 투자자의 입장에서는 높은 수익률을 받고 싶겠지만 너무 높은 수준을 요구하면 기업이 채권이나 주식을 발행하지 않을 것이다.

결국 기업이 부담하려는 자본비용의 수준과 투자자들이 요구하는 수익률의 수준이 일치할 때에 기업은 채권과 주식을 발행(공급)할 것이고, 투자자들이 이를 매입(수요)하게 되는 것이다. 즉, 공급과 수요가 일치하는 수준에서 자본비용이 결정되는 것이다.

원천별 자본비용

① 타인자본비용

기업이 자본을 조달하는 방법은 은행차입, 회사채 발행, 보통주 또는 우선주 발행, 사내유보자금의 활용, 리스금융, 전환사채 발행 등 여러 가지 방법들이 있다. 그러나 이들을 단순화시키면 크게 타인자본과 자기자본, 두 가지로 분류할 수 있다.

타인자본의 경우 자본비용은 다음과 같이 매년 지급되는 이자금액(I)을 사용하고 있는 부채원금(B)으로 나누어 구한다.

$$k_d = \frac{I}{B}$$

이렇게 구한 타인자본비용(k_d)은 이자비용의 법인세 감소효과를 고려하지 않은 것이기 때문에 '납세전 타인자본비용'이라고 부른다.

그런데 지급이자는 세법상 손비로 처리되어 이자금액(I)에 법인세율(t)을 곱한 금액($I \times t$)만큼의 법인세를 감소시키는 효과가 있다. 그러므로 법인세가 존재하는 경우, 기업이 부채에 대해 부담하는 타인자본비용(k_i)은 다음과 같이 된다.

$$k_i = \frac{I(1-t)}{B} = k_d(1-t)$$

이렇게 구한 타인자본비용은 이자비용의 법인세 감소효과를 반영한 것이라고 해서 '납세후 타인자본비용'이라고 부르고 k_i로 표기한다.

② 자기자본비용

투자자들은 어떤 기업의 주식을 구입할 때에 그 위험에 맞는 기대수익률을 요구하고 이러한 요구수익률이 기업의 입장에서는 자기자본비용이 된다. 그리고 현실적으로 분산투자가 가능한 상황에서는 분산투자를 하고도 제거되지 않는 체계적 위험이 기대수익률에 영향을 준다고 했다. 왜냐하면 가격에 반영되는 것은 체계적 위험뿐이기 때문이다. 체계적 위험을 β_i로 측정해서 이에 대응되는 기대수익률 $E(R_i)$을 다음과 같이 자본자산가격결정모형(CAPM), 즉 증권시장선(SML)을 통해서 구할 수 있다.

$$k_e = E(R_i) = R_f + [E(R_m) - R_f]\,\beta_i$$

위의 식에서 기대수익률이 곧 자기자본비용 k_e이 된다. 자기자본비용을 구하는 다른 방법들도 있지만 자본자산가격결정모형(CAPM)을 가장 많이 사용한다.

가중평균자본비용

기업의 총자본은 크게 타인자본과 자기자본으로 구성된다. 따라서 자본비용(%)도 타인자본비용과 자기자본비용으로 구분되는데 지금까지 설명한 방법으로 원천별 자본비용을 구한 후에는 이들을 평균해서 하나의 자본비용으로 산출할 필요가 있다. 이것이 가중평균자본비용(WACC: weighted average cost of capital)이다. 가중평균자본비용은 타인자본비용(k_i)과 자기자본비용(k_e)을 시장가치를 기준으로 측정된 총자본 중 타인자본과 자기자본이 차지하는 비율을 가중치로 평균한 값이다. 따라서 다음과 같이 측정된다.

$$WACC = k_i\left(\frac{B}{B+S}\right) + k_e\left(\frac{S}{B+S}\right)$$

예제 6-4

서울기업(주)과 관련된 다음 자료를 수집하였다. 이들 자료를 이용해서 다음 각 물음에 답하라.

서울기업(주)의 차입금 이자율	10%
서울기업(주) 주식의 베타값	1.5
서울기업(주)의 부채비율	200%
주가지수의 예상변동률	18%
1년 만기 정기예금 이자율	10%
법인세율	30%

(1) 이자비용의 법인세 감세효과를 고려한 납세후 타인자본비용은 얼마인가?
(2) 서울기업(주)의 자기자본비용은 얼마인가?
(3) 서울기업(주)의 가중평균자본비용은 얼마인가?

풀이

(1) 납세후 타인자본비용은 다음과 같이 구한다.

$$k_i = k_d(1-t)$$
$$= 10\% \times (1-0.3) = 7\%$$

(2) 자기자본비용은 자본자산가격결정모형(CAPM)을 통해서 구할 수 있다.

$$k_e = E(R_i) = R_f + [E(R_m) - R_f]\,\beta_i$$
$$= 10\% + [18\% - 10\%] \times 1.5 = 22\%$$

(3) 가중평균자본비용은 총자본 중 타인자본과 자기자본이 차지하는 비중을 가중치로 해서 평균값을 구하면 된다. 다음과 같이 가중평균자본비용 12%를 구할 수 있다.

$$WACC = k_i\left(\frac{B}{B+S}\right) + k_e\left(\frac{S}{B+S}\right)$$

$$= 7\times\frac{2}{3} + 22\times\frac{1}{3} = 12(\%)$$

제5절 EVA의 효과와 도입

01 EVA의 활용효과

업무개선의 관리지표

EVA를 도입하면 우선 기업가치를 높이기 위한 업무개선활동의 관리지표로 활용할 수 있다. 즉, 기존의 재무제표를 통한 수익성분석 등은 이익이나 이자비용 등 가시적인 성과에 중점을 두고 있지만 EVA는 눈에 보이지 않는 자본의 효율적 이용이나 자기자본비용 등까지 관리가 가능하다.

분야별 개선절차의 파악

또한 분석대상을 앞서 설명한 기업 전체, 사업단위별뿐만 아니라 제품별, 고객별, 공정별, 지역별로 세분해서 적용할 수 있다. 그리고 이들 세부적 단위의 EVA를 높이기 위해서는 어떤 개선절차가 필요한지를 쉽게 파악할 수 있다.

성과평가와 보상결정

EVA지표는 관리자와 종업원의 성과평가나 보상결정에 유용하다. 즉, EVA지표를 기준으로 경영활동을 평가하고 그 결과에 따라서 경영자, 관리자, 종업원 등의 업적평가 및 보수를 결정함으로써 기업가치와 연계된 보상시스템을 운용할 수 있다.

대리문제의 해결

주주와 경영자의 관계는 주주가 경영자에게 경제적 자원과 의사결정권을 맡긴 위임자와 대리인의 관계와 같다. 이러한 관계를 대리관계라고 하는데 대리관계에서는 대리인이 위임자의 이익을 극대화하기보다는 자신의 효용을 높이는 의사결정을 하기 때문에 기업가치가 감소하는 대리비용이 발생한다.

그런데 EVA체계를 도입하면 경영자는 주주에게 주어야 할 적정한 대가까지 차감한 후의 경제적 부가가치를 극대화시켜야 한다. 이에 따라서 자연히 주주는 자신의 몫을 확보하게 되어 대리문제가 해결되는 효과가 있게 된다.

02 EVA의 도입 현황

미국기업의 EVA 도입

미국의 경우에는 일찍이 EVA 제도의 유용성을 간파하고 1980년대에서부터 이 제도를 도입하였다. 특히 포춘(Fortune)에서는 EVA와 관련된 많은 기사를 게재하여 그 보급에 앞장서고 있다. 매년 스턴스튜어트가 EVA를 성과기준으로 측정한 '기업성과 1000'을 발표하여 업계의 관심을 끌고 있다.

1980년대 초에 코카콜라에서 이 제도를 도입하면서 생산공장을 축소하여 자본비용을 낮추고 투자이익률을 높임으로써 매년 EVA를 20% 이상씩 증가시켜왔다. 그 결과 1981년 3달러 수준이던 주식가격은 1993년 60달러를 넘게 되었다. 화물수송기업인 CSX, 엔진생산기업인 Briggs & Stratton, 그리고 미국연방우체국 등도 뒤이어 EVA 제도를 도입하여 높은 성과를 올린 것으로 보고되고 있다.

한국기업의 EVA 도입

한국기업의 성과를 평가할 때 자주 문제가 되는 것은 회계상의 순이익은 0보다 크지만 EVA가 0보다 작은 기업이 많다는 것이다. 이러한 기업들은 실제로는 기업가치가 증가한 것이 아니라 감소한 것이기 때문이다.

그래서 한국기업들은 1990년대 말부터 EVA 제도를 도입하고 있다. 포스코, 삼성그룹, LG그룹 등 민간기업은 물론이고 KT&G, 한국조폐공사, 우정사업본부 등 정부투자기관들이 EVA 제도를 도입해서 활용하고 있다.

2002년 EVA의 크기에 따라서 상위 15개사의 순위를 표로 작성한 것이 다음과 같다. 단위는 억원. 표에서 보듯이 삼성전자가 5조원 정도로 1위, SK텔레콤이 1조 5천억원 정도로 2위를 기록하고 있다. 3위 KT부터는 1조 미만의 EVA를 창출하였다.

표 6-5 한국기업의 EVA

순위	회사명	2002년	2001년
1	삼성전자	51,781억원	9,695억원
2	SK텔레콤	15,456	13,187
3	KT	9,056	8,717
4	POSCO	5,250	3,255
5	현대자동차	4,735	7,721
6	기아자동차	2,633	2,228
7	현대모비스	2,095	1,821
8	한국전력공사	1,788	−6,575
9	삼성SDI	1,732	2,665
10	KT&G	1,663	1,668
11	LG화학	1,642	761
12	한국가스공사	1,589	2,087
13	신세계	1,416	1,165
14	LG건설	1,217	1,416
15	현대산업개발	932	495

제6절 EVA와 기업가치

01 시장부가가치

기본개념

경제적 부가가치의 개념을 이용해서 기업가치를 평가할 때에 등장하는 중요한 개념으로 시장부가가치(MVA: Market Value Added)라는 것이 있다. 시장부가가치를 간단하게 정의하면 미래에 계속될 것으로 예상되는 경제적 부가가치(EVA), 또는 초과이익(EE)의 현재가치 합계라고 할 수 있다. 현재가치를 구하기 위해서는 할인율이 필요한데 이때에 적용되는 할인율은 가중평균자본비용(WACC)이 된다.

MVA의 산출방법

① 기업의 시장가치에서 구하는 방법

이 방법은 기업의 시장가치에서 투자자본의 가치를 차감해서 시장부가가치를 구하는 것이다. 자본시장에서 형성되는 가격이 정보를 효율적으로 반영하고 시장원리가 잘 적용되고 있는 균형상태라면 기업의 시장가치는 내재가치와 일치한다고 하였다. 이러한 상황에서 시장부가가치는 다음과 같은 방식으로 측정할 수 있다.

$$MVA = MV - IC$$

위 식에서 MV는 기업의 시장가치(market value)이고 IC는 장부가격기준의 부채와 자기자본 합계액으로 측정한 투자자본(invested capital)이다.

② EVA의 현재가치를 구하는 방법

이 방법은 시장부가가치의 개념적 정의를 충실하게 따르는 방법이다. 즉, 미래의 경제적 부가가치를 측정하고 이를 가중평균자본비용으로 할인하여 현재가치를 구하는 것이다. 따라서 다음과 같은 산출식을 이용할 수 있다.

$$MVA = \frac{EVA_1}{(1+WACC)^1} + \frac{EVA_2}{(1+WACC)^2} + \cdots$$

그런데 기업은 반증이 없는 한 무한하게 존속한다고 가정하므로 이를 무한연금의 현재가치로 평가하면 다음과 같이 간단한 평가식이 된다.

$$MVA = \frac{EVA}{WACC}$$

02 MVA와 기업가치

MVA와 기업가치

앞서 설명하였듯이 시장부가가치(MVA)를 측정하는 방법은 두 가지가 있다. 첫 번째는 기업의 시장가치에서 장부가치를 차감하는 방법, 두 번째는 경제적 부가가치의 현재가치로 측정하는 방법이다. 이 두 가지 산출식으로부터 다음과 같이 기업가치를 구하는 식을 구할 수 있다.

MVA와 기업가치의 관계를 살펴보기 위해서 우선 $MVA = MV - IC$에서 다음 식을 구한다.

$$MV = IC + MVA$$

그리고 $MVA = \frac{EVA}{WACC}$이므로 위 식은 다음과 같이 표현할 수도 있다.

$$MV = IC + \frac{EVA}{WACC}$$

경제적 의미

시장부가가치(MVA)와 기업가치의 관계식을 정리하면 기업가치는 투자자본에 시장부가가치를 더해서 산출된다는 것이다. 그리고 여기서 시장부가가치는 미래의 경제적 부가가치를 현재가치로 할인한 값이라는 것이다.

시장부가가치(MVA)는 기업이 주주들의 투자에 대해서 창출한 가치를 의미한다. 기업이 성공적인 투자안을 수행하고 있다면 경제적 부가가치(EVA)가 양(+)

의 값을 갖게 되고 이에 따라서 MVA도 양(+)의 값을 갖게 된다. 이는 기업의 수익률(ROIC)이 자본비용(WACC)보다 크다는 것을 뜻한다. 이렇게 되면 기업의 가치는 투자자본(장부가치)보다 큰 값이 된다.

이와 반대로 기업의 수익률(ROIC)이 자본비용(WACC)보다 작다면 경제적 부가가치(EVA)와 시장부가가치(MVA)가 모두 음(−)의 값을 갖게 된다. 이렇게 되면 기업가치는 투자자본(장부가치)보다 작은 값이 되는 것이다.

이러한 내용과 관련하여 2002년도 기준으로 미국 상위 15대 MVA창출회사의 경제적 부가가치와 시장부가가치, 그리고 투자자본이익률을 〈표 6-6〉으로 제시하였다.

표 6-6 미국 상위 15개 MVA창출회사 (단위: 백만달러)

순위		회사명	MVA	EVA	ROIC(%)
2002	1999				
1	2	General Electric	222,767	5,983	14.7
2	4	Microsoft	212,340	2,201	22.0
3	6	Wal−Mart	207,346	2,928	13.0
4	24	Johnson & Johnson	124,237	2,839	15.0
5	14	Merck	107,076	3,872	19.1
6	40	Procter & Gamble	92,231	2,315	13.5
7	9	Int'l Business Machine	90,422	(8,032)	3.7
8	15	Exon Mobile	85,108	(2,175)	6.6
9	23	Coca-Cola	82,413	2,496	17.3
10	3	Intel	77,395	(3,736)	6.2
11	16	Dell Computer	69,425	360	17.4
12	17	Citi Group	68,078	2,964	13.1
13	1	Cisco System	59,702	(4,623)	4.9
14	5	Oracle	59,502	1,401	115.1
15	30	Lilly	57,366	1,096	15.5

이제 EVA, MVA 등을 구하고 이로부터 기업가치까지 산출하는 다음 사례를 통해서 앞서 설명한 내용을 구체적으로 확인해보자.

예제 6-5

정선기업(주)의 세후순영업이익은 3,000이다. 정선기업(주)의 투자자본은 20,000이고 가중평균자본비용은 12%라고 하자. 이들 자료를 이용해서 다음 각 물음에 답하라.

(1) 정선기업(주)의 경제적 부가가치(EVA)는 얼마인가?
(2) (1)의 결과를 이용해서 정선기업(주)의 시장부가가치(MVA)를 구하라.
(3) 정선기업(주)의 가치를 산출하라.

풀이

(1) 경제적 부가가치는 다음과 같이 구한다.

$$\begin{aligned} EVA &= \text{세후순영업이익} - \text{투자자본} \times \text{자본비용}(\%) \\ &= 3{,}000 - 20{,}000 \times 12\% = 600 \end{aligned}$$

(2) 시장부가가치(MVA)는 (1)에서 구한 미래 경제적 부가가치(EVA), 600을 현재가치로 할인한 값이다. 그리고 이때의 할인율은 가중평균자본비용(WACC), 12%이다. 별다른 반증이 없다면 계속기업의 가정하에서 다음과 같이 무한연금의 현재가치를 구하면 된다.

$$\begin{aligned} MVA &= \frac{EVA}{WACC} \\ &= \frac{600}{12\%} = 5{,}000 \end{aligned}$$

(3) 정선기업(주)의 가치는 투자자본(장부가치)에 시장부가가치를 더해서 다음과 같이 구한다.

$$\begin{aligned} MV &= IC + MVA \\ &= 20{,}000 + 5{,}000 = 25{,}000 \end{aligned}$$

주의할 점은 여기서 구한 25,000은 정선기업(주)의 내재가치라는 사실이다. 시장이 균형상태라면 시장가치도 25,000이 되겠지만 균형상태가 아니라면 이와 다를 수 있다는 것이다.

03 종합사례

경제적 부가가치를 이용해서 기업가치를 구하는 과정을 전체적으로 확인할 수 있는 종합적인 사례를 다루어보자. 여기서는 경제적 부가가치와 관련된 여러 가지 개념들이 함께 등장하여 그동안 설명한 내용을 체계적으로 정리할 수 있는 계기가 될 것이다.

예제 6-6

가나기업(주)의 재무상태표와 관련 정보가 다음과 같다고 하자.

재무상태표

현 금	60	매입채무	25
매출채권	40	미지급금	15
재고자산	50	차 입 금	110
투자자산	20	자 본 금	100
기계설비	120	잉 여 금	40
총 자 산	290	총 자 본	290

그리고 가나기업(주)의 올해 말 세후순영업이익(NOPAT)은 30억원이고 가중평균자본비용(WACC)은 12%, 성장률은 4%이다. 가나기업(주)이 정상적인 영업활동에 필요한 적정수준의 현금은 30억원이라고 가정하여 다음 각 물음에 답하라.

(1) 투자자본이익률(ROIC)을 구하라.
(2) 경제적 부가가치와 시장부가가치를 산출하라.
(3) (2)의 결과를 이용하여 기업가치를 구하라.
(4) 발행주식수가 50만주라고 하면 1주당 가치는 얼마가 되는가?

풀이

(1) 투자자본(IC)을 구하기 위해서 일상적으로 보는 위의 재무상태표를 일단 다음과 같이 수정한다. 여기서 비영업자산 50억원은 투자자산 20억원과 적정수준을 초과하는 현금보유액 30억원(=60억원−30억원)의 합계이다. 그리고 비이자발생부채 40억원은 매입채무 25억원과 미지급금 15억원의 합계이다.

재무상태표

영업자산	240	비이자발생부채	40
비영업자산	50	이자발생부채	110
		자기자본	140
총 자 산	290	총 자 본	290

투자자본은 자본비용을 부담하는 영업자산으로서 총자산에서 비영업자산(투자자산, 건설중인 자산, 적정수준을 초과하는 현금보유액 등)을 제외하고 이자비용이 없는 부채(매입채무, 미지급금 등)까지 차감해서 산출한다. 따라서 가나기업(주)의 투자자본은 다음과 같이 구할 수 있다.

$$\begin{aligned}\text{투자자본} &= \text{영업자산} - \text{비이자발생부채}\\ &= 240\text{억원} - 40\text{억원} = 200\text{억원}\end{aligned}$$

이제 투자자본이익률(ROIC)을 구하면 다음과 같다.

$$\begin{aligned}ROIC &= \frac{NOPAT}{IC}\\ &= \frac{30}{200} = 15\%\end{aligned}$$

(2) 경제적 부가가치는 세후순영업이익에서 자본비용을 차감하여 다음과 같이 구한다.

$$\begin{aligned}\text{경제적 부가가치} &= \text{세후순영업이익} - \text{자본비용(금액)}\\ &= \text{NOPAT} - \text{IC} \times \text{WACC}\\ &= 30\text{억원} - 200\text{억원} \times 12\% = 6\text{억원}\end{aligned}$$

성장률을 고려해서 미래에 유입될 경제적 부가가치를 시간선상에 나타내면 다음과 같다.

0	1	2	3	……
	6	$6(1+0.04)^1$	$6(1+0.04)^2$	……

시장부가가치(MVA)는 이렇게 계속되는 경제적 부가가치의 현재가치이므로 다음과 같은 식에서 무한등비급수의 합계로 구할 수 있다.

$$MVA = \frac{6}{(1+0.12)^1} + \frac{6(1+0.04)}{(1+0.12)^2} + \frac{6(1+0.04)^2}{(1+0.12)^3} + \cdots\cdots$$

$$= \frac{6}{0.12-0.04} = 75\text{억원}$$

(3) 위 결과를 이용해서 가나기업(주)의 기업가치는 다음과 같이 구할 수 있다.

$$\begin{aligned}\text{기업가치} &= \text{투자자본} + \text{시장부가가치} + \text{비영업자산} + \text{비이자발생부채} \\ &= 200\text{억원} + 75\text{억원} + 50\text{억원} + 40\text{억원} = 365\text{억원}\end{aligned}$$

(4) 자기자본의 가치는 다음과 같이 총자산에서 부채를 차감한 장부가치에다가 시장부가가치를 더해서 구한다.

$$\text{자기자본가치} = (290\text{억원} - 150\text{억원}) + 75\text{억원} = 215\text{억원}$$

그런데 발행주식수가 50만주라고 하였으므로 1주당 가치는 다음과 같이 구할 수 있다.

$$1\text{주당 가치} = \frac{215\text{억원}}{50\text{만주}} = 43{,}000\text{원}$$

요약

1. 경제적 부가가치는 영업이익에서 타인자본비용과 자기자본비용까지 차감한 후 남는 잔여이익으로서 초과이익, 경제적 이익이라고도 한다.
2. 경제적 부가가치가 양(+)의 값을 가져야 기업가치가 증가하는 것이다.
3. 경제적 부가가치는 세후순영업이익(NOPAT)에서 금액으로 측정된 자본비용을 차감해서 산출한다. 즉, EVA=NOPAT−자본비용(금액)
4. 경제적 부가가치를 구하는 또 다른 방법은 투자자본(IC)에다가 투자자본이익률(ROIC)과 가중평균자본비용(WACC)의 차이를 곱하는 것이다. 즉, EVA=IC×(ROIC−WACC)
5. EVA에서는 투자자본이 중요한 개념인데 자본비용을 부담하는 영업용자본이라고 생각할 수 있으며 이를 측정하는 방법은 여러 가지가 있다.
6. EVA는 매년 계속되는 현금흐름으로서 플로우 개념이며 이를 현재가치로 계산한 값이 시장부가가치(MVA)이다. MVA가 기업가치의 증분이라고 볼 수 있다.
7. EVA로 성과를 측정하면 주주의 관점에서 주주의 몫까지 챙겨준 후의 성과를 관리하는 것이 된다. 이러한 관점에서 EVA는 주주중심의 성과지표라고 할 수 있다.

연습문제

진위형

1. 경제적 부가가치(EVA)가 0보다 크면 주주가 정당한 몫을 가져갔다는 의미이다. (　)
2. 현금흐름할인법으로 기업가치를 구하기 위해서는 가중평균자본비용(WACC)이 꼭 필요하지만 경제적 부가가치(EVA)에서는 그렇지 않다. (　)
3. 투자자본(invested capital)이란 자산 중에서 자본비용을 부담하고, 영업용이어야 하는 두 가지 조건을 충족해야만 한다. (　)
4. 투자자본이익률(ROIC)은 순이익을 투자자본으로 나누어 구한 값이다. (　)
5. 시장부가가치(MVA)가 양의 값을 가지려면 반드시 ROIC가 WACC보다 커야 한다. (　)

객관식

1. 가치중심경영에서는 기업가치를 현재의 투자자본에 (　)을 더한 값으로 구한다. (　)에 들어갈 용어로 알맞은 것은?
   ① 미래 현금흐름
   ② 미래 현금흐름의 현재가치
   ③ 미래 경제이익
   ④ 미래 경제이익의 현재가치

2. EVA체계와 DCF법에서 자본비용을 측정하는 방법을 설명한 것이다. 올바른 것은?
   ① EVA에서는 자본비용을 %로 측정하지만 DCF법에서는 금액으로 측정한다.
   ② EVA법에서는 자본비용을 금액으로 측정하지만 DCF법에서는 %로 측정한다.
   ③ EVA와 DCF법에서 모두 자본비용을 %로 측정한다.
   ④ EVA와 DCF법에서 모두 자본비용을 금액으로 측정한다.

3. 다음의 용어들 중에서 나머지와 그 의미가 다른 것은?

① 적정이익 ② 초과이익 ③ 잔여이익 ④ 경제이익

4. EVA체계에서 투자자본을 구하는 방법이 아닌 것은?

① 영업용 고정자산+영업용 순운전자본

② 영업용 총자산-비이자발생부채

③ 영업용 총자산+비이자발생부채-유동부채

④ 이자발생부채+자기자본-비영업용자산

5. 다음 중 EVA체계에서 말하는 투자자본(IC)에 포함되는 것은?

① 투자목적으로 매입한 토지 ② 건설 중인 자동화설비

③ 공사계약 이행보증금 ④ 적정수준을 초과한 금융자산

6. 가치중심경영에서 가장 중요한 성과지표는?

① ROI ② ROE ③ EVA ④ ROIC

7. MVA를 산출하기 위한 할인율은 다음 중 어느 것인가?

① 자기자본비용 ② 세전 타인자본비용

③ 세후 타인자본비용 ④ 가중평균자본비용

8. 세후영업이익(NOPAT)와 투자자본의 관계를 연결시켜주는 개념은 어느 것인가?

① ROI ② ROE ③ ROA ④ ROIC

9. EVA를 도입해서 활용함으로써 기대되는 효과를 열거한 것이다. 이에 해당되지 않는 것은?

① 업무개선의 관리지표로 사용될 수 있다.

② 성과평가와 보상결정의 기준으로 사용할 수 있다.

③ 대리문제를 해결할 수 있다.

④ 기업 간 성과비교를 쉽게 할 수 있다.

●● 주관식

1. 투자자본을 구하는 세 가지 방법을 설명해보시오.
2. 순이익은 양(+)이지만 경제적 부가가치는 음(-)의 값을 갖는 기업의 성과를 평가하시오.
3. 어떤 기업의 총자본이 100억원이라고 하자. 그런데 투자수익률이 15%이고 총자본 중 60억원을 은행에서 차입한 것이고 나머지는 자기자본이다. 은행의 차입이자율은 11%이고 자기자본비용이 13%라고 할 때에 EVA는 얼마인가?

PART 03

자기자본가치접근법

Chapter 07

주주현금흐름할인법

앞서 설명한 기업가치접근법은 자산의 현금흐름을 현재가치로 구해서 기업가치로 보는 것이므로 재무상태표의 차변에서 접근하는 방식이라고 할 수 있다. 이에 비해서 지금부터 설명할 자기자본가치접근법은 주주에게 귀속되는 현금흐름을 현재가치로 계산해서 자기자본가치를 평가하는 것이다. 이때에 현재가치를 계산하기 위한 할인율은 자기자본비용이다. 이렇게 산출한 자기자본가치에 부채가치를 더하면 기업가치가 되는데 이러한 방식은 재무상태표의 대변에서 접근하는 평가방식이다. 주주현금흐름을 측정하는 것은 기업잉여현금흐름을 측정하는 것과 마찬가지로 예측기간과 예측기간 이후로 구분해서 측정하게 된다. 예측기간 이후의 현금흐름을 측정할 때에는 성장률에 대한 가정이 중요하기 때문에 이 장에서는 성장률에 대한 설명을 추가해서 다룰 것이다.

제1절 기초개념

01 기업가치접근법에 대한 복습

재무상태표의 차변에서 접근

주주현금흐름할인법을 살펴보기에 앞서 기업가치접근법에서 다루었던 현금흐름할인법의 주요한 특징을 다시 생각해보자.

기업가치접근법은 재무상태표의 차변에서 기업가치를 평가하는 것이다. 재무상태표의 차변에는 유동자산, 고정자산 등이 있는데 기업은 영업활동을 통해서 수익을 창출하기 위해서 이러한 자산을 보유하고 있는 것이다. 따라서 이러한 자산이 만들어낼 미래의 현금흐름을 현재가치로 계산하여 자산의 내재가치, 즉 기업의 내재가치를 구하는 방식이 기업가치접근법이다.

기업가치접근법에서 현금흐름과 할인율

이때의 현금흐름은 손익계산서의 영업이익에 해당하는 현금흐름을 말하는데 더 정확하게 표현하면 기업에 귀속되는 잉여현금흐름(FCF: free cash flow)이다. 잉여현금흐름(FCF)이란 명칭을 많이 사용하지만 Damodaran과 같은 일부 학자들은 이를 기업잉여현금흐름(FCFF: free cash flow to the firm)이라는 이름으로 부르기도 한다. 아무튼 이 현금흐름은 영업현금흐름에 자본적 지출과 순운전자본의 증감까지 반영하여 구한 값이다.

그리고 이러한 현금흐름의 현재가치를 구하기 위해 자기자본비용과 타인자본비용을 평균한 자본비용(WACC: weighted average cost of capital)을 할인율로 이용한다. 여기서 타인자본비용은 이자비용의 감세효과를 반영한 것이다.

즉, 기업가치접근법의 내용을 요약하면 잉여현금흐름을 가중평균자본비용으로 할인해서 구한 현재가치가 바로 기업가치가 된다는 것이다.

entity approach, enterprise approach, business approach

이렇게 기업가치접근법에서는 한 번에 전체기업의 내재가치를 구하기 때문에 entity approach, enterprise approach, 또는 business approach라고 부른다. 재무이론에서는 현금흐름이나 접근방식의 내용은 같은데도 서로 다른 용어를 사용하다보니 처음 접하는 사람들은 헷갈리는 경우가 많다. 따라서 용어에 집착하지 말고 내용을 정확하게 이해하는 노력이 필요하다.

표 7-1 기업가치접근법의 특징

항 목	내 용
재무상태표	차변에서 기업가치를 평가
현금흐름	잉여현금흐름(FCF), 또는 기업잉여현금흐름(FCFF)
할인율	타인자본비용과 자기자본비용에서 구한 가중평균자본비용(WACC)
기업가치(V)	$V = \frac{FCF}{WACC}$
평가방식	entity approach, enterprise approach, business approach

02 자기자본가치접근법에 대한 예습

재무상태표의 대변에서 접근

기업가치접근법이 재무상태표의 차변에서 기업가치를 평가하는 방식이라면 이제부터 설명할 자기자본가치접근법은 재무상태표의 대변에서 기업가치를 평가하는 방식이라고 할 수 있다.

재무상태표의 구조를 생각해보자. 재무상태표의 차변에는 자산만 존재하므로 자산의 가치를 구하면 곧 기업의 가치가 된다. 그런데 재무상태표의 대변에는 부채(타인자본)와 자본(자기자본)이 존재한다. 그래서 재무상태표의 대변에서 기업가치를 평가하려면 타인자본의 가치와 자기자본의 가치를 합한 값을 구해야 한다. 이 값이 기업가치가 되는 것이다. 시장이 효율적이라면 재무상태표의 차변에서 구한 기업가치나 대변에서 구한 기업가치는 똑같은 값을 갖게 된다.

타인자본가치

자기자본가치접근법에서는 자기자본의 가치를 구하는 것이 중요한 일이다. 그러나 자기자본가치만 구했다고 기업가치를 구하는 작업이 끝난 것은 아니다. 타인자본(부채)의 가치도 구해서 자기자본가치에 더해야 한다. 그런데 타인자본가치를 구하는 것은 다음과 같은 두 가지 이유에서 그 내용이 자기자본가치를 구하는 것보다 쉬운 편이다.

첫째, 타인자본이라면 차입금이나 회사채 등을 말하는데 여기에서 발생되는 현금흐름은 앞으로 지급될 이자와 원금으로서 예측하기가 수월하다.

둘째, 기업이 이자를 지급하지 않거나 원금을 상환하지 않으면 부도가 나기 때문에 우선적으로 이자 지급, 원금 상환을 하게 된다. 따라서 위험이 상대적으로 낮은 편이다.

자기자본가치를 평가하는 과정이 더 어렵다는 이러한 배경에서 자기자본가치법이라고 부르는 것이라고 생각하면 된다. 타인자본의 가치를 구하는 과정도 뒤에서 자세하게 다룰 것이다.

자기자본가치접근법에서 현금흐름과 할인율

자기자본가치접근법에서도 현금흐름할인법(DCF: discounted cash flow)이 적용된다. 다만 기업가치접근법에서는 기업 전체에 귀속되는 잉여현금흐름을 측정하였지만 자기자본가치접근법에서는 주주에게 귀속되는 현금흐름만을 측정하여야 한다. 이 현금흐름을 Ross는 주주현금흐름(FTE: flow to equity)이라고 하였다. Damodaran은 주주에게 귀속되는 잉여현금흐름이라고 해서 주주잉여현금흐름(FCFE: free cash flow to the equity)이라는 이름으로 부른다.

그러면 할인율은 어떤 할인율을 써야 할까? 할인율은 항상 현금흐름의 성격에 맞추어서 조정해야 한다. 즉, 현금흐름의 위험에 맞는 할인율을 써야 한다. 주주에게 귀속되는 현금흐름을 측정한 것이므로 할인율도 주주에게 지급해야 할 자본비용을 사용하면 된다. 기업의 입장에서는 자본비용이지만 주주의 입장에서는 주식보유에 따른 위험에 맞는 기대수익률이 되기 때문이다. 주주의 기대수익률은 자본자산가격결정모형(CAPM)으로 산출하면 된다. 이렇게 구한 기대수익률이 자기자본비용이 되어 주주잉여현금흐름의 현재가치를 구하기 위한 할인율로 사용되는 것이다.

equity approach

이렇게 자기자본가치접근법에서는 1단계로 자기자본의 가치를 먼저 구한다. 그리고 2단계에서는 타인자본의 가치를 구하여 자기자본가치에 더해서 전체기업가치를 구하는 방식을 취한다. 여기서 1단계의 자기자본가치를 구하는 것이 중요하여 이를 equity approach라고 부른다. 또한 주주현금흐름(FTE: flow to equity)을 구해서 현재가치를 구한다고 해서 FTE법이라고도 한다.

금융기관의 가치평가

기업가치를 평가할 때에는 전체기업가치를 한 번에 구하는 기업가치접근법이 많이 사용된다. 그러나 은행과 같은 금융기관의 가치를 평가할 때에는 기업가치접근법이 잘 맞지 않는 면들이 많다. 은행의 중요한 부채인 예금은 일반기업의 부채와 같이 자본시장에서 차입하는 것이 아니다. 은행부채(예금)는 여러 소매금융 사업단위를 통해서 개별적으로 유치되기 때문에 이에 대한 자본비용을 추정하는 것이 매우 어렵다.

이론적으로는 이자수익에서 관리비용을 차감한 금액을 가중평균자본비용으로 할인하여 자산가치를 구한 후 예금의 현재가치를 차감하면 은행의 자기자본가치를 구할 수 있다. 그러나 이를 실무에 적용하는 것은 매우 어려운 것으로 알려져 있다. 그래서 은행의 가치를 평가할 때에는 자기자본가치접근법을 따르는 것이 합리적이라고 보는 것이 일반적이다. 그렇기 때문에 은행의 경우에는 자기자본가치접근법에 의해서 구한 자기자본가치를 은행의 가치로 간주한다.

표 7-2 자기자본가치 접근법의 특징

항 목	내 용
재무상태표	대변에서 기업가치를 평가
현금흐름	주주현금흐름(FTE), 또는 주주잉여현금흐름(FCFE)
할인율	자기자본비용(k_e)
자기자본가치(S)	$S=\frac{FTE}{k_e}$
기업가치(V)	$V=S+B$
평가방식	equity approach

제2절 주주현금흐름

01 주주현금흐름의 측정

주주현금흐름은 이자비용과 원금상환액, 그리고 자산의 현재 상태를 유지하거나 미래의 성장을 위해서 새로운 기계설비를 구입하는 데 필요한 자본적 지출까지 공제한 후의 잔여현금흐름이다. 따라서 주주현금흐름을 산출하는 과정을 다음과 같이 나타낼 수 있다.

	당기순이익
+	감가상각비
−	자본적 지출
−	추가운전자본
−	부채상환액
+	부채조달액
	주주현금흐름

주주현금흐름의 산출과정을 보면 당기순이익, 감가상각비, 자본적 지출, 추가운전자본의 항목까지는 기업가치접근법에서의 잉여현금흐름과 동일하다는 것을 알 수 있다.

그런데 주주에게 귀속되는 현금흐름만을 측정하기 위해서는 잉여현금흐름에다가 부채를 상환하거나 부채를 추가로 조달하는 금액을 가감해주어야 한다. 즉, 부채상환액은 차감하고 부채조달액은 가산한다는 것인데 이 점이 주주현금흐름의 특징이라고 할 수 있다.

02 손익계산서

특정한 손익계산서를 가정해서 영업현금흐름(OCF), 잉여현금흐름(FCF), 주주현금흐름(FTE)이 구해지는 과정을 단계별로 살펴보자. 이러한 과정을 통해서 현금흐름의 개념을 좀 더 명확하게 이해할 수 있을 것이다.

잉여현금흐름의 산출

어떤 기업의 손익계산서가 다음과 같다고 가정하자. 여기서 먼저 기업가치접근법의 영업현금흐름과 잉여현금흐름을 산출해보겠다.

표 7-3
손익계산서

손익계산서		(단위: 억원)
매출액		900
매출원가		500
매출총이익		400
판매관리비		
급 여	60	
감가상각비	90	150
영업이익(EBIT)		250
영업외비용		
지급이자		50
납세전순이익		200
법인세(세율 40%)		80
당기순이익		120

사실 위 손익계산서는 이미 기업가치접근법에서 영업현금흐름을 구하면서 이용했던 것이다. 주주현금흐름을 구하기에 앞서서 영업현금흐름을 산출해보자. 그러면 주주현금흐름과 영업현금흐름의 차이점을 더 잘 확인할 수 있다.

일단 영업현금흐름을 구하는 식은 다음과 같다.

$$\begin{aligned}\text{영업현금흐름} &= EBIT + Dep - t \cdot EBIT \\ &= EBIT(1-t) + Dep\end{aligned}$$

따라서 주어진 손익계산서를 갖고 영업현금흐름을 측정하면 다음과 같이 240이 된다.

$$\begin{aligned}\text{영업현금흐름} &= 250 + 90 - 0.4 \times 250 \\ &= 250 \times (1 - 0.4) + 90 = 240\end{aligned}$$

그런데 여기서는 자본적 지출이나 추가운전자본이 없으므로 영업현금흐름이 곧 기업의 잉여현금흐름(FCF, 또는 FCFF)과 같다.

주주현금흐름의 산출

그런데 지금 우리의 목표는 주주현금흐름을 구하는 것이다. 앞서 소개한 주주현금흐름을 구하는 과정을 식으로 나타내면 다음과 같다.

$$\text{주주현금흐름} = NI + Dep - \text{자본적 지출} - \text{추가운전자본} + \text{부채증가액}$$

여기서 NI는 순이익(Net Income), Dep는 감가상각비이다. 자본적 지출이 생기면 현금유출이 될 것이고 영업활동에 필요한 운전자본의 증가도 현금유출이 될 것이다. 부채증가액은 신규부채발행액에서 부채상환액을 차감한 것으로서 부채상환액이 신규부채발행액보다 크면 음(−)의 값이 될 것이다. 그런데 위 손익계산서에서는 자본적 지출, 추가운전자본, 부채증가액에 대한 언급이 없으므로 주주현금흐름은 다음과 같이 쉽게 구해진다.

$$\begin{aligned}\text{주주현금흐름} &= NI + Dep \\ &= 120 + 90 = 210\end{aligned}$$

재무상태표의 정보

손익계산서의 정보에서 주주현금흐름을 구하려면 순이익에 현금지출이 없는 비용항목(대표적으로 감가상각비)을 더하면 된다. 그러나 주주현금흐름의 산출식을 보면 자본적 지출, 추가운전자본, 부채의 상환액 및 추가발행액 등의 정보도 필요하다. 이러한 정보는 연속된 2개년 사이의 재무상태표의 정보에서 파악할 수 있다.

자본적 지출(capital expenditure)이란 현금이 나가고 다른 고정자산이 들어오는 거래이다. 그런데 고정자산은 내용연수 동안 감가상각이 된다. 자본적 지출을 차감하는 이유는 고정자산을 취득하느라 나가는 현금은 영업이익을 산출하는 과정에 반영되지 않는 현금유출이기 때문이다.

그리고 순운전자본(net working capital)의 증가액을 차감하는 이유에 대해서 살펴보자. 순운전자본은 영업활동에 필요한 자본으로서 유동자산에서 유동부채를 차감한 값이다. 순운전자본의 증가액이란 전기에 비해서 당기에 순운전자본이 얼마나 증가했는가를 의미한다. 이 증가액도 현금유출임에도 불구하고 영업이익을 구하는 과정에는 반영되지 않으므로 차감하는 것이다. 물론 전기에 비해서 당기에 순운전자본이 감소하였다면 감소액을 가산해주어야 한다.

자본적 지출이나 순운전자본의 증가액은 모두 영업현금흐름 또는 잉여현금흐름을 산출할 때에도 차감했던 항목이다. 그런데 주주현금흐름을 측정할 때에는 이들 항목 이외에도 부채변동액을 반영해야 한다. 주주현금흐름에서는 부채를 제공한 채권자를 외부인으로 보기 때문이다. 따라서 부채를 상환하면 현금이 유출되는 것이고 새로 부채를 조달하면 현금이 유입되는 것이다.

다음과 같은 예제에서 이러한 내용을 구체적으로 살펴보자.

예제 7-1

올해의 손익계산서에서 확인한 결과 순이익은 120, 감가상각비는 90이라고 하자. 다음과 같은 추가항목이 있는 경우에 주주현금흐름(FTE: flow to equity)은 얼마인가 산출해보라.

(1) 올해 자본적 지출이 30만큼 필요하고 운전자본은 10만큼 추가로 소요되고 부채를 20만큼 상환한 경우
(2) 올해 자본적 지출이 40만큼 필요하지만 운전자본은 50만큼 회수되고 부채를 30만큼 추가로 조달한 경우

풀이

각 경우의 주주현금흐름은 다음과 같이 산출한다.

(1) FTE = 순이익+감가상각비−자본적 지출−운전자본증가−부채상환
= 120+90−30−10−20 = 150

(2) FTE = 순이익+감가상각비−자본적 지출+운전자본감소+부채조달
= 120+90−40+50+30 = 250

제3절 현금흐름의 측정사례(1)

01 측정기간의 확장

앞에서 설명한 현금흐름의 측정방법은 어느 한 기간의 손익계산서를 분석대상으로 한 것이었다. 그러나 기업은 어느 한 기간만 존재하는 것이 아니라 반증이 없다면 무한하게 존속하는 것으로 본다고 하였다. 따라서 주주현금흐름도 단일 기간의 현금흐름으로 보면 안 되고 무한하게 계속되는 현금흐름으로 보아야 현실적이라고 할 수 있다.

02 한국기업(주)의 사례

단순한 형태

가장 단순한 형태의 현금흐름을 생각해보자. 만약 한국기업(주)의 올해 손익계산서가 다음과 같이 파악되었다고 하자.

표 7-4 손익계산서

손익계산서		(단위: 억원)
매출액		900
매출원가		400
매출총이익		500
판매관리비		
급 여	80	
감가상각비	70	150
영업이익(EBIT)		350
영업외비용		
지급이자		50
납세전순이익		300
법인세(세율 30%)		90
당기순이익		210

그리고 이 손익계산서의 성과가 매년 똑같이 계속된다고 가정하자. 그리고 자본적 지출이나 운전자본 및 부채의 변동도 없다고 하자. 비현실적인 면이 있지만 주주현금흐름의 측정과 자기자본의 가치를 평가하는 예제로서는 간단해서 이해하기가 쉽다.

자본적 지출과 운전자본 및 부채의 변동이 없다고 하였으므로 주주현금흐름(FTE)은 다음과 같다.

$$\text{주주현금흐름} = NI + Dep$$
$$= 210 + 70 = 280(\text{억원})$$

즉, 한국기업(주)의 주주에게는 매년 280억원의 현금흐름이 무한히 계속된다는 것이다. 그러므로 이를 현재가치로 할인한 값이 이 기업의 자기자본가치가 되는 것이다. 그런데 이 현금흐름의 현재가치를 구하기 위해서는 할인율이 필요하다. 이 할인율은 한국기업(주)의 주주에게 귀속되는 현금흐름(FTE)이 내포하고 있는 변동성(위험)을 반영해서 이에 알맞은 균형기대수익률을 구해서 사용한다. 그리고 이때의 기대수익률은 자본자산가격결정모형(CAPM)을 이용해서 구한다. 정확한 할인율을 구하는 과정은 뒤에서 구체적으로 다룰 것이다.

일단 여기서는 한국기업(주)의 주주현금흐름이 갖는 위험수준을 고려해서 산출한 기대수익률(할인율)이 14%라고 하자.[1] 그렇다면 한국기업(주)의 자기자본가치(S)는 다음과 같이 280억원의 무한연금의 현재가치가 된다.

$$S = \frac{FTE}{R} = \frac{280}{14\%} = 2{,}000(\text{억원})$$

복잡한 형태

위에서 제시된 한국기업(주)의 예제에 다음과 같은 조건을 추가해보자. 즉, 매년 자본적 지출이 13억원이 필요하고 운전자본도 매년 5억원이 추가로 소요된다. 따라서 매년 신규로 부채를 11억원을 조달해야 한다고 하자.

이와 같이 자본적 지출과 운전자본 및 부채의 변동이 있는 경우에는 주주현금흐름을 산출하면 다음과 같이 273억원이 된다.

1) 나중에 자세하게 설명하겠지만 여기서의 할인율 14%는 부채사용의 위험까지 반영된 자기자본비용(k_e)이라고 한다.

$$\begin{aligned}\text{주주현금흐름} &= NI + Dep - \text{자본적 지출} - \text{추가운전자본} + \text{부채증가액} \\ &= 210 + 70 - 13 - 5 + 11 = 273(\text{억원})\end{aligned}$$

그리고 여기서도 할인율은 동일하게 14%라고 하자. 그렇다면 한국기업(주)의 자기자본가치는 다음과 같이 무한연금 273억원의 현재가치가 된다.

$$S = \frac{FTE}{R} = \frac{273}{14\%} = 1{,}950(\text{억원})$$

03 대한기업(주)의 사례

매년 현금흐름이 증가하는 경우

대체로 기업이 성장하면서 주주현금흐름도 증가하기 마련이다. 따라서 주주현금흐름이 매년 똑같은 금액이라는 것은 비현실적이라고 할 수 있다. 이러한 가정을 좀 더 현실화시켜서 주주현금흐름이 증가하는 예제를 보자. 증가율은 경기상황에 따라서 매년 다르겠지만 이러한 상황을 모두 반영하는 것은 매우 어려운 일이다. 그러므로 매년 일정한 비율로 성장하는 단순한 상황을 먼저 다루도록 한다.

손익계산서의 제시

대한기업(주)의 손익계산서를 올해와 내년을 기준으로 예측한 결과 다음과 같이 작성되었다고 하자. 즉, 올해에 비해서 내년에는 매출액, 매출원가, 급여 등 현금유입과 유출항목들의 금액 증가가 있다.

이러한 상황에서 내년의 주주현금흐름은 올해의 주주현금흐름보다 증가하는데 그 증가율은 2년 후, 3년 후에도 동일한 값으로 유지된다고 하자.

표 7-5
손익계산서

손익계산서

	올해		내년	
매출액		900		945
매출원가		500		520
매출총이익		400		425
판매관리비				
급 여	60		65	
감가상각비	90	150	90	155
영업이익(EBIT)		250		270
영업외비용				
지급이자		50		50
납세전순이익		200		220
법인세(세율 40%)		80		88
당기순이익		120		132

현금흐름의 측정과 증가율 산출

대한기업(주)의 올해와 내년의 주주현금흐름을 측정하자. 우선 올해의 주주현금흐름은 다음과 같다.

$$\text{주주현금흐름} = \text{NI} + \text{Dep} = 120 + 90 = 210 \ (\text{억원})$$

그리고 내년의 주주현금흐름은 다음과 같다.

$$\text{주주현금흐름} = \text{NI} + \text{Dep} = 132 + 90 = 222 \ (\text{억원})$$

그러면 주주현금흐름의 증가율은 다음과 같이 구할 수 있다.

$$\frac{222 - 210}{210} = 5.7\%$$

대한기업(주)의 주주현금흐름 증가율 5.7%가 앞으로 계속된다고 하였으므로 현금흐름을 시간선상에 나타내면 다음과 같이 나타낼 수 있다.

0	1	2 ……	n−1	n ……
	210	$210(1.057)$	$210(1.057)^{n-2}$	$210(1.057)^{n-1}$

이러한 현금흐름은 일정한 비율로 증가하는 형태를 가지므로 일정성장모형을 따르는 무한연금으로 볼 수 있다. 따라서 다음과 같은 무한등비급수의 합계로 그 현재가치를 구할 수 있다. 그 현재가치가 바로 대한기업(주)의 자기자본가치(S)가 되는 것이다.

$$S = \frac{C}{(1+R)^1} + \frac{C(1+g)}{(1+R)^2} + \frac{C(1+g)^2}{(1+R)^3} + \cdot\cdot\cdot\cdot\cdot$$

$$= \frac{C}{R-g} = \frac{210}{0.14-0.057} = 2{,}530 \text{ (억원)}$$

제4절 현금흐름의 측정사례(2)

01 현실적 상황

불확실성이 존재하는 상황에서 주주현금흐름이 매년 똑같은 금액이라고 가정하는 것은 비현실적이다. 이를 좀 더 현실화한다고 했지만 일정한 비율로 무한하게 증가한다는 가정 역시 여전히 비현실적인 면이 있다. 경기상황에 따라서 현금흐름도 들쑥날쑥할 것이기 때문에 이러한 상황까지 반영해서 평가해야만 현실성을 높일 수 있다. 그래서 주주현금흐름도 기업의 잉여현금흐름을 측정했던 것과 마찬가지로 다음과 같은 두 단계의 절차를 따라서 기업의 현금흐름을 측정한다.

그림 7-1 현실적 상황에서 현금흐름의 측정

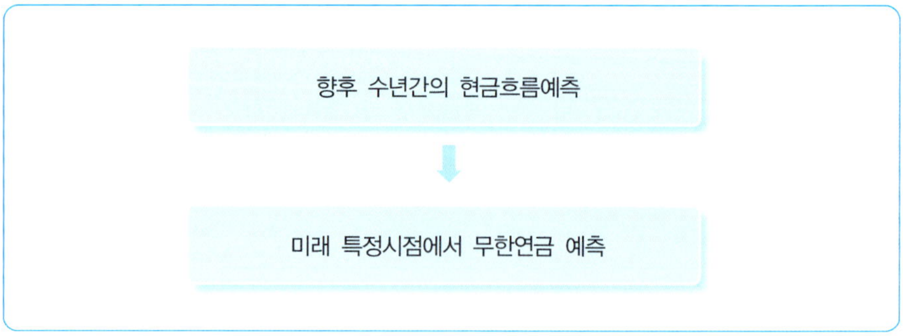

02 주주현금흐름 예측

향후 수년간의 현금흐름예측

계속기업의 무한한 현금흐름을 예측한다는 것은 매우 어려운 일이다. 그러나 향후 수년 동안의 현금흐름은 재무예측기법을 이용해서 어느 정도 구체적인 수치로 예측할 수 있다. 이 기간을 예측기간이라고 한다. 예측기간 내에서는 기업의 추정재무제표(pro forma financial statements)를 작성하고 이로부터 앞으로 들어올 주주현금흐름을 예측한다.

판매예측이 현금흐름을 측정하는 첫 번째 단계이면서 가장 중요하다는 사실은 기업가치접근법에서 잉여현금흐름을 측정할 때에 이미 언급하였다. 이로부터 주주현금흐름을 산출해서 향후 수년간의 금액을 예측한다.

미래 특정시점에서 무한연금 예측

앞서 향후 수년간, 예를 들어 앞으로 5년간의 현금흐름은 좀 더 구체적으로 예측하더라도 그 이후, 즉 6년 이후에 발생할 매년의 현금흐름까지 구체적으로 예측하기는 매우 어렵다고 하였다. 불확실성이 크게 증가하여 정확도가 떨어질 수밖에 없기 때문이다. 그래서 이러한 경우에는 무한연금으로 예측하는 경우가 많다. 일정한 현금흐름이 무한하게 계속되거나 일정한 비율로 증가하는 현금흐름이 무한하게 계속되는 것으로 가정하는 것이다. 그러면 6년 이후의 현금흐름은 연금의 현가식을 이용해서 5년 시점의 현재가치로 평가한다.[2]

2) 이렇게 구한 5년 시점의 현재가치를 계속가치(continuing value), 잔여가치(residual value), 종점가치(terminal value)라고 한다고 하였다. 이 부분은 기업가치접근법의 잉여현금흐름의 측정 내용을 다시 읽어보면서 주주현금흐름의 측정 내용과 비교하면 이해에 도움이 될 것이다.

03 서울기업(주)의 사례

사례 제시

서울기업(주)의 자기자본가치를 평가하려고 한다. 이를 위해서 관련부서들로부터 정보를 수집하고 서울기업(주)의 매출추이와 비용분석 등의 작업을 통해서 앞으로 3년간의 추정재무제표를 작성하였다. 앞으로 3년간의 추정재무제표는 다음과 같다.

항 목	1년 후	2년 후	3년 후
매출액	100	130	170
매출원가	40	60	80
감가상각비	20	20	20
영업이익	40	50	70
법인세(30%)	12	15	21
순이익	28	35	49
자본적 지출	20	20	9
순운전자본	50	80	60
부 채	30	45	35

위와 같은 추정재무제표를 3년까지는 추정하였지만 그 이후에 무한한 기간으로 확대해서 예측하는 것은 불가능하다고 판단되었다. 따라서 3년 후에는 3년째의 현금흐름이 매년 6%씩의 증가율로 늘어난다고 가정한다. 그리고 서울기업(주)의 주주현금흐름에 대한 적정한 할인율을 계산하였더니 14%로 산출되었다. 이러한 정보를 바탕으로 이제부터 서울기업(주)의 자기자본가치를 산출해보자.

향후 3년간의 주주현금흐름 측정

주주현금흐름의 측정식(=순이익+감가상각비−자본적지출−추가운전자본+부채증가)을 이용해서 서울기업(주)의 1차년도, 2차년도, 3차년도의 주주현금흐름(FTE)을 구한다.

1차년도 : FTE = 28+20−20−50+30 = 8

2차년도 : FTE = 35+20−20−30+15 = 20

3차년도 : FTE = 49+20−9+20−10 = 70

위에서 1차년도 순운전자본증가액은 현재 순운전자본이 0이라고 보고 50이 된 것이고 2차년도 순운전자본 증가액은 80−50=30이 된 것이다. 그러나 3차년도 순운전자본 증가액은 60−80=−20로서 감소된 것이므로 주주현금흐름에 가산한 것이다.

부채의 경우도 운전자본의 경우와 동일한 원리로 이해하면 된다. 1차년도 부채증가액 30은 주주현금흐름에 가산하고 2차년도 증가액 15(=45−30)도 주주현금흐름에 가산하였다. 그러나 3차년도 부채감소액 10(=35−45)은 차감하였다.

3년 시점에서 무한연금의 예측

3년 이후에서는 현금흐름이 3년째의 현금흐름을 기준으로 매년 6%씩 증가한다고 가정하였으므로 4년째의 현금흐름은 74.2(=70×1.06)가 된다. 따라서 이후에 계속되는 무한연금을 대상으로 무한연금 현가식을 이용해서 현재가치를 구하면 다음과 같다.

$$S_3 = \frac{C_4}{R-g} = \frac{74.2}{0.14-0.06} = 927.5(\text{억원})$$

이렇게 구한 927.5억원은 3년 시점에서 평가한 서울기업(주)의 자기자본가치로서 종점가치(Terminal Value)가 된다.

서울기업(주)의 자기자본가치

이제 서울기업(주)의 주주현금흐름을 시간선상에 나타내면 다음과 같이 유한한 현금흐름이 된다.

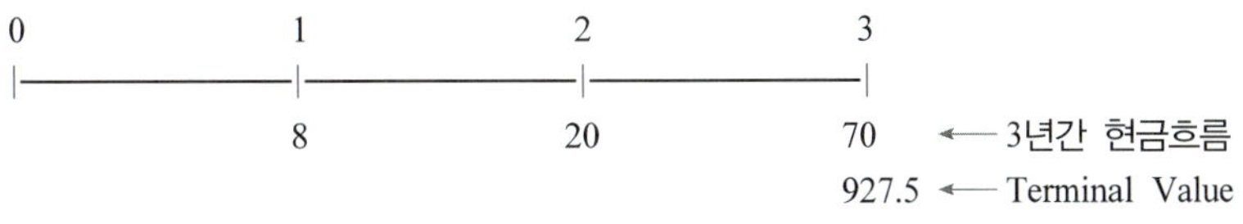

위와 같은 현금흐름의 현재가치를 10%의 할인율로 구하면 다음 값이 된다.

$$S=\frac{8}{(1+0.14)^1}+\frac{20}{(1+0.14)^2}+\frac{70+927.5}{(1+0.14)^3}=695.7\ (\text{억원})$$

즉, 서울기업(주)의 자기자본가치는 695.7억원으로 평가된다.

제5절 성장률의 추정

01 성장률의 경제적 의미

제3절에서 다룬 한국기업(주)은 주주현금흐름이 매년 일정하다고 가정해서 자기자본가치를 구하였다. 그러나 대한기업(주)과 제4절의 서울기업(주)의 경우에는 주주현금흐름이 일정한 비율로 증가한다고 가정하여 자기자본가치를 구하였다. 이렇게 현금흐름이 증가하는 비율을 성장률(growth rate)이라고 한다.

성장률이 높은 현금흐름의 경우에는 그 현재가치가 크다. 다음과 같이 일정성장모형의 현재가치 산출식을 생각해보자.

$$V=\frac{C}{R-g}$$

위 식에서 분모의 현금흐름(C)이 똑같다고 해도 성장률(g)이 높으면 분모값이 작아지고 결과적으로 기업가치를 나타내는 분수값이 커진다는 것을 알 수 있다. 우리나라에서 벤처기업의 경우 한때 높은 주가를 형성한 적이 있었는데 이는 벤처기업들의 현금흐름에 대해서 투자자들이 높은 성장률을 예상하였기 때문이라고 할 수 있다.

이러한 논리적 관계는 기업가치와 자기자본가치를 평가하면서 그대로 적용할 수 있다. 즉, 잉여현금흐름(FCF)의 성장률이 높으면 기업가치가 크고 주주현금흐름(FTE)의 성장률이 높으면 자기자본가치가 더 커지게 된다.

02 성장률의 결정식

성장률의 결정요인

성장률은 무엇에 의해서 결정될까? 결론부터 말하면 성장률은 유보율과 자기자본순이익률이라는 두 가지 요인에 의해서 결정된다. 유보(retention)란 기업이 벌어들인 순이익을 배당으로 주주에게 지급하지 않고 회사에 남겨놓는 것을 말한다. 이렇게 순이익을 모두 배당하지 않고 사내에 유보하는 이유는 더 많은 미래수익을 창출하기 위해서 재투자자금으로 사용하기 위함이다. 유보율(retention ratio)이란 보통 b로 표시하는데 순이익 중 유보액이 차지하는 비율이므로 다음과 같이 구한다.

$$b = \frac{\text{배당액}(D)}{\text{순이익}(NI)}$$

그리고 자기자본순이익률(ROE: return on equity)은 자기자본 대비 순이익의 비율을 의미하므로 다음과 같이 구한다.

$$ROE = \frac{\text{순이익}}{\text{자기자본}}$$

성장률의 산출식

그러면 이 두 가지 요인이 어떻게 성장률을 결정하는지 살펴보자. 주주현금흐름에서 성장률은 단순하게 순이익(Net Income)의 증가율로 측정할 수 있다. 따라서 성장률은 다음 식으로 표현할 수 있다.

$$g_t = \frac{NI_t - NI_{t-1}}{NI_{t-1}} \qquad \text{[식 7-1]}$$

여기서 g_t: t시점의 증가율
NI_t: t시점의 순이익

그런데 순이익(NI)은 자기자본(S)에 자기자본순이익률(ROE)을 곱해서 결정된다. 그러므로 시점 (t－1)을 기준으로 다음 식이 성립한다.

$$NI_{t-1} = S_{t-1} \times ROE_{t-1} \qquad [식\ 7\text{-}2]$$

그리고 위 식을 시점 t를 기준으로 쓰면 다음과 같다.

$$NI_t = S_t \times ROE_t$$

그런데 시점 t의 자기자본은 시점 (t−1)의 자기자본에 유보이익(RE: retained earnings)이 더해진 값이므로 다음 식이 성립한다.

$$S_t = S_{t-1} + RE_{t-1}$$

이 식을 이용하면 시점 t를 기준으로 순이익을 다음과 같이 표현할 수 있다.

$$NI_t = (S_{t-1} + RE_{t-1}) \times ROE_t \qquad [식\ 7\text{-}3]$$

이제 자기자본순이익률이 일정하다고 가정하면 $ROE_t = ROE_{t-1} = ROE$가 성립하여 모두 ROE로 나타낼 수 있다. 이제 [식 7-2], [식 7-3]을 [식 7-1]에 대입해서 정리하면 다음과 같은 [식 7-4]를 얻을 수 있다.

$$g_t = \frac{NI_t - NI_{t-1}}{NI_{t-1}} = \left(\frac{RE_{t-1}}{NI_{t-1}}\right) \times ROE = b \times ROE \qquad [식\ 7\text{-}4]$$

[식 7-4]의 의미는 성장률은 유보율과 자기자본순이익률의 곱으로 구성된다는 뜻이다. 즉, 성장률은 유보율과 자기자본순이익률의 증가함수가 된다. 예를 들어서 자기자본순이익률이 일정하게 주어진 상황이라면 유보율 수준이 높을수록 성장률이 높아지는 모습을 〈표 7-6〉에서 보여주고 있다.

표 7-6 성장률의 결정과정 (단위: %)

ROE	유 보 율		
	0%	50%	100%
4%	0%	2%	4%
8	0	4	8
12	0	6	12
16	0	8	16
20	0	10	20

위 표를 보면 자기자본순이익률이 주어진 경우에 유보율이 성장률에 영향을 주는 것을 확인할 수 있다. 예를 들어 자기자본순이익률이 12%라고 하자. 이때 회사에서 유보를 하나도 하지 않고 모두 배당을 하면 성장률은 0이 된다. 만약 회사가 순이익 중 50%를 배당하고 나머지 50%를 사내에 유보하면 성장률은 6%가 되고 순이익을 모두 유보시키면 성장률이 12%가 된다는 것이다. 유보는 결국 미래수익을 위한 재투자자금으로 사용되기 때문에 유보율이 높을수록 성장률도 높은 것이다.

예제 7-2

한국기업(주)의 재무상태표에서 확인된 자기자본금액은 100억원이다. 그리고 손익계산서상의 당기순이익은 14억원이다. 한국기업(주)의 사장인 홍길동 씨는 통상적으로 매년 순이익의 75%를 재투자를 위한 자금으로 사내에 유보시켜 왔고 앞으로도 그럴 계획이다. 이러한 상황에서 다음 각 물음에 답하라.

(1) 한국기업(주)의 주주현금흐름 성장률을 구해보자.
(2) 한국기업(주)의 배당성향을 구하고 성장률과의 관계를 설명해보자.

풀이

(1) 우선 한국기업(주)의 자기자본순이익률(ROE)은 다음과 같다.

$$ROE = \frac{14}{100} = 14\%$$

그리고 성장률(g)은 다음과 같이 구한다. 단, b는 유보율이다.

$$\begin{aligned} g &= ROE \times b \\ &= 14\% \times 0.75 = 10.5\% \end{aligned}$$

(2) 순이익 중에서 배당금이 차지하고 있는 비율을 배당성향(dividend payout ratio)이라고 한다. 여기서 우리가 흔히 혼동하는 것은 배당성향과 배당률이다. 배당률은 주식액면대비 배당금의 비율을 말한다. 따라서 유보율과 관련된 개념은 배당률이 아니라 배당성향이다. 예를 들어 순이익이 100인데 40을 배당하고 60을 유보하였다면 배당성향은 0.4이고 유보율은 0.6인 것이다. 따라서 배당성향과 유보율은 그 합이 항상 1이 된다.

예제에서는 유보율이 75%이므로 배당성향은 25%(=1−0.75)이다. 배당성향이 클수록 유보율은 낮아지므로 성장률도 낮아진다.

03 과거성장률

과거의 평균성장률

성장률을 결정하는 두 가지 요인, 자기자본순이익률과 유보율에 대해서 살펴보고 이 두 가지 요인을 곱한 값이 곧 성장률이라는 것을 확인하였다. 따라서 성장률을 구하기 위해서는 이 두 가지 요인의 구체적인 값들을 알아야 한다. 그런데 현실적으로 이 두 가지 요인의 개별 값들을 신뢰성 있게 구하기는 쉽지 않다. 이러한 경우에는 개별적인 값들을 추정하지 않고 직접 성장률 자체를 추정하는 방법이 있다.

미래의 성장률을 예측하기 위해서 가장 손쉽게 사용되는 방법은 과거의 평균성장률을 구해서 이를 사용하는 것이다. 그러나 과거의 평균성장률을 구하는 과정에서는 다음과 같은 점들을 유념해야 한다.

평균값의 산출방식

① 산술평균

평균값을 산출하는 방식은 크게 산술평균방식과 기하평균방식으로 구분된다. 우리가 많이 이용하는 것은 산술평균방식이다. 예를 들어 한 반에 있는 학생들의 체중 평균값을 구한다든가, 우리나라 국민의 1인당 GDP를 구한다면 산술평균방식이 알맞은 방식이다.

② 기하평균

그러나 은행에 3년간 예금하고 만기에 원리금을 찾는다고 하자. 이때 3년 동안의 연평균수익률을 구한다면 기하평균방식을 이용해야 한다. 왜냐하면 이 경우에는 발생이자가 원금으로 재투자되는 복리효과가 있기 때문이다. 화폐의 시간적 가치에서 미래가치를 공부하면서 다루었던 내용을 생각해보면 쉽게 이해가 될 것이다. 이와 비슷한 예제를 들자면 최근 5년 동안의 경제성장률을 구한다든가, 혹은 과거 10년간의 인구증가율을 구한다든가 하는 것들이다. 재무이론에서는 복리계산을 전제로 하기 때문에 기하평균이 주로 이용된다.

특히, 매년 순이익의 성장률이 들쑥날쑥하여 큰 편차를 갖는 경우에 단순평균은 왜곡된 결과를 가져올 수 있다. 이러한 경우 기하평균은 진실한 순이익성장률을 구하는 데 훨씬 더 정확한 방법이 된다.

평가기간의 설정

평균성장률을 산출하기 위한 평가기간의 설정은 중요한 문제이다. 예를 들면 지난 3년간의 자료를 대상으로 할 것인가, 아니면 5년간의 자료를 대상으로 할 것인가는 평균성장률에 큰 차이를 줄 수 있다. 분석자는 평가기간의 변화가 평균성장률에 미치는 민감도를 감안해서 평가기간을 설정해야 할 것이다.

평가기간의 장기, 단기 여부가 평균성장률에 미치는 민감도도 중요하지만 평가기간 내에서 심각한 구조적 변화가 있었는지를 확인하는 것이 더 중요하다. 이를테면 우리나라의 경우 1997년 말부터 시작된 외환위기로 당시의 각종 경제변수들은 커다란 구조적 변화를 가져왔다. 그렇기 때문에 많은 연구들이 외환위기 시기를 기준으로 외환위기 이전기간, 외환위기 이후기간으로 구분해서 연구작업을 수행하고 있는 것이다. 2008년 가을의 글로벌 금융위기도 이와 비슷한 상황이므로 이러한 상황들이 평가기간 내에 포함될 때에는 분석에 유의해야 할 것이다.

예제 7-3

대한기업(주)의 1주당 순이익(EPS: earnings per share)에 대한 시계열자료를 다음과 같이 구하였다.

연 도	1주당 순이익
2008	660
2009	900
2010	910
2011	1,270
2012	1,130
2013	1,270

(1) 대한기업(주)의 순이익 성장률에 대한 산술평균을 구하라.
(2) 기하평균방식으로 평균성장률을 구하라.

풀이

(1) 먼저 2009년의 성장률을 구하면 다음과 같다.

$$\frac{900-660}{660}=36.36\%$$

그리고 그 이후 기간에 대해서도 같은 방법으로 성장률을 구하면 다음과 같다.

연 도	성장률(%)
2009	36.36
2010	1.11
2011	39.36
2012	−11.02
2013	12.39

따라서 산술평균방식으로 평균성장률을 구하면 다음과 같다.

$$g=\frac{36.36+1.11+39.36-11.02+12.39}{5}=15.68(\%)$$

(2) 기하평균방식으로 평균성장률을 구하기 위해 다음과 같은 방정식을 세운다.

$$660\times(1+g)^5=1{,}270$$

위 식의 의미는 660원이 매년 평균 g의 성장률로 증가해서 5년 후에 1,270원이 되었다는 뜻이다. 위 식으로부터 다음과 같이 g=13.99%를 구할 수 있다.

$$g=\left(\frac{1{,}270}{660}\right)^{\frac{1}{5}}-1=13.99(\%)$$

즉, 위 기간의 연평균 성장률이 13.99%라는 것인데 산술평균으로 구한 값 15.68%와는 차이가 있다. 이러한 차이는 순이익의 변동성이 클수록 더 커지게 된다.

과거성장률 이용시 주의사항

미래의 성장률을 예측하는 데에 과거성장률을 이용하는 것은 자주 있는 일이다. 성장률뿐만 아니라 다른 경제변수 및 사회변수를 예측하는 데에서도 과거자료는 매우 유용하다. 그러나 다음과 같은 몇 가지 사항에 유의해야 그 유용성을 높일 수 있다.

① 성장률의 변동성

성장률의 변동성이 커서 들쑥날쑥하면 과거성장률은 그만큼 유용성이 떨어진다. 성장률의 변동성은 표준편차 또는 분산과 같은 통계값을 이용해서 측정할 수 있다. 따라서 이러한 통계값이 크게 나타나는 기업의 경우에는 과거성장률을 이용해서 미래성장률을 예측하는 데에 주의해야 할 것이다.

② 기업규모

성장률은 % 단위로 측정되므로 이를 이용할 때에는 기업규모를 감안해야 한다. 예를 들어 중소기업의 경우에는 30% 성장하는 것이 쉬울 수도 있지만 삼성전자나 현재자동차같이 규모가 큰 대기업의 경우에는 이러한 고성장이 매우 힘든 것이기 때문이다.

③ 경기순환

과거성장률은 경제순환사이클의 어느 기간에서 측정되었느냐에 따라서 크게 달라질 수 있다. 예를 들어 불황기에서 측정되었다면 성장률은 음(−)의 값을 갖겠지만 호황기에서 측정되었다면 일반적으로 양(+)의 값을 갖게 되기 때문이다. 따라서 추정하려는 미래의 기간이 경기순환사이클의 어느 단계에 해당되는지를 감안해야 정확도를 높일 수 있다.

④ 구조적 변화

만약 기업이 중요 사업부를 매각하거나 또는 신설하는 등의 구조적인 변화를 하였다면 과거성장률은 더 이상 미래 예측치로 적합하지 못하다. 예를 들어 라면을 주 제품으로 생산, 판매하던 삼양식품(주)이 평창 동계올림픽 유치를 계기로 대관령목장을 대규모 리조트사업지로 변화시킨다는 보도가 있었다. 이렇게 된다면 식품업체로서의 과거성장률은 더 이상 의미가 없게 되는 것이다.

04 애널리스트의 예측치

애널리스트의 이용정보

전문적으로 기업을 분석하는 애널리스트(analyst)들은 과거자료만 갖고 성장률을 추정하는 것보다 더 우수한 예측을 할 가능성이 높다. 대개 이들은 과거자료뿐만 아니라 미래를 예측할 여러 가지 자료를 더 많이 보유하고 있다. 그리고 양적 정보뿐만 아니라 질적 정보까지 활용하기 때문이다.

일반인보다 애널리스트들은 최종 재무제표가 만들어진 이후에 나온 정보, 미래성장률에 영향을 줄 수 있는 거시경제정보, 경쟁기업이 제공하는 미래예측정보, 기업의 사적인 정보까지도 더 용이하게 입수한다. 따라서 이러한 애널리스트들의 보고서를 이용해서 미래성장률을 추정하는 것도 좋은 방법이 된다.

애널리스트의 예측력

애널리스트들이 얼마나 미래의 전망치를 정확하게 예측하는가? 애널리스트들의 미래 예측의 정확도에 대해서 많은 연구가 진행되었다. 이러한 연구는 1년 이내의 미래를 예측하는 단기예측과 3년에서 5년까지의 미래를 예측하는 장기예측으로 구분되어 수행되었다. 그 결과는 흥미롭다. 즉, 1년 이내의 미래 전망치를 예측하는 경우에는 애널리스트들의 예측정확도가 시계열모형이나 과거자료를 이용한 모형에 의한 예측정확도보다 높게 나타났다. 그러나 장기예측에서 보면 애널리스트들의 예측결과가 더 우수하다는 증거가 거의 없는 것으로 나타났다. 따라서 단기예측에서는 애널리스트가 미래를 예측한 정보를 이용할 만한 가치가 있다고 볼 수 있다.

요약

1. 자기자본가치접근법은 주주에게 귀속되는 현금흐름을 측정해서 이를 현재가치로 계산하여 자기자본가치를 구하는 방법이다.
2. 자기자본가치를 구한 후 여기에 부채가치를 더해서 기업가치로 본다. 그러나 은행같은 금융기관의 경우에는 자기자본가치를 기업가치로 보기도 한다.
3. 주주현금흐름도 기업가치접근법에서 잉여현금흐름을 추정하는 방식과 마찬가지로 예측기간의 현금흐름과 예측기간 이후의 현금흐름으로 구분해서 추정한다.
4. 예측기간 이후의 현금흐름은 무한연금으로 보아서 현재가치를 구하는데 예측기간 말 기준의 현재가치를 종점가치 또는 잔여가치라고 부른다.
5. 예측기간 이후의 현금흐름을 추정하는 경우에는 성장률이 중요한데 성장률은 자기자본순이익률에 유보율을 곱해서 산출한다.
6. 성장률은 과거 성장률의 평균값으로 구하기도 하고 애널리스트의 분석정보를 이용하기도 한다.

연습문제

진위형

1. 기업가치접근법에서 측정대상이 되는 현금흐름에서 지급이자를 차감하면 자기자본가치접근법에서 측정대상이 되는 현금흐름이 된다. ( )
2. 자기자본가치접근법에서는 자기자본가치가 곧 기업가치가 되는 것이다. ( )
3. 주주현금흐름을 추정하는 경우에도 기업잉여현금흐름을 구할 때와 마찬가지로 예측기간 이후의 현금흐름은 무한연금으로 본다. ( )

객관식

1. 다음 중 주주현금흐름(FTE)을 측정하는 식을 바르게 나타낸 것은?
   ① 영업현금흐름 − 자본적지출 − 순운전자본증가
   ② 당기순이익 + 감가상각비 − 자본적지출 − 순운전자본증가
   ③ 당기순이익 + 감가상각비 + 부채조달 − 부채상환
   ④ 당기순이익 + 감가상각비 − 자본적지출 − 순운전자본증가 + 부채조달 − 부채상환

2. 현금흐름의 증가율을 성장률이라고 한다. 다음 중 성장률을 결정하는 이론적 모형을 바르게 나타낸 것은?
   ① 유보율 × 자기자본순이익률 ② 유보율 × 배당성향
   ③ 자기자본순이익률 × 배당률 ④ 유보율 × 총자본순이익률

3. 실무적으로 성장률은 과거의 성장률자료를 이용한 평균값으로 사용하기도 한다. 어떤 평균방법을 이용하는 것이 바람직한가?
   ① 산술평균 ② 기하평균
   ③ 가중평균 ④ 조화평균

4. 주주현금흐름을 현재가치로 계산할 때 적용할 할인율은 다음 중 어느 것인가?

① 자기자본비용 ② 세전 타인자본비용

③ 세후 타인자본비용 ④ 가중평균자본비용

5. 기업가치평가기법에 대한 다음 설명 중 잘못된 것은 어느 것인가?

① 기업가치접근법은 재무상태표의 차변에서 기업가치를 구하는 방법이다.

② 자기자본가치접근법은 재무상태표의 대변에서 기업가치를 구하는 방법이다.

③ 은행과 같은 금융기관의 경우에는 자기자본가치를 곧 기업가치로 보기도 한다.

④ 기업가치접근법은 현금흐름할인법을 적용하지만 자기자본가치접근법에서는 현금흐름할인법을 적용하지 않는다.

6. 주주현금흐름을 측정할 때에 가장 기본적인 형태는 어느 것인가?

① 세후영업이익+감가상각비

② 세후 EBITDA+감가상각비의 감세효과

③ 당기순이익+감가상각비

④ 세후 당기순이익+감가상각비의 감세효과

7. 부채의 상환과 부채의 추가조달이 있는 경우 주주현금흐름에 반영하는 방법은?

① 부채의 상환은 가산하고 추가조달은 차감한다.

② 부채의 상환은 차감하고 추가조달은 가산한다.

③ 부채의 상환과 추가조달 모두 차감한다.

④ 부채의 상환과 추가조달 모두 가산한다.

8. 주주현금흐름에 자본적 지출과 순운전자본의 증감을 반영해야 하는가?

① 자본적 지출과 순운전자본의 증감은 모두 기업잉여현금흐름과 관련된 것으로서 주주현금흐름과는 무관하다.

② 자본적 지출만 주주현금흐름에 반영한다.

③ 순운전자본의 증감만 주주현금흐름에 반영한다.

④ 둘 다 반영한다.

9. 기업가치를 평가하는 데에 있어서 기업가치접근법보다는 자기자본가치법이 적합한 것은?

① 금융업 ② 건설업 ③ 유통업 ④ 제조업

주관식

1. 주주현금흐름의 측정식을 제시하시오. (단, 자본적 지출, 순운전자본의 증감, 부채의 상환과 추가조달까지 모두 반영할 것)
2. 주주현금흐름을 예측기간과 예측기간 이후로 구분해서 측정하는 방법을 비교해서 설명하시오.
3. 현금흐름의 측정에서 성장률을 구하는 방법을 설명하시오.
4. 과거 성장률을 이용해서 평균한 값을 미래성장률로 예측하려고 한다. 평균하는 방법에 대해서 설명하시오.

Chapter 08

자기자본비용

○○○ 앞 장에서는 주주에게 귀속되는 현금흐름을 측정하는 내용을 다루었다. 자기자본가치를 구하기 위해서는 주주현금흐름을 현재가치로 할인하는데 사용할 할인율(자기자본비용)이 필요하다. 자기자본비용을 구하는 방법은 CAPM, APM, PER, 배당평가모형 등을 이용하는 방법이 있다. 이 중 가장 많이 사용되는 방법은 CAPM인데 CAPM에서 자기자본비용을 결정하는 변수는 베타이다. 무부채상태의 주식베타는 경영위험만을 반영한 것이기 때문에 분석대상기업이 부채를 사용하고 있는 기업이라면 부채사용에 따른 재무위험까지 반영해야 한다. 부채주식의 베타와 무부채주식의 베타 사이에 성립하는 관계식으로 재무위험을 반영한 베타를 구하고 이를 CAPM에 대입하면 부채기업의 자기자본비용을 구할 수 있다. 이 자본비용으로 주주현금흐름을 현재가치로 계산하면 자기자본가치가 된다.

제1절 자본비용의 의미

01 자본비용 = 기대수익률

자본비용은 자본을 제공한 채권자나 주주들에게 지급하는 자본사용 대가이다. 그런데 자본을 제공한 채권자나 주주들의 입장에서 자본을 제공한 대가로 얼마를 받는가를 나타내는 것은 수익률이다.

자본비용은 자본을 사용하는 기업입장에서 보는 개념이므로 자본비용이 낮은 수준으로 자본을 사용하는 것이 좋을 것이다. 한편 수익률은 자본을 공급하는 투자자의 입장에서 보는 것이므로 투자자들은 높은 수준의 수익률을 받는 것이 좋을 것이다. 기업들이 낮은 수준으로만 자본을 사용하려고 하면 투자자들이 돈을 내놓지 않을 것이고 투자자들이 높은 수준으로만 돈을 제공하려고 하면 기업들이 자본을 사용하지 않을 것이다. 결국 기업들이 부담하는 자본비용과 투자자들이 기대하는 수익률이 일치하는 수준에서 자본의 공급과 수요가 만나게 될 것이다. 이러한 배경에서 기업의 자본비용은 투자자들의 기대수익률과 같다고 하는 것이다.

02 자본비용 = 할인율

그런데 화폐의 시간적 가치를 공부하면서 수익률이란 미래가치를 산출하는데 사용하는 이자율 개념이라고 하였다. 반대로 현재가치를 산출하는데 사용하는 이자율은 할인율이라고 하였다. 그렇기 때문에 수익률과 할인율은 동전의 앞뒷면과 같다고 할 수 있다. 앞서 자본비용은 수익률과 같다고 하였는데 수익률은 할인율과 같은 것이라고 하므로 결국 자본비용은 할인율과 같은 것이 된다. 이러한 배경에서 재무관리 책들을 보면 "자본비용으로 할인하여 현재가치를 구한다"는 표현이 많이 등장하는 것이다.

제2절 현금흐름과 자본비용

01 기업가치접근법

잉여현금흐름

기업가치접근법에 의한 평가방식은 재무상태표의 차변에서 이루어진다고 하였다. 즉, 재무상태표의 차변에 있는 자산이 영업활동을 통해서 미래에 많은 현금흐름을 가져다줄수록 그 자산은 좋은 것이고 그 가치도 큰 것이다. 즉, 기업이 좋은 기계설비를 갖고 있으면 기업가치가 크게 된다. 그런데 여기서 좋은 기계설비란 어떤 기준으로 판단할까? 성능 또는 디자인, 친환경 등 여러 가지 기준이 있을 수 있다. 그러나 재무이론에서는 미래에 많은 현금흐름을 가져다주는 기계설비가 '좋은' 기계설비가 되는 것이다.

그러면 이때의 현금흐름은 어떤 현금흐름을 말하는가? 기업가치접근법에서 설명한 내용을 다시 생각해보자. 기업가치접근법에서 측정하는 현금흐름은 잉여현금흐름(FCF: free cash flow)이다. 잉여현금흐름은 영업활동에서 발생하는 현금흐름에다가 자본적 지출과 순운전자본의 증감을 반영하여 산출한다고 하였다.

$$\text{FCF} = \text{영업현금흐름} - \text{자본적 지출} - \text{순운전자본 증가액}$$

그리고 여기서 영업현금흐름은 다음과 같이 구한다.

$$\text{영업현금흐름} = \text{EBIT}(1-t) + \text{Dep}$$

가중평균자본비용

잉여현금흐름은 기업 전체에 귀속되는 현금흐름이다. 그런데 잉여현금흐름을 만들어내는 기업에게 자본을 제공한 사람들은 채권자와 주주들이다. 따라서 잉여현금흐름의 현재가치를 구하기 위한 할인율은 채권자와 주주에 대한 자본비용을 평균한 대표값이어야 한다. 이렇게 대표값으로 구한 자본비용이 바로 가중평균자본비용(WACC: weighted average cost of capital)인 것이다. 가중평균자본비용은 k_0로 표시하는데, 이는 자기자본비용 k_e와 납세 후 타인자본비용 k_i, 그리고 자기자본과 타인자본을 이용해서 다음 식으로 산출된다.

$$k_0 = \frac{S}{S+B}k_e + \frac{B}{S+B}k_i$$

단, S: 자기자본의 시장가치
B: 타인자본의 시장가치

02 자기자본가치접근법

주주현금흐름

기업가치접근법에 의한 평가방식이 재무상태표의 차변에서 이루어진다고 하면 자기자본가치접근법은 재무상태표의 대변에서 이루어진다고 할 수 있다. 재무상태표 대변에 있는 부채(타인자본)의 가치와 자본(자기자본)의 가치를 합해서 기업가치를 산출하기 때문이다. 여기서 자기자본의 가치를 구하려면 어떤 현금흐름을 측정해야 할까? 당연히 주주에게 귀속되는 현금흐름을 측정해야 할 것이다.

주주에게 귀속되는 현금흐름은 주주현금흐름(FTE: flow to equity), 또는 주주잉여현금흐름(FCFE: free cash flow to equity)이라고 한다. 단순한 상황이라면 주주현금흐름은 잉여현금흐름(FCF: free cash flow, 또는 FCFF: free cash flow to the firm)에서 이자를 차감하고 난 후의 현금흐름이라고 할 수 있다. 왜냐하면 기계설비 등 자산에서 벌어들이는 전체 현금흐름이 잉여현금흐름이고 이 중에서 먼저 채권자가 이자를 자기 몫으로 가져가고 그 다음에 남는 것을 주주가 가져가기 때문이다.

그림 8-1 잉여현금흐름의 배분과정

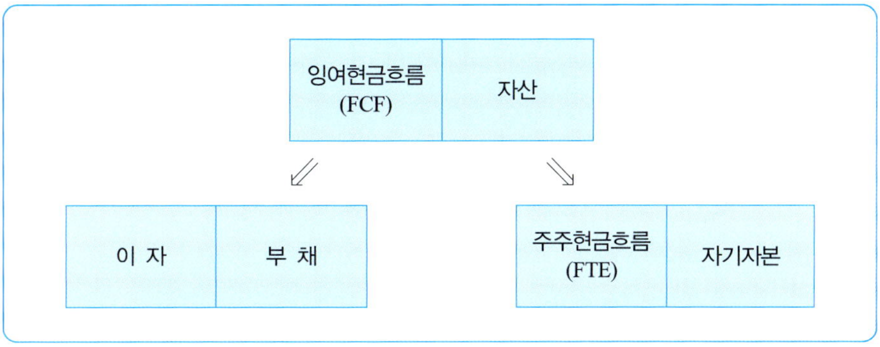

그러나 주주현금흐름이 잉여현금흐름에서 이자비용을 차감해서 단순하게 구할 수 있는 상황은 현실적으로 많지 않다. 따라서 주주현금흐름을 측정하기 위해서 일반적으로 다음의 식을 이용한다.

$$\text{주주현금흐름} = NI + Dep - \text{자본적 지출} - \text{추가운전자본} + \text{부채증가액}$$

여기서 NI는 순이익(Net Income), Dep는 감가상각비이다. 자본적 지출이 생기면 주주의 입장에서는 현금유출이 될 것이고 영업활동에 필요한 운전자본이 증가해도 현금유출이 될 것이다. 그리고 부채를 추가로 발행하면 주주의 입장에서는 현금이 유입될 것이고 부채를 상환하려면 주주로부터 현금이 나가야 한다. 따라서 위 식에서 부채증가액은 신규부채발행액에서 부채상환액을 차감한 것으로서 부채상환액이 신규부채발행액보다 크면 음(−)의 값이 된다.

자기자본비용

우리는 앞서 빌딩의 임대료 수입을 현재가치로 계산해서 빌딩의 내재가치를 구한다는 것을 공부하였다. 이와 마찬가지로 기업가치는 잉여현금흐름을 현재가치로 할인한 값이 되고 자기자본가치는 주주현금흐름을 현재가치로 할인한 값이 된다. 그러면 주주현금흐름을 측정한 후에 이를 어떤 할인율로 현재가치 값을 계산해야 할까?

기업가치는 잉여현금흐름을 현재가치로 할인한 값이라고 했는데 이때의 잉여현금흐름은 가중평균자본비용으로 할인하였다. 왜냐하면 잉여현금흐름은 주주와 채권자에게 귀속되는 현금흐름이므로 주주와 채권자에 대한 자본비용을 평균해서 할인율로 이용하는 것이다.

이와 같은 논리를 그대로 자기자본가치를 산출할 때에 적용할 수 있다. 주주현금흐름은 주주에게 귀속되는 것이다. 따라서 주주가 제공한 자기자본에 대해서 기업이 부담하는 자본비용을 할인율로 이용해야 한다. 이때 주주에게 지급되는 자본비용이란 주주들의 입장에서는 주식을 사면서(자본을 제공하면서) 기대하는 수익률인 것이다. 이제부터 자기자본비용을 구하는 여러 가지 방법에 대해서 살펴보겠다.

제3절 자기자본비용

01 다양한 산출방법

타인자본에 대한 자본비용의 경우 비교적 쉽게 구할 수 있다. 은행으로부터 차입금을 조달한다면 차입조건에 지급이자율이 명시되어 있고 회사채를 발행해서 자본을 조달한다고 해도 회사채발행 당시의 이자율을 쉽게 알 수 있기 때문이다. 그러나 자기자본비용은 자기자본에 대한 자본비용이 명시되어 있지 않기 때문에 여러 가지 방법으로 이를 추정해야 한다.

자기자본비용을 추정하는 방법으로 우리는 자본자산가격결정모형(CAPM)을 공부하였다. 그것은 CAPM이 가장 많이 이용되는 방법이기 때문이다. 그러나 CAPM도 일정한 가정을 전제로 도출된 모형이고 그러한 가정 중에는 현실적이지 못한 것도 있다. 그래서 이 방법이 많이 이용되기는 하지만 유일하고 절대적인 것은 아니다.

여기서는 CAPM 이외에 자기자본비용을 산출하는 여러 가지 방법을 소개할 것이다. 그 방법이 여러 가지가 있다는 것은 그만큼 자기자본비용을 추정하는 것이 쉽지 않다는 의미가 되기도 한다. CAPM에 대해서는 이미 앞서 설명하였으므로 여기서는 간단하게 살펴보고 이 모형에서 가장 중요한 결정변수인 베타에 대해서 자세하게 설명하기로 한다.

02 CAPM을 이용하는 방법

증권시장선

앞에서 우리는 기업의 입장에서 자본제공자에게 지급해야 하는 비용이라는 의미에서 자본비용이라는 말을 사용하지만 투자자의 입장에서 보면 투자에 대한 대가이므로 투자수익률의 의미를 갖는다는 사실을 알았다. 이러한 의미에서 본다면 자기자본비용이란 그 회사의 주식에 투자한 투자자(즉, 자기자본제공자)의 입장에서 보면 기대수익률이 된다. 그렇다면 주식에 대해 요구하는 기대수익률은 얼마가 될까?

균형상태에서 투자자들은 그 기업의 위험에 맞는 기대수익률을 요구하게 되는데 이러한 요구수익률이 기업의 입장에서는 자기자본비용이 되는 것이다. 현실적으로는 분산투자가 가능한 상황에서 어떤 기업에 투자하면서 우리가 고민해야 할 위험은 총위험이 아니라 분산투자를 하고도 제거되지 않는 체계적 위험이라고 했다. 왜냐하면 가격에 반영되는 것은 체계적 위험뿐이기 때문이다. 체계적 위험을 β_i로 측정하면 요구수익률, 즉 자기자본비용 k_e는 다음과 같이 산출할 수 있다.

$$k_e = E(R_i) = R_f + [E(R_m) - R_f]\,\beta_i$$

위의 식은 이미 앞에서 공부한 증권시장선(SML)이다. 증권시장선의 구성을 살펴보면 자기자본비용, 즉 기대수익률이 두 가지 항으로 구성되어 있는 것을 알 수 있다. 첫 번째 항, R_f는 무위험이자율이고 두 번째 항, $[E(R_m) - R_f]\beta_i$는 위험프리미엄이다.

이 방법을 이용해서 자기자본비용을 산출하는 예제를 살펴보면 다음과 같다.

예제 8-1

현대기업은 모두 자기자본으로 조달하여 운영하는 기업이다. 이 기업의 베타는 2이며 정기예금 이자율은 5%이다. 종합주가지수의 기대수익률은 12%라면 이 기업의 자기자본비용은 얼마인가?

풀이

현대기업의 체계적 위험을 나타내는 베타가 2이므로 이 기업의 주주들이 요구하는 기대수익률은 다음과 같다.

$$k_e = 0.05 + [0.12 - 0.05] \times 2 = 0.19$$

따라서 현대기업의 자기자본비용은 19%가 된다.

베타의 중요성

그런데 위의 예제에서 주목해야 할 점이 있다. 위의 예제에서 현대기업의 베타가 2라고 주어진 점이다. 지금까지 우리는 CAPM을 이용하면서 주어진 베타를 이용하여 기대수익률, 즉 자기자본비용을 구했다. 증권시장선을 보면 알겠지만 어떤 기업의 기대수익률을 구할 때에 가장 중요한 값은 그 기업의 베타값이다. 사실 나머지 값들, 즉 무위험이자율 R_f과 주가지수의 예상변동률 $E(R_m)$은 모든 기업들에게 똑같이 주어진 값이기 때문이다. 따라서 분석대상기업의 주식베타를 직접 구해야 한다. 그러면 베타는 어떻게 구해야 하는가?

우리가 처음에는 기업의 현금흐름을 측정하여 기업가치를 평가할 때에 먼저 할인율은 주어진 값을 이용하였다. 그리고 지금은 그 할인율(자본비용)을 산출하고 이용하는 방법을 공부하고 있다. 이와 마찬가지로 자기자본비용을 구하면서 먼저 베타를 주어진 것으로 보았지만 이제부터는 베타를 직접 구할 수 있어야 한다. 베타를 구하는 구체적인 방법은 뒤에서 자세하게 다룰 것이다.

03 APM을 이용하는 방법

도입배경

CAPM의 핵심적 내용은 개별주식의 기대수익률이 시장포트폴리오라는 한 가지 요인의 변화에 의해서 결정된다는 것이다. 그리고 현실적으로는 시장포트폴리오의 변화를 주가지수의 변화로 측정한다. 따라서 주식마다 대한 주가지수변화에 대한 민감도(체계적 위험, 베타)가 다른데 이 값을 증권시장선(SML)에 대입해서 그 주식의 균형수익률을 구하고 이를 자기자본비용으로 사용한다는 것이다.

그런데 이러한 모형을 도출하면서 전제로 한 여러 가지 가정들 중에는 비현실적인 면이 있다. 그래서 이러한 문제점을 해결하기 위해서 Ross(1976)는 CAPM을 대체할 수 있는 새로운 모형을 제시하였는데 그 모형이 차익거래가격결정모형(APM: arbitrage pricing model)이다.

모형의 내용

차익거래가격결정모형(APM)에서는 개별 주식의 수익률이 단 하나의 요인에 의해서 결정되는 것이 아니라 여러 개의 요인들에 의해서 결정된다고 본다. 그래서 주식수익률의 결정모형을 다음과 같이 표현한다.

$$E(R_i) = R_f + \lambda_1 \beta_1 + \lambda_2 \beta_2 + \cdots + \lambda_k \beta_k$$

위 식에서 β_k는 k번째 경제변수에 대한 개별 주식수익률의 민감도이다. 이것은 CAPM에서 β와 같은 것이다. 다만 CAPM에서 β는 시장포트폴리오(주가지수)라는 한 개의 변수에 대한 개별 주식수익률의 민감도이지만 차익거래가격결정모형(APM)에서는 이러한 변수들이 여러 개가 있는 것이다. 그리고 λ_k는 k번째 변수에 대한 위험프리미엄(risk premium)이 된다.

CAPM과 비교

APM도 위험과 수익률의 관계식을 나타낸다는 점에서 CAPM과 동일한 의미를 갖는다. 그리고 모형이 다소 복잡해보이지만 APM도 첫 번째 항은 무위험이자율이다. 그리고 두 번째 항 이후부터가 위험프리미엄이 된다. 다만 주식수익률에 영향을 주는 요인이 여러 개이므로 위험프리미엄을 나타내는 항도 여러 개가 된 것일 뿐이다. 두 모형의 구조적 특징을 비교하면 다음과 같다.

모 형	무위험이자율	위험프리미엄
CAPM	R_f	$[E(R_m) - R_f]\beta_i$
APM	R_f	$\lambda_1 \beta_1 + \lambda_2 \beta_2 + \cdots + \lambda_k \beta_k$

여러 가지 요인들

여러 실증연구에선 CAPM보다 APM이 주식의 기대수익률에 대해서 더 큰 설명력을 갖는 것으로 확인되었다. 그 이유는 주식수익률에 영향을 주는 요인들을 여러 개로 가정했기 때문이다. 재무이론에 대해서 잘 모르는 사람들이라도 주가변동에 영향을 주는 요인이 한 개라고 생각하는 사람은 별로 없을 것이다. 따라서 주가변동에 영향을 주는 요인이 한 개라고 보는 CAPM보다 여러 개라고 보는 APM이 설명력이 큰 것은 당연하게 보인다.

여러 실증연구들은 주가변동에 영향을 주는 여러 가지 요인들을 찾고자 하였다. 그 결과 대체로 다음의 다섯 가지 요인들이 중요하다고 밝혔다.

① 산업생산지수

이는 실제 실물생산으로 측정되는 지표인데 경제가 얼마나 활발하게 돌아가고 있는가를 의미하는 것으로서 경제성장률과 유사한 개념으로 볼 수 있다.

② 단기 실질이자율

T-bill 수익률과 소비자물가지수의 차이값으로 측정된다. 여기서 T－bill은 미국의 단기채권이라고 생각하면 된다.

③ 단기 물가상승률

단기 물가상승률은 소비자물가지수의 예상치 못한 변동성으로 측정된다.

④ 장기 물가상승률

장기 물가상승률은 T-bond 수익률과 T-bill 수익률의 차이값으로 측정된다. 여기서 T-bond는 미국의 장기채권이라고 생각하면 된다.

⑤ 지급불이행위험

지급불이행위험은 디폴트위험(default risk)이라고도 하는데 우량회사채의 수익률과 불량회사채의 수익률의 차이로 측정된다. 이 차이를 수익률스프레드(yield spread)라고 한다.

예제 8-2

경제성장률과 물가상승률의 두 개 요인이 주식수익률에 영향을 주는 것으로 확인되었다. 경제성장률에 대한 위험프리미엄은 6%, 물가상승률에 대한 위험프리미엄은 4%로 파악되었다. 삼성기업의 주식은 경제성장률과 물가상승률에 대한 민감도를 측정한 결과 각각 1.9와 0.9로 나타났다. 삼성기업의 자기자본비용을 차익거래가격결정모형을 이용해서 구하라. 단, 1년 만기 정기예금금리(무위험이자율)는 4%이다.

풀이

먼저 주식수익률에 영향을 주는 요인이 두 개이므로 이를 반영한 차익거래가격결정모형을 제시하면 다음과 같다. 여기서 R_f는 무위험이자율이다. λ_1은 경제성장률의 예상치 못한 변동에 대한 위험프리미엄이고 λ_2는 물가상승률의 예상치 못한 변동에 대한 위험프리미엄이다.

$$\begin{aligned} E(R_i) &= R_f + \lambda_1 \beta_1 + \lambda_2 \beta_2 \\ &= 4 + 6\beta_1 + 4\beta_2 \end{aligned}$$

그런데 삼성기업의 경제성장률과 물가상승률에 대한 민감도가 1.9와 0.9이므로 삼성기업 주식의 균형수익률은 다음과 같이 19%가 된다.

$$E(R_i) = 4+6\times1.9+4\times0.9 = 19(\%)$$

따라서 삼성기업의 자기자본비용은 19%이다.

04 배당평가모형을 이용하는 방법

제로성장모형

현재가치 개념을 활용하는 과정에서 이미 배웠듯이 모든 자산의 가치는 그 자산을 보유함으로써 얻게 되는 미래 현금흐름의 현재가치라고 하였다. 주식도 마찬가지로 주식의 가치란 주식을 갖고 있을 때 얻을 수 있는 현금흐름을 적당한 할인율, 즉 주식에 대한 기대수익률로 할인한 금액이 된다. 그런데 주식으로부터 얻을 수 있는 현금흐름은 배당이라 할 수 있으며 주식에 대한 기대수익률은 자기자본비용과 동일하다. 따라서 매기 1주당 배당액(DPS: Dividends Per Share)이 D로 일정하게 무한히 지급된다고 가정하면 주식의 가치 P_0는 다음과 같이 표시할 수 있다.

$$P_0 = \frac{D}{k_e}$$

그런데 기업의 주가는 시장에서 언제나 확인할 수 있고 배당도 과거의 자료를 통해 어느 정도 예측 가능하므로 위의 식에서 역으로 다음과 같이 식을 변형해서 자기자본비용을 구할 수 있다.

$$k_e = \frac{D}{P_0}$$

위 식을 보면 1주당 배당액을 주식가격으로 나누어 자기자본비용을 구한다는 뜻이다.

일정성장모형

그런데 일반적으로 배당은 그 금액이 일정한 것은 아니고 기업이 성장해 가면서 점차로 증가하게 된다. 여기서 이렇게 배당이 증가하는 비율을 배당성장률이라 한다. 배당성장률이 g라고 하고 기업의 올해 말 배당액을 D_1이라 하면 기업의 주가는 다음과 같이 표시할 수 있다. 이것은 앞서 살펴보았던 일정성장모형(constant growth model)을 주식평가에 적용한 것이다.

$$P_0 = \frac{D_1}{k_e - g}$$

이러한 경우에 위 식을 자기자본비용k_e에 대해서 정리하면 다음과 같은 식으로 변형시킬 수 있다.

$$k_e = \frac{D_1}{P_0} + g$$

이 식은 올해 말 예상되는 배당, 현재주가, 그리고 성장률을 통해서 자기자본비용을 구할 수 있다는 의미이다.

예제 8-3

A, B, C 3개의 주식을 분석한 결과 다음과 같은 결과를 얻었다. 다음의 자료를 이용해서 각 주식의 자기자본비용은 얼마인가 산출해보자.

주식	A	B	C
올해말 배당	1,000	1,000	1,000
배당 성장률	0%	5%	10%
주가	5,000	10,000	20,000

풀이

배당평가모형을 이용하여 각 주식의 자기자본비용을 구하면 다음과 같다.

$$\text{주식 A의 자기자본비용} = \frac{1,000}{5,000} + 0.05 = 0.20$$

$$\text{주식 B의 자기자본비용} = \frac{1,000}{10,000} + 0.05 = 0.15$$

$$\text{주식 C의 자기자본비용} = \frac{1,000}{20,000} + 0.1 = 0.15$$

이러한 결과를 보면 배당액이 비슷하더라도 주가에 따라서 자기자본비용이 크게 달라질 수 있음을 알 수 있다. 따라서 "두 기업의 올해 말 주당순이익이나 주당배당이 비슷하다고 두 기업의 자본비용도 비슷할 것이다"는 판단은 잘못된 결과를 가져온다.

05 주가수익비율을 이용하는 방법

배당평가모형에서 주식의 가치란 주식을 갖고 있을 때 얻을 수 있는 현금흐름을 적당한 할인율, 즉 주식에 대한 기대수익률로 할인한 금액이라고 하였다. 그래서 무한히 계속되는 배당의 현재가치를 구해서 주식가치를 다음과 같이 표시할 수 있다.

$$P_0 = \frac{D}{k_e}$$

그런데 이 식이 성립되는 상황은 배당이 일정한 금액으로 무한히 지급되는 경우이다. 일정한 금액으로 지급되는 것은 성장을 위한 재투자를 하지 않기 때문이라고 볼 수 있다. 이익을 사내유보해서 재투자를 해야 성장할 수 있는데 이익을 모두 배당하기 때문에 성장을 하지 못하는 것이다. 이러한 경우라면 1주당 배당액(DPS)은 한 주당 순이익(EPS)과 같게 된다. 그러면 위 식을 다음과 같이 쓸 수 있다.

$$P_0 = \frac{E}{k_e}$$

여기서 E는 1주당 순이익을 의미한다. 그런데 위 식을 자기자본비용 k_e에 대해서 정리하면 다음과 같다.

$$k_e = \frac{E}{P_0}$$

그런데 주식가격을 1주당 순이익으로 나눈 값이 주가수익비율(PER: Price Earnings Ratio)이므로 위 식은 주가수익비율의 역수에 해당하므로 다음과 같이 표현된다.

$$k_e = \frac{E}{P_0} = \frac{1}{PER}$$

이러한 관계를 이용해서 대략적인 자기자본비용을 구할 때에는 주가수익비율의 역수를 사용하기도 한다.

예제 8-4

서울기업(주)의 1주당 순이익이 5,000원이다. 서울기업(주)의 주식가격이 40,000원이라고 하면 이 기업의 주가수익비율(PER)과 자기자본비용을 구하라

풀이

주가수익비율은 주식가격을 1주당 순이익으로 나눈 값이므로 다음과 같다.

$$PER = \frac{P}{E} = \frac{40,000}{5,000} = 8(\text{배})$$

자기자본비용 k_e은 주가수익비율의 역수이므로 이러한 관계를 이용하면 다음과 같이

12.5%가 된다.

$$k_e = \frac{1}{PER} = \frac{1}{8} = 0.125\ (12.5\%)$$

06 자기자본비용의 조건

자기자본비용은 타인자본비용보다 높아야

① 다양한 값의 자기자본비용

지금까지 자기자본비용을 구하는 여러 가지 방법을 설명하였다. 정리하면 CAPM을 이용하는 방법, APM을 이용하는 방법, 배당평가모형을 이용하는 방법, 주가수익비율을 이용하는 방법 등 모두 네 가지 방법을 소개하였다. 그렇다고 이들 방법을 이용한다고 해서 모두 똑같은 값의 자기자본비용이 산출되는 것은 아니다. 각 방법들이 전제로 하고 있는 가정들이 서로 달라서 어떤 경우에는 적용할 수 없기도 하고 적용한다고 해도 자기자본비용으로 사용하기 어려운 값이 산출되기도 한다.

② 타인자본비용보다 높아야 하는 이유

만약 어떤 모형을 적용해서 자기자본비용을 구했더니 음(−)의 값이 나왔다고 하자. 아니면 양(+)의 값이 나오더라도 타인자본비용보다도 낮은 값이 나왔다고 하자. 일단 이러한 값들은 자기자본비용으로 사용할 수 없다. 그 이유는 다음과 같다.

첫째, 일단 자본비용은 음(−)의 값을 가질 수 없다는 것이다. 만약 자본비용(기대수익률, 할인율)이 음(−)의 값을 갖는다면 이것은 화폐의 시간적 가치 개념이 성립하지 않는다는 뜻이 되기 때문이다. 즉, 현재의 100만원보다 미래의 100만원을 더 선호한다는 의미가 되는데 이렇게 되면 모든 재무이론의 기본 가정이 무너지는 결과가 된다.

둘째, 자기자본비용이 양(+)의 값을 갖는다고 해도 타인자본비용보다 낮을 수는 없다. 자기자본비용을 쉽게 말하면 주식투자자들이 주식을 사면서 기대하는 수익률이라고 할 수 있다. 그리고 타인자본비용은 은행이자율(또는 채권수익률)이라고 할 수 있다. 그런데 주식투자의 기대수익률이 은행이자율 또는 채권수익률보다 낮다면 누가 더 위험을 감수하면서 주식을 사겠는가. 자기자본비용이 타인자본비용보다 낮다면 아무도 주식투자를 하지 않을 것이고 결국 세상에는 주식이 존재할 수 없게 된다. 역으로 말하면 주식이 증권시장에서 거래되고 있는 것은 주식의 기대수익률이 은행이자율(또는 채권수익률)보다 높다는 증거이다.

③ 사후적 개념이 아닌 사전적 개념

그런데 어떤 사람은 주식투자를 해서 은행이자율보다 낮은 수익률을 올렸다거나 손실을 보아서 수익률이 음(−)이 되었다고 하면서 주식수익률이 은행이자율보다 낮은 것 아니냐는 의문을 제기한다. 그러나 이는 사후적 결과를 갖고 말하는 것이다. 우리가 재무이론에서 자본비용을 말할 때에는 미래에 대한 사전적 예상을 다루는 것이다. 그래서 주식투자를 한 후의 사후적 실현수익률을 자기자본비용으로 보는 것이 아니다. 즉, 주식을 매수하는 시점에서 기대하는 수익률, 즉 기대수익률을 자기자본비용으로 보는 것이라는 점을 유념해야 한다.

최후의 방법

자기자본비용이 타인자본비용보다 높아야 한다는 것은 바로 주식투자의 위험이 예금(또는 채권)의 위험보다 크기 때문이다. 그래서 모든 방법들을 다 적용해서 자기자본비용을 구해보았는데도 자기자본비용이 타인자본비용보다 낮게 나온다면 우선 각 방법에서 전제로 하고 있는 가정이 현실에 맞지 않는 부분이 있는지 확인해야 한다. 그러고도 자기자본비용이 타인자본비용보다 낮게 나온다면 최후의 방법으로 타인자본비용을 기준으로 이보다 약간 높게 자기자본비용을 책정해서 사용할 수밖에 없다.[1)]

그렇다고 임의로 타인자본비용보다 높게 책정하는 것보다는 분석대상기업과 유사한 업종과 규모, 부채비율 정도를 감안해서 유사기업의 자기자본비용을 찾아서 사용하도록 하는 것이 좋을 것이다.

1) 실제로 우리나라 자본시장법에서는 정기예금금리의 1.5배에 해당하는 값을 자기자본비용으로 사용하도록 규정하고 있다.

제4절 자기자본비용과 베타

01 자기자본비용과 CAPM

베타의 중요성

자기자본비용을 산출하는 방법으로 여러 가지 방법을 열거하였지만 가장 많이 이용되는 방법은 CAPM이다. 그런데 CAPM을 이용하기 위해서 증권시장선(SML)을 살펴보면 베타(β)가 주식의 기대수익률을 결정하는 가장 중요한 변수임을 알 수 있다. 지금까지는 CAPM을 이용하면서 주어진 베타값을 증권시장선에 대입하여 자기자본비용을 구하였다. 그러나 실제로 이렇게 주어진 베타값을 그래도 이용할 수 있는 경우는 거의 없고 평가대상이 되는 기업의 상황에 따라 직접 베타값을 구해야 한다. 그러므로 자기자본비용을 정확하게 구하기 위해서는 베타에 대해서 잘 이해하고 위험의 정도를 제대로 반영해서 정확한 베타값을 구해야 한다.

베타와 위험

그러면 베타에 반영하여야 할 위험은 어떤 것들이 있는가? 결론부터 말하면 경영위험과 재무위험이다. 경영위험(business risk)이란 기업이 어떤 업종에 투자하는가에 의해서 결정되는 것인데 비해서 재무위험(financial risk)이란 같은 업종에 투자하더라도 투자에 필요한 자금을 조달할 때 어느 만큼의 부채를 사용하고 있는가에 의해서 결정된다. 대체로 이러한 위험이 클수록 베타는 커지고 이렇게 커진 베타를 SML에 대입해서 구한 자기자본비용도 함께 커지게 된다. 이러한 과정을 구체적으로 살펴보기 위해서 베타의 결정요인부터 살펴보자.

02 베타의 결정요인

수익의 양상

기업의 매출액(수익)이 경기변동에 대해서 민감하게 변화하는 경우에는 높은 베타값을 갖게 된다. 그러나 수익의 변동성, 즉 분산(또는 표준편차)이 크다고 해서 반드시 높은 베타값을 갖는 것은 아니라는 점에 주의해야 한다. 왜냐하면 분산값은 총위험을 나타내는 것이지만 베타값은 체계적 위험을 나타내는 것으로서 시장 전체의 경기변동과의 관계로 측정되는 값이기 때문에 베타값이 크려면 시장과의 상관계수도 높아야 하기 때문이다.

영업레버리지

① 영업레버리지효과와 베타

일반적으로 기업의 영업비용 중에서 고정비가 차지하는 비중이 크면 단위당 변동비가 작아지게 된다. 생산라인에 자동화설비를 갖추면 인건비가 줄어드는 것을 생각해보면 고정비의 증가가 변동비를 줄이는 효과가 있음을 쉽게 이해할 수 있다. 이러한 현상 때문에 고정비는 매출액 변화에 비해서 영업이익 변화의 폭을 확대시키는 효과가 있는데 이를 영업레버리지효과(operating leverage effect)라고 한다. 이러한 관계를 그림으로 나타내면 [그림 8-2]와 같다.

이 그림에서 (a)는 고정비는 적고 단위당 변동비가 높은 기업의 매출, 비용, 영업이익의 관계를 나타낸 것이고, (b)는 고정비가 높은 수준이어서 단위당 변동비는 낮은 기업의 매출, 비용, 영업이익의 관계를 나타낸 것이다. 이때에 고정비가 많은 (b)의 경우 (a)에 비해서 영업이익의 변화폭이 훨씬 크다는 것을 알 수 있다.

그런데 만약 기업이 부채를 사용하지 않고 투자자금을 모두 자기자본으로 조달한다면 영업이익은 모두 순이익으로 주주에게 귀속될 것이고, 이는 곧 주식수익률에 반영되므로 영업레버리지는 베타를 확대시키는 효과를 갖는다. 따라서 다른 조건이 같다면 영업비용 중 고정비가 클수록 높은 베타를 갖게 되는 것이다.

그림 8-2 영업레버리지 효과

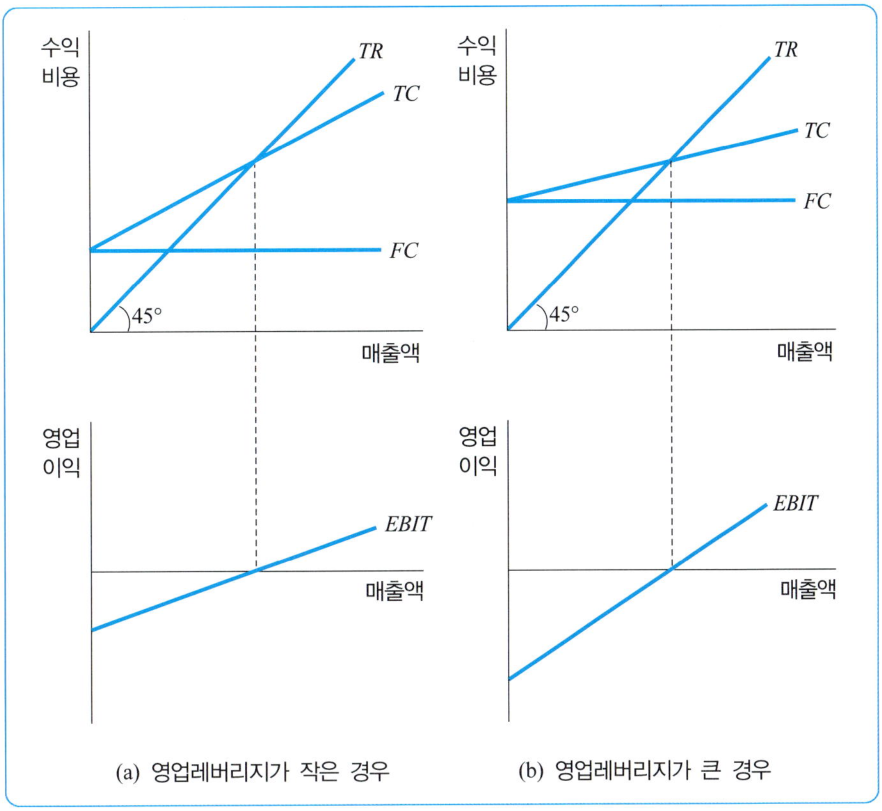

② 경영위험

앞서 간단하게 언급하였지만 경영위험(business risk)이란 기업이 어떤 업종에 속해 있는가에 의해서 결정되는 것이라고 하였다. 그러나 좀 더 엄밀하게 정의하면 경영위험은 기업이 어떤 업종에 투자하는가와 동시에 어느 정도의 고정비를 부담하는가에 의해서 결정되는 것이다. 따라서 업종이 다르면서도 고정비 부담정도에 따라서 경영위험이 같을 수도 있는 것이다. 그럼에도 불구하고 업종이 동일하면 경영위험이 동일하다고 설명하는 경우가 많은데 이때에는 고정비 부담수준도 동일하다는 가정을 전제로 하고 있는 것이라고 생각하면 될 것이다.

결론적으로 경영위험은 미래 매출액의 불확실성과 영업레버리지로 인한 영업이익의 불확실성을 의미하기 때문에 미래 영업이익의 변동가능성으로 정의된다. 그래서 이를 영업위험(operating risk)이라고도 한다.

재무레버리지

① 재무레버리지효과와 베타

기업이 어떤 투자안을 수행하면서 소요자금을 자기자본만으로 조달하지 않고 일부를 부채로 조달할 수도 있다. 이같이 부채를 조달하게 되면 주주에게 귀속되는 순이익과 베타에는 어떤 효과를 주게 될 것인가를 생각해보자.

부채를 조달하게 되면 부채에 대한 이자를 매년 일정액씩 지급해야 되는데 이때의 지급이자는 고정비 성격을 갖게 된다. 그러면 영업레버리지효과에서 살펴본 것과 같은 논리로 부채를 많이 사용할수록 고정비 부담은 커지고 이에 따라서 영업이익 변화에 비해서 이자지급 후 순이익 변화의 폭이 커지게 된다. 이를 재무레버리지효과(financial leverage effect)라고 한다.

부채를 사용하는 기업의 경우 주주에게 귀속되는 현금흐름은 이자지급 후 순이익이고 이것이 주식수익률에 반영되므로 재무레버리지는 베타를 확대시키는 효과를 갖는다. 따라서 부채를 많이 사용할수록 높은 베타를 갖게 된다.

② 재무위험

재무위험(financial risk)이란 이처럼 자본조달과 관련된 위험이다. 즉, 투자에 필요한 자금 중 부채로 조달하는 금액이 클수록 주주에게 귀속될 미래 이익의 변동가능성이 커지게 되는데 이를 재무위험이라고 하는 것이다.

03 재무레버리지와 베타

개 요

기업이 부채를 사용하게 되면 재무레버리지효과로 인해서 재무위험이 증가하게 되므로 부채수준에 따라 베타가 달라지게 된다. 따라서 기업이 부채를 사용하게 되면 그 부채수준에 따라 베타를 조정해야 하며 이렇게 조정한 베타값을 SML에 대입해서 부채기업의 자기자본비용을 얻게 된다. 그러면 이제부터 부채사용에 따른 베타의 조정과정을 설명하기로 한다.

법인세가 없다고 가정하면 그 내용이 간단하므로 이를 먼저 살펴본다. 그리고 이를 보다 현실화하여 법인세가 존재하는 경우를 설명하겠다.

법인세가 없는 경우

① 자산의 베타

자산의 베타(β_A)란 기업이 부채를 전혀 사용하지 않고 100% 자기자본만으로 자산을 취득하였을 경우의 주식 베타를 말한다. 따라서 이는 앞서 설명한 베타의 결정요인 중 수익의 양상과 영업레버리지효과까지만 반영된 것으로서 경영위험을 나타내는 것이다. 이는 무부채기업(unlevered firm)의 주식(S)베타와 같은 값이므로 β_S^U로도 표현할 수 있다.

② 주식의 베타

기업이 자산을 취득하는 데(또는 투자안을 수행하는 데)에 필요한 자금의 일부를 부채로 사용하고 있는 경우, 재무상태표의 체계에서 보면 자산은 자기자본(주식)과 부채를 결합한 포트폴리오로 볼 수 있다. 따라서 자산의 베타는 베타의 가산원리를 이용하여 다음 식으로 나타낼 수 있다.

$$\beta_A = \frac{B}{B+S} \cdot \beta_B + \frac{S}{B+S} \cdot \beta_S$$

그런데 위 식은 부채를 사용하고 있는 상황을 전제로 한 것이고 β_B는 부채의 베타를 의미하는 것이다. 따라서 여기서 β_S는 부채기업(levered firm)의 주식베타이다. 이를 β_S^L로 표현하자. 그리고 위 식을 β_S^L에 대해서 정리하면 다음과 같이 표현할 수 있다.

$$\beta_S^L = \beta_A + (\beta_A - \beta_B)\frac{B}{S}$$

그런데 자산의 베타 β_A는 100% 자기자본만으로 구성된 무부채기업의 주식베타 β_S^U와 같은 것이므로 위 식은 다음과 같이 고쳐 쓸 수 있다.

$$\beta_S^L = \beta_S^U + (\beta_S^U - \beta_B)\frac{B}{S} \qquad [식\ 8\text{-}1]$$

그리고 대개 부채의 경우에는 이자를 지급하지 않으면 기업이 부도가 나기 때문에 우선적으로 이자를 지급하는 것이 일반적이다. 따라서 부채의 이자수익은 변동성이 없고 일정하여 위험이 거의 없으므로 부채의 베타 β_B=0으로 놓을 수 있다.[2)]

그러면 위 식은 다음과 같이 정리된다.

$$\beta_S^L = \left(1 + \frac{B}{S}\right)\beta_S^U \qquad \text{[식 8-2]}$$

즉, 부채를 사용하는 기업의 주식베타는 위 식을 이용해서 무부채기업의 주식베타, 또는 자산의 베타로부터 구할 수 있는데 이 관계를 그림으로 나타내면 [그림 8-3]과 같다.

그림 8-3
법인세가 없는 경우 부채기업의 주식베타

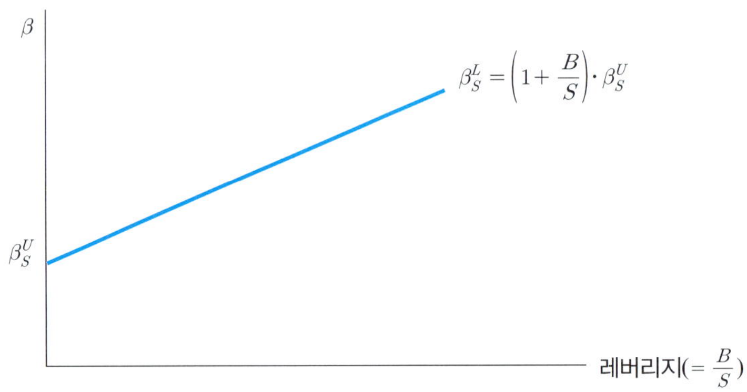

β_S^L과 β_S^U의 관계를 나타내는 [식 8-1], [식 8-2], 그리고 [그림 8-2]에서 살펴보면 다음과 같이 중요한 내용을 알 수 있다. 즉, 기업이 부채를 많이 사용할수록 레버리지 $\frac{B}{S}$는 증가하고 이러한 레버리지의 증가에 따라 부채기업의 주식베타는 점점 더 커지게 된다는 것이다. 이렇게 베타가 증가하면 자기자본비용은 높아지는데 이를 재무레버리지효과라고 하는데 부채를 사용하면서 나타나는 불리한 효과의 대표적인 것이다.

---

2) 부채의 베타가 0인 것은 부채에 대해서는 확정이자만 발생하여 수익률이 상수인데 시장포트폴리오의 수익률은 확률변수이므로 이들 간의 공분산이 0이기 때문이다.

예제 8-5

가나기업은 무부채기업으로서 β는 1.5이다. 무위험이자율은 10%이고 시장포트폴리오의 기대수익률은 14%라고 가정하고 다음 각 물음에 답하라.

(1) 현재 가나기업의 자기자본비용은 얼마인가?

(2) 만약 가나기업이 부채를 조달하여 투자안을 수행한 후에 재무레버리지가 B/S=2/3이 되었다면 가나기업의 주식 β는 얼마로 변화하게 되는가? 그리고 이때 자기자본비용은 얼마인가?

풀이

(1) 무부채기업이므로 베타 1.5는 경영위험만 반영된 베타이다. 이 값을 증권시장선에 대입하면 가나기업의 자기자본비용이 된다.

$$E(R_i) = R_f + [E(R_m) - R_f] \cdot \beta_i$$
$$= 0.1 + [0.14 - 0.1] \times 1.5 = 0.16\ (16\%)$$

(2) [식 8-2]를 이용하면 부채주식의 베타를 구할 수 있다. 부채사용에 따른 재무위험이 반영되어 베타가 1.5에서 2.5로 증가되었다.

$$\beta_S^L = (1 + \frac{B}{S})\, \beta_S^U = (1 + \frac{2}{3}) \times 1.5 = 2.5$$

그리고 이 값을 증권시장선에 대입하면 자기자본비용도 16%에서 20%로 높아졌음을 알 수 있다.

$$E(R_i) = R_f + [E(R_m) - R_f] \cdot \beta_i$$
$$= 0.1 + [0.14 - 0.1] \times 2.5 = 0.2\ (20\%)$$

법인세가 있는 경우

법인세가 있는 경우에는 지급이자가 비용으로 인정되기 때문에 이자비용의 감세효과를 얻을 수 있다. 따라서 부채기업의 가치 V_L은 무부채기업의 가치 V_U에 비해서 이자비용 감세효과의 현재가치만큼 크게 된다. 부채를 계속 사용한다면 다음 식이 성립한다.[3)]

3) 이는 자본구조이론에서 MM의 수정이론(1963)이 제시한 내용이다.

$$V_L = V_U + t \cdot B$$

여기에서 기업가치에 대한 베타를 구하면 다음과 같다.

$$\beta(V_L) = \frac{V_U}{V_L} \cdot \beta_S^U + \frac{t \cdot B}{V_L} \cdot \beta_B \qquad \text{[식 8-3]}$$

한편, 기업가치는 부채와 자본가치의 합이므로 다음 식이 항상 성립한다.

$$V_L = B + S$$

여기에서 기업가치의 베타를 구하면 다음과 같다.

$$\beta(V_L) = \frac{B}{V_L} \cdot \beta_B + \frac{S}{V_L} \cdot \beta_S^L \qquad \text{[식 8-4]}$$

[식 8-3]과 [식 8-4]를 통해서 구한 기업가치의 베타는 모두 동일한 기업의 베타를 측정한 것이므로 그 값은 같아야 할 것이다. 따라서 다음 식이 성립한다.

$$\frac{V_U}{V_L} \cdot \beta_U + \frac{t \cdot B}{V_L} \cdot \beta_B = \frac{B}{V_L} \cdot \beta_B + \frac{S}{V_L} \cdot \beta_S^L$$

위 식을 $V_U = V_L - t \cdot B = S + (1-t) \cdot B$을 이용해서 β_S^L에 대해서 정리하면 다음과 같이 표현된다.

$$\beta_S^L = \beta_S^U + (\beta_S^U - \beta_B)(1-t)\frac{B}{S} \qquad \text{[식 8-5]}$$

그리고 여기에서 무위험부채를 가정하면 부채의 베타 β_B는 0이므로 위 식은 다음과 같이 정리된다.

$$\beta_S^L = \left[1 + (1-t)\frac{B}{S}\right]\beta_S^U \qquad \text{[식 8-6]}$$

즉, 법인세가 존재할 경우에 부채기업의 주식베타는 위 식을 이용해서 무부채기업의 주식베타로부터 구할 수 있는데 이 식을 하마다 모형(Hamada model)이라고 한다.

이제 하마다 모형을 법인세가 없는 경우 부채기업의 주식베타를 나타내는 [식 8-2]와 비교해 보자. 이 두 식은 모두 부채를 많이 사용할수록 주식베타는 증가한다는 사실을 나타내고 있다. 그러나 법인세가 존재하는 경우에는 그 증가폭이 법인세가 없는 경우에 비해서 작다는 것을 알 수 있다. 이러한 사실은 [그림 8-3]과 [그림 8-4]를 비교해도 확인할 수 있다.

| 그림 8-4
법인세가 있는 경우 부채기업의 주식베타

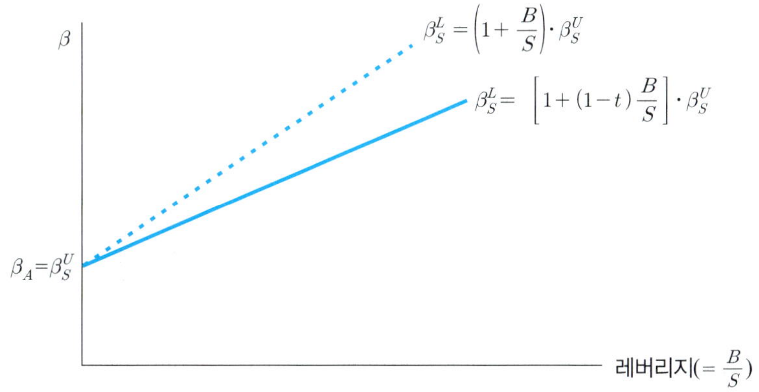

예제 8-6

가나기업은 무부채기업으로서 β는 1.5이다. 무위험이자율은 10%이고 시장포트폴리오의 기대수익률은 14%라고 가정하자. 그리고 법인세가 존재하며 세율은 40%이다.

(1) 현재 가나기업의 자기자본비용은 얼마인가?
(2) 만약 가나기업이 부채를 조달하여 투자안을 수행한 후에 재무레버리지가 B/S=2/3이 되었다면 가나기업의 주식 β는 얼마로 변화하게 되는가? 그리고 이때에 자기자본비용은?

풀이

(1) 베타 1.5를 증권시장선에 대입하여 다음과 같이 16%를 구한다.

$$E(R_i) = R_f + [E(R_m) - R_f]\cdot\beta_i$$
$$= 0.1 + [0.14 - 0.1]\times 1.5 = 0.16\ (16\%)$$

(2) Hamada모형을 이용해서 부채비율을 고려한 주식베타를 구한다.

$$\beta_S^L = \left[1 + (1-t)\frac{B}{S}\right]\beta_S^U$$

$$= \left[1 + (1-0.4) \times \frac{2}{3}\right] \times 1.5 = 2.1$$

이 베타를 증권시장선에 대입하여 자기자본비용을 구한다.

$$E(R_i) = R_f + [E(R_m) - R_f] \cdot \beta_i$$
$$= 0.1 + [0.14 - 0.1] \times 2.1 = 0.184\ (18.4\%)$$

제5절 자기자본비용의 산출사례

앞 절에서는 부채를 사용하면 베타가 어떻게 변화하는지 식을 따라가면서 살펴보았다. 여기서는 실무적으로 자기자본비용을 산출할 수 있는 방법을 설명하겠다. 우리가 자기자본비용을 구하려는 기업이 비상장기업일 수도 있고 상장기업일 수도 있다. 비상장기업과 상장기업의 경우를 구분해서 자기자본비용을 구하는 방법을 단계별로 살펴보자.

01 비상장기업

1단계 : 대용기업의 베타

만약 분석대상이 되는 기업이 근대백화점(주)이라고 하자. 그리고 이 백화점은 비상장기업이기 때문에 주가자료가 없다고 하자. 이러한 상황에서 제일 먼저 해야 할 작업은 같은 업종의 유사기업을 찾는 것이다.

이러한 유사기업을 대용기업(proxy company)이라고 하는데 예를 들어 대용기업을 현대백화점(주)으로 결정했다고 하자. 그러면 현대백화점(주)의 주식수익률자료를 종속변수(Y)로 놓고 주가지수변동률을 독립변수(X)로 해서 회귀분석을 수행한다. 회귀분석의 결과 얻어지는 회귀식에서 X의 계수가 베타가 된다.

즉, 대용기업의 베타를 구한 것이 된다.

2단계 : 무부채상태의 주식베타

이렇게 구한 현대백화점(주)의 베타는 부채기업의 주식베타이다. 즉, 현대백화점(주)이 부채를 사용하고 있기 때문에 현대백화점(주)의 재무위험이 포함된 것이다. 따라서 이를 무부채상태의 주식베타로 전환시켜야 한다.

이러한 전환과정에서는 부채주식 베타와 무부채주식 베타와의 관계식인 [식 8-5]나 [식 8-6]을 이용한다.[4] 현실적으로 법인세가 존재하므로 [식 8-1]이나 [식 8-2]를 이용해서는 안 된다. 이렇게 무부채주식의 베타를 구하면 경영위험만 반영된 베타를 구한 것이 된다.

3단계 : 부채비율을 반영한 주식베타

그런데 근대백화점(주)도 부채를 사용하고 있을 것이다. 따라서 2단계에서 구한 무부채주식 베타로부터 근대백화점(주)의 주식베타를 구한다. 여기서도 무부채주식 베타와 부채주식 베타와의 관계식인 [식 8-5]나 [식 8-6]을 이용한다.

그러면 근대백화점(주)의 재무위험을 반영한 근대백화점(주)의 주식베타가 산출된 것이다.

4단계 : 분석기업의 자기자본비용

자기자본비용을 산출하는 방법으로 여러 가지 방법을 열거하였지만 가장 많이 이용되는 방법은 CAPM이다. 따라서 3단계에서 구한 근대백화점(주)의 베타를 증권시장선에 대입해서 기대수익률을 구한다. 이렇게 구한 수익률이 근대백화점(주)의 주주현금흐름을 할인할 때 사용할 자기자본비용이 되는 것이다.

4) 두 기업이 사용하고 있는 부채의 이자율이 무위험금리수준이면 [식 8-6]을 이용할 수 있지만 그렇지 않다면 [식 8-5]를 이용해야 한다.

02 상장기업

이번에는 분석대상인 근대백화점(주)이 상장기업이라고 하자. 그러면 주식시장으로부터 근대백화점(주)의 주식수익률 자료를 구할 수 있으므로 자기자본비용을 구하는 과정이 간단해진다. 즉, 비상장기업이라고 가정했을 때의 1단계와 2단계의 과정이 필요 없게 된다.

직접 근대백화점(주)의 주식수익률자료를 종속변수(Y)로 놓고 주가지수변동률을 독립변수(X)로 해서 회귀분석을 수행한다. 회귀분석의 결과 얻어지는 회귀식에서 X의 계수가 바로 근대백화점(주)의 주식베타가 된다. 이는 유통업의 경영위험과 근대백화점(주)의 재무위험까지 반영된 베타를 구한 것이 된다.

따라서 이렇게 구한 베타를 바로 증권시장선에 대입하면 근대백화점(주)의 자기자본비용을 구할 수 있다. 이 자본비용으로 주주현금흐름을 할인한 현재가치가 근대백화점(주)의 자기자본가치가 되는 것이다.

03 자기자본비용의 산출사례

다음의 예제를 이용해서 대용기업인 현대백화점(주)의 자료로부터 근대백화점(주)의 자기자본비용을 구하는 과정을 순서대로 살펴보자.

예제 8-7

근대백화점(주)은 비상장기업이고 부채비율은 200%이다. 대용기업인 현대백화점(주)은 부채비율이 100%라고 하고 이들 두 기업 모두 무위험이자율수준 8%의 이자율을 부담하고 있다. 주가지수예상변동률은 13%이고 법인세율은 30%이다.

현대백화점(주)의 주식수익률을 종속변수로 하고 종합주가지수변동률을 독립변수로 회귀분석을 한 결과 다음과 같은 회귀식을 얻었다.

$$Y = 0.02 + 1.87X$$

이러한 상황을 전제로 앞서 설명한 절차를 따라서 근대백화점(주)의 자기자본비용을 구해보자.

풀 이

우선 대용기업의 주식베타는 위의 회귀식에서 X의 계수인 1.87이다. 이는 현대백화점(주)의 재무위험이 포함된 것이므로 재무위험을 제거하고 순수한 경영위험만을 반영한 무부채주식베타를 다음과 같이 구한다.

$$\beta_S^L = \left[1 + (1-t)\frac{B}{S}\right]\beta_S^U$$

$$1.87 = [1+(1-0.3)\times 100\%]\times \beta_S^U$$

여기서 β_S^U= 1.1을 구할 수 있다.

이제 근대백화점(주)의 부채비율을 반영한 근대백화점(주)의 주식베타를 다음과 같이 구한다.

$$\beta_S^L = \left[1 + (1-t)\frac{B}{S}\right]\beta_S^U$$

$$= [1+(1-0.3)\times 200\%]\times 1.1 = 2.64$$

이 결과를 증권시장선에 대입하면 근대백화점(주)의 자기자본비용 21.2%를 구할 수 있다.

$$E(R_i) = R_f + [E(R_m) - R_f]\cdot \beta_i$$

$$= 0.08+[0.13-0.08]\times 2.64 = 0.212\ (21.2\%)$$

요약

1. 자기자본가치를 구하려면 주주현금흐름과 자기자본비용이 있어야 한다.
2. 자기자본비용을 구하는 모형은 CAPM, APM이 있고 PER을 이용하거나 배당평가모형을 이용할 수도 있다.
3. CAPM은 시장에 대한 민감도로 측정하는 체계적 위험, 베타만으로 자기자본비용을 구하는 것이고 APM은 여러 가지 경제변수에 대한 민감도를 함께 반영하여 자기자본비용을 구하는 것이다.
4. 자기자본비용을 구하는 모형으로 CAPM이 가장 많이 이용되기 때문에 베타를 구하는 것이 중요하다.
5. 무부채기업의 주식베타는 재무위험이 반영되지 않은 것이어서 경영위험만 반영된 것인데 분석대상기업이 부채를 사용하지 않는 기업이라면 무부채주식베타로 자기자본비용을 구하면 된다.
6. 그러나 대부분 기업이 부채를 사용하고 있기 때문에 재무위험을 반영한 부채주식의 베타를 구해야 하는데 이러한 과정에서 하마다(Hamada) 모형이 유용하게 이용된다.
7. 재무위험까지 반영한 베타를 CAPM에 대입하면 부채기업의 자기자본비용이 산출된다. 이를 이용해서 주주현금흐름을 할인하면 자기자본가치를 구할 수 있다.

연습문제

진위형

1. 부채비율이 높으면 주주에게 귀속되는 순이익의 변동성이 커진다. ( )
2. PER, PBR, PSR 등 주가관련비율들을 이용해서도 자기자본비용을 구할 수 있다. ( )
3. 법인세율이 높아지면 세후 타인자본비용의 수준은 낮아진다. ( )

객관식

1. 다음 중 자기자본비용을 구하는 방식으로 가장 많이 이용되는 것은?
   ① 자본자산가격결정모형(CAPM) ② 차익거래가격결정모형(APM)
   ③ 배당평가모형 ④ 주가수익비율을 이용하는 방법

2. 자본자산가격결정모형(CAPM)과 차익거래가격결정모형(APM)을 비교해서 설명한 것이다. 잘못된 것은?
   ① 둘 다 무위험이자율에 위험프리미엄을 더해서 자기자본비용을 구한다.
   ② CAPM은 자기자본비용을 결정하는 요인이 한 개이지만 APM은 여러 개이다.
   ③ CAPM보다 APM이 더 일반적인 모형이라고 할 수 있다.
   ④ CAPM이 APM보다 주식수익률에 대해서 더 큰 설명력을 갖는 것으로 확인되고 있다.

3. 주식의 베타가 1.5인 무부채기업이 있다. 은행금리는 5%이고 주가지수의 예상변동률은 11%라고 하면 이 기업의 자기자본비용은 얼마인가?
   ① 7% ② 14% ③ 16% ④ 21%

4. 무부채기업의 주식베타가 1.5이다. 부채를 사용해서 부채비율이 100%가 되었다면 이 기업의 주식베타는 얼마가 되는가? 단, 법인세율은 40%이다.

① 1.5　② 2.0　③ 2.4　④ 3.0

5. 자본자산가격결정모형(CAPM)은 자기자본비용을 구하는 데 유용한 모형이다. 여기서 자기자본비용을 결정하는 개별기업의 요인은 무엇인가?

① 표준편차　② 베타
③ 분산　④ 시장포트폴리오의 수익률

6. 다음 중 자기자본비용을 구하는 모형으로 보기 어려운 것은 어느 것인가?

① 자본자산가격결정모형　② 차익거래가격결정모형
③ 배당평가모형　④ 하마다 모형

7. 주가수익비율을 이용해서 자기자본비용을 구하는 방법을 바르게 설명한 것은?

① 주가수익비율의 역수를 자기자본비용으로 사용한다.
② 주가수익비율을 자본자산가격결정모형에 대입해서 자기자본비용을 구한다.
③ 주가수익비율을 그대로 자기자본비용으로 사용한다.
④ 주가수익비율과 주가순자산비율의 평균값을 자기자본비용으로 사용한다

8. 시장포트폴리오의 베타는 얼마인가?

① 1　② 0　③ −1　④ 답이 없다.

9. 부채를 많이 사용하면 주식베타는 어떻게 변화하는가?

① 점점 커진다.　② 점점 작아진다.
③ 일정한 값을 갖는다.　④ 답이 없다.

10. 자본자산가격결정모형(CAPM)을 이용해서 가나기업(주)의 자기자본비용을 구하려고 한다. 이 과정에서 필요한 변수가 아닌 것은?

① 회사채 수익률　② 가나기업(주)의 주식베타
③ 주가지수의 예상변동률　④ 정기예금 이자율

주관식

1. CAPM과 APM의 공통점과 차이점을 비교해보시오.
2. 실무에서 체계적 위험(베타)을 산출하는 방법을 설명하시오.
3. 부채를 많이 사용하면 베타와 자기자본비용, 그리고 자기자본가치에 어떻게 영향을 주는가 설명하시오.
4. 하마다 모형(Hamada model)은 어떤 모형인가 간단하게 설명하시오.

Chapter 09

자기자본가치평가모형

앞서 설명한 자기자본가치접근법은 주주현금흐름을 측정하고 이를 자기자본비용으로 할인하여 자기자본가치를 구하는 것이다. 이렇게 구해낸 자기자본가치는 재무상태표의 대변에서 자기자본전체의 가치에 해당하는 값이다. 이와는 달리 주식 1주를 평가대상으로 1주의 내재가치를 구하고 여기에 발행주식수를 곱해서 자기자본전체의 가치를 구할 수도 있다. 제9장에서는 1주의 내재가치를 구하기 위한 방법을 설명한다. 이렇게 1주의 내재가치를 구하는 방법에는 배당평가모형과 성장기회평가모형이 있다. 배당평가모형은 1주를 보유할 때에 미래에 유입될 배당금을 현재가치로 할인하는 것이고 성장기회평가모형은 성장주의 가치를 평가하면서 성장의 기회를 별도로 평가해서 주가에 반영하는 방법이다.

제 1 절 주식평가모형

01 주주현금흐름할인법의 특징

지금까지 살펴본 자기자본가치를 구하는 방법은 주주현금흐름할인법이었다. 주주현금흐름할인법의 특징을 생각해보자. 주주현금흐름할인법은 재무자료를 통해서 주주현금흐름(FTE)을 측정하고 이를 할인한 현재가치를 구하여 기업의 자기자본가치를 평가하는 것이다. 그리고 여기서 현재가치를 구할 때에 사용되는 할인율은 자기자본비용(k_e)인 것이다.

이렇게 자기자본가치를 구할 때 측정대상이 되는 주주현금흐름은 기업으로부터 전체 주주에게 들어오는 현금흐름이다. 따라서 그 현금흐름의 현재가치도 재무상태표의 대변에 있는 자기자본전체의 가치를 구한 것이 된다. 물론 주주현금흐름(FTE)을 발행주식수로 나누어서 1주당 현금흐름을 구할 수는 있다. 그러나 일반적으로 주주현금흐름할인법에서는 전체주주에게 귀속되는 현금흐름을 측정한다.

02 주식의 평가

주식의 내재가치

그런데 이와는 다른 방법으로 자기자본가치를 구할 수도 있다. 주식 1주의 내재가치를 먼저 구하고 이 값에 기업의 발행주식수를 곱하면 역시 자기자본전체의 가치를 구한 것이 된다. 주의할 점은 이렇게 구한 자기자본전체의 가치가 흔히 말하는 시가총액과는 다르다는 것이다. 시가총액은 현재 주가에 발행주식수를 곱한 금액이기 때문이다. 시가총액을 구할 때의 주식가격은 주식의 시장가치이지 주식의 내재가치가 아니다.

이 책의 전반에서 가치평가를 통해서 구하려는 가치는 내재가치이다. 기업가치접근법에서 구하려는 기업가치도 그렇고 자기자본가치접근법에서 구하려는 자기자본가치도 모두 내재가치(이론적 가치, 균형가치)라고 하였다. 그래서 우리가 구하려는 자기자본의 내재가치와 시가총액을 비교하면 〈표 9-1〉과 같다.

표 9-1 자기자본의 내재가치와 시가총액

구 분	내 용
자기자본가치	1주당 내재가치 × 발행주식수
시가총액	1주당 시장가치 × 발행주식수

이러한 방법을 따라서 자기자본가치를 평가하려면 먼저 1주당 내재가치를 구해야 한다. 그러면 1주당 내재가치를 구하는 방법에는 어떤 것들이 있을까? 이제부터 살펴볼 내용들이 모두 1주당 내재가치를 구하는 방법들이다.

현금흐름할인법

1주당 내재가치를 구하는 방법은 크게 두 가지로 나눌 수 있다. 첫 번째 방법은 지금까지 다루었던 현금흐름할인법을 이용하는 것이고 두 번째 방법은 상대가치평가모형이다.

현금흐름할인법에서는 주식을 보유하면 앞으로 얻게 될 현금흐름이 배당금이므로 미래에 예상되는 배당금을 할인하여 현재가치를 구한다. 이렇게 구한 현재가치가 주식의 내재가치가 된다. 이러한 평가방법은 배당평가모형 또는 배당할인모형(DDM: dividends discounted model)이라고 한다.

그런데 현금흐름할인법에는 배당평가모형이외에 성장기회평가모형이라는 방법도 있다. 이 방법은 기업이 성장하여 배당금이 증가하는 경우 그 성장기회를 별도로 평가하는 방법이다. 주식의 내재가치를 구한 결과는 배당평가모형과 동일하지만 배당금의 증가를 성장기회가 실현되는 것으로 보고 성장기회의 현재가치를 따로 구하는 방법이다.

상대가치평가모형

주식의 내재가치를 구하는 두 번째 방법으로 상대가치평가모형이라는 것이 있다. 상대가치평가모형은 주가관련비율을 이용하는 것이다. 대표적인 주가관련비율은 주가수익비율(PER: price earning ratio)이다. PER는 다음과 같다.

$$PER = \frac{\text{주가}}{\text{주당순이익}} = \frac{P}{EPS}$$

그런데 위 식을 주가(P)에 대해서 정리하면 다음과 같다.

$$P = PER \times EPS$$

즉, PER에 주당순이익(EPS)을 곱하면 주가가 산출되는 것이다. 그러나 PER을 현재주가로 구하여 EPS를 곱한다면 다시 현재주가가 산출되는 반복작업이 될 것이다. 따라서 이 식을 이용해서 주식의 내재가치를 구하기 위해서는 내재가치를 반영할 수 있는 PER을 사용해야 한다.[1)]

상대가치평가모형에서 이용되는 주가관련비율은 PER 이외에도 주가순자산배율(PBR: price book-value ratio), 주가매출액배율(PSR: price sales ratio) 등이 있다. 이들을 이용하는 방법도 PER을 이용하는 방법과 유사하다. 이들 방법에 대해서는 다음 장에서 자세하게 설명할 것이다.

지금까지 설명한 1주당 내재가치를 구하기 위한 주식평가모형의 분류체계를 도표로 나타내면 다음과 같다.

표 9-2 주식평가모형의 분류체계

개별주식의 평가모형				
현금흐름할인법		상대가치평가모형		
배당평가모형	성장기회평가모형	PER평가모형	PBR평가모형	PSR평가모형

1) 내재가치를 구하기 위한 PER을 정상(normal) PER이라고 하는데 이에 대해서는 제10장 상대가치평가모형에서 소개할 것이다.

제2절 배당평가모형

01 배 당

배당과 주주현금흐름의 비교

배당은 기업이 올린 순이익 중 일부를 주주에게 자본제공의 대가로 지급하는 것이다. 그리고 앞서 설명한 주주현금흐름(FTE: flow to equity)은 기업이 벌어들이는 현금흐름 중에서 주주에게 귀속되는 현금흐름이다.

그렇다고 해서 주주현금흐름 전체를 배당으로 모두 지급하는 기업들은 거의 없다. 대부분의 기업들은 미래의 투자를 위한 자금을 확보하기 위해서 주주현금흐름보다 적은 금액을 배당으로 지급한다.

물론 주주현금흐름보다 더 많은 금액을 배당으로 지급하는 경우도 있다. 예를 들면 1990년대 말 외환위기 이후에 외국자본들이 국내금융기관을 인수하여 대주주가 된 후 이들은 주주현금흐름보다 더 많은 금액을 배당금으로 가져갔다. 이들에게는 미래를 위한 투자보다는 투자자금의 조기회수라는 목적이 더 중요하기 때문이다. 그러나 이러한 사례는 예외적인 경우이고 일반적으로는 배당금이 주주현금흐름보다 적은 편이다.

배당결정요인

배당과 주주현금흐름이 일치하지 않는 이유는 여러 가지가 있다. 결론부터 말하면 배당을 결정하는 요인과 주주현금흐름을 결정하는 요인이 서로 다르기 때문이다. 주주현금흐름은 경영자의 능력이나 경기상황, 또는 거시경제환경 등 수많은 변수들이 영향을 주어 결정된다. 그렇지만 어느 정도의 배당을 할 것인가는 이와는 다른 요인에 의해서 결정된다. 기업의 경영자들은 기업가치를 높일 수 있는 최적배당정책이 있다고 생각하며 여러 가지 현실적 요인들을 고려하여 배당수준을 결정하기 때문이다. 구체적인 요인을 열거하면 다음과 같다.

① 당기순이익

주주현금흐름이나 배당의 원천은 당기순이익이다. 당기순이익이 크면 주주들은 높은 수준의 배당을 기대하기 때문에 경영자들은 배당수준을 결정할 때 당기순이익을 중요한 요인으로 고려한다.

② 유동성

유동성(liquidity)는 배당결정에서 중요한 요인이다. 왜냐하면 기업의 자금사정이나 유동성이 양호하다는 것은 그만큼 배당지급능력이 큰 것을 의미하기 때문이다.

③ 미래의 투자기회

수익성이 좋은 새로운 투자안을 갖고 있는 기업의 경우에는 이를 수행하기 위한 자금을 확보하기 위해서 가급적 배당을 줄이려고 할 것이다. 왜냐하면 현실적으로 투자자금이 계획시점에서 목표금액만큼 쉽게 조달할 수 없는 경우가 많기 때문이다.

④ 부채의 상환의무

부채의 상환만기가 가까워질수록 이를 상환하기 위한 자금을 확보해야 하므로 배당지급으로 현금이 유출되는 것을 억제하게 된다.

⑤ 지배권

배당을 많이 할수록 새로운 투자안을 수행하기 위해서는 외부자금을 많이 사용하게 된다. 이러한 경우 새로운 채권자나 외부주주가 들어오게 되면 기존의 기업지배권에 영향을 미칠 수 있다. 따라서 지배권을 유지하려는 소유경영자는 가급적 배당을 줄이고 유보를 통해서 투자자금을 조달하려고 할 것이다.

⑥ 부채계약 및 관련법규

채권자들은 자금을 제공할 때에 부채가치를 보호하기 위해서 배당제한조항을 포함하는 계약을 맺는 경우가 많다. 이러한 부채계약(debt covenant)은 대리비용을 감소시키는 수단으로도 이용된다. 이외에도 상법에서는 채권자 보호를 위해서 과도한 배당을 제한하고 있다.

배당의 안정성

기업이 적정배당성향을 결정하여 이를 매년 적용한다면 순이익의 변동에 따라서 배당도 매년 변동할 것이다. 그러나 현실적으로 기업들의 1주당 배당실적을 살펴보면 많은 기업들이 주당배당액(DPS: dividends per share)을 순이익의 증감에 따라서 변동시키기보다는 일정한 수준에서 크게 벗어나지 않고 안정적으로 유지하는 현상을 보게 된다. 이러한 배당정책을 안정적 배당정책(stable dividend policy)라고 하는데 이러한 정책을 채택하는 것은 안정적인 배당수준이 주식가치를 높일 수 있다고 믿기 때문이다. 이에 대한 근거로는 다음과 같은 이유를 들 수 있다.

첫째, 매년 현금흐름이 일정하게 이루어지는 경우 이에 대한 불확실성이 감소하게 되어 그 현재가치를 산출할 때 적용하는 할인율이 낮아지게 된다.

둘째, 배당소득으로 생활하는 많은 투자자들에게 배당의 변동은 생활에 대한 위협이 된다. 따라서 투자자들은 대체로 안정적인 배당이 지급되는 주식을 더 높게 평가한다.

셋째, 기금관리자(fund manager)들이 관리하는 자금은 주로 공적인 성격을 갖는 것이기 때문에 이들 역시 불확실하게 변동하는 수익보다 안정적인 수익을 더 중시하게 된다. 따라서 배당이 안정적인 주식을 더 높게 평가한다.

실제로 기업들의 배당형태를 조사한 결과에서 많은 기업들이 순이익이나 주주현금흐름이 감소하더라도 배당금을 감소시키지 않으려고 노력하는 것으로 확인되고 있다.

02 배당평가모형

기본모형

주식의 가격은 주식을 보유함으로써 기대되는 미래의 현금흐름을 적절한 할인율로 할인하여 산출한 현재가치이다. 그런데 주식보유로 예상되는 현금흐름은 다음과 같이 두 가지로 볼 수 있다.

첫째, 주식을 보유하는 기간 동안에 수령하게 되는 배당금

둘째, 주식을 처분하는 시점에서 얻게 되는 처분가격

이러한 현금흐름의 현재가치를 구하기 위한 할인율은 자기자본비용, 즉 주주의 요구수익률이다. 이를 R이라고 하고 지금부터 주식을 보유하다가 t=n시점에서 P_n가격에 처분할 때 현금흐름의 현재가치, 즉 현재주가 P_0는 다음과 같은 식으로 표현된다.

$$P_0 = \sum_{t=1}^{n} \frac{D_t}{(1+R)^t} + \frac{P_n}{(1+R)^n} \qquad \text{[식 9-1]}$$

단, D_t: t기에 수령하는 배당금

그런데 위 식을 살펴보면 P_n은 t=n시점에서의 주가로서 이는 t=n시점 이후에 계속되는 배당을 t=n시점 기준으로 산출한 현재가치임을 알 수 있다. 즉,

$$P_n = \frac{D_{n+1}}{(1+R)} + \frac{D_{n+2}}{(1+R)^2} + \cdots + \frac{D_\infty}{(1+R)^\infty}$$

이므로 이를 위 식에 대입하면 다음과 같이 정리된다.

$$P_0 = \frac{D_1}{(1+R)} + \frac{D_2}{(1+R)^2} + \cdots + \frac{D_\infty}{(1+R)^\infty}$$

$$= \sum_{t=1}^{\infty} \frac{D_t}{(1+R)^t} \qquad \text{[식 9-2]}$$

결국 현재주가를 결정하는 현금흐름은 어느 시점에서 얼마의 가격으로 처분하는가와는 무관하게 그 주식을 보유함으로써 기대되는 배당임을 알 수 있다. 그래서 이와 같이 배당의 현재가치로 주식의 내재가치를 평가하는 모형을 배당평가모형(dividends valuation model) 또는 배당할인모형(DDM: dividends discount model)이라고 한다.

제로성장모형

앞서 살펴본 대로 주식가격은 주식을 보유함으로써 받게 되는 배당액을 할인하여 산출한 현재가치이다. 또한 계속기업(going concern)을 가정하기 때문에 기업은 영원히 존재하므로 배당도 영원히 계속된다고 본다. 특수한 경우이

지만 기업이 매년 벌어들이는 이익이 동일한 금액이고 이를 모두 배당으로 지급하는 경우를 생각해보자. 그러면 $D=EPS$가 될 것이다. 1주당 가격은 화폐의 시간적 가치에서 소개된 영구연금의 현재가치와 동일하여 다음과 같이 수식화할 수 있다.

$$P_0=\frac{D}{(1+R)}+\frac{D}{(1+R)^2}+\cdot\cdot\cdot+\frac{D}{(1+R)^\infty}$$

$$=\frac{D}{R}\ (=\frac{EPS}{R}) \qquad [식\ 9\text{-}3]$$

이같이 매년 배당금이 일정한 금액으로서 증가하지 않는 경우에 적용되는 주가결정식을 제로성장모형(zero-growth model 또는 nongrowth model)이라고 한다.

예제 9-1

가나기업(주)의 올해 말 1주당 배당금은 2,000원으로 추정된다. 이 기업은 앞으로 계속 이 금액의 배당금을 지급할 것이다. 가나기업(주)의 자기자본비용을 16%라고 하고 다음 각 물음에 답하라.

(1) 가나기업(주) 주식의 내재가치를 구하라.
(2) 가나기업(주)의 발행주식수가 200만주라고 하고, 이 기업의 자기자본가치를 구하라.

풀이

(1) 제로성장모형을 이용해서 가나기업(주) 주식의 내재가치를 구하면 다음과 같다.

$$P_0=\frac{D}{R}=\frac{2{,}000}{0.16}=12{,}500(\text{원})$$

(2) 자기자본가치(S)는 1주당 내재가치에 발행주식수를 곱하여 다음과 같이 구할 수 있다.

$$S_0=P_0\times N$$
$$=12{,}500\times 2\text{백만주}=250\text{억원}$$

항상성장모형

① 모형의 도출

기업들이 안정적인 배당수준을 유지하려고 하지만 그렇다고 해서 매년 똑같은 금액을 무한히 배당하는 경우는 거의 없다. 대개의 경우 배당금을 증가시키는 것이 일반적이다. 실제로 일정한 시점을 기준으로 기업들의 배당금 지급과 관련해서 조사하였더니 전년에 비해서 배당금을 감소시킨 기업보다 증가시킨 기업이 5배에 달한다는 연구결과도 있었다.

이번에는 기업이 지속적으로 성장하여 배당이 매년 일정한 비율로 증가하는 경우에 주식의 가치를 평가해보자. 이때에 첫 해말 배당액을 D_1이라고 하고 증가율을 g라고 하면 다음과 같은 식이 성립한다.

$$
\begin{aligned}
D_2 &= D_1(1+g) \\
D_3 &= D_2(1+g) = D_1(1+g)^2 \\
D_4 &= D_3(1+g) = D_1(1+g)^3 \\
&\cdots\cdots
\end{aligned}
$$

이러한 현금흐름은 화폐의 시간적 가치에서 설명한 일정한 비율로 증가하는 영구연금이 된다. 따라서 이의 현재가치는 다음과 같은 식으로 정리된다.

$$
\begin{aligned}
P_0 &= \frac{D_1}{(1+R)} + \frac{D_1(1+g)}{(1+R)^2} + \cdots + \frac{D_1(1+g)^{\infty}}{(1+R)^{\infty}} \\
&= \frac{D_1}{R-g} \qquad \text{[식 9-4]}
\end{aligned}
$$

이같이 배당금액이 일정한 비율로 계속적인 증가를 하는 경우의 주식평가모형을 항상성장모형 또는 일정성장모형(constant growth model)이라고 한다. 또한 이 모형을 제안한 고든(Gordon)의 이름을 따서 고든모형이라고 한다.

② 안정적인 성장률

고든의 평가모형에서 성장률(g)은 할인율(R)보다 작아야 한다는 전제조건이 필요하다. 왜냐하면 성장률(g)이 할인율(R)보다 크게 되면 주식가격은 무한대가 되기 때문이다. 이러한 이유에서 고든모형은 배당금 증가율, 즉 성장률이 안정적인 기업의 가치를 평가하는 데 유용하다고 한다.

전문가들은 배당의 성장률이 안정적이라는 것은 순이익의 성장률이 안정적이라는 의미로 해석한다. 왜냐하면 순이익보다 배당금이 더 높은 성장률로 증가한다면 시간이 경과하면서 결국에는 배당금이 순이익을 초과하게 될 것이기 때문이다. 이와 반대로 배당금이 순이익보다 낮은 성장률로 증가한다면 결국에는 배당성향이 0에 수렴하게 되기 때문이다.

그러면 안정적인 성장률은 어느 정도의 값을 갖는 것이 합리적인가? 대개는 기업이 장기적으로 경제성장률보다 높은 증가율로 성장하기는 어렵다고 본다. 만약 기업이 전체 경제의 성장률보다 높은 증가율로 성장한다면 결국에는 기업이 전체 경제규모보다 큰 값을 갖게 되기 때문에 논리적으로도 성립하기 어려운 가정이다.

③ 유용성과 한계점

고든의 평가모형은 주식 내재가치를 구하는 데 유용한 방법이다. 내용이 간단하면서도 현실적으로 성장하는 기업이 일반적인 상황에서 적용하기도 편리한 방법이다. 그러나 이 모형은 성장률의 크기에 따라서 주식 내재가치가 매우 민감하게 변동할 수 있다는 점을 유의해야 한다. 성장률이 할인율과 비슷한 값을 가지면 주식 내재가치는 무한대의 값을 가질 수도 있기 때문이다.

예제 9-2

가나기업(주)의 올해 말 1주당 배당금은 2,000원으로 추정된다. 그러나 이 기업은 해마다 배당금을 전년대비 6%씩 증가시킬 것이다. 가나기업의 자기자본비용은 16%라고 하고 다음 각 물음에 답하라.

(1) 가나기업(주) 주식의 내재가치를 구하라.
(2) 발행주식수가 200만주라고 할 때 가나기업(주)의 자기자본가치를 구하라.

풀이

(1) 항상성장모형을 이용해서 가나기업(주) 주식의 내재가치를 구하면 다음과 같다.

$$P_0 = \frac{D_1}{R-g} = \frac{2,000}{0.16-0.06} = 20,000(\text{원})$$

(2) 자기자본가치(S)는 1주당 내재가치에 발행주식수를 곱하여 다음과 같이 구할 수

있다.

$$S_0 = P_0 \times N$$
$$= 20,000 \times 2\text{백만주} = 400\text{억원}$$

고속성장모형

① 2단계의 성장률

앞서 설명한 항상성장모형에서의 성장률이 할인율보다 작아야 한다는 가정은 다소 비현실적으로 보일 때가 있다. 즉, 성장률이 할인율보다 클 수도 있지 않겠는가 하는 의문이 생기기 때문이다. 물론 성장률이 할인율보다 클 수도 있다. 이처럼 할인율보다 높은 성장률을 달성하는 것을 고속성장이라고 할 수 있다. 대개 기업들은 고속성장의 기회를 갖는 경우가 있다. 그러나 이같이 높은 성장은 무한히 계속될 수는 없을 것이다.

예를 들어 어떤 기업이 전망이 밝은 유망업종에 진출하여 사업을 시작했다고 가정하자. 이때 사업초기에는 초과수익을 누려서 다른 업종보다 높은 성장을 할 수 있을 것이지만 경쟁기업의 출현 등 여러 가지 이유들로 인해서 시간이 경과하면 그 성장률은 어느 정도 떨어지게 마련이다. 즉, 할인율보다 높은 성장률은 일시적인 것이고 장기적으로 보면 그 반대의 경우(성장률이 할인율보다 낮은 경우)가 더 일반적인 것이다. 그래서 이 단계에서는 성장률이 안정적으로 나타나게 된다.

따라서 2단계의 성장률에 대한 가정을 다음과 같은 2단계의 성장기간과 함께 그림으로 나타낼 수 있다.

표 9-3
2단계의 성장

기간 구분	성장률과 할인율의 관계
고속성장기간	성장률(g) > 할인율(R)
안정적 성장기간	성장률(g) < 할인율(R)

② 평가모형

여기서 소개하는 2단계(two-stage) 배당평가모형은 기업이 처음 n년 동안 높은 성장을 하다가 그 이후에는 영원히 안정적으로 성장한다고 가정하는 모형이다. 이렇게 두 단계로 성장률이 구분되는 경우 배당평가모형을 이용해서 주식의 내재가치를 구해보자.

먼저 t=n시점까지는 할인율보다 높은 증가율로 성장하다가(g>R), t=n시점 이후부터는 할인율보다 낮은 안정적인 성장을 한다고(g<R) 가정하면 주식가치는 다음과 같이 두 가지 요소로 구성된다.

첫째, 고속성장기간 동안의 배당금 현재가치
둘째, n년도 말에서 평가된 주식가치

그런데 둘째 요소인 n년도 말에서 평가된 주식가치를 현재 주식가치에 반영하려면 이를 현재시점으로 할인해서 현재가치를 구해서 반영해야 하므로 주식가치의 평가식은 다음과 같게 된다.

$$P_0 = \sum_{t=1}^{n} \frac{D_t}{(1+R)^t} + \frac{P_n}{(1+R)^n}$$

$$\text{여기서 } P_n = \frac{D_{n+1}}{R-g}$$

위 식의 구조는 기본모형과 동일하다. 다만 기본모형에서는 P_n이 t=n시점에서의 처분가격인데 비해 위 식에서 P_n이 t=n시점 이후 일정비율로 증가하는 영구현금흐름에 대해 항상성장모형을 이용해서 산출한 t=n시점에서의 현재가치이다.

좀 더 자세하게 설명하면 현재시점부터 t=n시점까지는 구체적인 배당금을 예측할 수 있는 예측기간에 해당된다. 그리고 t=n시점 이후부터는 성장률을 추정하여 예측하는 것이므로 P_n값은 바로 예측기간 이후의 현금흐름을 평가한 잔여가치(CV: continuing value) 또는 종점가치(TV: terminal value)라고 할 수 있는 것이다.

이러한 평가식은 배당이 불규칙하게 증가하는 경우 그 상황에 맞도록 수정해서 사용할 수 있는 모형이라고 할 수 있다.

③ 유용성과 한계점

이 모형은 현재는 고속성장단계에 있으나 특정기간 동안 이 성장률이 계속 유지될 것으로 기대되는 기업에 적합하다. 예를 들어 향후 몇 년간은 높은 이익을 낼 수 있는 특허권을 갖고 있는 기업이 특허기간이 만료된 후에는 안정적인 성장단계에 들어갈 것으로 보일 때에는 2단계 배당평가모형이 적합하다.

그러나 다음과 같은 한계점을 갖고 있다.

첫째, 고속성장기간을 어느 정도의 기간으로 볼 것인가 판단하는 것이 쉽지 않다는 것이다. 이론적으로는 제품수명주기 및 투자기회를 감안해서 결정한다고는 하지만 이러한 질적 요소를 수치화하기는 어렵다는 것이다.

둘째, 고든모형과 마찬가지로 성장률의 변동이 주식 내재가치에 매우 큰 변동을 가져온다는 점이다. 즉, 안정성장률의 크기 결정에 따라서 주식 내재가치가 크게 달라질 수 있으므로 안정성장률의 추정에 신중해야 한다는 것이다.

셋째, 고속성장단계에서 안정성장단계로의 전환에 대한 가정이 비현실적이라는 것이다. 예를 들어 고속성장기간의 높은 성장률이 안정성장기간에 낮은 성장률로 갑자기 바뀐다는 것은 아무래도 어색한 가정이라는 것이다.

예제 9-3

가나기업(주)의 올해 말 1주당 배당금은 2,000원으로 추정된다. 이 기업은 처음 3년간은 18%씩 높은 성장을 하다가 4년째부터는 6%의 안정적인 성장을 지속할 것으로 예상된다. 가나기업(주)의 자기자본비용은 16%라고 하고 다음 각 물음에 답하라.

(1) t=3에서 평가한 잔여가치(CV)를 구하라.
(2) (1)의 결과를 이용해서 1주당 내재가치를 구하라.
(3) 발행주식 수가 200만주라고 할 때에 가나기업(주)의 자기자본가치를 구하라.

풀이

(1) 여기서 잔여가치란 t=3시점의 주가 P_3을 의미한다. 따라서 t=3까지 성장률을 g_1이라고 하고 그 이후의 성장률을 g_2라고 하면 D_4를 다음과 같이 구할 수 있다.

$$D_4 = D_1 \times (1+g_1)^2 \times (1+g_2)^1$$
$$= 2{,}000 \times 1.18 \times 1.06 = 2{,}951.9(\text{원})$$

그러면 t=3시점의 주가 P_3은 다음과 같이 구한다.

$$P_3 = \frac{D_4}{R-g} = \frac{2{,}951.9}{0.16-0.06} = 2{,}951.9(\text{원})$$

(2) 그리고 예측기간(처음 3년간) 배당액의 현재가치를 다음과 같이 산출한다.

$$\frac{2,000}{1.16}+\frac{2,000\times 1.18}{1.16^2}+\frac{2,000\times 1.18^2}{1.16^3}=5,262(\text{원})$$

그런데 잔여가치 P_3는 t=3시점의 가치이므로 다음과 같이 t=0시점의 현재가치로 할인하여야 한다.

$$\frac{P_3}{(1+R)^3}=\frac{29,519}{1.16^3}=18,911(\text{원})$$

이제 최종적으로 이 두 값을 더하면 이 주식의 가격이 24,173원으로 결정되는 것이다.

$$P_0=5,262+18,911=24,173(\text{원})$$

위와 같은 과정을 시간선상에 나타내면 다음 그림과 같다.

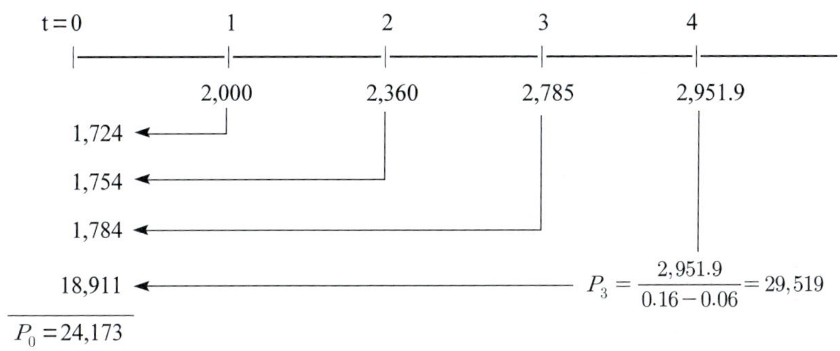

(3) 그리고 발행주식수가 200만주이므로 자기자본가치(S)는 1주당 내재가치에 발행주식수를 곱하여 다음과 같이 구할 수 있다.

$$S_0=P_0\times N$$
$$=24,173\times 2\text{백만주}=483.46\text{억원}$$

고속성장모형의 현실화

① 전환기간

2단계 배당평가모형은 고속성장기회를 반영한 모형 중에서 가장 단순한 형태의 모형이라고 할 수 있다. 2단계 배당평가모형의 한계점 중에서 마지막으로 지적한 내용은 고속성장기간 중에 달성하던 높은 성장률이 안정적 성장기간에 와서 갑자기 뚝 떨어져서 낮은 값이 된다는 것이었다. 2단계 배당평가모형의 성장률에 대한 이러한 가정을 그림으로 나타내면 다음과 같다.

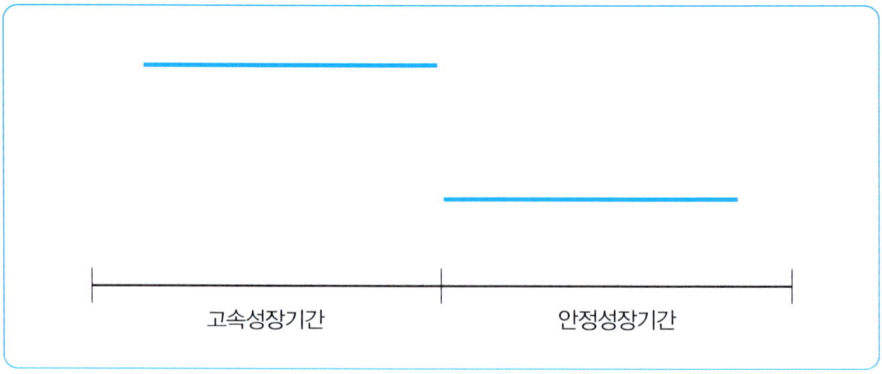

그림 9-1 2단계 배당평가모형의 성장률

그러나 현실적으로는 높은 성장률이 점점 낮아지면서 낮은 안정성장률에 이르는 단계가 있다. 이를 추세전환단계라고 할 수 있고 이에 해당하는 기간을 전환기간이라고 한다. 이러한 전환기간을 주식 내재가치를 구하는 과정에서 어떻게 반영하는가에 따라서 다음과 같이 두 가지 방법으로 고속성장모형을 현실화시킬 수 있다.

② H모형

이 모형은 Fuller와 Hsia(1984)에 의해서 제시된 모형이다. 이는 고속성장기간을 곧 추세전환기간으로 보는 것이다. 즉, 고속성장기간이라고 해도 초기에만 높은 성장을 달성하다가 점차 성장세가 둔화된다는 가정을 하는 것이다.

이러한 가정이 2단계 배당평가모형보다 더 현실적인 것은 기업이 어떤 사업영역에 초기에 진출해서 고속성장을 하더라도 경쟁기업의 출현으로 그 성장률이 지속적으로 낮아지는 것을 반영한 것이기 때문이다.

H모형의 성장률에 대한 가정을 그림으로 나타내면 다음과 같다.

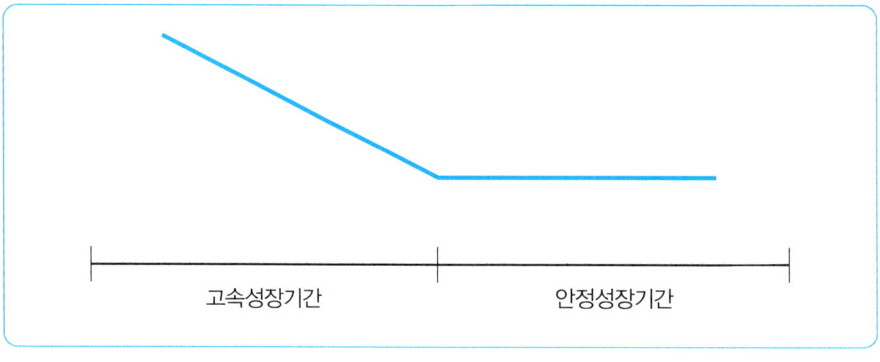

그림 9-2 H모형의 성장률

③ 3단계 배당평가모형

이 모형은 2단계 배당평가모형과 H모형의 특징을 함께 반영한 모형이다. 즉, 기업의 성장단계를 고속성장기간, 전환기간, 안정성장기간의 세 개의 기간으로 구분하는 것이다. 가장 현실적인 모형이라고 할 수 있다. 그러나 이러한 현실적 상황을 반영하기 위해서 배당성향, 성장률, 위험(베타) 등 추가적인 변수들이 필요하다.

이 모형은 현재 높은 성장률로 성장하며, 이 성장률이 고속성장기간 동안 지속될 것으로 기대되며 그 후에 안정성장률에 이를 때까지 점차 감소할 것으로 예상되는 기업에 가장 적합하다. 대개 이런 기업의 경우에는 배당성향이 고속성장기에는 낮고 전환기에서 증가하다가 안정성장기에서는 높아지는 특징을 보인다. 3단계 배당평가모형에서 성장률은 다음과 같은 기간별 특징을 갖는 것이 일반적이다.

그림 9-3 3단계 배당평가모형의 성장률

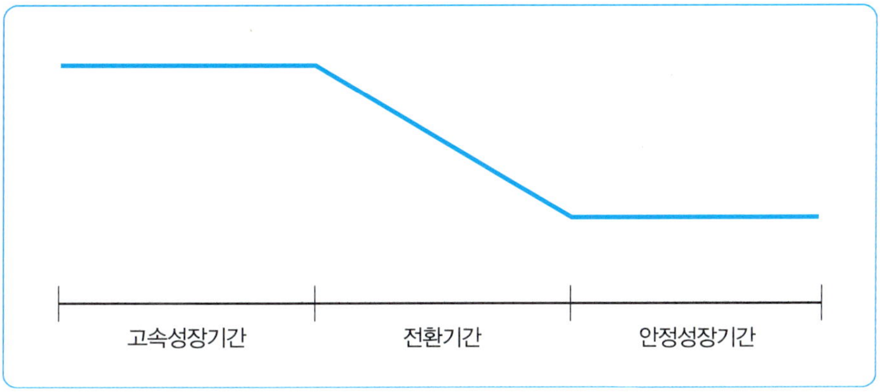

제3절 성장기회평가모형

01 성장기업의 주가

기업이 성장하면 배당이 증가한다. 그리고 이렇게 배당이 증가하는 주식의 내재가치는 성장하지 못해서 배당액이 일정한 기업의 주식 내재가치보다 높을 것이라는 것은 당연하다.

이렇게 성장하는 기업의 주식 내재가치는 배당평가모형 중 항상성장모형으로 구할 수도 있지만 성장기회를 별도로 평가하여 다음과 같이 세 단계로 구할 수도 있다.

첫째, 성장기업을 일단 성장이 없다고 가정하여 제로성장모형을 이용해서 그 내재가치를 구한다.

둘째, 성장기회의 현금흐름을 측정하여 할인한 현재가치를 구한다. 이를 성장기회의 현재가치(PVGO: present value of growth opportunity)라고 한다.

셋째, 제로성장모형의 가격에다가 성장기회의 현재가치를 더하여 성장기업의 주식 내재가치를 구한다.

이러한 단계별 내용을 그림으로 나타내면 다음과 같다.

그림 9-4 성장기업 주식의 내재가치를 구하는 과정

제로성장모형에 의한 주식 내재가치 산출

+

성장기회의 현재가치(PVGO) 산출

↓

성장기업 주식의 내재가치

성장기업 주식의 내재가치를 구하는 이와 같은 단계별 내용을 하나의 식으로 나타낼 수 있다. 일단 성장이 없다고 가정한 주식 내재가치는 주당순이익(EPS: earnings per share)을 자기자본비용으로 나누어 무한연금의 현재가치로 구할 수 있으므로 이 값에 성장기회의 현재가치(PVGO)를 더하면 된다. 따라서 다음의 식으로 표현할 수 있다.

$$P_0 = \frac{EPS}{R} + PVGO \qquad \text{[식 9-5]}$$

성장기업의 주식가격을 이러한 방법으로 산출하는 것을 성장기회평가모형이라고 하는데, 이는 배당평가모형과 산출과정만 다를 뿐 그 결과는 동일하다.[2)]

02 PVGO의 결정요인

투자자들은 성장이 예상되는 기업에 대해서 더 높은 가격을 지불해서 주식을 사려고 한다. 이러한 기업들은 주가수익비율(PER), 주가순자산배율(PBR) 등과 같은 주가관련비율이 높게 나타나는 특징이 있다. 그러나 주식시장의 분위기에 휩쓸려 지나치게 높은 프리미엄을 지급하는 경우도 있을 수 있다. 어느 정도의 프리미엄이 적당할까? 이를 측정하는 것이 PVGO를 계산하는 것이다.

PVGO를 측정하기 전에 이를 결정하는 요인들이 어떤 것들이 있는지 살펴보자. PVGO를 결정하는 요인들을 열거하면 다음과 같다.

첫 번째 요인은 고속성장기간 동안의 성장률이다. 고속성장기간 동안의 성장률이 높을수록 성장가치는 더 높게 추정된다.

두 번째 요인은 고속성장기간이라고 할 수 있다. 즉, 고속성장기간이 장기일수록 성장가치도 더욱 커질 것이기 때문이다.

세 번째 요인은 투자안의 수익성이다. 투자안의 수익성이 높을수록 고속성장기회의 현재가치도 커지게 된다.

네 번째 요인은 기업(또는 투자안)의 위험이다. 위험이 클수록 할인율이 증가하여 현재가치가 작아질 것이므로 기업(또는 투자안)의 위험은 PVGO와 음(−)의

2) 따라서 매기 일정률로 성장하는 기업의 PVGO는 항상성장모형에 의한 주식 내재가치에서 제로성장모형의 주식 내재가치를 차감하면 쉽게 산출할 수 있다.

관계에 있게 된다.

03 PVGO의 측정

NPV의 현재가치

기업이 성장하여 배당을 계속적으로 증가시켜서 지급할 수 있으려면 다음의 두 조건이 충족되어야 한다.

첫째, 기업이 벌어들인 이익을 모두 배당으로 지급하면 안 된다. 즉, 이익의 일부 금액은 미래의 투자를 위해서 투자자금으로 유보시켜야 한다.

둘째, 이렇게 유보시킨 후 이 자금을 새로운 투자안에 사용하였을 때 이 투자안의 현재가치는 투자비용보다 커야 한다. 여기서 투자안의 현재가치에서 투자비용을 차감한 값을 순현재가치(NPV: net present value)라고 하는데 이 값이 0보다 커야 하는 것이다.

따라서 어떤 기업이 성장기회를 갖고 있다는 것은 곧 미래에 수행할 투자안의 NPV가 양(+)의 값을 갖고 있다는 것과 동일한 의미이다. 이러한 내용에 적합한 현실적인 예제를 생각해보자.

예제 9-4

현대건설(주)이 중동지역에서 정부가 발주하는 공사를 수주했다고 하자. 이 공사는 2년 후에 시작될 것이고 경제성을 분석한 결과 이 공사의 순현재가치가 2년 후 시점을 기준으로 계산할 때 65억원으로 산출되었다고 하자. 현대건설의 자기자본비용은 14%이고 발행주식수는 40만주라고 하자. 다음 각 물음에 답하라.

(1) 현대건설(주)의 이러한 예제를 이용해서 성장기회를 설명하고 PVGO가 주가에 반영되는 과정을 설명해보라.
(2) 구체적인 PVGO값을 구하고 1주당 가격상승액을 추정해보라.

풀이

(1) 일단 현대건설(주)이 중동지역의 정부발주공사를 수주하였다는 호재로 현대건설

(주)의 주가가 상승할 것이다. 공사의 NPV가 양(+)의 값을 갖는 것으로 보기 때문이다. 그런데 이때의 NPV 65억원은 2년 후 시점을 기준으로 계산된 것이므로 이를 현재시점으로 할인하면 그 값이 PVGO가 되는 것이다. 이 PVGO값이 자기자본가치를 상승시키고 주가상승으로 나타나는 것이다.

(2) 성장기회의 현재가치(PVGO)는 미래의 순현재가치(NPV)를 현재시점에서 평가한 값이다. 따라서 현대건설(주)의 PVGO는 다음과 같이 구할 수 있다.

$$PVGO = \frac{NPV_2}{(1+R)^2} = \frac{65}{(1+0.14)^2} = 50(\text{억원})$$

그리고 다음과 같이 50억원을 발행주식수 40만주로 나누어 1주당 가격상승분을 구할 수 있다.

$$\frac{50\text{억원}}{40\text{만주}} = 12{,}500(\text{원})$$

위와 같은 사례는 좋은 투자안이 생겨서 이 투자안의 PVGO가 주가를 상승시킨 경우이다. 그러나 현실적으로는 이와 반대의 사례도 있다. 최종적으로는 SK가 인수하였지만 한때 기업인수시장에서 하이닉스를 현대중공업이 인수한다는 소문이 있었다. 실제 현대중공업도 하이닉스의 인수를 검토하였다고 한다. 그런데 이러한 소식이 증권시장에 전해지면서 현대중공업의 주가가 크게 떨어졌고 결국에 현대중공업은 하이닉스의 인수를 없던 것으로 하였다. 이러한 경우 증권시장에서 투자자들은 하이닉스의 인수라는 투자가 음(−)의 NPV를 갖는 투자안으로 평가한 것이다. 그래서 이의 현재가치인 PVGO가 음(−)의 값을 갖기 때문에 현재주가가 하락했던 것으로 이해할 수 있다.

성장기회의 유형

미래에 수행할 투자안의 NPV는 미래의 투자수행시점을 기준으로 산출한 것이므로 이를 현재주가에 반영하려면 현재시점을 기준으로 다시 할인하여야 한다. 이렇게 할인한 값이 PVGO인 것이다. 따라서 PVGO를 측정하려면 새로운 투자기회가 어느 시점에서 어떤 형태로 존재하는가를 먼저 파악하여야 할 필요가 있다.

새로운 투자기회의 유형은 다양하겠지만 여기서는 분석의 편의상 단순화시켜보겠다. 대표적인 예로 다음과 같이 새로운 투자기회, 즉 성장기회가 t시점에서 단 1회 존재하는 경우와 당기 말부터 무한히 계속적으로 존재하는 경우로 구분해보자. 만약 현대건설(주)이 중동지역의 정부발주공사를 수주한 것이 아파트 한 단지를 건축하고 끝나는 것이라면 단 1회의 성장기회를 갖는 것이라고 할 수 있다. 그러나 도로, 항만 등 사회간접자본(SOC)을 구간별로 계속 확대해 나가는 사업에 참가하게 되었다면 구간별로 공사가 진행되면서 계속적인 수익이 확보될 것이다. 이러한 경우라면 무한하지는 않더라도 상당히 오랜 기간 동안 계속적인 성장기회를 갖는다고 할 수 있다.

성장기회가 미래의 특정시점에서 단 1회 존재하는 경우, 무한하게 계속 존재하는 경우, 불규칙하게 존재하는 경우를 가정하면서 PVGO를 측정해보자.

성장기회가 t시점에서 단 1회 존재하는 경우

새로운 투자안을 수행함으로써 여기서 얻게 되는 수익률을 재투자수익률이라고 하는데 이 값으로는 자기자본순이익률(ROE: return on equity)을 사용한다. 이 투자안의 수명을 무한하다고 가정하면 1주당 순이익(EPS)을 지출해서 매년 $EPS \cdot ROE$ 만큼의 현금흐름을 얻을 수 있으므로 t시점에서 평가한 투자안의 NPV는 다음과 같다.

$$NPV_t = \frac{EPS \cdot ROE}{R} - EPS$$

그런데 이를 현재주가에 반영하기 위해서 현재시점으로 할인하면 PVGO는 다음과 같다.

$$PVGO = \frac{NPV_t}{(1+R)^t} \qquad [식\ 9\text{-}6]$$

예제 9-5

가나기업(주)은 매년 1주당 1,000원씩 순이익을 벌어들이고 있다. 주가결정 위한 할인율은 10%라고 가정하여 다음 각 물음에 답하라.

(1) 올해 말에 1,000원을 투자해서 그 다음해부터 100원씩을 벌어들일 수 있는 투자안을 갖고 있다고 하자. 가나기업(주)이 이 투자안을 수행할 경우

PVGO와 이를 반영한 주가는 얼마가 되는가?
(2) 만약 투자기회가 3년 후에 존재하고 150원씩을 매년 벌어들인다면 PVGO와 주가는 얼마가 되는가?

풀이

(1) 가나기업의 1주당 현금흐름은 다음과 같다.

	0	1	2	3	……
EPS		1,000	1,000	1,000	……
재투자		-1,000	100	100	……

성장이 없다고 가정할 때 주가는 EPS의 현재가치이다.

$$\frac{1,000}{0.1}=10,000\text{원}$$

$$\text{재투자의 } NPV_1 = -1,000+\frac{100}{0.1}=0 \rightarrow PVGO=\frac{NPV_1}{1+0.1}=0$$

따라서 주가 P=10,000+0=10,000이다. 즉, 재투자수익률이 할인율과 같다면 PVGO=0이 되어 기업가치를 높이는 데 아무런 도움이 안 된다.

(2) 가나기업의 1주당 현금흐름은 다음과 같다.

	0	1	2	3	4	5	……
EPS		1,000	1,000	1,000	1,000	1,000	……
재투자				-1,000	150	150	……

$$\text{재투자의 } NPV_3 = -1,000+\frac{150}{0.1}=500 \rightarrow PVGO=\frac{500}{(1+0.1)^3}=375.7$$

따라서 주가 P=10,000+375.7=10,375.7

성장기회가 매년 계속적으로 존재하는 경우

성장기회가 올해 말부터 매년 계속적으로 존재하는 경우의 PVGO를 구하기 위해서 다음과 같은 가정을 한다. 기업은 매년 순이익 중 새로운 투자안에 필요한 만큼만을 유보시키고 나머지는 배당으로 지급한다. 이때의 유보율을 b라고 하면 다음이 성립된다.

- 배당액 $D = (1-b) \times \text{EPS}$
- 유보액(재투자액) $I = b \times EPS$
- 성장률 $g = b \times ROE$

그러면 첫해 말에 투자하는 금액 $b \cdot EPS_1$은 그 다음 해부터 투자금액에 자기자본순이익률(ROE)를 곱한 금액, 즉 $b \cdot EPS_1 \cdot ROE$에 해당하는 현금흐름을 매년 창출할 것이다. 따라서 첫해 말에 수행되는 투자안의 NPV는 다음과 같이 산출할 수 있다.

$$NPV_1 = \frac{b \cdot EPS_1 \cdot ROE}{R} - b \cdot EPS_1$$

그리고 둘째 해에 투자하는 금액 $b \cdot EPS_2$는 역시 그 다음 해부터 투자금액에 자기자본순이익률(ROE)을 곱한 금액, 즉 $b \cdot EPS_2 \cdot ROE$의 현금흐름을 매년 가져올 것이므로 둘째 해에 수행되는 투자안의 NPV는 다음과 같다.

$$NPV_2 = \frac{b \cdot EPS_2 \cdot ROE}{R} - b \cdot EPS_2$$

같은 논리를 적용하면 다음 식이 계속 성립한다.

$$NPV_3 = \frac{b \cdot EPS_3 \cdot ROE}{R} - b \cdot EPS_3$$

$$NPV_4 = \frac{b \cdot EPS_4 \cdot ROE}{R} - b \cdot EPS_4$$

$$\cdots\cdots$$

그런데 이러한 투자기회가 무한히 계속된다고 가정하였다. 그리고 또한 이들을 현재주가에 반영하려면 현재시점을 기준으로 할인하여 모두 합쳐야 하므로 PVGO는 다음 식으로 표현될 것이다.

$$PVGO = \frac{NPV_1}{(1+R)} + \frac{NPV_2}{(1+R)^2} + \cdot \cdot \cdot + \frac{NPV_\infty}{(1+R)^\infty} \qquad \text{[식 9-7]}$$

그런데 EPS는 매년 성장률 g만큼 증가한다고 가정하면 이에 따라서 NPV도 매년 성장률 g만큼 증가할 것이므로 위 식은 다음과 같이 정리된다.

$$PVGO = \frac{NPV_1}{R-g}$$

즉, 투자기회가 계속적으로 존재하는 경우 성장기회의 현재가치(PVGO)는 항상성장모형으로 간단하게 구할 수 있다.

예제 9-6

ABC기업의 첫해 1주당 배당액(D_1)은 504원이고 첫해 1주당 순이익(EPS_1)은 840원이다. 이 기업의 재투자수익률(ROE)은 25%이고 시장이자율이 15%라고 하고 다음 물음에 답하라.

(1) ABC기업의 PVGO를 구하라.
(2) ABC기업 주식의 내재가치를 산출하라.

풀이

(1) 첫해 말 재투자금액은 336(=840−504)원이고 이로 인해서 무한하게 얻게 되는 수익금액은 매년 84(=336×0.25)원이다. 따라서 NPV_1은 다음과 같다.

$$NPV_1 = \frac{84}{0.15} - 336 = 224$$

이 결과를 이용해서 PVGO를 구하면 다음과 같이 4,480이 된다.

$$PVGO = \frac{224}{0.15 - 0.1} = 4,480$$

단, 여기서 성장률 g는 다음과 같이 구한 것이다.

$$g = b \cdot ROE = \left(1 - \frac{D}{EPS}\right) \times ROE$$
$$= \left(1 - \frac{504}{840}\right) \times 0.25 = 0.1$$

(2) 성장이 없을 때의 주가는 다음과 같다.

$$P = \frac{EPS}{R} = \frac{840}{0.15} = 5,600$$

그리고 성장을 고려한 주가를 구하기 위해서 다음과 같이 PVGO를 더한다.

$$P = 5,600 + 4,480 = 10,080(\text{원})$$

성장기회가 불규칙하게 존재하는 경우

이제까지 살펴본 PVGO 측정사례는 투자기회가 1회 존재하는 경우와 무한히 계속 존재하는 경우이었다. 그러나 실제 투자기회는 불규칙하게 존재할 수도 있을 것이다. 이때에는 위에서 살펴본 측정원리를 상황에 맞게 적용할 수 있을 것이다. 즉, 각 투자안의 NPV를 각각의 투자수행시점에서 산출하고 이들을 현재시점으로 다시 할인한 값들을 모두 합치면 된다.

요약

1. 자기자본가치는 주주현금흐름의 현재가치로 구할 수도 있고 1주당 주식가치를 구하고 여기에 발행주식수를 곱해서 자기자본가치를 구할 수도 있다.
2. 배당평가모형은 미래 배당금의 현재가치로 주식을 평가하는 방법인데 배당금이 일정한 금액으로 계속될 때에는 제로성장모형, 일정한 비율로 계속 증가할 때에는 일정성장모형을 이용한다.
3. 배당금이 증가하는 경우에는 성장기회의 현재가치를 별도로 구해서 주식가치를 평가할 수도 있는데 이러한 방식을 성장기회평가모형이라고 한다.
4. 배당평가모형이나 성장기회평가모형은 모두 현금흐름할인법이라는 특징을 갖는다.
5. 현금흐름할인법과는 달리 유사기업의 주가수준을 감안해서 특정기업의 주식가치를 평가하는 것은 상대가치평가모형이라고 한다.

연습문제

진위형

1. 배당금은 주주현금흐름보다 적은 것이 일반적이다. ( )
2. 일정성장모형의 주가와 제로성장모형의 주가의 차이는 미래 수행할 투자안의 NPV에 해당된다. ( )
3. 2단계 배당평가모형을 현실화시키기 위해서 전환기간이라는 개념이 필요하다. ( )

객관식

1. 다음의 자기자본가치를 구하는 방법들 중에서 나머지 것들과 그 방식이 다른 것?
   ① 배당평가모형 ② 성장기회평가모형
   ③ 상대가치평가모형 ④ 현금흐름할인법

2. 배당금액이 일정한 비율로 계속 증가한다고 가정해서 주식의 내재가치를 구하는 모형을 일정성장모형이라고 한다. 이때의 증가율은 얼마의 값으로 보는 것이 합리적인가?
   ① 이익의 증가율과 같다. ② 이익의 증가율보다 크다.
   ③ 이익의 증가율보다 작다. ④ 경제성장률보다 크다.

3. 가나기업(주)의 올해 말 주당 순이익은 8,400원, 배당금은 5,040원으로 예상된다. 주가를 산출하기 위한 할인율은 15%이며 성장률은 10%이다. 성장기회의 현재가치(PVGO)는 얼마인가?
   ① 33,600 ② 44,800
   ③ 56,000 ④ 100,800

4. 안정성장기간에서 성장률과 자기자본비용을 비교하면?
① 성장률이 자기자본비용보다 작다. ② 성장률이 자기자본비용보다 크다.
③ 성장률이 자기자본비용과 같다. ④ 답이 없다.

5. 자기자본가치를 구하는 방법으로 주식 1주의 가격을 구해서 발행주식수를 곱하는 방법이 있다. 이때 1주의 시장가격을 구해서 구한 자기자본가치는 무엇이라고 하는가?
① 시가총액 ② 기업가치 ③ 액면총액 ④ 발행총액

6. 일정성장모형에서 주가에 직접적으로 영향을 주는 요인이 아닌 것은?
① 1기말 배당액 ② 성장률
③ 자기자본비용 ④ 무위험이자율

7. 다음 중 고든모형이라고 불리는 것은 어느 것인가?
① 제로성장모형 ② 일정성장모형
③ 성장기회평가모형 ④ 배당평가모형

8. 고속성장모형에 대한 설명이다. 잘못된 것은 어느 것인가?
① 고속성장기간과 안정성장기간으로 나누어서 평가한다.
② 고속성장기간에는 성장률이 자기자본비용보다 높은 수준이다.
③ 안정성장기간에도 성장률이 자기자본비용보다 높게 형성되는 경우가 있다.
④ 제로성장모형이나 일정성장모형보다 현실적이다.

주관식

1. 개별주식의 가치를 평가하면서 현금흐름할인법을 적용하는 모형을 설명하시오.
2. 고든모형에서 성장률과 경제성장률의 크기를 비교해서 설명하시오.
3. 일정성장모형에서의 성장률과 할인율의 크기를 비교해서 설명하시오.

PART 04

기타의 평가방법

Chapter 10

상대가치평가모형

현금흐름할인법은 재무이론의 전 분야에서 적용되는 모형으로서 지금까지 본서에서 설명한 기업가치접근법과 자기자본가치접근법의 바탕이 되는 중요한 모형이다. 논리적 체계는 완벽하지만 비현실적 가정을 전제로 하는 면이 있고 주관적 판단요소가 평가결과에 큰 영향을 줄 수 있는 문제점도 있다. 이러한 문제 때문에 가치평가의 객관성을 높일 수 있는 방법으로 상대가치평가모형도 자주 이용되는데 본 장에서는 이 모형을 설명할 것이다. 상대가치평가모형은 주식시장에서 형성된 주가를 근거로 평가하기 때문에 시장가치법이라고도 한다. 상대가치평가모형은 PER, PBR, PSR 등의 주가관련지표를 이용하며 이해관계자의 동의를 얻기 쉽다는 장점이 있다. 이와 관련해서 본 장에서는 기업공개 시 주식평가에 적용되는 자본시장법의 규정도 함께 살펴볼 것이다.

제1절 기업가치평가방법

01 지금까지 설명한 평가방법

기업가치접근법

이미 앞서 밝혔듯이 기업가치를 구하는 방법은 하나만 있는 것이 아니다. 여러 가지 방법으로 구분할 수 있다. 우선 기업 전체의 가치를 한 번에 구하는 방법인데 이는 재무상태표의 차변으로 접근하는 것이라고 볼 수 있다.

구체적으로는 차변의 자산이 가져올 미래의 현금흐름(잉여현금흐름, FCF)을 측정해서 이 현금흐름을 가중평균자본비용(WACC)으로 할인해서 현재가치를 구하는 것이다. 이렇게 구한 현재가치가 자산의 가치이면서 바로 기업 전체의 가치가 된다. 이러한 접근법은 기업가치를 하나의 단위로 구하기 때문에 enterprise approach, entity approach라고 한다.

자기자본가치접근법

그런데 재무상태표의 대변에서도 기업가치를 구할 수 있다. 재무상태표의 대변은 타인자본과 자기자본으로 구성되어 있으므로 타인자본의 가치와 자기자본의 가치를 각각 구해서 더하면 총자본의 가치가 될 것이다. 다음과 같은 재무상태표 등식을 보자.

자 산 = 부 채 + 자 본

위의 재무상태표 등식을 보면 우변(대변)에서 부채(타인자본)와 자본(자기자본)의 가치를 개별적으로 구하여 이 두 값을 합해도 자산(기업)의 가치가 된다는 것을 알 수 있다. 이러한 방식으로 기업가치를 구하는 것을 자기자본가치법(equity approach)이라고 하였다.

그러면 이러한 방법을 왜 자기자본가치접근법이라고 할까? 그것은 부채를 평가하는 것보다 자기자본가치를 평가하는 것이 상대적으로 더 중요하기 때문이다. 그리고 나중에 살펴보겠지만 자기자본가치만을 구해서 기업가치로 보는 경우도 있다. 은행과 같은 금융기관의 가치를 평가할 때에는 이러한 방법을 따라서 기업가치로 이용한다.

여기서 자기자본가치를 구하기 위해서 어떤 방법을 적용하는가를 복습해보자. 자기자본의 소유주에게 귀속되는 현금흐름을 측정해서 할인하는 것이다. 자기자본의 소유주에게 귀속되는 현금흐름을 주주현금흐름(FTE: flow to equity), 또는 주주잉여현금흐름(FCFE: free cash flow to equity)이라고 한다고 하였다.

이렇게 측정한 현금흐름을 현재가치로 할인하면 자기자본가치가 되는 것이다. 그러면 여기서 현재가치를 구하기 위한 할인율은 어떻게 구하는가? 이 현금흐름은 주주에게만 귀속되는 것이므로 주주의 위험만을 반영해서 자기자본비용을 산출하면 된다. 즉, 해당 주식의 체계적 위험(베타)을 자본자산가격결정모형(CAPM)에 대입해서 주식의 기대수익률을 구하면 된다.

02 현금흐름할인법

의의 및 중요성

지금까지 설명한 가치평가방법을 분류하면 다음과 같다. 즉, 평가대상이 전체기업에 초점이 놓이면 기업가치접근법이 되고 평가대상이 자기자본에 초점이 놓이면 자기자본가치접근법이 되는 것이다. 그런데 기업가치접근법이나 자기자본가치접근법에는 공통된 특징이 있다. 즉, 미래의 현금흐름을 측정하고 이 현금흐름이 갖는 위험을 고려해서 할인율을 산출한 후 이 할인율로 미래현금흐름의 현재가치를 구한다는 것이다. 물론 측정대상이 되는 현금흐름은 다르지만 기업가치 또는 자기자본가치를 구하는 방식은 동일하다.

이렇게 미래의 현금흐름을 할인한 현재가치를 구하는 방식을 현금흐름할인법(DCF법: discounted cash flow method)이라고 한다고 하였다. 이러한 방식은 재무이론 전반에서 적용되는 방법으로서 매우 중요하기 때문에 가장 비중 있게 다뤄지고 있다.

한계점

현금흐름할인법에서 현재가치를 구하기 위해서 미래의 현금흐름을 측정하고 그 위험을 반영한 할인율을 구하는 작업이 개념적으로는 단순하게 보일지 몰라도 실제로 적용하기는 결코 쉽지 않은 일이다. 특히 이 과정에서 적용되는 여러 가지 모형들이 전제로 하는 가정들 중에는 비현실적인 것도 있을 뿐만 아니라 조그만 예측오차가 최종적인 평가결과에 큰 차이를 가져오기도 한다. 그리고 이러한 평가과정에서 개입되는 주관적 판단요소 때문에 이해관계자의 동의를 얻지 못할 수도 있다.

현금흐름할인법이 갖는 이러한 한계점 때문에 객관성을 확보하는 차원에서 현금흐름할인법 대신에 다른 방법이 이용되기도 한다. 대표적인 방법이 상대가치평가법이다. 상대가치평가법을 간단하게 설명하면 주식시장에서 형성된 주식가격을 근거로 해서 이와 관련된 재무비율을 이용하는 평가기법이다. 여기서는 주가수익비율(PER), 주가순자산비율(PBR), 주가매출액비율(PSR) 등의 주가관련 비율들이 이용된다.

03 상대가치평가모형

배당평가모형과 성장기회평가모형 등은 균형주가를 산출하는 이론적 근간이 되고 있다. 그러나 미래현금흐름을 예측하는 과정에는 주관적 평가요소가 반영되기 때문에 현실적으로 이들 모형을 이용하는 데에 어려움이 따른다. 따라서 이러한 한계점을 극복하는 방법으로 PER, PBR, PSR 등과 같은 주가배수를 이용하여 주식의 내재가치를 산출하는 방법도 있다. 이러한 평가방법을 상대가치평가모형(relative valuation model)이라고 한다.

그런데 상대가치평가모형이 현금흐름할인법의 대체적인 방법이기는 하지만 기업가치접근법에서와 같이 직접 기업가치를 구하는 방법은 아니다. 상대가치평가모형은 자기자본가치를 먼저 구하는 방법이다. 따라서 기업가치를 구하려면 먼저 자기자본가치를 구한 후 여기에 부채평가액을 더해야 한다.

제2절 PER평가모형

01 PER를 이용한 주식평가

주가수익률(PER: price earnings ratio)은 주식가격을 1주당 순이익(EPS: earnings per share)으로 나눈 값을 말하며 주가수익비율 또는 주가수익배율이라고도 부른다. 이는 증권시장에서 형성된 주가가 주당순이익의 몇 배 수준인가를 나타내는 값이다. 예를 들어 EPS가 1,000원이고 주가는 12,000원이라면 PER는 12가 된다. 이렇게 현재의 시장주가를 기준으로 PER를 산출하면 이를 실제 PER이라고 한다.

PER를 이용하여 균형주가(주식의 내재가치)를 산출할 수 있는 것은 다음과 같이 PER에 EPS를 곱하면 주가가 되는 관계에 근거한 것이다.

$$P_0 = \frac{P}{EPS} \times EPS$$
$$= PER \times EPS$$

그러나 이 식을 통해서 균형주가(내재가치)를 산출하려면 실제 PER를 이용하는 것이 아니고 정상 PER(normal PER)를 이용해야 한다. 따라서 정상 PER를 어떻게 구할 것인가가 여기에서는 핵심적인 과제가 되는 것이다.

그리고 PER값의 절대적 수준을 보고 고PER주, 저PER주라고 하면서 특정주식의 과대평가, 또는 과소평가 여부를 판단하는 경우가 자주 있다. 그러나 엄밀하게 말하면 이렇게 단순히 PER값의 절대적 수준을 보고 판단하는 것은 정확한 판단이 되지 못한다. 해당 주식의 실제 PER와 정상 PER를 비교하여 실제 PER가 정상 PER보다 높을 때에 과대평가되었다고 하는 것이 정확한 판단이라고 할 수 있다.

02 정상 PER의 산출방법

실무적인 방법

PER를 이용한 상대가치평가모형에서 주식의 내재가치를 구하는 과정에서 가장 핵심적인 내용은 정상 PER를 구하는 것이다. 정상 PER만 구하면 여기에 예상되는 1주당 순이익을 곱하여 내재가치를 구할 수 있기 때문이다.

정상 PER를 구하는 실무적인 방법으로 많이 사용되는 것은 유사기업의 PER를 이용하는 방법이 있다. 사업영역이 비슷하면서 기업규모 및 부채비율까지 유사한 기업을 찾아서 이 기업의 PER를 정상 PER로 이용하는 것이다.

유사기업을 찾는 예를 들어보자. 2011년 신세계(주)가 백화점 부문과 이마트 부문으로 기업이 분할되었다. 이때 백화점 부문의 기업가치를 평가하기 위해서 유사기업을 찾는다면 어떤 기업이 좋을까? 유사기업으로 롯데쇼핑(주)을 생각하기 쉽다. 그러나 롯데쇼핑(주)은 백화점 부문과 할인점 부문으로 구성되어 있다. 따라서 신세계(주)가 백화점과 이마트로 분할되기 전에는 유사기업이 될 수 있겠지만 분할된 이후에는 적합하지 않다. 분할된 이후 신세계(주)는 백화점 부문으로만 구성되어 있으므로 할인점이 없는 현대백화점(주)과 같은 기업이 더 적합한 유사기업이 되는 것이다.

유사기업의 PER를 이용하는 방법 이외에도 해당기업이 속한 산업평균의 PER를 이용하는 방법, 또는 해당 기업의 과거평균 PER 등을 정상 PER로 이용하는 방법들도 있다.

이론적인 방법

정상 PER를 구하는 이론적인 방법으로는 배당평가모형이 이용된다. 배당평가모형을 이용해서 정상 PER가 산출되는 과정을 살펴보자. 대개 안정적인 기업이라면 기업의 성장률이 경제 전체의 성장률과 비슷한 수준으로 성장한다. 이러한 경우에는 항상성장모형을 이용해서 다음과 같이 주가를 산출할 수 있다고 하였다.

$$P_0 = \frac{D_1}{R-g}$$

그런데 배당금 D는 전기 순이익에 당기증가율과 당기배당성향에 의해서 결정되므로 다음의 관계식이 성립한다. 여기서 b는 유보율, g는 성장률이다.

$$D_1 = EPS_0(1-b)(1+g)$$

이 값을 항상성장모형에 대입하면 그 식은 다음과 같이 정리된다.

$$P_0 = \frac{EPS_0(1-b)(1+g)}{R-g}$$

그리고 위 식의 양변을 EPS_0으로 나누면 다음 식이 성립한다.

$$\frac{P_0}{EPS_0} = PER = \frac{(1-b)(1+g)}{R-g}$$

위 식이 바로 정상 PER를 나타내는 식이다. 이 식을 통해서 정상 PER의 결정변수로 다음과 같은 것들이 있으며 이들과 정상 PER의 관계도 확인할 수 있다.

첫 번째 변수는 배당성향$(1-b)$이다. 즉, 배당성향이 클수록 또는 유보율(b)이 작을수록 정상 PER는 커진다.

두 번째 변수는 성장률(g)이다. 즉, 성장률이 클수록 정상 PER는 커진다. 그런데 배당성향(또는 유보율)의 변화에 의해서 성장률이 영향을 받으므로 이러한 효과를 동시에 고려해야 한다.

세 번째 변수는 할인율(R)이다. 할인율은 그 값이 커질수록 정상 PER는 작아진다. 그런데 이때 할인율(수익률)은 위험과 비례관계에 있기 때문에 정상 PER는 위험과도 음의 관계에 있게 된다.

예제 10-1

가나기업(주)의 1주당 순이익은 2,700원이다. 현재 주가를 기준으로 산출된 PER는 9이지만 산업평균 PER는 8.5, 과거평균 PER는 10이다. 그리고 유보율(b)은 60%이고 주가산출을 위한 할인율은 16%이다. 자기자본비용은 20%라고 가정해서 다음 각 물음에 답하라.

(1) 산업평균 또는 과거평균 PER를 기준으로 현재주가수준의 적정성을 판단하라.
(2) 배당평가모형을 이용한 정상 PER를 산출하라.

(3) (2)의 결과를 이용해서 주식의 내재가치를 산출하라.

(4) 만약에 배당성향을 현재의 두 배 수준으로 높인다면 정상 PER와 주식의 내재가치는 어떻게 되는가?

풀이

(1) 산업평균을 이용한 균형주가는 22,950원(=8.5×2,700)이고 과거평균을 이용한 균형주가는 27,000원(=10×2,700)이다. 그리고 현재주가는 24,300원(=9×2,700)이므로 산업평균의 관점에서는 과대평가된 상태이고 과거평균의 관점에서는 과소평가된 상태라고 할 수 있다.

(2) 배당평가모형에 의한 PER를 구하기 위해서 먼저 다음과 같이 성장률(g)을 산출해야 한다.

$$g = ROE \times b = 0.2 \times 0.6 = 0.12$$

이를 이용해서 정상 PER를 구하면 다음과 같다.

$$PER = \frac{(1-b)(1+g)}{R-g} = \frac{0.4 \times 1.12}{0.16 - 0.12} = 11.2$$

(3) (2)에서 구한 정상 PER=11.2를 가나기업(주)의 1주당 순이익에 곱하면 가나기업(주) 주식의 내재가치를 구할 수 있다.

$$P = PER \times EPS = 11.2 \times 2{,}700 = 30{,}240(\text{원})$$

(4) 현재의 배당성향은 40%이다. 그런데 이를 두 배 수준으로 높인다면 배당성향은 80%, 유보율은 20%가 된다. 그러면 성장률이 다음과 같다.

$$g = ROE \times b = 0.2 \times 0.2 = 0.04$$

이를 이용해서 정상 PER를 구하면 다음과 같다.

$$PER = \frac{(1-b)(1+g)}{R-g} = \frac{0.8 \times 1.04}{0.16 - 0.04} = 6.93$$

이렇게 구한 정상 PER=6.93을 가나기업(주)의 1주당 순이익에 곱하면 가나기업(주) 주식의 내재가치를 구할 수 있다.

$$P = PER \times EPS = 6.93 \times 2{,}700 = 18{,}711(\text{원})$$

제3절 PBR평가모형

01 PBR을 이용한 주식평가

주가순자산배율(PBR: price book-value ratio)은 주식가격을 1주당 순자산(BPS: book-value per share)으로 나눈 값이다. 여기서 BPS는 총자산에서 총부채를 차감하여 구한 순자산을 발행주식수로 나누어 산출한다. 다음의 간단한 예제로 이들 개념을 구체적으로 이해해보자.

예제 10-2

가나기업(주)의 현재 주식가격이 23,000원이고 총자산은 50억원, 총부채는 30억원이라고 하자. 그리고 발행주식수는 10만주라고 할 때 다음 각 물음에 답하라.

(1) 가나기업(주)의 1주당 순자산금액(BPS)은 얼마인가?
(2) 가나기업(주)의 주가순자산배율(PBR)은 얼마인가?

풀이

(1) 가나기업(주)의 1주당 순자산금액은 기업 전체의 순자산금액을 구해서 발행주식수로 나누어 구한다.

$$BPS = \frac{50\text{억원} - 30\text{억원}}{10\text{만주}} = 20{,}000(\text{원})$$

(2) 주가순자산배율은 주식가격을 1주당 순자산금액으로 나누어 다음과 같이 구한다.

$$PBR = \frac{23{,}000}{20{,}000} = 1.15(\text{배})$$

PER가 수익가치에 대응하는 주가수준을 나타내는 반면, PBR은 자산가치에 대응하는 주가수준을 나타내는 지표이다. 주가변동성이 큰 기업의 경우에는

PER가 너무 들쑥날쑥하여 이를 이용해서 주식을 평가하기 어렵다. 더구나 손실이 난 결손기업의 경우에는 1주당 순이익이 음(−)의 값을 갖기 때문에 PER도 음(−)의 값을 갖게 되는데 이러한 음(−)의 PER는 경제적 의미가 없어서 사용할 수가 없다.

PER가 갖는 이러한 문제점 때문에 이를 대신하는 방법으로 PBR을 이용할 수 있다. PER에서와 마찬가지로 다음과 같이 PBR에 1주당 순자산(BPS)을 곱해서 주식의 내재가치를 산출할 수 있다. 물론 여기서도 PBR은 정상(normal) PBR을 의미한다.

$$P_0 = \frac{P}{BPS} \times BPS$$
$$= PBR \times BPS$$

02 정상 PBR의 산출방법

실무적인 방법

정상 PER를 구했던 방법과 마찬가지로 정상 PBR을 구하는 실무적인 방법은 다음과 같이 세 가지 방법으로 구분할 수 있다.

첫째, 평가대상기업과 업종, 규모, 자본구조(부채비율)가 비슷한 유사기업의 PBR을 구해서 사용할 수 있다.

둘째, 평가대상기업이 속한 동종업종의 산업평균 PBR을 이용할 수 있다.

셋째, 평가대상기업의 과거시계열자료로부터 구한 과거평균값을 이용할 수 있다.

이론적인 방법

정상 PBR을 구하는 이론적인 방법도 다음과 같이 배당평가모형에서 시작된다. 항상성장모형에 따른 주식 내재가치는 다음과 같다.

$$P_0 = \frac{D_1}{R-g} = \frac{EPS_0(1-b)(1+g)}{R-g}$$

여기서 자기자본순이익률(ROE)을 장부가치기준으로 표현하면 다음과 같이 정의할 수 있다.

$$ROE = \frac{EPS_0}{BPS_0}$$

이렇게 정의된 자기자본순이익률을 이용해서 주식평가모형에 대입하면 주식의 내재가치를 나타내는 위 평가식은 다음과 같이 표현된다.

$$P_0 = \frac{BPS_0 ROE(1-b)(1+g)}{R-g}$$

위 식의 양변을 BPS_0로 나누면 다음 식이 성립한다.

$$\frac{P_0}{BPS_0} = PBR = \frac{ROE(1-b)(1+g)}{R-g}$$

이를 통해서 정상 PBR는 자기자본순이익률(ROE), 배당성향$(1-b)$, 성장률(g)과 양의 관계에 있고 위험 또는 할인율(R)과는 음의 관계에 있음을 알 수 있다. 그런데 앞서 PER는 다음과 같이 정의하였다.

$$PER = \frac{(1-b)(1+g)}{R-g}$$

이 식을 PBR의 정의를 나타내는 위 식에 대입하면 다음과 같은 관계식으로 단순화시킬 수 있다.

$$PBR = ROE \times PER$$

그런데 성장률과 자기자본순이익률 사이에는 $g = ROE \times b$의 관계가 성립하므로 이를 이용하면 PBR을 다음과 같이 간단하게 나타낼 수도 있다.

$$PBR = \frac{(ROE-g)(1+g)}{R-g} \approx \frac{ROE-g}{R-g}$$

이 식에 근거하면 개략적으로 자기자본순이익률(ROE)이 할인율(R)보다 크면 PBR이 1보다 크게 되어 시장가치가 장부가치보다 크다고 말할 수 있는 것이다.

예제 10-3

가나기업(주)의 총자산은 50억원, 총부채는 30억원이라고 하자. 그리고 발행주식수는 10만주이다. 현재 주가는 23,000원인데 산업평균의 PBR은 1.4, 유사기업의 PER는 1.2이다. 그리고 유보율(b)은 60%이고 주가산출을 위한 할인율은 16%이다. 자기자본비용은 20%라고 가정해서 다음 각 물음에 답하라.

(1) 산업평균의 PBR과 유사기업의 PBR을 이용해서 서울기업(주)의 주가수준을 평가해보자.
(2) 배당평가모형을 이용한 정상 PER를 산출하고 이로부터 정상 PBR을 구하라.
(3) (2)의 결과를 이용해서 주식의 내재가치를 산출하라.

풀이

(1) 가나기업(주)의 1주당 순자산가치는 다음과 같이 기업 전체의 순자산금액을 구해서 발행주식수로 나누어 구한다.

$$BPS = \frac{50억원 - 30억원}{10만주} = 20{,}000원$$

그러면 산업평균 PBR을 이용한 균형주가는 28,000원(=1.4×20,000)이고 유사기업의 PBR을 이용한 균형주가는 24,000원(=1.2×20,000)이다. 이는 모두 현재주가는 23,000원보다 높은 수준이므로 현재주가는 내재가치에 비해서 과소평가된 상태라고 할 수 있다.

(2) 배당평가모형에 의한 PER를 구하기 위해서 먼저 다음과 같이 성장률(g)을 산출해야 한다.

$$g = ROE \times b = 0.2 \times 0.6 = 0.12$$

이를 이용해서 정상 PER를 구하면 다음과 같다.

$$PER = \frac{(1-b)(1+g)}{R-g} = \frac{0.4 \times 1.12}{0.16 - 0.12} = 11.2$$

그런데 PBR은 PER에 ROE를 곱해서 구할 수 있다.

$$PBR = PER \times ROE = 11.2 \times 0.2 = 2.24$$

(3) (2)에서 구한 정상 PBR=2.24를 가나기업(주)의 1주당 순자산가치에 곱하면 가나기업(주)의 주식의 내재가치를 구할 수 있다.

$$P = PBR \times BPS = 2.24 \times 20{,}000 = 44{,}800\text{원}$$

배당평가모형에 따른 이론적 PBR을 이용해서 구한 가나기업(주)의 주식의 내재가치는 44,800원으로서 현재 주가 23,000원은 매우 저평가된 수준이라고 할 수 있다.

제4절 PSR평가모형

01 PSR을 이용한 주식평가

상대가치평가모형에서 PER과 PBR이 가장 보편적으로 이용되는 비율이지만 최근 들어 주가매출액배율(PSR: price sales ratio)을 이용하는 경우가 많아지고 있다. PBR을 이용하는 평가방법이 PER가 갖는 한계를 일부 극복할 수 있지만 PBR을 이용한 평가방법도 회계처리방법의 차이에 따라 영향을 받는 문제점이 있다. 특히 자산비중이 적은 서비스기업이나 결손이 누적되어 자본잠식이 된 기업의 경우에는 PBR은 경제적 의미가 없게 된다.

이러한 경우에는 PSR이 균형주가를 산출하는 데 유용한 지표가 될 수 있다. 왜냐하면 PSR은 주가를 주당매출액으로 나눈 값인데 매출액이 음수인 기업은 없기 때문이다. 그리고 매출액은 거래상대방과의 이해관계가 맞물려 있기 때문에 조작을 하기 어려워 다른 항목에 비해서 신뢰도가 높다는 장점이 있다.

PSR을 이용해서 균형주가를 산출하는 것은 앞의 PER, PBR을 이용하는 방법과 원리가 동일하다. 다음과 같이 PSR에 1주당 매출액(SPS: sales per share)을 곱해서 주식의 내재가치를 산출한다. 여기서도 PSR은 정상(normal) PSR을 의미한다.

$$\begin{aligned} P_0 &= \frac{P}{SPS} \times SPS \\ &= PSR \times SPS \end{aligned}$$

02 정상 PSR의 산출방법

실무적인 방법

정상 PER 또는 정상 PBR을 구하는 방법과 마찬가지로 정상 PSR도 다음과 같이 세 가지 방법으로 구분할 수 있다.

첫째, 평가대상기업과 업종, 규모, 자본구조(부채비율)가 비슷한 유사기업의 PSR을 구해서 사용할 수 있다.

둘째, 평가대상기업이 속한 동종업종의 산업평균 PSR을 이용할 수 있다.

셋째, 평가대상기업의 과거시계열자료로부터 구한 과거평균값을 이용할 수 있다.

이론적인 방법

앞서와 같은 방법으로 정상 PSR을 항상성장모형에서 구해보자.

$$P_0 = \frac{D_1}{R-g} = \frac{EPS_0(1-b)(1+g)}{R-g}$$

여기서 매출액순이익률(ROS)을 $\frac{EPS_0}{Sales_0}$ 로 정의하자. 단, 여기서 $Sales_0$는 1주당 매출액을 의미한다. 그러면 위 식은 다음과 같이 표현된다.

$$P_0 = \frac{Sales_0 ROS(1-b)(1+g)}{R-g}$$

위 식의 양변을 $Sales_0$로 나누면 다음 식이 성립한다.

$$\frac{P_0}{Sales_0} = PSR = \frac{ROS(1-b)(1+g)}{R-g}$$

이를 통해서 정상 PSR는 매출액순이익률(ROS), 배당성향$(1-b)$, 성장률(g)와 양의 관계에 있고 위험 또는 할인율(R)과는 음의 관계에 있음을 알 수 있다. 그리고 이 식도 PER의 산출식과 관련하여 다음과 같은 관계식으로 단순화시킬 수 있다.

$$PSR = ROS \times PER$$

예제 10-4

가나기업(주)의 주가수익률(PER)은 11.2이다. 그리고 순이익이 150억원이고 매출액순이익률이 5%라고 하자.

(1) PER로부터 PSR을 구하라.
(2) (1)의 결과를 이용해서 가나기업(주)의 자기자본의 내재가치를 산출하라.

풀이

(1) 먼저 PER를 이용해서 PSR을 구하면 다음과 같다.

$$PSR = ROS \times PER = 0.05 \times 11.2 = 0.56$$

(2) 이를 이용해서 다음과 같이 자기자본의 내재가치를 산출한다.

$$\text{자기자본의 내재가치} = PSR \times \text{매출액} = 0.56 \times \frac{150}{5\%} = 1{,}680(\text{억원})$$

제5절 자본시장법

01 상대가치평가법의 중요성

자본시장법에서는 비상장기업이 기업공개를 할 때 신규공모주식의 평가에 관한 규정을 두고 있다. 구체적으로는 비상장기업이 기업공개를 하면서 유가증권시장이나 코스닥시장에 주식을 상장할 때 '유가증권의 발행 및 공시에 관한 규정'을 따르도록 하고 있다.

유가증권의 발행 및 공시에 관한 규정의 시행세칙에서는 자산가치, 수익가치, 본질가치, 상대가치 등 여러 가지의 가치 개념을 도입하고 있다. 그리고 이들 개념을 이용해서 신규공모주식을 평가할 수 있는 규정을 두고 있다. 여기서 본질가치는 자산가치와 수익가치의 평균값으로 산출되고 상대가치는 유사기업의 주가를 이용해서 산출한다.

그런데 여러 가치의 가치 개념 중에서 현실적으로 상대가치 개념이 가장 많이 이용되고 있는데 그 이유는 이미 앞서 밝힌대로 상대가치평가방법이 다른 평가방법에 비해서 상대적으로 객관성이 더 높은 평가방법이기 때문이다. 기업공개와 같이 수많은 사람들의 이해관계가 얽혀 있는 경우에는 아무래도 이해관계자들의 동의가 중요해서 그런 것 같다.

02 유사회사

유사회사의 요건

상대가치평가방법에서는 유사회사의 선정이 매우 중요하다. 자본시장법에서는 유사회사란 발행회사(평가대상기업)와 업종이 유사한 상장법인을 말한다. 그리고 구체적으로는 한국산업표준분류표에 의하여 업종이 동일한 2개 이상의 상장회사로 정의하고 있다.

그리고 유사회사가 되려면 발행회사의 자본금, 매출액, 주요재무비율, 1주당 수익 및 제품구성비 등이 가장 유사한 상장법인이어야 하는데 다음과 같은 몇 가지 요건을 충족할 것을 요구하고 있다.

첫째, 주당경상이익이 1주당 액면금액의 10% 이상이어야 하고, 둘째, 주당순자산은 액면금액 이상이어야 하며, 셋째, 재무제표에 대한 공인회계사의 감사의견이 적정의견 또는 한정의견이어야 한다는 것이다.

유사회사별 비교가치

자본시장법에서 상대가치평가방법을 적용하려면 먼저 '유사회사별 비교가치'라는 것을 이해해야 한다. 유사회사별 비교가치는 다음과 같이 유사회사의 주가에 비교계수를 곱해서 산출한다. 그리고 비교계수는 발행회사의 주당경상이익과 주당순자산의 상대적 비율을 평균한 값을 의미한다.

이러한 내용으로 유사회사별 비교가치를 산출하는 식을 제시하면 다음과 같다.

$$\text{유사회사별 비교가치} = \text{유사회사의 주가} \times \text{비교계수}$$

$$\text{단, 비교계수} = \left[\frac{\text{발행회사의 주당경상이익}}{\text{유사회사의 주당경상이익}} + \frac{\text{발행회사의 주당순자산}}{\text{유사회사의 주당순자산}} \right] \div 2$$

위에서 비교계수를 구하는 식의 구성요소를 보면 PER를 이용하는 상대가치평가방법과 PBR을 이용하는 상대가치평가방법이 함께 사용되고 있음을 알 수 있다.

다음과 같은 예제를 이용해서 유사회사별 비교가치를 구해보자.

예제 10-5

서울기업(주)의 유사기업으로 한국기업(주)이 선정되었다. 두 기업의 재무자료를 구한 결과는 다음과 같다.

	서울기업(주)	한국기업(주)
주당경상이익	1,200원	1,000원
주당순자산	9,000	10,000

한국기업(주)의 주가는 1주당 13,000원이라고 하고 다음 각 물음에 답하라.

(1) 비교계수를 구하라.

(2) (1)의 결과를 이용해서 한국기업(주)에 대한 서울기업(주)의 비교가치를 산출하라.

풀이

(1) 비교계수는 다음과 같이 주당경상이익과 주당순자산의 상대적 비율을 평균하여 구한다.

$$\text{비교계수} = \left[\frac{\text{서울기업의 주당경상이익}}{\text{한국기업의 주당경상이익}} + \frac{\text{서울기업의 주당순자산}}{\text{한국기업의 주당순자산}} \right] \div 2$$

$$= \left[\frac{1{,}200}{1{,}000} + \frac{9{,}000}{10{,}000} \right] \div 2 \ = 1.05$$

(2) 비교가치는 유사회사의 주가에 비교계수를 곱하여 다음과 같이 구한다.

비교가치 = 유사회사의 주가×비교계수
= 13,000×1.05 = 13,650원

03 상대가치의 산출

상대가치 산출식

유가증권의 발행 및 공시 등에 관한 규정과 동 시행세칙에서는 최종적으로 산출해야 할 발행회사(평가대상기업)의 상대가치를 다음의 산출식에 의하도록 규정하고 있다.

상대가치 = Min[비교가치의 30% 이상 할인가액, 유사회사주가의 산술평균]

이 식의 첫 번째 항목은 비교가치를 30% 이상 할인한 가액이라고 하지만 발행기업은 가급적 높은 발행가격으로 많은 자금을 조달하기를 원할 것이므로 그냥 30% 할인가액으로 보는 것이 현실적이다.

그리고 유사회사는 2개 이상이어야 하므로 위에 제시된 상대가치 산출식은 유사회사별 비교가치를 평균한 가액을 30% 할인한 가액과 유사회사 주가의 산술평균 중 작은 것으로 함을 의미한다.

상대가치 산출 예제

위에서 설명한 상대가치의 산출과정을 다음 예제에 적용해서 좀 더 구체적으로 이해해보자.

예제 10-6

서울기업(주)의 유사기업으로 한국기업(주)과 대한기업(주)이 선정되었다. 서울기업(주)의 상대가치를 산출하기 위해서 유사기업의 관련자료를 구한 결과는 다음과 같다.

	한국기업(주)	대한기업(주)
비교계수	1.05	1.82
1주당가격	13,000원	15,000원

위 자료를 이용해서 다음 물음에 답하라.

(1) 유사회사별 비교가치를 구하라.

(2) (1)의 결과를 이용해서 서울기업(주) 주식의 상대가치를 구하라.

풀이

(1) 유사회사별 비교가치를 구하면 다음과 같다.

$$\text{한국기업(주)에 대한 비교가치} = 13{,}000 \times 1.05 = 13{,}650\text{원}$$
$$\text{대한기업(주)에 대한 비교가치} = 15{,}000 \times 1.68 = 25{,}200\text{원}$$

(2) 비교가치의 30% 할인가액을 구하기 위해서 유사회사별 비교가치의 평균값을 먼저 구한다.

$$\text{비교가치의 평균값} = \frac{13{,}650 + 25{,}200}{2} = 19{,}426\text{원}$$

그리고 두 유사회사의 주가평균을 다음과 같이 구한다.

$$\text{유사회사주가의 산술평균} = \frac{13{,}000 + 15{,}000}{2} = 14{,}000\text{원}$$

이렇게 구한 값들을 상대가치의 산출식에 대입한다.

$$\text{상대가치} = \text{Min}\,[\,19{,}426 \times 0.7,\ \ 14{,}000\,] = 13{,}598.2\text{원}$$

요 약

1. 현금흐름할인법은 기업가치접근법, 자기자본가치접근법의 근간을 이루는 중요한 모형이다.
2. 현금흐름할인법은 비현실적 가정이나 주관적 판단요소로 인해서 평가결과에 큰 차이를 가져올 수 있는 단점이 있다.
3. 현금흐름할인법의 문제점을 극복하기 위하여 증권시장에서 이미 형성된 주가를 이용하여 평가하는 방법이 상대가치평가모형이다.
4. 상대가치평가모형에서는 PER, PBR, PSR 등의 주가관련비율을 이용하여 주식의 내재가치를 산출한다.
5. 상대가치평가모형에서 주식 내재가치를 산출하기 위해서 이용하는 PER, PBR, PSR 등은 정상 PER, 정상 PBR, 정상 PSR이다.
6. 정상 PER, 정상 PBR, 정상 PSR 등을 구하는 방법은 유사기업, 산업평균, 과거평균 등의 실무적 지표를 이용하는 방법과 PER, PBR, PSR 등을 구성하는 할인율, 성장률 등을 통해서 구하는 이론적 방법이 있다.
7. 기업공개와 같이 이해관계자가 많이 얽혀 있는 경우에는 객관성이 높은 상대가치평가모형에 의해서 주식을 평가하는 경우가 많다.

연습문제

진위형

1. 상대가치평가모형에서 가장 많이 이용되는 주가 관련 비율은 PER이다. (   )
2. 균형상태라면 현재의 PER를 이용하여 구한 상대가치평가액이 내재가치가 된다. (   )
3. 기업공개과정에서는 객관성이 높다는 이유로 상대가치평가모형을 많이 이용한다. (   )

객관식

1. 유사기업의 주가 관련 비율을 이용해서 특정기업의 주식가치를 평가하는 방법은?
① 배당평가모형 ② 성장기회평가모형
③ 상대가치평가모형 ④ 현금흐름할인법

2. 정상 PER가 주어진 상황이라고 하자. 여기에 어떤 정보가 추가되어야 주식의 내재가치를 구할 수 있는가?
① 주당순자산 ② 주당순이익
③ 주당매출액 ④ 주당현금흐름

3. 다음 중 정상 PER로 사용할 수 없는 것은?
① 산업평균 PER ② 유사기업 PER
③ 해당 기업의 과거 PER ④ 해당 기업의 현재 PER

4. 다음 중 상대가치평가모형의 장점이라고 할 수 있는 것은?
① 객관적이다. ② 과학적이다.
③ 본질적이다. ④ 상대적이다.

5. 다음 중 비상장주식을 평가할 때 상대가치평가모형을 적용하는 규정은 어느 것인가?
① 상속세 및 증여세법의 보충적 평가규정
② 자본시장법의 유가증권의 발행 및 공시에 관한 규정
③ 소득세법의 자산평가규정
④ 답이 없다.

6. 자본시장법의 상대가치평가모형에서 이용되는 주가 관련 비율은 다음 중 어떤 것들인가?
① PER와 PBR
② PBR과 PSR
③ PSR과 PER
④ 답이 없다.

7. 다음의 주가 관련 비율 중에서 회계기준의 영향을 가장 적게 받는 것은?
① PER
② PBR
③ PSR
④ 모두 같다.

주관식

1. 상대가치평가법에서 이용되는 주가 관련 비율들을 설명하시오.
2. PER를 이용한 상대가치평가법으로 어떤 기업 주식의 내재가치를 구하려고 한다. 내재가치를 구하기 위해서는 정상 PER가 필요한데 정상 PER로 이용할 수 있는 것에는 어떤 것들이 있는지 설명하시오.
3. 기업공개를 하는 경우 비상장기업의 주식을 주로 어떤 방법에 의해 평가하는가? 그리고 그 이유는 무엇인지 간단하게 설명하시오.

Chapter 11

자산접근법

현금흐름할인법과 상대가치평가법은 모두 계속기업을 전제로 해서 기업가치를 평가하는 기법이다. 그러나 어떤 때에는 청산을 전제로 기업가치를 평가해야 하는 경우도 있다. 또는 기업을 계속 존속시킬 것인가 아니면 청산시킬 것인가를 결정해야 할 때도 있다. 청산기업의 가치를 평가할 때에는 계속기업의 가치를 평가하는 것과는 다른 기법을 적용해야 하는데 자산접근법이 이에 적합한 방법이다. 자산접근법은 자산과 부채를 개별항목별로 평가해서 집계하는 것이다. 자산은 현금화가 가능한 금액으로 평가하고 부채는 기업이 앞으로 상환할 금액의 현재가치로 평가한다. 대부분의 부채는 이자지급 및 원금상환 스케줄이 있으므로 쉽게 현재가치를 구할 수 있다. 그렇지 않은 부외부채나 우발부채에 대한 평가는 특별한 주의가 필요하다.

제1절 자산접근법이란?

01 가치평가방법의 분류

지금까지 설명한 가치평가방법은 분석대상에 따라서 기업가치접근법과 자기자본가치접근법으로 분류할 수 있다. 즉, 평가대상이 전체기업에 초점이 놓이면 기업가치접근법이 되고 평가대상이 자기자본에 초점이 놓이면 자기자본가치접근법이 되는 것이다.

그런데 분석방법에 따라서 가치평가방법을 분류하면 미래의 현금흐름을 추정해서 이를 할인하여 현재가치를 구하는 방법이 있고 또 다른 방법으로는 주가관련 재무비율을 이용하는 상대가치평가방법도 있다. 상대가치평가방법은 주로 주식가치를 측정하는데 이용되지만 여기에 부채의 가치를 더해서 전체기업가치도 구할 수 있다.

이렇게 분석대상을 기준으로 가치평가기법을 구분할 수도 있고 분석방법을 기준으로 가치평가기법을 구분할 수도 있다. 이러한 내용을 표로 나타내면 다음과 같이 요약할 수 있다.

표 11-1 가치평가방법의 분류

분석대상에 따른 분류	분석방법에 따른 분류
기업가치접근법	현금흐름할인법
자기자본가치접근법	상대가치평가방법

02 자산접근법

소득접근법, 시장접근법, 자산접근법

미국평가사회(ASA: American Society of Appraisers)는 가치평가기법을 소득접근법(income approach), 시장접근법(market approach), 그리고 자산접근법

(asset approach)으로 분류하고 있다. 표현하는 용어의 차이가 있는 것일 뿐, 지금까지 공부해온 방법과 다를 것이 없다.

소득접근법은 미래 소득의 현재가치를 구해서 기업가치를 평가하는 것이므로 현금흐름할인법과 같은 것이라고 할 수 있다. 그리고 시장접근법은 주식시장의 유사기업 주가자료를 이용해서 기업가치를 평가하는 것이다. 따라서 주가 관련비율을 이용하는 상대가치평가기법과 같은 것이다.

이러한 내용을 보면 이들 방법은 지금까지 이미 설명한 것이나 다름없다. 다만 자산접근법은 우리가 그동안 다루었던 범위에는 들어 있지 않다. 따라서 이제부터는 이에 대해서 설명할 것이다.

기본개념

자산접근법(asset approach)이란 지금까지 기업가치를 평가해오던 방법과는 다른 방법이다. 이 방법은 원가접근법(cost approach)이라고도 하는데 자산과 부채를 모두 개별항목으로 평가해서 이 개별항목들을 합해서 기업가치로 보는 것이다.

즉, 자산을 구성하는 모든 항목들을 개별적으로 평가하고 이 값들을 모두 합하면 기업가치가 되는 것이다. 자산접근법이라는 용어 때문에 자산접근법이 자산만을 평가하는 방법이라고 오해해서는 안 된다. 자기자본가치를 평가할 때에도 자산접근법을 이용할 수 있기 때문이다. 구체적으로는 자산항목을 개별적으로 평가한 값을 모두 더해서 구한 기업가치에서 부채의 가치를 차감하여 자기자본가치를 구할 수 있다. 여기서는 부채의 가치를 평가하는 과제가 생기는데 기업가치를 평가하는 방식과 동일하게 부채를 구성하는 모든 항목들을 개별적으로 평가해서 이 값들을 모두 합하면 된다.

기업가치와 자기자본가치를 구하면서 자산접근법을 적용하는 절차를 정리하면 다음과 같다.

첫째, 기업가치를 구하기 위해서는 자산항목들을 개별적으로 평가해서 모두 합한다.

둘째, 자기자본가치를 구하기 위해서는 기업가치에서 부채가치를 차감한다. 여기서 부채가치를 구하는 것도 개별항목들을 평가해서 모두 더하는 방식을 적용한다.

03 가정의 차이

계속기업의 가치평가

특별하게 반증이 없다면 기업의 수명은 무한하다고 가정한다. 이를 계속기업(going concern)의 가정이라고 한다. 따라서 기업이 벌어들이는 현금흐름(소득)도 무한하게 계속된다고 볼 수 있다. 이러한 계속기업의 가정은 기업가치를 평가하면서 무한연금의 현재가치를 이용하는 것에 대한 논리적 근거를 제공하는 것이다.

이러한 논리를 따라서 기업가치를 구하기 위해서는 무한하게 계속되는 잉여현금흐름(FCF), 또는 기업잉여현금흐름(FCFF)을 현재가치로 계산하고 자기자본가치를 구하기 위해서는 역시 무한하게 계속되는 주주현금흐름(FTE), 또는 주주잉여현금흐름(FCFE)을 현재가치로 계산하는 것이다.

청산기업의 가치평가

자산접근법이 꼭 필요하고 가장 적합한 평가방법으로 적용되는 것은 청산기업의 가치를 평가하는 경우이다. 만약 어떤 기업이 청산을 앞두고 있는데 이 기업을 평가하면서 미래의 계속될 현금흐름을 현재가치로 계산하여 기업가치를 평가한다면 이는 잘못된 것이다.

그리고 상대가치평가법을 이용해서 청산기업의 가치를 평가하기도 어렵다. 유사기업의 주가관련비율을 구한다고 해도 청산기업의 주식이 주식시장에서 거래되면서 정상적인 가치를 인정받을 수 없기 때문이다.

자산접근법이 이렇듯 청산기업의 가치평가에 유용한 방법이기는 하지만 계속기업의 가치평가에서도 유용한 면이 있다. 대표적인 예로 M&A와 같은 기업인수의 과정에서 자산접근법이 필요하다. 기업을 인수하는 방법은 자본시장에서 주식을 매수하여 경영권을 획득하는 방법이 많이 이용되지만 기업이 보유하고 있는 실물자산을 직접 구입하여 경영권을 획득하는 방법도 있다. 이를 영업양수라고 하는데 주식시장이 과열되어 목표기업의 주가가 과대평가된 경우라면 주식매수보다는 영업양수의 방법을 취하는 것이 유리하다. 이렇게 영업양수를 하기 위해서는 인수금액을 결정하여야 하는데 인수금액의 기준을 자산접근법으로 구할 수 있기 때문이다.

제2절 자산의 평가

01 평가기준

시장가치

자산접근법의 기본개념은 재화의 경제적 가치를 그 재화와 똑같은 대체물을 구입하는데 소요되는 원가에 의해서 평가하는 것이다. 그래서 원가접근법(cost approach)이라고도 부른다. 그렇다 보니 자산접근법은 손익계산서에는 관심이 적고 주로 재무상태표에 관심을 둔다. 재무상태표상의 자산, 부채항목들을 개별적으로 평가해야 하기 때문이다.

그러면 재무상태표상의 자산, 부채 등을 개별적으로 평가하기 위해서는 어떤 평가기준을 적용해야 할까. 일단 재무상태표상의 금액인 장부가액을 쉽게 떠올릴 수 있겠다. 장부가액은 회사장부에 기록되어 있는 회계상의 금액이다. 이는 해당 항목에 대한 거래가 발생한 시점의 역사적 원가이기 때문에 평가기준일의 가치를 반영하지 못한다. 예외적으로 현금이나 현금성 자산 등은 장부가액으로 평가할 수 있지만 이러한 성격을 갖는 항목들은 그리 많지 않다.

자산접근법에서 재무상태표상의 자산과 부채 등을 개별적으로 평가할 때에 적용해야 할 기준은 시장가치이다. 여기서 말하는 시장이란 실물시장을 말하는 것이다. 평가기준일에 자산을 처분해서 받게 될 금액으로 평가하는 것이 청산기업의 가치를 평가하는데 타당하기 때문이다. 그런데 어떤 금액을 시장가치로 사용해야 하는가에 대해서는 상황에 따라서 달라질 수가 있다. 다음과 같은 몇 가지 금액을 생각해볼 수 있다.

중고가치

기업이 보유하고 있는 자산에 대한 중고시장이 존재하여 거래가 활발하게 이루어지고 있다면 중고시장에서 형성되어 있는 거래가치(value in second hand market)가 적절한 시장가치가 된다. 만약 평가대상회사가 렌트카회사라고 하자. 중고자동차를 거래하는 시장은 매우 활발하게 거래가 이루어지는 곳이다. 이러한 상황이라면 회사가 보유하고 있는 임대목적의 차량들은 중고차시장에서 쉽게 처분할 수 있다. 그리고 처분가액도 신뢰성 있게 확인할 수 있기 때문에 이러한 경우 자산접근법을 적용하기가 적합하다고 본다. 자동차만큼은 아니더라도 해운회사가 보유하고 있는 선박이나 항공회사가 보유하고 있는 항공기도 처분할 수 있는 중고가격을 어렵지 않게 확인할 수 있어서 자산접근법을 적용하기가 수월한 기업들이다.

재생산원가

평가대상자산이 거래되는 중고시장이 없다면 재생산원가로 자산의 가치를 평가해야 한다. 재생산원가(reproduction cost)는 해당자산을 동일한 형태로 만드는데 소요되는 금액을 말한다. 예를 들어 벽돌로 지은 창고가 재무상태표상에 유형자산으로 계상되어 있다고 하자. 이 창고를 평가할 때에 지금 다시 벽돌로 창고를 짓는다고 할 때 소요되는 금액이 바로 재생산원가이다. 그러나 이 재생산원가를 그대로 사용하지는 않고 시간경과에 따른 물리적 진부화를 감안해서 평가감해야 한다. 만약 평가대상자산이 첨단산업용 기계라면 시간경과에 따른 물리적 진부화 이외에도 기술적 진부화도 감안해서 평가감해야 한다.

대체원가

중고가격이나 재생산원가도 사용할 수 없는 경우에는 대체원가로 평가대상자산을 평가해야 한다. 대체원가(replacement cost)는 평가대상자산과 동일한 기능 또는 동일한 효용을 갖는 데 소요되는 금액을 말한다. 재생산원가는 평가대상자산과 동일한 형태를 중심으로 평가하는 데 비해서 대체원가는 평가대상자산과 동일한 기능이나 효용을 중심으로 평가한다. 형태는 중요하지 않다. 예를 들어서 회사가 보유하고 있는 차량을 평가할 때에 단종된 차량이어서 구할 수 없다고 하자. 이런 경우 중고차시장에서 차종은 다르지만 동일한 배기량과 품질을 갖는 다른 차를 구입하는 비용이 바로 대체원가가 된다.

자동차를 예로 들어서 자산접근법에서 평가하는 방법들을 모두 설명해보자. 만약 회사가 구입한지 5년 된 현대차 소나타를 갖고 있는데 이를 자산접근법으로 평가한다고 하자. 이 차를 중고차시장에서 처분할 때의 가격으로 평가한다면 중고가치로 평가하는 것이 된다. 그런데 이 차와 똑같은 소나타를 중고차시장에서 구입한다고 할 때 소요되는 금액으로 평가한다면 재생산가치로 평가하는 것이 된다. 이 차는 단종된 것이어서 동일한 배기량에 성능도 유사한 기아차 K5를 구입하는 가격으로 평가한다면 대체원가로 평가하는 것이 된다.

02 개별자산의 평가

현금 및 현금성자산

현금은 장부가액이 곧 시장가치이므로 장부가액을 별도로 조정할 필요가 없다. 다만 여러 군데 사업장별로 분산되어 있는 현금을 정확하게 실사한 후 이들을 합친 금액이 장부가액과 일치하는지 확인해야 할 것이다. 그리고 보통예금, 당좌예금 등 요구불예금은 언제든지 현금화시킬 수 있는 것들로서 현금으로 분류된다.

현금성자산은 투자목적이 아닌 단기의 현금수요를 충족하기 위한 목적으로 유동성이 높은 단기금융자산을 구입한 것이다. 확정된 현금으로 전환이 쉽고 가치변동의 위험이 별로 없는 자산이다.

금융기관의 예금이나 금융기관에 예치된 현금성자산은 외부감사를 받은 기업이라면 감사보고서상의 금액으로 평가하면 되지만 그렇지 않은 기업이라면 조회서를 발송해서 그 존재를 확인할 필요가 있다.

매출채권

매출채권은 영업거래에서 발생한 수취채권으로서 일반적으로 1년 이내의 단기간에 그 대금을 회수할 수 있는 것들이다. 그래서 대개 매출채권은 회수되는 기간 동안에 발생할 수 있는 이자문제는 중요하지 않다. 중요한 것은 이자문제보다는 상환가능성이다. 재무상태표상에는 매출채권에 대한 대손충당금이 설정되어 이를 차감한 금액으로 계상된다. 그러나 매출채권을 제대로 평가하기 위해서는 매출채권별로 연령분석표(aging schedule)를 만들어서 회수가능성을 검토해야 한다. 또한 가공의 매출채권이 계상되어 자산가치가 부풀려져 있지 않은지를 확인하기 위해서 거래처에게 채권조회를 하는 것이 필요하다.

영업의 성격에 따라서는 회수까지 1년이 넘게 소요되는 장기성 매출채권이 존재할 수도 있다. 이러한 경우에는 화폐의 시간적 가치 개념을 적용해서 적절한 수준으로 할인해서 평가해야 한다.

재고자산

재고자산에는 원재료, 재공품, 제품 등이 포함된다. 이들 재고자산의 장부가액은 수량과 단가라는 두 가지 요소에 의해서 결정된다. 수량을 파악하는 방법으로는 실지재고조사법과 계속기록법이 있다. 단위당 원가, 즉 단가를 결정하는 방법으로는 개별법, 선입선출법, 가중평균법, 후입선출법 등이 적용될 수 있다.

그러나 청산기업에 자산접근법을 적용해서 재고자산을 평가할 때 장부상 금액은 큰 의미를 갖지 못하는 경우가 많다. 청산기업의 경우에는 제품을 정상적인 가격에 처분하기 어렵기 때문이다. 유행이 지난 의류제품이나 분양되지 않고 남아 있는 아파트 등이 대표적인 예라고 할 수 있다. 따라서 재고자산을 평가할 때에는 현실적인 판매가액을 추정해서 판매비용을 차감한 금액, 즉 순실현가능가치(NRV: net realizable value)로 평가하는 것이 중요하다.

청산기업이 아니라고 해도 우리나라 회계기준에서는 재고자산에 대해서 저가법을 적용하도록 규정하고 있다. 저가법이란 원가와 순실현가능가치 중 낮은 금액으로 재무상태표에 보고하는 것을 말한다.

투자자산

투자자산은 기업이 영업목적이 아니고 투자목적으로 보유하고 있는 장기성 채권, 주식, 부동산 등을 말한다. 이러한 투자자산을 평가할 때에 장부가액은 큰 의미가 없으므로 시장가치로 전환해야 한다.

먼저 채권의 경우에는 미래의 현금흐름이 정해져 있는 것이므로 현재의 시장

금리를 이용해서 현재가치를 구해서 이 값으로 평가하면 된다.[1)]

그리고 주식의 경우에는 상장여부에 따라서 상장주식과 비상장주식으로 구분할 수 있다. 상장주식은 평가일을 기준으로 형성된 거래가격을 시장가치로 평가할 수 있다. 이때에 규정에 따라서는 약간의 조정을 해야 하는 경우도 있지만 증권거래소의 형성가격을 기본으로 하는 것은 공통적이다. 그러나 비상장주식은 거래가격이 존재하지 않아서 평가하기가 쉽지 않다. 이 책의 후반부에서 다루겠지만 실무적으로는 세법에서 비상장주식을 평가하는 방법과 자본시장법에서 비상장주식을 평가하는 방법이 있다.

투자부동산은 투자목적으로 보유하고 있는 부동산인데 공시지가, 기준시가 등 다음과 같은 가격 자료를 이용해서 평가할 수 있다.

표 11-2 부동산 평가자료

공시지가	개별공시지가	기준시가	시가표준액	시 가
국토해양부 장관이 매년 전국의 땅값을 고시	시장·군수·구청장이 공시지가를 기준으로 세분해 땅값 고시	국세청장이 땅, 건물 등의 가격을 고시하는 것	시장·군수·구청장이 땅과 건물에 대해 고시	인근 부동산의 거래 가격
국토해양부 홈페이지에서 확인(www.mltm.go.kr)	개발부담금을 책정할 때 활용	증여·상속세, 재산세, 종합부동산세 등의 과세표준, 양도소득세 중과세 여부 기준	국민주택채권의 부과 기준	상속세·증여세의 부과(원칙)

유형자산

유형자산은 토지, 건물, 기계장치, 차량운반구와 같은 것들이다. 장기간에 걸쳐서 영업수익을 창출하는 데 기여하는 자산들로서 물리적 실체가 있고 영업활동에 장기간 쓰이는 자산으로 정의된다. 유형자산은 금액도 크고 평가방법에 따라서 평가금액의 차이가 크게 발생할 수 있으므로 신중하게 접근해야 한다.

자산접근법에 의한 유형자산의 평가에서 회계처리의 정확성을 확인하는 것은 큰 의미가 없다. 그보다는 유형자산의 경제적 가치를 산출하는 것이 중요하

1) 채권은 기업이 보유하고 있는 투자자산도 있지만 기업이 자금을 조달하기 위해서 발행한 채권(부채)도 있을 수 있다.

다. 토지, 건물 등 부동산의 평가에서는 부동산 감정평가의 방법을 따르는 것이 필요하다. 경우에 따라서는 외부의 부동산 감정평가법인에 평가용역을 의뢰하는 것도 필요하다.

무형자산

무형자산이란 물리적 실체는 없지만 영업활동에 기여하면서 수익을 창출하는 자산을 말한다. 무형자산으로 인식되려면 식별가능해야 하며 이에 대해 통제를 할 수 있어야 하고 미래 경제적 효익이 존재해야 한다. 무형자산에는 영업권, 산업재산권, 광업권, 어업권, 개발비 등이 포함된다. 무형자산의 회계처리는 매입원가(또는 제작원가)에 부대비용까지 합한 금액을 취득가액으로 하여 기간 경과에 따라서 일정한 방법을 적용한 상각액을 차감한 순액으로 재무상태표에 표시한다.

무형자산의 경우에도 회계처리의 결과보다 경제적 가치를 파악하는 것이 중요하다. 개별자산을 평가하는 자산접근법에서 무형자산의 가치를 측정하는 것은 매우 어려운 작업이다. 개별항목에 대해서 무형자산의 존속기간 동안의 미래현금흐름을 추정하고 이를 현재가치로 구하는 방법(현금흐름할인법)이 좋은 방법이다. 실제로 세법이나 관련규정에서도 이러한 방법을 적용하도록 규정하고 있다. 각 항목에 대한 개별적 접근이 힘든 경우에는 총체적 접근도 가능하다.

제3절 부채의 평가

01 부채평가의 중요성

비주주 청구권

자기자본가치법에 의한 평가방법을 생각해보자. 자기자본가치를 구하기 위해서는 주주현금흐름(FTE)을 측정하고 이를 주주가 부담하는 자본비용(자기자본비용)으로 할인해서 현재가치를 구할 수 있다. 그리고 1주당 내재가치를 구하여 발행주식수를 곱해서 구할 수도 있다.

이번에는 기업가치접근법에 의한 평가방법을 생각해보자. 먼저 재무상태표 등식을 자기자본에 대해서 정리하면 다음과 같이 표현할 수 있다.

자기자본 = 자 산 − 부 채

위 식의 구조를 보면 기업가치접근법으로 전체기업가치를 구하고 여기에서 부채의 가치를 차감해서 자기자본가치를 구할 수 있다. 이때에 차감해야 할 부채는 비주주 청구권(non equity financial claims)이라고도 한다. 비주주 청구권이란 보통주 주주들의 청구권과 다른 모든 금융적 청구권을 포괄하는 개념이다. 비주주 청구권에는 매입채무, 차입금, 퇴직금과 관련된 부채, 각종 부채성 충당금, 자본화된 운용리스의 가치, 종업원의 주식매수청구권(스톡옵션) 등이 포함된다. 이렇게 부채를 차감하고 남은 잔여분이 자기자본가치가 되는 것이다.

엔론(Enron) 사태

그런데 최근의 복잡해진 금융시장으로 인해서 부채의 가치를 평가하는 것이 쉽지 않다. 기업자산에 대한 청구권의 순위가 주주보다 앞선 채권자들의 청구권을 빠짐없이 평가해야만 주주의 몫인 자기자본의 가치가 제대로 평가될 것이다. 그렇기 때문에 부채평가의 중요성은 매우 크다고 할 수 있다.

부채평가의 중요성을 단적으로 보여주는 사례로 2001년 미국 엔론(Enron)의 파산이 대표적인 예라고 할 수 있다. 이 회사는 1985년에 텍사스주의 휴스턴 내추럴 가스사와 네브라스카주의 천연가스 회사인 인터노스사의 합병으로 설립되었다. 불과 15여년 만에 미국과 유럽에서 거래되는 에너지의 20%를 담당하는 세계 최대 에너지기업으로 성장하였다. 경제전문지 포춘지는 '미국 제7위의 대기업', '미국에서 가장 혁신적인 기업'으로 선정하기도 하였다.

그러나 2000년 후반부터 본격화된 정보통신부문의 세계적 불황으로 광통신 등 정보통신 분야에 대한 투자가 막대한 손실을 가져왔다. 아더앤더슨 회계법인의 공모로 분식회계가 이루어져 이로 인한 직간접적인 손실을 회계이해관계자에게 제대로 알리지 않았다. 그리고 비연결 자회사들을 위한 지급보증을 연결재무제표대상이 아니라는 이유로 재무제표에 공시하지도 않았다. 결국 이러한 부외부채나 우발채무와 같이 재무상태표에 표시되지 않는 부채의 규모가 알려지면서 엔론의 신뢰도가 크게 떨어져서 엔론 주식에 대한 투매가 시작되었다. 그 결과 한때 주당 90달러를 호가했던 주식 가격은 36센트까지 하락했다.

나중에 최종적으로 밝혀진 부채총액은 131억 달러에 이르렀는데 이 금액은 미국 연방파산법 시행 후 최대 규모였다고 한다. 엔론의 파산으로 미국에서 수많은 사람들이 일자리를 잃고 노후를 준비하기 위한 연금까지 날리게 되었던 것이다.

02 개별부채의 평가

비주주 청구권

부채의 평가에서 평가대상이 되는 부채는 단순히 매입채무, 차입금, 회사채와 같은 전통적인 것들만은 아니다. 이외에도 운용리스, 충당금, 우선주, 우발채무, 전환사채 등 보통주 주주들의 청구권을 제외한 모든 금융적 청구권까지 포함되는 것이다. 따라서 이러한 항목들을 포괄적으로 비주주 청구권(non equity financial claims)이라고 한다.

비주주 청구권에 포함되는 항목들에 대해서 더 자세하게 살펴볼 것이므로 여기서는 간단하게 언급한다. 이 항목들을 열거하면 기업이 어떤 업종에 속해 있는가에 따라서 매우 다양하겠지만 공통적으로 다음과 같은 네 가지 범주로 분류할 수 있겠다.

영업부채

영업부채(operating liabilities)란 매입채무나 미지급금과 같이 거래처와의 정상적인 영업활동에서 발생하는 부채를 말한다. 이러한 부채에는 대개 별도로 이자를 지급하지 않는 경우가 대부분이다.

이자지급부채

이자지급부채(debt)란 금융기관으로부터 제공받는 차입금이나 증권시장에서 자금을 조달하면서 발행한 회사채를 말한다. 이들에 대해서는 만기가 되어서 원금을 상환할 때까지 정기적으로 이자를 지급해야 한다.

기타 부채성 항목

기타 부채성 항목이란 영업부채, 이자지급부채에 해당되지는 않지만 부채의 성격을 갖는 항목들을 말한다. 운용리스, 연금, 부채성 충당금, 우선주 및 우발채무 등이 여기에 포함된다. 특히 우발채무는 소송 중인 사건에서 아직 확정 판결이 나지 않은 잠재적인 부채이다. 그렇지만 재무상태표에 나타나지 않는 부외부채(off balance sheet liability)이기 때문에 지나칠 가능성이 높아서 유의해야 한다. 이에 비해 운용리스는 똑같이 재무상태표에 나타나지는 않지만 손익계산서에서는 확인이 된다.

혼합청구권

혼합청구권이란 임원 또는 종업원들이 갖고 있는 스톡옵션을 포함하고 전환사채, 신주인수권부사채 등 주식으로 전환될 수 있는 청구권을 말한다. 이들의 특성은 옵션이 포함되어 있기 때문에 옵션평가모형이 이용된다.

03 영업부채

매입채무

① 매입채무의 범위

매입채무는 기업의 정상적인 영업활동에서 발생하는 것이다. 예를 들어 제과회사가 밀가루나 설탕을 구입한다든가, 자동차회사가 강판을 구입한다든가 하는 과정에서 거래처에게 물품대금을 일시적으로 지급하지 못한 상태에서 발생하는 채무이다.

매입채무의 대표적인 항목은 외상매입금이나 지급어음 등이다. 다만 외상매입금은 순수한 기업의 신용으로 재화와 용역을 구입하는 것이고 지급어음은 어음을 발행해서 외상매입하는 것이라는 점에서 차이가 있다.

② 장부금액에 의한 평가

외상매입금이나 지급어음 등의 영업부채 항목들을 평가할 때에는 대부분 장부상 금액에 의존하게 된다. 장부상 금액은 대개 만기에 지급할 금액인데 이러한 채무는 만기가 짧아서 별도의 추가적인 조정을 하기 어렵기 때문이다.

③ 과소계상의 가능성

매입채무는 주로 과소계상의 가능성이 있기 때문에 이에 주의해야 할 것이다. 거래처에 조회확인서를 발송하고 이를 회수하여 의도적인 누락을 막아야 한다. 여기서도 확인되지 않을 수 있는 항목은 실무적으로 담당자와의 인터뷰 등을 활용할 필요가 있다. 때에 따라서는 거래업체의 부도 등으로 채무가 소멸되는 특수한 경우가 있을 수 있는데 이러한 경우에는 매입채무에서 차감할 수 있다.

미지급금

① 미지급금의 범위

미지급금 역시 기업의 정상적인 영업활동에서 발생하는 것이다. 다만 매입채무의 경우에는 기업이 원료, 재료 등을 구입하는 과정에서 발생한 채무인데 비해서 미지급금이 원재료 이외의 항목의 구입에서 발생하는 채무라는 점에서 차이가 있다.

예를 들면 제과회사가 생산 및 판매과정에서 필요한 기계설비나 차량을 구입하고 그 대금을 아직 지급하지 못하였다면 미지급금에 해당된다. 즉, 원재료이외의 비품, 고정자산 등을 구입하면서 발생한 채무를 말한다. 그리고 직원에게 지급하지 못한 임금도 미지급금의 범주에 포함된다.

② 만기구분의 필요성

미지급금도 앞서 살펴본 영업채무와 마찬가지로 장부상의 금액에 의존해서 평가하는 것이 일반적이다. 왜냐하면 대부분의 미지급금이 만기가 짧고 금액이 조정될 가능성이 많지 않기 때문이다.

그러나 기계설비, 건물, 토지 등의 고정자산을 구입하는 경우에는 만기가 1년 이후에 도래되는 경우도 있다. 이러한 미지급금은 장기성 미지급금으로서 고정부채(비유동부채)로 분류해야 한다. 동일한 건이라도 상환스케줄을 고려해서 상환일이 1년 이내에 도래되는 부분과 1년 이후에 도래되는 부분을 구분해서 유동부채와 고정부채(비유동부채)로 나누어야 한다.

③ 장기성 미지급금에 대한 평가

미지급금 중에서 만기가 1년 이내에 도래되는 부분은 별도의 평가과정이 필요없다. 물론 채무조회서의 발송과 회수, 또는 담당자와의 인터뷰를 통해서 과소계상이나 부외부채의 존재가능성을 확인해야 하는 것은 영업채무와 마찬가지이다.

그러나 만기가 1년 이후에 도래되는 부분에 대해서는 화폐의 시간적 가치 개념을 적용해서 현재가치로 평가할 필요가 있다. 상환스케줄을 통해서 미래의 현금유출을 파악하고 이들 금액을 현재의 시장이자율로 할인하여 현재가치를 구하면 장기성 미지급금에 대한 정확한 평가가 가능하다. 이때 필요한 상환스케줄은 재무제표 주석사항에서 파악할 수 있다.

예제 11-1

한국기업(주)의 재무자료에서 확인한 영업부채의 내용은 다음과 같다. 단, 금액단위는 백만원이다.

영업부채의 내역

계정과목	금 액
외상매입금	500
지급어음	600
미지급급	7,300
합 계	8,400

그런데 위 미지급금의 내역을 조사한 결과 본사 건물을 취득하면서 발생한 것이 포함되어 있으며 상환스케줄은 다음과 같다.

미지급금 상환계획표

지급년도	금 액
올해 말	1,000
내년 말	3,600
후년 말	2,700
합 계	7,300

(1) 한국기업(주)의 외상매입금과 지급어음을 평가하라.
(2) 한국기업(주)의 미지급금을 평가하라. 단, 시장이자율은 10%로 가정하자.
(3) (2)의 결과를 이용해서 한국기업(주) 영업부채의 평가액을 제시하라.

풀이

(1) 외상매입금과 지급어음은 만기가 1년 이내로 짧아서 별도의 반증이 없는 한 장부금액을 그대로 평가금액으로 받아들인다. 따라서 외상매입금 500, 지급어음은 600이다.

(2) 상환계획표에서 유동부채로 분류된 1,000은 그대로 장부금액으로 평가하고 내년에 상환할 금액 3,600과 후년에 상환할 금액 2,700은 시장이자율 10%로 할인해서 현재가치를 구해서 평가한다. 평가과정과 내역을 나타내면 다음과 같다. 단, 평가금액은 반올림처리한 것임.

미지급금의 평가

지급년도	금 액	현재가치요소	평가금액
올해 말	1,000	0.9091	909
내년 말	3,600	0.8265	2,975
후년 말	2,700	0.7513	2,029
합 계	7,300		5,913

따라서 한국기업의 미지급금 중에서 유동부채에 계상될 금액은 909이고, 고정부채에 계상될 금액은 5,004(=2,975+2,029)이다.

(3) 이상의 결과를 집계해서 한국기업의 영업부채에 대한 평가액은 확인하면 다음과 같이 7,013(백만원)이 된다.

영업부채의 평가

계정과목	평가금액
외상매입금	500
지급어음	600
미지급급	5,913
합 계	7,013

04 이자지급부채

차입금

① 단기차입금

차입금은 기업이 금융기관과 금전대차계약을 맺고 돈을 빌린 것을 말한다. 대표적인 이자발생부채라고 할 수 있다. 차입금 중 만기가 1년 이내에 도래되는 금액은 단기차입금으로 분류하고 1년 이후에 도래되는 금액은 장기차입금으로 분류한다.

단기차입금에는 금융기관에서 차입한 금액 중 만기 1년 이내에 도래되는 것 뿐만 아니라 당좌예금잔액을 초과해서 지급한 당좌차월액도 포함된다. 이러한 단기차입금들은 예외적인 경우가 있기는 하지만 대개 장부금액으로 평가할 수 있다.[2)]

② 장기차입금

장기차입금은 금전대차계약에 의한 차입금 중 1년 이후에 상환기일이 도래되는 장가차입부채이다. 만약 장기차입금의 상환조건이 분할상환이라면 기일이 경과되면서 상환기일이 1년 이내에 도래되는 부분은 유동성 장기차입금으로 분류해서 유동부채에 포함시키게 된다. 장기차입금은 기본적으로 현재가치에 의해서 평가해야 한다. 따라서 장기차입거래에서 수수한 총금액을 적정한 이자율로 할인한 금액이 올바른 평가액이 된다.

여기서 적정한 이자율이란 장기차입금 거래가 발생한 시점의 역사적 이자율을 말한다. 이 역사적 이자율을 이용해서 할인한 현재가치가 액면금액보다 작으면 그 차이를 현재가치할인차금으로 재무제표에 계상한다. 이렇게 계상한 현재가치할인차금을 상환만기일이 될 때까지의 기간에 걸쳐서 상각해서 이자비용으로 인식해야 한다.

이와 반대로 역사적 이자율로 할인한 현재가치가 액면금액보다 크면 그 차이를 현재가치할증차금으로 재무제표에 계상한다. 이렇게 계상한 현재가치할증차

2) 예외적인 경우의 예를 들면 기업이 무이사부어음을 빌행하여 금융기관에서 단기차입을 하였는데 장부금액과 그 금액의 현재가치의 차이가 큰 경우이다. 이러한 경우에는 현재가치로 평가해야 하는데 장기차입금의 평가방법을 따르면 된다.

금을 상환만기일이 될 때까지의 기간에 걸쳐서 환입해서 이자수익으로 인식해야 한다.

이렇게 현재가치와 액면금액의 차이를 상각하거나 환입할 때에는 정액법이나 유효이자율법을 적용한다. 유효이자율이란 차입거래가 발생한 시점의 역사적 이자율과 같다. 차입금의 평가시점에서 형성된 시장이자율이 유효이자율(역사적 이자율)과 큰 차이가 없다면 차입금의 장부가치나 현재가치 사이에도 큰 차이가 없게 된다. 그러나 두 이자율의 차이가 큰 경우에는 원리금 잔액에 대해서 현재 형성된 시장이자율로 다시 현재가치를 산출해서 차입금을 평가해야 한다.

회사채

① 계정과 발행형태

회사채(bonds)는 주식회사가 상법에 근거하여 발행한 확정채무임을 표시하는 증권(채권)을 말한다. 기업이 회사채를 발행하여 다수인으로부터 장기간 거액의 자금을 차입함으로써 발생하는 채무를 재무제표에는 사채계정으로 표시한다. 대개 원금상환일자를 3년 만기로 발행하면서 3개월마다 분기별로 약정이자를 지급하는 형태가 많다. 이렇게 만기가 될 때까지 이자를 지급하다가 만기에 원금을 상환하는 채권을 이자지급부 채권, 간단하게 줄여서 이표채(coupon bond)라고 하는데 회사채는 이표채의 대표적인 증권이다.

② 발행효과

기업이 회사채를 발행하면 이자지급액은 세금감소효과를 얻을 수 있다. 그러면서도 경영권을 침해받지 않을 수 있다. 이러한 효과는 일반적인 차입금으로 자금을 조달하는 경우와 그 효과와 동일하다.

회사채를 발행하는 가장 큰 장점은 거액의 자금을 증권시장에서 직접 조달하면서 장기간 사용할 수 있다는 것이다. 또한 자금을 조달하는 상황이 좋지 않은 경우에도 전환권, 또는 신주인수권 등과 같은 옵션을 추가해서 자금을 조달할 수 있어서 대규모 사업을 추진하는 경우에는 매력적인 자금조달수단이 된다.

③ 회사채의 종류

기업이 발행하는 회사채는 분류기준이 다양해서 그 종류도 다양하다. 담보유무에 따라서 담보부사채(secured bond)와 무담보부사채(unsecured bond)로 구분된다. 담보부사채는 채권자에게 토지나 건물 등을 담보로 제공하여 원리금을 상환하지 못할 경우 다른 채권자보다 이들 담보자산에 우선적인 청구권을 갖는 것이다.

은행, 신용보증기금, 증권회사 등 금융기관이 제3자로서 기업이 발행한 회사채의 원리금상환에 대한 보증을 하는 경우에는 보증사채(guaranteed bond)라고 한다. 보증사채는 위험이 적기 때문에 발행이자율이 무보증사채의 경우보다 좀 더 낮게 설정된다.

회사채는 원금상환방식에 따라서 일시상환사채, 수의상환사채, 연속상환사채로 구분하기도 한다. 일시상환사채(term bond)는 만기에 일시불로 원금을 상환하는 것으로 대부분에 이에 해당한다. 수의상환사채(callable bond)는 시장이자율이 하락해서 사채가격이 상승하였을 때에도 기업이 미리 약정한 금액으로 사채를 상환할 수 있는 것이다. 수의상환사채는 기업의 입장에서는 유리하지만 채권자의 입장에서는 불리한 것이므로 발행이자율이 더 높게 발행되는 것이 일반적이다. 연속상환사채(serial bond)는 액면금액을 분할하여 상환하는 사채이다.

④ 이자지급방식

이자지급방식에 따라서 회사채를 구분하는 경우에는 할인채, 이표채, 복리채 등으로 구분한다. 할인채(discount bond)는 만기에 원금만 지급하고 만기까지의 기간 동안에는 이자를 지급하지 않는 방식이다. 따라서 만기가 될 때까지 항상 액면미만으로 거래되기 때문에 할인채라고 한다. 할인되어 거래되는 금액과 액면금액의 차이가 이자에 해당한다.

이표채(coupon bond)는 사채에 붙어 있는 쿠폰을 이자지급일마다 채권자가 금융기관 등에 제시하여 이자를 지급받는 채권이다. 대부분의 회사채가 이에 해당한다.

복리채(compounding bond)는 기업의 입장에서는 액면금액으로 발행하고 만기까지의 기간에 해당하는 전체 이자를 원금과 한 번에 지급하는 사채이다. 경제적 효과는 할인채와 똑같다.

⑤ 부여된 옵션

회사채의 경우에는 발행조건을 다양화시켜서 발행기업이나 채권자에게 유리한 조건을 만드는 경우가 있다. 이러한 조건은 대개 발행기업이나 채권자가 어떤 선택을 할 수 있는 옵션을 부여하는 방식으로 만들어진다.

전환사채(CB: convertible bond)는 채권자가 자신에게 유리한 상황에서 채권을 주식으로 전환할 수 있는 채권이며, 신주인수권부사채(BW: bond with warrant)는 기업이 증자를 하는 경우 신주를 인수받을 수 있는 권리가 부여된 채권이다. 이들은 모두 채권자가 옵션을 갖고 있는 경우이다.

그러나 이와는 달리 발행기업이 옵션을 갖고 있는 경우도 있다. 앞서 설명한 수의상환사채(callable bond)의 경우에는 발행기업이 자신에게 유리한 상황이 되면 채권을 사들일 수 있는, 즉 부채를 상환할 수 있는 옵션을 갖고 있는 채권이다.

표 11-3 사채의 분류체계

분류기준	회사채의 종류
담보유무	– 담보부사채 – 무담보부사채
보증유무	– 보증사채 – 무보증사채
원금상환방식	– 일시상환사채 – 수의상환사채 – 연속상환사채
이자지급방식	– 할인채 – 복리채 – 이표채
부여된 옵션	– 전환사채 – 신주인수권부사채 – 수의상환사채

⑤ 회사채의 평가

회사채의 평가방법은 기본적으로 앞서 설명한 장기차입금의 평가방법과 유사하다. 즉, 발생시점의 발행이자율로 회사채의 만기까지의 이자와 원금의 현재가치를 구한 후, 액면금액과의 차이에 해당하는 금액을 사채할인발행차금(또는 사채할증발행차금)으로 계상한다. 그리고 만기가 될 때까지의 기간에 정액법이나 유효이자율법으로 상각(또는 환입)하면서 상각액(또는 환입액)을 상각기간의 이자비용(또는 이자수익)으로 인식하면 된다.

그러나 회사채는 증권시장(채권시장)에서 거래되기 때문에 채권시장의 이자율에 따라서 그 시장가치가 달라진다. 이렇게 시장에서 상대적으로 안전하고 활발하게 거래가 되는 경우에는 시장가치에 따라서 부채를 평가해야 한다. 그렇기 때문에 단순한 차입금에 비해서 평가과정에서 이해해야 할 내용이 더 많은 편이다. 이러한 이유로 회사채의 평가는 다음 절 '채권의 평가'에서 자세히 살펴보도록 한다.

우선 다음의 예제를 통해서 장기차입금의 평가와 관련된 내용을 다룬다. 그렇지만 이 내용은 회사채의 평가에서도 그대로 적용되는 것임을 알려둔다.

예제 11-2

한국기업(주)의 재무제표에 나타난 장기차입금의 계정 내역은 다음과 같다. 단, 금액단위는 백만원이다.

장기차입금 계정

계정과목	금 액	
장기차입금 (할인차금)	1,500 (300)	 1,200

그런데 위 장기차입금은 만기가 2년 남은 상태이며 매년 말 이자지급액이 80으로 예정되어 있다. 처음 차입금을 조달할 당시의 이자율과 현재의 시장이자율에 큰 차이가 있는 것으로 확인되어 한국기업(주)의 장기차입금을 다시 평가하려고 한다. 현재의 시장이자율이 10%라고 하고 다음 각 물음에 답하라.

(1) 한국기업(주)의 장기차입금을 얼마로 평가하는 것이 타당한가?
(2) (1)과 같은 평가결과는 자기자본가치에 어떻게 영향을 미치는가를 설명해보라.

풀이

(1) 먼저 앞으로 2년 동안 지급될 이자의 현재가치를 다음과 같이 구한다.

$$\frac{80}{1.1} + \frac{80}{1.1^2} = 138.8$$

그리고 2년 후 만기시점에서 상환해야 할 원금의 현재가치를 구한다.

$$\frac{1{,}500}{1.1^2} = 1{,}239.7$$

그러면 한국기업의 장기차입금의 가치는 1,378.5(=138.8+1,239.7)이 된다.

(2) 현재의 시장이자율로 장기차입금을 다시 평가한 결과를 종전 평가액과 비교하면 다음과 같다.

재평가액	1,378.5
종전평가액	1,200
증가액	178.5

위와 같이 부채의 평가금액이 늘어나게 되면 자기자본가치는 동일한 금액 178.5(백만원)만큼 감소하게 된다.

05 기타 부채성 항목

부채성충당금

① 부채성충당금이란?

부채성충당금은 미래의 지출에 대비해서 미리 준비하는 금액이다. 그 비용발생의 원인이 당해 연도에 속하기 때문에 준비하지만 지출의 시기 또는 금액이 불확실한 미확정부채라고 할 수 있다.

이러한 부채성충당금은 다음의 세 가지 요건을 충족하는 경우에만 부채로 인식한다.

첫째, 과거사건의 결과로 현재의 의무가 존재한다.

둘째, 당해 의무를 이행하기 위하여 경제적 자원이 유출될 가능성이 높다.

셋째, 당해 의무를 이행하는데 소요되는 금액을 신뢰성 있게 추정할 수 있다.

② 부채성충당금의 종류

부채성충당금의 가장 대표적인 항목은 퇴직급여충당금이라고 할 수 있다. 퇴직급여충당금은 현재시점에서 기업의 전 임직원이 한 번에 퇴직할 경우에 지급해야 할 퇴직금에 해당하는 금액을 계상한 것이다. 퇴직금과 관련된 부채성충당금은 퇴직연금과 관련해서도 발생하는데 이는 뒤에서 별도로 설명하겠다.

퇴직급여충당금 이외에 부채성충당금으로는 기업이 영위하는 업종이나 충당금의 목적에 따라서 다양하게 설정된다. 제품보증충당금, 경품충당금, 복구충당금, 사후처리충당금, 지급보증충당금, 손해배상충당금, 손실부담계약충당금, 구조조정충당금 등이 모두 부채성충당금에 해당된다.

중요한 부채성충당금을 열거하고 이들 충당금을 설정해야 하는 경우를 대응해서 요약하면 다음과 같다.

표 11-4 부채성충당금의 설정

부채성충당금의 종류	설정해야 하는 경우
제품보증충당금	제품의 보증판매와 같이 다수의 유사한 의무가 있는 경우
경품충당금	판매촉진을 위해서 쿠폰 등과 교환으로 경품을 제공하는 판매를 실시하는 경우
복구충당금 또는 사후처리충당금	영업활동에서 훼손된 환경을 복구하거나 설비를 폐쇄 혹은 제거해야 하는 경우
지급보증충당금	담보가 부족한 관계회사나 관련회사가 금융기관으로부터 대출을 받을 때 지급보증을 해주는 경우
손해배상충당금	소비자, 거래처, 노조 등 다양한 이해관계자로부터 손해배상청구소송에 피소될 경우
손실부담계약충당금	계약상 의무에 따라서 회피불가능한 손실이 발생할 것으로 예상되는 경우
구조조정충당금	경영자의 통제하에 사업의 범위 또는 사업체의 구조를 중대하게 변화시키는 경우

퇴직연금과 관련된 부채

① 퇴직연금

미적립 퇴직연금 부채들은 중요한 평가대상이 된다. 왜냐하면 기업연령이 높은 경우에는 임직원에 대한 퇴직금의 규모가 매우 크기 때문에 자기자본의 가치에 중요한 영향을 줄 수 있다. 미국기업의 미적립 퇴직연금에 대한 실태조사의 결과에 따르면 미적립 퇴직연금의 부채규모가 매우 크게 나타나서 기업가치의 10% 수준을 초과하는 경우도 많았다. 특히 이러한 현상은 자동차, 항공사, 정유 및 가스, 공익사업 부문에서 두드러지게 나타났다.

② 확정기여형과 확정급여형

퇴직연금과 관련된 부채는 연금계획에서 비롯된다. 연금계획은 확정기여형(DC: defined contribution)과 확정급여형(DB: defined benefit)으로 구분된다. 확정기여형은 회사가 지급하는 비용을 정해놓는 방식인데 비해서 확정급여형은 종업원이 받는 퇴직금을 정해놓는 방식이다.

확정기여형은 기업이 일정한 금액을 기금으로 조성하면 그 책임은 다한 것이 되어서 더 이상 문제될 것이 없다. 기금운용의 성공과 실패는 종업원이 부담하는 것이기 때문이다. 그러나 확정급여형의 경우에는 회사가 실제 기금운영의 성과와는 무관하게 종업원들에게 정해진 퇴직금을 지급할 책임을 진다. 이러한 연금관련 기금의 가치와 성과는 재무제표상에 나타나지 않고 주석에서만 확인할 수 있기 때문에 주의 깊게 살펴야 한다. 그리고 그 결과를 기업가치에 반영해야 한다, 구체적으로는 기금운영의 성과가 좋아서 나타난 이익을 기업가치에 가산하고 기금운영의 결과가 나빠서 나타난 손실은 기업가치에서 차감해야 한다.

06 부외부채

부외부채의 특징

부외부채(off balance sheet debt)는 재무제표의 본문에는 나타나지 않지만 잠재적인 부채의 성격을 갖고 있는 항목들을 말한다. 이러한 항목들은 회계제도의 미비나 회계기준의 불완선성으로 인하여 재부제표의 본분에 나타나지 않지만 자기자본가치에 중요한 영향을 미칠 수 있기 때문에 기업가치를 평가하는 과정에서 주의 깊게 살펴야 한다.

우발채무

우발채무(contingent liability)는 과거사건에 의해서 이미 발생하였지만 기업이 전적으로 통제할 수 없는 불확실한 미래사건의 발생 여부에 의해서 그 존재가 확인되는 잠재적 의무를 말한다.

우발채무는 지급 시기나 지급 금액이 확정되어 있지 않다는 면에서는 부채성충당금과 유사하다고 할 수 있다. 그러나 부채성충당금은 부채로 인식할 수 있는 요건을 갖춘 것이고 우발채무는 그렇지 못하다. 따라서 우발채무는 재무제표의 본문에 부채로 인식하지 않고 주석사항으로 공시하게 된다.

대표적인 우발채무로는 소송 중인 사건이나 지급보증과 같은 사항들을 들 수 있는데, 이러한 것들은 언제든지 기업의 부채가 될 수 있다. 이외에 팩토링(factoring)도 우발채무의 한 예라고 할 수 있다. 팩토링이란 매출채권을 만기가 되기 전에 금융회사(팩토링회사)에 매각해서 조기에 현금을 회수하는 금융기법이다. 그런데 매각한 매출채권이 부도가 나면 이를 매각한 기업이 팩토링회사에 대신 변제할 책임을 지는 것이 일반적인 조건이기 때문이다.

운용리스

운용리스도 재무상태표에 나타나지 않기 때문에 부외부채라고 할 수 있다. 그러나 운용리스료는 영업비용으로 손익계산서에 나타나기 때문에 이를 이용해서 운용리스의 존재여부를 확인할 수 있다. 이러한 운용리스의 가치를 측정해서 부채성항목으로 인식하는 것이 중요하다.

운용리스의 가치를 측정하기 위해서 리스료가 어떻게 결정되는가를 살펴보자. 리스회사는 리스자산에 대한 자금조달비용을 위한 보상과 리스자산의 감가상각비를 리스료에 반영할 것이다. 이때에 리스자산의 취득자금에 대한 자본비용은 타인자본비용(k_d)이 된다. 그리고 감가상각방법으로 정액법을 적용하고 잔존가치는 없다고 하면 리스료는 다음과 같이 결정된다.

$$L = \text{자산가치} \times (k_d + \frac{1}{n})$$

여기서 L: 리스료, n: 자산의 내용연수

따라서 운용리스의 가치는 위의 식에서 자산가치를 구하면 된다. 위 식을 자산가치를 중심으로 정리하면 다음과 같은 가치평가식이 도출된다.

$$\text{자산가치} = \frac{L}{(k_d + \frac{1}{n})}$$

위 식으로 평가된 금액이 운용리스료를 자본화시킨 가치인데 이 값을 비주주청구권으로 차감해야 자기지본가치를 정확하게 구할 수 있다.

예제 11-3

대한기업(주)의 재무상태표에는 리스와 관련된 정보가 없지만 손익계산서에는 운용리스료가 5,100만원이 계상되어 있다. 운용리스자산의 내용연수는 20년이고 현재 타인자본비용은 7%라고 하자.
이러한 조건에서 대한기업(주)이 이용하고 있는 운용리스를 자본화시킨 가치를 산출해보자.

풀이

앞에서 소개한 평가식을 이용해서 다음과 같이 대한기업(주)이 사용하고 있는 운용리스를 자본화시킨 가치를 구할 수 있다.

$$\text{자산가치} = \frac{L}{(k_d + \frac{1}{n})}$$

$$= \frac{5{,}100}{0.07 + \frac{1}{20}} = 4.25\text{억원}$$

07 혼합청구권

스톡옵션

많은 기업들이 임원과 종업원들에게 보상의 일부로 스톡옵션(stock option)을 주고 있다. 스톡옵션은 기업의 주식을 미리 정해진 가격으로 매입할 수 있는 주식매수선택권이다. 따라서 주가의 움직임에 따라서 어떤 경우에는 거액의 이익을 올릴 수 있는 것이다. 이러한 이유에서 스톡옵션은 잠재적으로 기업과 주주에게 부담이 될 수 있다.

이러한 스톡옵션은 뒤에서 공부하게 될 블랙-숄즈(Black-Scholes)의 옵션가격결정모형(OPM: option pricing model)으로 그 가치를 평가할 수 있다. 이렇게 평가된 금액을 비주주 청구권으로서 기업가치에서 차감해야 정확한 자기자본가치를 구할 수 있다.

그런데 여기서 주의할 점은 미래에 행사될 옵션의 가치를 잉여현금흐름(FCF)

을 추정하거나 할인된 현금흐름(DCF)에서 반영하였다면 비주주 청구권으로 기업가치에서 차감하지 말아야 한다는 것이다. 만약 잉여현금흐름의 측정에 반영하였는데 다시 옵션가치를 측정해서 비주주 청구권으로 기업가치에서 차감한다면 중복해서 차감하는 결과가 되기 때문이다.

전환사채

전환사채(CB: convertible bond)는 미리 정해진 전환비율에 따라서 보통주로 전환될 수 있는 회사채를 말한다. 전환사채를 구조적 특징에서 보면 일반사채에다가 자기자본에 대한 콜옵션(전환권)을 더한 것이다.[3)]

전환사채의 가치는 기업가치의 변동에 따라서 달라진다. 전환사채가 활발하게 시장에서 거래되는 기업의 경우에는 전환사채의 시장가치를 그대로 이용해서 평가할 수 있다. 그러나 이러한 방법이 유효하려면 주식의 내재가치와 시장가치가 같다는 조건이 충족되어야 한다. 그렇지 않다면 옵션가격결정모형(OPM)을 이용해서 합리적인 근사치를 구해야 한다.

신주인수권부사채

신주인수권부사채(BW: bond with warrant)는 기업이 신주를 발행할 때에 기존 주주들과 마찬가지로 신주를 인수받을 수 있는 권리가 있는 회사채이다. 전환사채는 주식으로 전환하면 채권은 소멸되지만 신주인수권부사채는 유상증자에 참여하여 신주를 배정받아도 채권은 그대로 남아서 채권자로서의 지위를 유지하는 특징이 있다.

신주인수권부사채도 일반사채에다가 신주를 미리 정한 가격에 인수받을 수 있는 콜옵션(신주인수권)이 더해진 구조이다. 따라서 신주인수권을 OPM으로 평가하고 그 평가된 값을 일반사채의 가치에 더하면 신주인수권부사채의 가치를 구한 것이 된다. 이렇게 구한 값을 비주주 청구권으로서 기업가치에서 차감하면 자기자본가치를 구할 수 있는 것이다.

전환사채와 신주인수권부사채의 공통점과 차이점을 비교해서 제시하면 다음과 같은 표로 나타낼 수 있다.

---

3) 이렇게 전환권이 없는 사채는 straight bond라고 한다. 그리고 콜옵션(call option)은 특정한 자산을 매수할 수 있는 권리를 말한다. 옵션과 관련된 내용은 뒤에서 자세하게 다룰 것이다.

표 11-5 전환사채와 신주인수권부사채의 비교

구 분	내 용
공통점	• 둘 다 주식을 취득할 수 있는 옵션이 일반사채에 부여된 형태의 구조를 갖는다. • 둘 다 채권자가 옵션을 행사할 수 있는 채권이다. • 둘 다 옵션을 행사하지 않으면 일반사채를 보유한 채권자가 된다. • 둘 다 옵션이 행사되면서 경영권에 변화를 가져온다. • 둘 다 발행이자율이 일반사채보다 낮은 수준이다.
차이점	• 전환사채는 주식으로 전환하면 채권이 소멸되지만, 신주인수권부사채는 주식을 인수해도 여전히 채권자로서의 지위가 유지된다. • 전환사채는 주식으로 전환하면서 추가로 납부할 금액이 없지만, 신주인수권부사채는 추가로 신주인수대금을 납부해야 한다. • 전환사채는 옵션(전환권)의 기초자산이 기업가치이지만, 신주인수권부사채는 옵션(신주인수권)의 기초자산이 자기자본가치이다.

요 약

1. 기업가치를 평가하는 방식을 소득접근법, 시장접근법, 자산접근법으로 구별하기도 한다.
2. 소득접근법은 현금흐름할인법과 같은 것이고 시장접근법은 상대가치평가법과 같은 것이다.
3. 자산접근법은 재무상태표상의 자산과 부채를 개별적으로 평가하는 방법이며 청산기업의 가치를 평가하는데 적합한 방법이다.
4. 자산접근법은 개별 항목의 시장가치를 평가기준으로 삼는데 중고가치, 재생산원가, 대체원가의 순서로 적용한다.
5. 자산항목에 대한 평가는 가공의 금액이 포함되어 있는지에 중점을 두고 평가해서 과대평가의 오류를 피하도록 한다.
6. 부채항목에 대한 평가는 누락된 금액이 없는지에 중점을 두고 평가해서 과소계상의 위험을 피해야 한다.
7. 부채항목 중 혼합청구권의 경우에는 옵션적 특성이 포함된 것이므로 정확한 평가를 위해서는 옵션가격결정모형을 이용할 필요가 있다.

연습문제

진위형

1. 자산접근법으로 기업가치를 평가하는 방법은 청산기업보다 계속기업에 적합하다. (　　)
2. 자산접근법은 자산전체를 하나로 평가하는 것이 아니고 자산을 구성하는 항목을 개별적으로 평가하는 것이다. (　　)
3. 자기자본가치는 자산접근법으로 산출할 수 없다. (　　)

객관식

1. 자산접근법에서 말하는 시장가치의 적용순서를 바르게 나열한 것은?
   ① 대체원가 → 재생산원가 → 중고가치
   ② 재생산원가 → 중고가치 → 대체원가
   ③ 중고가치 → 재생산원가 → 대체원가
   ④ 대체원가 → 중고가치 → 재생산원가

2. 다음 중 부외부채로만 구성된 것은?
   ① 운용리스와 우발채무　　② 운용리스와 전환사채
   ③ 우발채무와 전환사채　　④ 전환사채와 신수인수권부사채

3. 퇴직연금 중 나중에 회사에게 추가적인 부담이 없는 것은?
   ① 확정급여형　　② 확정기여형
   ③ 둘 다 부담이 없다.　　④ 둘 다 부담이 될 수 있다.

4. 청산기업의 가치를 평가하는데 적합한 평가방법은?
   ① 자산접근법　　② 소득접근법
   ③ 시장접근법　　④ 자기자본가치접근법

5. 자산접근법에서 개별항목을 평가하는 기준은 어느 것인가?
① 시장가치 ② 중고가치
③ 재생산원가 ④ 대체원가

6. 다음 중 장부가액을 그대로 평가액으로 받아들일 수 있는 자산항목은 어느 것인가?
① 현금과 현금성자산 ② 재고자산
③ 투자자산 ④ 무형자산

7. 자산접근법에서 무형자산의 평가방법으로 많이 이용되는 것은 어느 것인가?
① 현금흐름할인법 ② 상대가치평가법
③ 시장접근법 ④ 취득원가법

8. 다음 중 회사의 부채증가를 통해서 자기자본가치의 하락을 가져올 수 있는 항목은?
① 확정급여형 퇴직연금 ② 확정기여형 퇴직연금
③ 장기성 미지급금 ④ 혼합청구권

9. 다음 중 혼합청구권에 해당되지 않는 것은?
① 스톡옵션 ② 신주인수권부사채
③ 운용리스 ④ 전환사채

주관식

1. 자산접근법에서는 개별항목을 평가해서 더한 값을 기업가치로 본다. 개별항목을 평가하는 기준은 시장가치인데 구체적인 적용 방법을 설명하시오.
2. 자산접근법을 이용해서 청산기업의 자산과 부채를 평가할 때 중점을 두는 사항이 차이가 있다. 어떤 차이가 있는지 설명하시오.
3. 운용리스가 왜 부외부채인지 설명하시오.
4. 혼합청구권이란 무엇이고 이에는 어떤 것들이 있는지 열거하시오.

Chapter 12

OPM을 이용한 가치평가

옵션이란 미래의 상황이 유리하면 권리를 행사하고 불리하면 행사하지 않아도 되는 증권을 말한다. 현실적으로 미래는 불확실하므로 이러한 옵션은 매우 유용하게 사용될 수 있다. 최근에 소개되는 금융상품들 중에는 이러한 옵션을 포함하고 있는 것들이 많다. 옵션을 이용하면 재무현상의 많은 부분을 명쾌하게 설명할 수 있으며 기업의 자본과 부채를 평가하는 새로운 방법도 제시할 수 있다. 주주의 유한책임이라는 특성으로 인해서 자기자본을 콜옵션으로 볼 수 있기 때문에 가치평가에 옵션가격결정모형(OPM)이 이용된다. 이 장에서는 옵션에 대한 기본적 개념과 OPM을 소개하고 이를 이용해서 자기자본가치를 평가하는 과정을 설명할 것이다.

제1절 옵션의 기초개념

01 옵션이란?

옵션(option)이란 용어는 '선택할 수 있다'는 뜻을 갖는다. 자동차를 살 때에 '썬루프는 옵션입니다'라는 표현을 볼 수 있는데 이는 썬루프를 원하면 추가비용을 내고 장착할 수 있다는 것이다. 물론 원치 않으면 장착하지 않아도 되므로 의무는 없는 것이다.

재무이론에서 말하는 옵션도 이러한 의미를 갖는다. 즉, 특정한 주식을 미래의 일정시점에 가서 미리 정해진 가격으로 살 수 있는 권리라고 생각하면 된다.

02 관련 용어와 기호

관련 용어

처음 옵션을 공부할 때에는 다소 생소한 용어가 많이 등장해서 내용을 이해하기가 어렵게 느껴진다. 다음과 같은 예제를 설정해서 옵션과 관련된 여러 가지 용어를 쉽게 이해하도록 하자.

> 현재 한국전자의 주식가격은 40만원이다. 그런데 이 주식을 1년 후에 50만원에 살 수 있는 옵션이 시장에서 3만원에 거래되고 있다.

① 기초자산

여기서 한국전자주식은 나중에 옵션을 행사해서 취득할 수 있는 주식인데 이를 기초자산(underlying asset)이라고 한다. 기초자산이 이와 같이 주식인 경우에는 기초주식(underlying stock)이라고 한다. 옵션은 이처럼 기초자산을 근거로 만들어진 것이기 때문에 파생금융상품(derivatives)이라고 부르는 것이다.[1)]

그리고 옵션에서 만약 기초자산이 실물자산이면 실물옵션(real option)이라고 부른다. 실물옵션은 기업가치를 평가하는 데 중요한 사항이 되기 때문에 뒤에서 자세하게 다룰 것이다.

② 옵션만기

한국전자에 대한 위와 같은 사례에서 1년 후는 옵션을 행사할 수 있는 시점으로서 옵션만기(expiration date)라고 한다. 만약 옵션의 만기가 되어서도 권리를 행사하지 않으면 그 권리는 저절로 소멸된다.

③ 행사가격

그리고 옵션의 기초주식인 한국전자의 주식을 50만원에 살 수 있다고 하였는데 이때의 50만원을 행사가격(excercise price)이라고 한다. 그래서 옵션을 행사하는 시점에서 한국전자의 주가가 50만원을 초과해서 형성되면 옵션을 행사하여 이익을 얻게 된다. 50만원 미만이 되면 옵션을 행사하지 않으면 되기 때문에 손해 볼 일은 없다.

④ 옵션가격

비록 한국전자의 현재주가가 40만원으로 행사가격 50만원보다 낮지만 1년 후에 가서는 주가가 50만원을 넘을 수도 있다. 따라서 이러한 옵션은 경제적 가치가 있는 것이다. 경제적 가치가 있는 만큼 옵션도 일정한 가격을 지불하고 구입해야 할 것이다. 이 옵션이 시장에서 3만원에 거래된다고 하였는데 이 3만원이 바로 옵션가격인데 이를 옵션프리미엄(option premium)이라고 부른다.

이 사례에서 3만원은 옵션의 시장가격이고 뒤에서 소개할 옵션가격결정모형(OPM)으로 구하는 가격은 내재가치라는 점을 미리 알아둘 필요가 있다.

기호설명

위와 같은 용어와 관련해서 앞으로 다음과 같은 기호들이 많이 사용된다. 그 의미를 명확하게 알아야 옵션과 관련된 내용들을 이해하기 쉽다.

1) 옵션과 더불어 대표적인 파생금융상품으로 선물(futures)이 있는데 이 역시 기초자산이 상품이면 상품선물(commodity futures), 기초자산이 금융자산이면 금융선물(financial futures)이라고 한다.

t : 옵션의 만기로서 위 사례에서는 1년이다.
S_0 : 현재시점에서의 주식가격을 의미하며 위 사례에서는 40만원이다.
S_t : 옵션 만기시점(t)에서 형성된 주식가격을 의미하며 위 사례에서는 주어지지 않았기 때문에 알 수 없다.
X : 옵션의 행사가격으로서 위 사례에서는 50만원이다.
C_0 : 현재시점에서의 옵션가격(또는 옵션프리미엄)으로서 위 사례에서는 3만원이다.
C_t : 만기시점에서의 옵션가치인데 위 사례에서는 알 수 없다. 만기주가(S_t)에서 행사가격을 차감해서 구하기 때문에 만기주가를 알아야 산출할 수 있다.

03 옵션의 종류

콜옵션과 풋옵션

위 사례에서와 같이 일정한 가격에 기초자산을 살 수 있는 옵션은 콜옵션(call option)이라고 한다. 그렇지만 이와는 반대로 기초자산을 일정한 가격에 팔 수 있는 옵션도 있는데 이는 풋옵션(put option)이라고 한다. 콜옵션은 만기에 주식가격이 높을수록 이익이 크지만 풋옵션은 만기에 주식가격이 떨어져야 이익이 크다.

유럽형 옵션과 미국형 옵션

그리고 위 사례에서와 같이 만기시점인 1년 후에만 권리를 행사할 수 있는 옵션은 유럽형 옵션(european option)이라고 한다. 그렇지만 이와는 달리 만기가 되기 이전이라도 아무 때나 권리를 행사할 수 있는 옵션도 있다. 이러한 옵션은 미국형 옵션(american option)이라고 한다. 미국형 옵션이 유럽형 옵션보다 복잡하지만 그 기본적 구조는 동일하다. 우리나라에서는 유럽형 옵션만 도입되어 있으므로 여기서는 주로 유럽형 옵션을 다룰 것이다.

제2절 옵션의 만기가치

01 콜옵션의 만기가치

만기가치

앞 사례의 콜옵션이 1년 후에 가면 얼마의 가치를 갖게 되는가를 보자. 만기주가, 즉 1년 후에 가서 한국전자의 주식가격이 현재와 마찬가지로 40만원이라고 하자. 만약 이때 옵션을 행사한다면 시장에서 40만원에 살 수 있는 주식을 50만원 주고 사는 것이므로 10만원만큼 손실이 된다. 그런데 이렇게 만기주가가 행사가격보다 낮은 수준이면 옵션을 행사하지 않을 것이다. 따라서 이때에 콜옵션은 아무런 경제적 가치가 없으므로 그 가치는 0이 된다.

콜옵션행사로 이익이 생기려면 만기주가가 행사가격보다 높아야 한다. 만기주가가 60만원이면 10만원(=60−50)만큼, 만기주가가 70만원이면 20만원(=70−50)만큼 이익이 될 것이다. 만기주가수준(S_t)에 대응해서 콜옵션의 만기가치(C_t)를 표로 함께 나타내면 다음 〈표 12-1〉의 두 번째 줄에 해당된다.

표 12-1 콜옵션의 만기가치

만기주식가격(S_t)	30	40	50	60	70
만기옵션가치(C_t)	0	0	0	10	20
만기손익	−3	−3	−3	7	17

위 내용에서 확인된 콜옵션의 만기가치(C_t)를 수식으로 나타내보자. 콜옵션의 만기가치는 만기주가(S_t)가 행사가격(X)보다 낮으면 0이고 만기주가가 행사가격보다 높으면 만기주가에서 행사가격을 차감한 값이 되는 것을 알 수 있다. 이를 수식으로 다음과 같이 표현할 수 있다.

만기주가(S_t) ≤ 행사가격(X)이면 $C_t = 0$

만기주가(S_t) > 행사가격(X)이면 $C_t = S_t - X$

그리고 이를 간단하게 다음과 같은 식으로 나타낸다.

$$C_t = \max[0, S_t - X] \qquad [식\ 12\text{-}1]$$

옵션구입의 만기손익

그러면 이러한 콜옵션을 산 사람의 만기손익은 어떻게 될까? 앞서 설명하였듯이 옵션은 경제적 가치가 있는 것이므로 콜옵션의 현재가격(C_0), 3만원을 지불하고 사야 한다. 그리고 옵션은 만기가 되면 그 권리가 없어지므로 이러한 옵션을 산 사람의 만기손익을 계산할 때에는 콜옵션의 만기가치에서 옵션가격까지 빼야 한다. 이러한 만기손익은 〈표 12-1〉의 세 번째 줄에 나타나 있다.

지금까지의 내용을 그림으로 나타내면 [그림 12-1]과 같다. 우선 콜옵션의 만기가치를 만기의 주가수준에 대응해서 나타내면 [그림 12-1]의 실선으로 표시된다. 그리고 이러한 콜옵션을 산 사람의 만기손익은 옵션가격만큼을 빼야 하므로 그림의 점선으로 나타난다.

그림 12-1
콜옵션의 만기가치

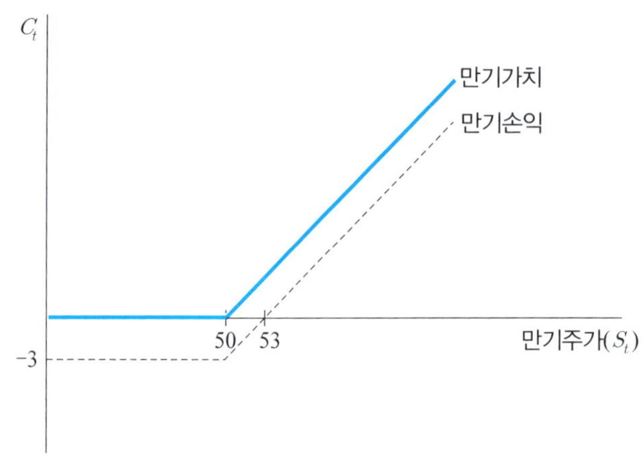

02 풋옵션의 만기가치

만기가치

만기에 가서 기초주식을 미리 정해진 가격에 팔 수 있는 옵션은 풋옵션이라고 하였다. 이번에는 앞서의 콜옵션과 똑같은 조건을 갖는 풋옵션을 생각해보자. 즉, 1년 후 한국전자주식을 50만원에 팔 수 있는 옵션이다. 이러한 풋옵션이 만기에 가서 그 가치가 얼마가 되는지를 살펴보자.

먼저 만기주가, 즉 1년 후 한국전자주가가 40만원이라고 하자. 이때 풋옵션을 행사한다면 40만원짜리 주식을 50만원에 파는 것이므로 10만원(=50−40)만큼 이익이 된다. 이번에는 만기주가가 60만원이라고 해보자. 이때 풋옵션을 행사하면 60만원짜리 주식을 50만원에 파는 것이므로 10만원(=50−60)만큼 손실이 된다. 따라서 만기주가가 행사가격보다 높다면 옵션을 행사하지 않을 것이고 따라서 이때에 풋옵션의 가치는 0이 된다.

풋옵션행사로 이익이 생기려면 만기주가가 행사가격보다 낮아야 한다. 그리고 만기주가가 낮으면 낮을수록 풋옵션을 행사하여 얻게 되는 이익은 커진다. 만기주가수준(S_t)과 이에 따른 풋옵션의 만기가치(P_t)를 대응해서 표로 나타내면 다음 〈표 12-2〉의 두 번째 줄과 같다.

표 12-2 풋옵션의 만기가치

만기주식가격(S_t)	30	40	50	60	70
만기옵션가치(P_t)	20	10	0	0	0
만기손익	18	8	−2	−2	−2

위의 내용을 반영하여 풋옵션의 만기가치(P_t)를 수식으로 나타내보자.

만기주가(S_t) ≤ 행사가격(X)이면 $P_t = X - S_t$

만기주가(S_t) > 행사가격(X)이면 $P_t = 0$

이를 간단하게 다음과 같은 식으로 표현한다.

$$P_t = \max[0, X - S_t] \qquad [식\ 12\text{-}2]$$

옵션구입의 만기손익

이번에는 풋옵션을 산 사람의 만기손익을 생각해보자. 풋옵션도 대가를 지불하고 구입해야 하고 만기가 되면 그 권리가 소멸된다. 위의 풋옵션의 가격(P_0)이 2만원이라고 하자. 그러면 풋옵션을 산 사람의 만기손익은 풋옵션의 만기가치에서 구입가격만큼 빼야 하므로 〈표 12-2〉의 세 번째 줄과 같이 된다.

지금까지의 내용을 그림으로 나타내면 [그림 12-2]와 같다. 우선 풋옵션의 만기가치를 만기의 주가수준에 대응해서 나타내면 [그림 12-2]의 실선으로 표시된다. 그리고 이러한 풋옵션을 산 사람의 만기손익은 옵션가격만큼을 빼야 하므로 그림의 점선으로 나타난다.

그림 12-2
풋옵션의 만기가치

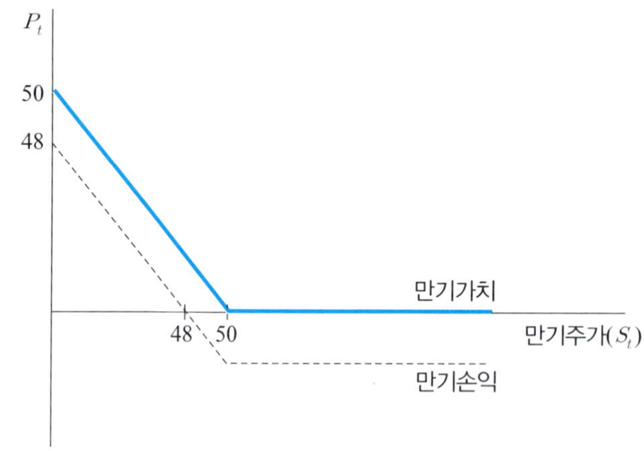

03 옵션행사에 따른 손익

앞서 살펴보았듯이 옵션의 행사에 따른 손익은 만기주가(S_t)와 행사가격(X)의 관계에서 결정된다. 여기서 옵션을 행사할 때 이익이 생기는 경우를 내가격(ITM: in the money)이라고 한다. 이와 반대로 옵션을 행사할 때 손실을 보게 되는 경우는 외가격(OTM: out of the money)이라고 한다. 그리고 주가와 행사가격이 같아서 옵션행사로 손실도 이익도 발생하지 않는 경우를 등가격(ATM: at the money)이라고 한다.[2)]

그런데 콜옵션과 풋옵션의 경우에는 서로 반대의 경우에서 손실과 이익이 발생하게 된다. [그림 12-1]과 [그림 12-2]를 비교해보면 이러한 차이를 쉽게 확인할 수 있다. 콜옵션은 만기주가가 높을수록 가치가 커지고 풋옵션은 만기주가가 낮을수록 가치가 커진다는 것을 알 수 있다. 따라서 콜옵션을 산 투자자는 주가가 상승하면 이익을 얻고 풋옵션을 산 투자자는 주가가 떨어질 때 이익을 얻게 된다.

따라서 콜옵션이 내가격상태가 되면 풋옵션이 외가격상태가 되고 콜옵션이 외가격상태가 되면 풋옵션이 내가격상태가 되는 것이다. 이러한 관계를 표로 나타내면 다음과 같다.

표 12-3
옵션행사에 따른 손익

	콜옵션	풋옵션
내가격	$S_t > X$	$S_t < X$
외가격	$S_t < X$	$S_t > X$
등가격	$S_t = X$	$S_t = X$

제3절 옵션가격결정모형

01 가성별 OPM

이제부터 콜옵션의 균형가격(C_0)을 어떻게 구하는지 살펴보자. 옵션의 균형가격을 구하는 모형을 옵션가격결정모형(OPM: option pricing model)이라고 한다.

재무이론에서 자산의 균형가격을 구하려면 그 자산의 미래현금흐름을 현재가치로 할인한다. 옵션가격도 마찬가지이다. 즉, 옵션의 만기가치를 현재가치로 할인하면 옵션의 균형가격이 산출된다.[3)]

2) 이와는 달리 현재주가와 옵션의 행사가격을 비교해서 내가격, 외가격, 등가격을 정의하기도 한다.

3) OPM으로 구하는 균형가격은 이론적 가격이다. 따라서 실제 기래가격, 즉 시상가격과 반드시

콜옵션의 경우 그 만기가치는 $C_t = \max[0, S_t - X]$로 나타난다고 하였다. 이 식을 보면 결국 만기주가가 행사가격보다 높은 경우에 콜옵션의 만기가치가 양의 값을 갖는다. 따라서 이를 현재가치로 할인한 값이 콜옵션의 균형가격이 되는 것이다.

그런데 콜옵션의 만기가치를 나타내는 위 식에서 행사가격(X)은 미리 정해진 값으로서 상수항이 된다. 문제는 미래의 만기주가(S_t)가 불확실한 값이기 때문에 이에 대해서 나름대로의 가정을 해야 한다. 이에 대해서 다음과 같이 세 가지로 가정을 할 수 있다.

[가정 1] 만기주가를 확실한 값으로 알 수 있다.
[가정 2] 만기주가는 두 값 중 하나의 값을 갖는다.
[가정 3] 만기까지 주가가 계속 변동하기 때문에 특정한 값으로 알 수 없다.

이러한 세 가지 가정을 근거로 만들어진 각각의 옵션가격결정모형을 열거하면 다음의 표와 같다.

표 12-4
가정별 OPM

가 정	OPM
가정 1	확실성모형
가정 2	이항분포모형
가정 3	블랙숄즈모형

위 가정의 내용을 보면 알겠지만 [가정 1]이 가장 쉽다. 그러나 지나치게 비현실적이어서 확실성모형은 옵션가격결정모형의 기본구조를 설명할 때 이용될 뿐이다. [가정 3]이 가장 현실적인데 블랙숄즈모형의 도출과정이나 내용은 무척 어려운 편이다. 그러나 실제로 이 모형을 이용하는 것은 그 내용만큼 어렵지는 않기 때문에 가장 많이 이용된다. 마치 컴퓨터를 직접 만드는 것은 어렵지만 만들어진 컴퓨터를 이용하는 것은 쉬운 것과 같은 원리이다. 이러한 배경에서 블랙숄즈모형을 살펴보겠다.

일치한다고 말할 수는 없다. 시장이 균형상태이면 일치하는 것이고 불균형상태이면 일치하지 않을 것이다.

02 블랙숄즈모형

개 요

현실적으로 주식가격은 옵션의 만기까지 계속 변동한다. 이러한 주가의 연속적 변동을 가정하여 블랙(Black)과 숄즈(Scholes)가 옵션가격결정모형을 만들었는데 이를 블랙숄즈모형(Black Scholes OPM)이라고 한다.

블랙숄즈모형은 확실성모형이나 이항분포모형에 비해 주가변동에 대해서 훨씬 현실적인 가정을 전제로 하고 있다. 현실적인만큼 그 도출과정은 복잡하여 높은 수준의 수학적 지식이 필요하다. 그러나 기본원리는 기초주식 1개를 매입하면서 이에 대한 콜옵션을 매도하여 헤지포트폴리오를 구성하는 것이다. 그리고 이 포트폴리오의 순간적 수익률이 연속무위험이자율과 같아야 한다는 미분방정식을 풀어서 콜옵션가격을 구한다. 이렇게 해서 만들어진 콜옵션의 가격결정식은 다음과 같다.

$$C_0 = S_0 \cdot N(d_1) - \frac{X}{e^{R_f t}} \cdot N(d_2) \qquad \text{[식 12-3]}$$

단, C_0: 콜옵션의 가격
S_0: 기초주식의 현재가격
X: 행사가격
e: 자연로그의 밑수(2.71828⋯)
t: 만기까지 잔여년수
R_f: (연속복리) 무위험이자율
$N(d)$: 표준정규분포에서 $-\infty$부터 d까지의 누적확률값

그리고 [식 12-1]에서 d_1, d_2는 다음과 같이 정의된다.

$$d_1 = \frac{\ln(\frac{S_0}{X}) + (R_f + \frac{\sigma^2}{2})\,t}{\sigma\sqrt{t}}$$

$$d_2 = d_1 - \sigma\sqrt{t}$$

단, σ : 주식수익률의 표준편차

모형의 특징

① 각 변수와의 관계

블랙숄즈모형은 매우 복잡한 과정을 거쳐서 도출되지만 실제 이 모형을 이용하는 것은 생각만큼 어렵지 않다. 이 모형을 이용할 때에 필요한 변수들은 현재주가(S_0), 행사가격(X), 무위험이자율(R_f), 만기(t), 주식수익률의 표준편차(σ)들 다섯 가지인데 이들 값은 모두 쉽게 관찰하거나 간단한 계산으로 구할 수 있는 값들이기 때문이다. 다만 자연로그(ln)값, 자연로그의 밑수(e) 등을 구하기 위해서는 공학용 계산기가 필요하고 $N(d)$값을 구하기 위해서는 표준정규분포표가 필요하다. 그러나 기본적으로 이들 값을 블랙숄즈모형에 대입해서 옵션의 균형가격을 구하는 것은 기계적인 절차에 불과하다.

그리고 이 모형에서 옵션의 가격을 결정하는 다섯 가지 변수들이 옵션가격에 미치는 효과의 부호를 보면 현재주가(S_0), 무위험이자율(R_f), 만기(t), 주식수익률의 표준편차(σ)들은 양(+)의 방향이고 행사가격(X)만이 음(−)의 방향인 것을 알 수 있다.

② 모형의 구조

블랙숄즈모형의 구조를 살펴보자. [식 12-3]을 자세히 보면 이는 기본적으로 현재주가에서 행사가격의 현재가치를 차감하는 구조를 갖는다는 것을 알 수 있다. 따라서 다음과 같이 표현할 수 있다.

$$C_0 = S_0 \cdot N(d_1) - \frac{X}{e^{R_f t}} \cdot N(d_2)$$

$$= \text{현재주가} \cdot N(d_1) - \text{행사가격의 현가} \cdot N(d_2)$$

다만 주가가 연속적으로 변동한다고 가정하기 때문에 이를 반영하여 현재주가에는 $N(d_1)$, 행사가격의 현재가치에는 $N(d_2)$라는 조정계수를 곱해준 것이라고 할 수 있다. 이러한 구조는 확실성모형, 이항분포모형에서도 똑같이 확인된다.

③ 현재가치계수

블랙숄즈모형에서 두 번째 항에 있는 행사가격의 현재가치($\frac{X}{e^{R_f t}}$)에 대해서 좀 더 살펴보자. 이는 미래 t시점에서의 X를 현재가치로 구하기 위해서 $e^{R_f t}$로 할인한 값이다. 여기서 $e^{R_f t}$는 현재의 1원을 미래 t시점에서 평가한 값을 의미한다. 이렇게 $e^{R_f t}$로 할인하는 것은 미래가치를 계산하는 과정에서 발생이자를 무한히 연속복리로 계산하기 때문이다. 다음의 설명을 보면 이해에 도움이 될 것이다.

만약 현재의 1원에 대해서 10%로 1년 후 미래가치를 계산하면서 이자를 1년에 1회 계산한다면 다음과 같이 1.1원이 된다.

$$1 \times (1 + 0.1)^1 = 1.1$$

그런데 1년에 이자를 2회 계산한다면 1년 후 미래가치가 다음과 같이 1.1025원이 된다.

$$1 \times (1 + \frac{0.1}{2})^2 = 1.1025$$

여기서 1년에 이자계산을 무한하게 많이 수행한다면 1년 후 미래가치는 다음과 같은 방법으로 계산한다. 단, 여기서 e는 자연로그의 밑수인 무한소수 2.71828…에 해당되는 값이다.

$$1 \times e^{0.1 \times 1} = 1.1052$$

블랙숄즈모형에서 이렇게 무한연속복리의 가정으로 미래가치 또는 현재가치를 구하는 이유는 기초자산인 주식의 가격이 무한히 연속적으로 변동한다고 가정하기 때문에 이에 맞추기 위해서이다.

모형을 이용하는 방법

구체적으로 블랙숄즈모형을 이용하는 방법은 표준정규분포를 이용하는 방법과 옵션가격표를 이용하는 방법이 있다. 두 가지 방법에 대해서 살펴보면 다음과 같다.

① 표준정규분포표를 이용하는 방법

Black-Scholes 모형을 통해서 콜옵션가격을 산출할 때에 표준정규분포를 이용하려면 다음과 같은 세 단계의 절차에 따른다.

첫째, d_1과 d_2를 산출한다.

둘째, 표준정규분포표에서 $N(d_1)$, $N(d_2)$를 구한다.

셋째, 이렇게 구한 $N(d_1)$, $N(d_2)$와 함께 다른 변수의 값들을 가격결정식에 대입하여 콜옵션가격을 산출한다.

② 옵션가격표를 이용하는 방법

표준정규분포표를 이용하여 옵션가격을 산출하면 정확한 값을 얻을 수는 있지만 그 과정이 번거로운 단점이 있다. 이에 비해서 근사값이기는 하지만 보다 쉽게 옵션가격을 구하는 방법이 있는데 바로 옵션가격표를 이용하는 것이다. 옵션가격표의 구조를 설명하면 표의 각행에는 $(\text{주식수익률의 표준편차} \times \sqrt{\text{만기}})$가 주어져 있고 각 열에는 $(\frac{\text{현재주가}}{\text{행사가격의 현가}})$가 주어져 있다. 그리고 이 두 값이 교차하는 칸에는 현재 주가 대비 콜옵션의 가격이 비율로 주어져 있다. 따라서 옵션가격표를 이용할 때에는 다음과 같은 절차를 따르면 된다.

첫째, $\sigma\sqrt{t}$, $\frac{S}{Xe^{-R_f t}}$를 산출한다.

둘째, 옵션가격표에서 위의 각 값에 해당하는 행과 열이 교차하는 칸에 있는 비율을 찾는다.

셋째, 현재의 주식가격에 이 비율을 곱하면 콜옵션의 가격이 된다.

예제 12-1

가나기업(주)의 현재주가는 30,000원인데 이 주식의 수익률분산은 0.2이다. 이 주식에 대한 행사가격이 28,000원이고 만기까지는 6개월 남은 콜옵션의 가격을 블랙숄즈모형을 이용해서 구하려고 한다. 단, 무위험이자율은 연 10%라고 가정하고 다음의 각 방법에 따라서 콜옵션의 내재가치를 구하라.

(1) 표준정규분포표를 이용하는 방법
(2) 옵션가격표를 이용하는 방법

풀이

(1) 블랙숄즈모형을 이용하는 절차를 다음과 같이 세 가지 단계로 요약할 수 있다.
첫째, d_1, d_2를 구한다. 단, 여기서 6개월은 t=0.5년, 분산 0.2는 표준편차 $\sigma = \sqrt{0.2}$이다.

$$d_1 = \frac{\ln(\frac{S_0}{X}) + (R_f + \frac{\sigma^2}{2})\,t}{\sigma\,\sqrt{t}}$$

$$= \frac{\ln(\frac{30,000}{28,000}) + (0.1 + \frac{0.2}{2})\,0.5}{\sqrt{0.2}\,\sqrt{0.5}} = 0.53$$

$$d_2 = d_1 - \sigma\,\sqrt{t}$$

$$= 0.53 - \sqrt{0.2}\,\sqrt{0.5} = 0.22$$

둘째, 표준정규분포표를 이용해서 $N(d_1)$, $N(d_2)$를 구한다.

$$N(d_1) = N(0.53) = 0.7019$$
$$N(d_2) = N(0.22) = 0.5871$$

| 그림 12-3
표준정규분포와 $N(d_1)$, $N(d_2)$

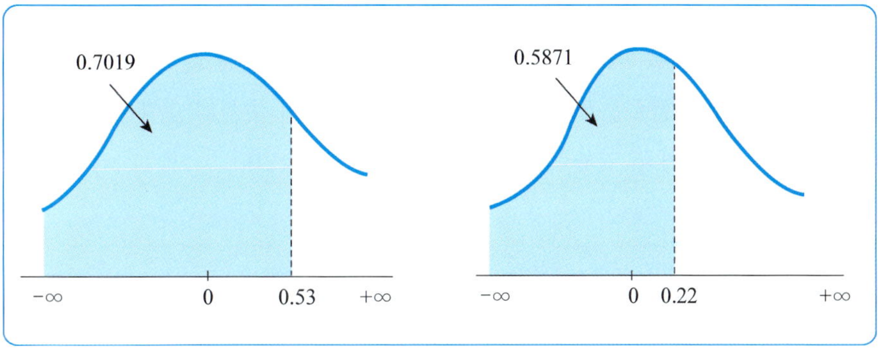

셋째, 이렇게 구한 값들을 블랙숄즈모형에 대입하여 콜옵션가격을 구한다.

$$C_0 = S_0 \cdot N(d_1) - \frac{X}{e^{R_f\,t}} \cdot N(d_2)$$

$$= 30,000 \times 0.7019 - \frac{28,000}{e^{0.1 \times 0.5}} \times 0.5871 = 5,420\,(\text{원})$$

(2) 옵션가격표를 이용하는 방법은 다음과 같다.

먼저 다음과 같이 $\sigma\sqrt{t}$, $\frac{S}{Xe^{-R_f t}}$를 산출한다.

$$\sigma\sqrt{t} = \sqrt{0.2} \times \sqrt{0.5} = 0.32$$

$$\frac{S}{Xe^{-R_f t}} = \frac{30,000}{28,000 \times e^{-0.1 \times 0.5}} = 1.13$$

그리고 옵션가격표에서 열의 값으로는 0.32와 가까운 0.3을 찾는다. 그리고 행의 값으로는 1.12와 1.14가 주어져 있는데 이들과 0.3의 교차하는 값은 17.4%와 18.4%임을 확인할 수 있다. 이들의 중간값은 17.9%이지만 열값이 0.3보다 조금 더 큰 0.32이므로 교차값을 약 18%로 볼 수 있다.
그러면 다음과 같이 콜옵션가격을 구할 수 있다.

$$C = \text{현재주가}(S) \times 18\%$$
$$= 30{,}000 \times 18\% = 5{,}400(\text{원})$$

그림으로 보는 OPM

위에서 제시된 모형을 그림으로 나타내보자. [그림 12-4]의 실선이 OPM을 그림으로 나타낸 것이다.

여기서 x축은 현재주가 S_0를 나타내고 y축은 이에 대응하는 콜옵션의 현재가치 C_0를 나타내는 것이다. 따라서 OPM이란 $y = f(x)$의 구조에서 $C_0 = f(S_0)$와 같은 함수를 의미하는 것이다. 만약 어떤 주식의 현재가격이 S^*라면 이 주가수준에서의 콜옵션가격은 C^*가 된다는 뜻이다.

| 그림 12-4
콜옵션의 가격결정모형

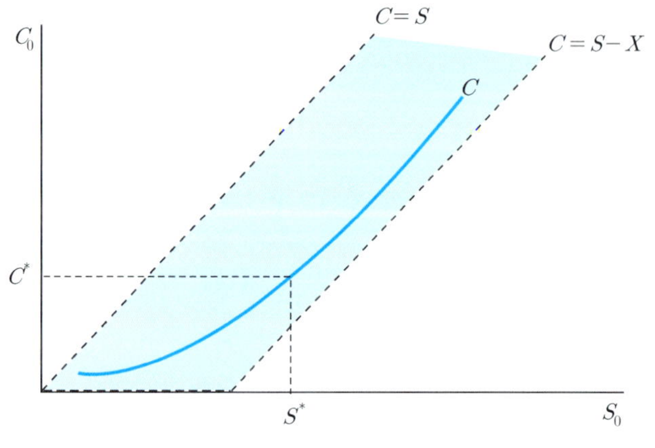

그리고 위 그림에서 보듯이 옵션가격은 점선 안에서만 존재하게 된다. 그 이유를 다음과 같이 세 가지로 설명할 수 있다.

첫째, 옵션은 이익이 생길 때에만 행사할 수 있는 권리이므로 (−)값을 가질 수 없기 때문에 $C_0 \geq 0$이 성립한다.

둘째, 옵션은 주식을 살 수 있는 권리이므로 아무리 옵션가격이 크더라도 주식가격보다 클 수는 없다. 그러므로 $C_0 \leq S_0$가 성립한다.

셋째, 만약 옵션을 지금 당장 행사할 수 있다고 해도 주식을 취득하려면 옵션을 사서 행사가격을 지불해야 하는데 이때에 드는 돈은 $(C_0 + X)$이 된다. 그런데 이것이 그냥 주식을 사는 비용인 S_0보다 적게 든다면, 즉 $C_0 + X < S_0$이라면 사람들은 모두 옵션을 사려고 할 것이다. 그래서 옵션가격은 상승하게 되어 $C_0 + X < S_0$가 그대로 유지될 수는 없다. 따라서 결국에는 $C_0 + X \geq S_0$가 될 것이고 이로부터 $C_0 \geq S_0 - X$이 성립한다.

제4절 자기자본의 가치평가

01 종전의 주식평가방법

지금까지 살펴보았던 주식평가방법들을 생각해보자. 주식을 보유하면 미래 배당금을 받게 되므로 이 배당금을 현재가치로 할인한 값이 주식의 내재가치가 된다고 하였다. 이를 배당평가모형이라고 하였다. 그리고 여기서 배당금의 현재가치를 구하기 위해서는 할인율이 필요하다. 할인율을 구하기 위해서는 먼저 미래 배당금의 변동성을 표준편차나 베타와 같은 위험지표로 측정해야 한다. 그리고 이러한 위험수준에 상응하는 기대수익률을 CAPM이나 APM으로 구해서 할인율로 사용하였다.

02 주식의 옵션적 특성

잔여재산분배청구권과 유한책임

OPM의 체계에서 주식은 옵션으로 볼 수 있다. 주식을 가진 주주들은 기업이 부담하고 있는 부채를 상환하면 그 기업의 자산을 가질 수 있기 때문이다. 즉, 주식은 회사의 자산에 대해서 부채를 상환하고 난 후 잔여재산에 대한 분배청구권을 담고 있는 것이다.

그리고 회사가 부실해져서 부채가 자본보다 큰 자본잠식상태가 되어도 주주는 자본을 초과하는 부분에 대해서 상환할 의무가 없다. 즉, 주주는 자신의 투자금액을 한도로 유한책임을 지는 것이다. 단순하지만 다음의 예제를 통해서 주식의 옵션적 특성을 확인해보자.

예제 12-2

대한기업(주)는 1년 후에 50억원을 상환해야 하는 부채를 갖고 있다. 이 기업의 1인 주주이면서 소유경영자인 김한국 씨가 1년 후에 가서 이 부채를 상환할 것인지 아닌지를 고민하고 있다.

(1) 1년 후 김한국 씨가 이 부채를 상환할 것인지 말 것인지를 결정하는 변수는 무엇인가?
(2) 1년 후 회사의 자산이 70억원이 되었을 경우 김한국 씨의 선택은? 그리고 그 선택에 따른 이익은 얼마인가?
(3) 1년 후 회사의 자산이 40억원이 되었을 경우 김한국 씨의 선택은? 그리고 그 선택에 따른 이익은 얼마인가?
(4) 자기자본(또는 주식)을 옵션으로 볼 수 있다면 이 옵션의 기초자산에 해당하는 것은 무엇인가?

풀이

(1) 김한국 씨는 1년 후에 가서 50억원의 부채를 상환할 것인지 아닌지를 결정해야 한다. 여기서 김한국 씨가 만약 50억원의 부채를 상환한다면 기업의 자산을 온전히 자기 것으로 만드는 것이 된다. 그러나 반대로 50억원의 부채를 상환하지 않는다면 파산하게 된다. 그러면 기업의 자산을 채권자들이 다 가져갈 것이므로 김한국 씨는 한 푼도 건지지 못하게 된다. 이러한 상황을 보면 김한국 씨가 50억원의 부채를 상환할 것인지 말 것인지를 결정하는 변수는 1년 후 기업의 자산가치가 된다.

(2) 1년 후 자산가치가 50억원을 초과하면 부채를 상환하고 50억원을 초과하는 부분을 이익으로 얻게 된다. 회사의 자산이 70억원이 되었다면 김한국 씨는 50억원의 부채를 상환하고 회사의 자산을 취득하는 것이므로 부채상환을 통해서 20억원의 이익을 얻게 된다.

(3) 그렇지만 자산가치가 50억원에 미달하면 주주는 유한책임을 지기 때문에 부채를 상환할 의무가 없다. 따라서 회사의 자산이 40억원이 되었다면 굳이 부채 50억원을 상환할 필요없이 40억원짜리 자산을 포기하면 된다. 이 경우에는 주식은 그 가치가 0이 된다.

(4) 옵션을 행사하면(즉, 부채를 상환하면) 기업이 보유하고 있는 자산을 취득하는 것이므로 기업의 보유자산이 옵션의 기초자산이 된다.

옵션적 특성

앞의 예제에서 1인 주주 김한국 씨가 보유한 주식(자기자본)의 1년 후 가치를 그림으로 나타내보자. 1년 후 기업의 자산가치가 50억원인 수준을 기준으로 50억원을 초과하면 초과금액이 김한국 씨에게 귀속된다. 그러나 50억원에 미달하면 김한국 씨는 잔여재산을 받을 것이 없으므로 한 푼도 받지 못한다.

김한국 씨의 자기자본(주식)이 갖는 이러한 만기가치를 그림으로 나타내면 [그림 12-5]와 같이 표현된다.

그림 12-5 자기자본(주식)의 만기가치

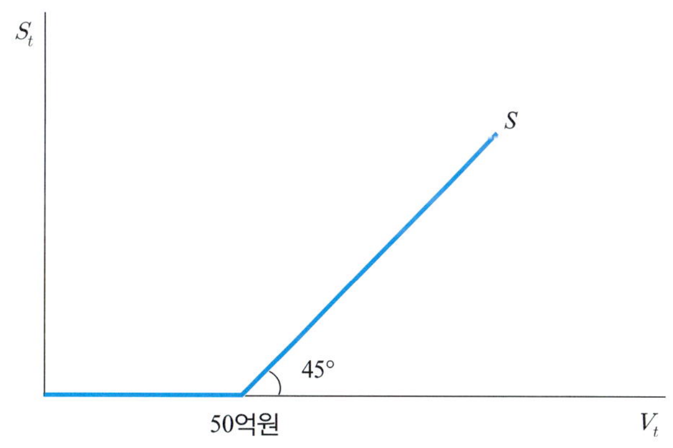

이 그림을 보면 콜옵션의 만기가치와 동일한 것을 알 수 있다. 주식의 만기가치가 콜옵션의 만기가치와 똑같은 형태이므로 주식을 콜옵션으로 볼 수 있는 것이다. 그렇기 때문에 주식의 내재가치를 구하는 경우에 옵션가격결정모형(OPM)을 이용할 수 있는 것이다.

03 자기자본과 부채의 만기가치

가 정

자기자본은 콜옵션으로 보고 평가할 수 있다. 이러한 내용을 살펴보기 위해서 기업이 조달한 자본형태는 주식과 할인채권(discount bond), 두 가지 형태라고 가정하자. 따라서 기업은 부채 만기까지 이자를 지급하지 않다가 만기일에 액면금액을 상환하게 된다.[4)]

이러한 가정을 전제로 자기자본과 부채의 만기가치를 살펴본다. 만기가치(expiration value)란 특정 증권의 소유자가 만기까지 이를 보유할 때에 만기에 가서 얻게 되는 이득형태(payoff)를 말한다. 이러한 만기가치의 구조에 옵션적 특성이 있으면 이에 OPM을 적용하여 그 현재가치(present value)를 산출할 수 있는데 이것이 바로 이 증권의 내재가치인 것이다.

그래서 옵션가격결정모형을 이용해서 가치를 평가할 때에는 만기가치의 특징을 파악하고 이로부터 OPM의 원리를 적용하여 내재가치(현재가치)를 산출하는 두 단계로 구성된다.

자기자본의 만기가치

부채를 사용하고 있는 기업의 경우, 주주의 경제적 위치는 기업총자산을 기초자산으로 하고 행사가격은 부채의 액면금액인 콜옵션을 매입한 것과 동일하므로 자기자본(S)의 만기에서의 이득형태(payoff)는 다음과 같이 표현된다.

$$S = \max[0, V - D] \qquad \text{[식 12-4]}$$

이때 V: 만기의 기업가치
D: 부채의 액면금액

앞의 대한기업(주)의 예제에서는 부채의 액면금액(여기서 D)이 50억원이 된다.

4) 만기까지의 기간 중에 이자를 지급하는 경우라고 해도 여기서 설명하는 논리가 그대로 성립한다. 다만 추가적인 조정이 필요해서 좀 더 복잡할 뿐이다.

부채의 만기가치

앞의 대한기업(주)의 예제에서는 자기자본을 소유한 주주의 입장에서 만기 이득형태를 보았다. 이번에는 부채를 소유한 채권자의 입장에서 보자. 즉, 채권자가 만기에서 얻게 되는 이득형태가 어떠한지 살펴본다.

예제 12-3

대한기업(주)은 1년 후에 50억원을 상환해야 하는 부채를 갖고 있다. 이 기업의 1인 주주이면서 소유경영자인 김한국 씨가 1년 후에 가서 이 부채를 상환할 것인지 아닌지를 고민하고 있다.

(1) 1년 후 회사의 자산이 70억원이 되었을 경우 김한국 씨의 선택은? 그리고 그 선택에 따른 채권자의 이득은 얼마인가?
(2) 1년 후 회사의 자산이 40억원이 되었을 경우 김한국 씨의 선택은? 그리고 그 선택에 따른 채권자의 이득은 얼마인가?
(3) 대한기업(주)의 채권자가 1년 후에 얻게 되는 이득형태를 그림으로 나타내보라.

풀이

(1) 1년 후에 가서 회사의 자산이 70억원이 되면 김한국 씨는 50억원의 부채를 상환하고 회사의 자산을 가져갈 것이다. 그러면 채권자는 50억원을 받게 된다.

(2) 1년 후에 가서 회사의 자산이 40억원이 되면 김한국 씨는 부채를 상환하지 않을 것이다. 그러면 채권자는 회사의 자산을 갖게 되므로 40억원을 받게 된다.

(3) 1년 후 회사의 자산이 50억원을 넘으면 채권자는 50억원만 받게 된다. 따라서 회사의 자산이 50억원을 넘는 구간에서는 50억원의 수평선이 된다.
그러나 1년 후 회사의 자산이 50억원에 미달하면 김한국 씨가 이를 포기할 것이고 채권자가 이를 취득하게 된다. 따라서 회사의 자산이 50억원 미만인 구간에서는 회사의 자산금액이 곧 채권자의 이득이 된다. 따라서 이러한 형태를 그림으로 나타내면 다음과 같다.

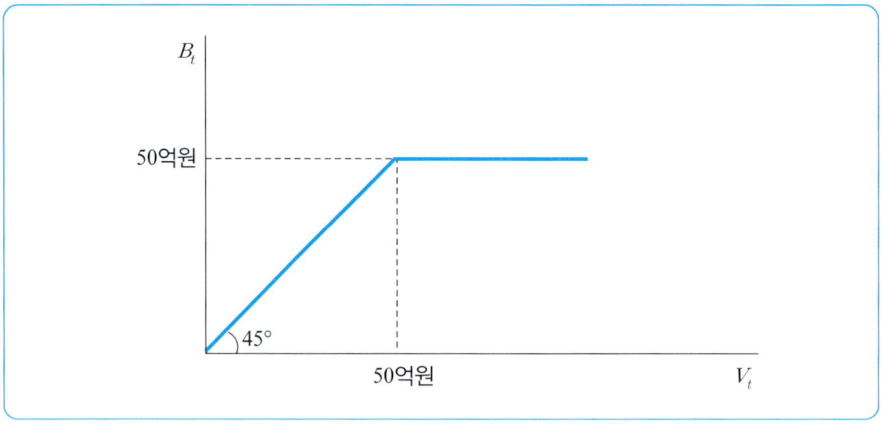

그림 12-6 부채의 만기가치

대한기업(주)의 예제에서 채권자가 보유한 부채의 만기가치는 결국 다음과 같이 표현된다.

V > 50억원일 때 → B = 50억원
V < 50억원일 때 → $B = V$

여기서 부채의 액면금액 50억원을 D로 표기해서 채권자가 보유한 부채의 만기가치를 수식으로 나타내면 다음과 같이 간단하게 정리할 수 있다.

$$B = \min[V, D] \qquad [식\ 12\text{-}5]$$

주주가 갖고 있는 자기자본은 기업자산을 기초자산으로 하는 콜옵션과 같다고 하였다. 그렇다면 이 콜옵션은 누가 발행한 것일까? 부채의 만기가치를 나타내는 그림을 보아도 쉽게 확인되지 않는다. 그것은 채권자의 경제적 위치는 기업자산을 매입하고 이를 기초자산으로 하고 만기액면금액을 행사가격으로 하는 콜옵션을 발행(매도)한 것과 동일한 것이기 때문이다. 즉, 기업자산의 매입포지션이 콜옵션발행과 합쳐져 있기 때문이다.

따라서 다음과 같이 기업자산의 매입에 콜옵션의 발행이라는 포지션을 합쳐보면 부채의 만기가치가 되는 것을 확인할 수 있다.

| 그림 12-7
부채의 구성

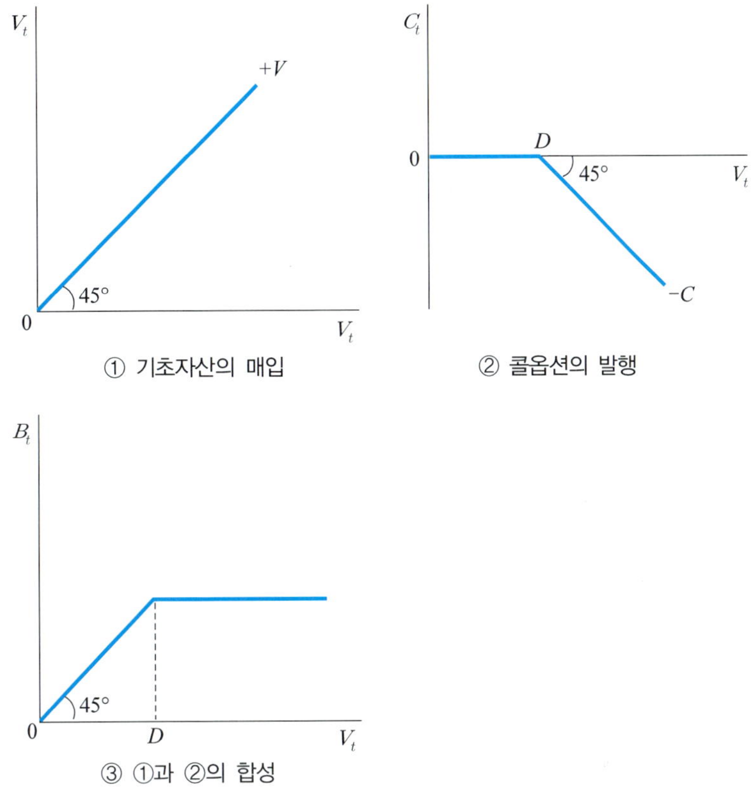

그리고 대차대조표등식에 따라서 자기자본의 가치와 부채의 가치가 합쳐져서 기업의 가치, 즉 총자산의 가치가 된다. 따라서 $V=S+B$이 성립되며 이 관계는 [그림 12-8]에서도 확인된다.

Ⅰ그림 12-8
총자산의 구성

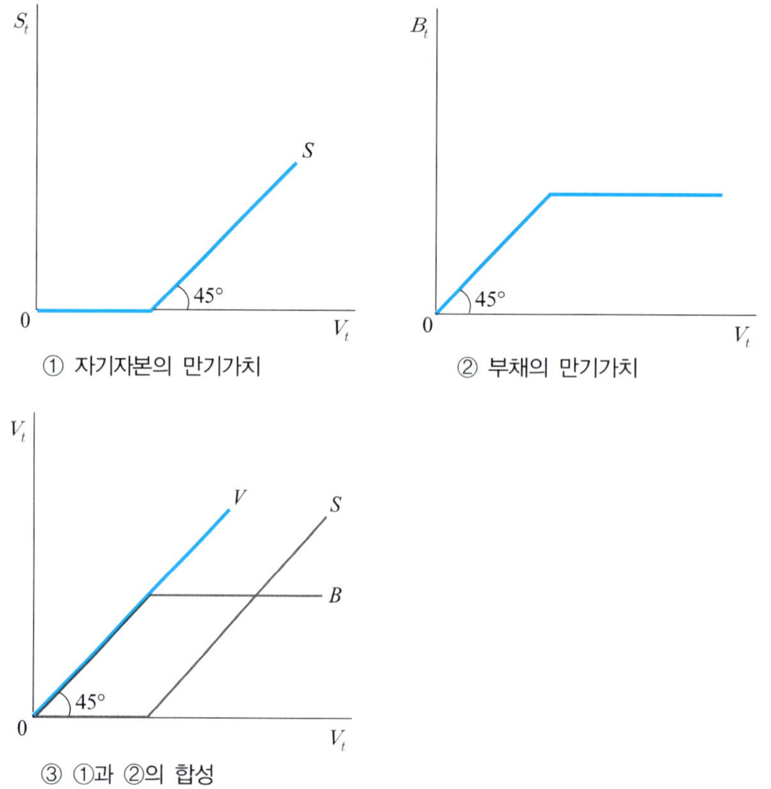

04 자기자본 및 부채의 가치평가

자기자본의 평가

자기자본의 만기가치는 콜옵션의 만기가치와 동일한 구조를 가짐을 알 수 있다. 따라서 자기자본(주식)의 가치를 평가하기 위해서 Black-Scholes 모형을 이용할 수 있다. Black-Scholes 모형을 적용하면 다음과 같이 자기자본(S)의 내재가치(현재가치)를 구할 수 있다.

$$S = V \cdot N(d_1) - \left(\frac{D}{e^{R_f t}}\right) \cdot N(d_2) \qquad \text{[식 12-6]}$$

$$= \text{현재기업가치} \cdot N(d_1) - \text{부채액면의 현재가치} \cdot N(d_2)$$

$$단,\ d_1 = \frac{\ln\left(\frac{V}{D}\right) + \left(R_f + \frac{\sigma^2}{2}\right)t}{\sigma\sqrt{t}} \qquad d_2 = d_1 - \sigma\sqrt{t}$$

그런데 여기서 구한 S값은 자기자본전체의 내재가치이다. 그러므로 1주당 주식가치를 구하기 위해서는 이를 발행주식수로 나누면 된다.

부채의 평가

만기가치를 기준으로 보거나 현재가치를 기준으로 보아도 대차대조표등식은 항상 성립한다. 즉, 기업가치(V)는 항상 자기자본(S)과 부채(B)의 합이 된다. 그러므로 $V = S + B$로부터 다음의 과정을 거쳐서 부채의 내재가치를 구할 수 있다.

$$\begin{aligned} B &= V - S \\ &= V\cdot(1 - N(d_1)) + \left(\frac{D}{e^{R_f t}}\right)\cdot N(d_2) \end{aligned} \qquad [식\ 12\text{-}7]$$

위 식은 자산의 현재가치에서 앞서 구한 자기자본의 가치를 차감함으로써 부채의 내재가치를 구한다는 것이다.

예제 12-4

서울기업(주)이 발행한 회사채와 주식의 내용은 다음과 같다.

만 기	5년
액 면	3억원
사채유형	할인사채
발행주식수	보통주 2만 주

현재 서울기업(주)의 자산가치는 4억원이고 자산수익률의 표준편차는 12%이다. 그리고 무위험이자율은 연 10%라고 하여 다음 각 물음에 답하라.

(1) 서울기업(주)의 자기자본가치를 구하라.
(2) 서울기업(주)의 1주당 내재가치를 구하라.
(3) 서울기업(주)의 부채가치를 구하라.

풀 이

(1) OPM을 적용하기 위해서 d_1, d_2를 먼저 구한다.

$$d_1 = \frac{\ln\left(\frac{V}{D}\right) + \left(R_f + \frac{\sigma^2}{2}\right)t}{\sigma\sqrt{t}}$$

$$= \frac{\ln\left(\frac{4}{3}\right) + \left(0.1 + \frac{0.12^2}{2}\right)5}{0.12\sqrt{5}} = 3.07$$

$$d_2 = d_1 - \sigma \cdot \sqrt{t} = 3.07 - 0.12\sqrt{5} = 2.80$$

정규분포표를 이용하면 다음의 값을 구할 수 있다

$$N(d_1) = N(3.07) = 0.9989$$

$$N(d_2) = N(2.80) = 0.9974$$

위 값들을 블랙숄즈모형에 대입하면 자기자본가치를 구할 수 있다.

$$S = V \cdot N(d_1) - \left(\frac{D}{e^{R_f t}}\right) \cdot N(d_2)$$

$$= 4 \times 0.9989 - \left(\frac{3}{e^{0.1 \times 5}}\right) \times 0.9974 = 2.18(\text{억원})$$

(2) 1주당 내재가치는 자기자본가치 총액을 발행주식수로 나누면 된다.
즉, 2.18억원÷2만주 = 10,900원이 된다.

(3) 그리고 부채의 가치는 총자산가치에서 자기자본가치를 차감하면 된다.

$$B = V - S = 4 - 2.18 = 1.82(\text{억원})$$

제5절 실물옵션과 유연성평가

01 실물옵션

자본예산

새로운 공장을 세우거나 기계설비를 구입하는 등의 실물투자안에 대해서 경제성을 평가하는 분석기법을 자본예산(capital budget)이라고 한다. 자본예산기법으로 회수기간법, 평균이익률법, 내부수익률법, 순현재가치법 등이 있는데 이중 순현재가치법이 가장 우수한 방법으로 평가받고 있다. 순현재가치법에 대해서 간단하게 살펴본다.

지금까지 적용해온 현금흐름할인법이 여기서도 그대로 적용된다. 즉, 투자안의 내재가치는 투자안으로부터 들어올 미래의 현금흐름을 할인한 값이다. 이를 균형가치라고 한다고 하였는데 식으로 나타내면 다음과 같다.

$$\frac{C_1}{(1+R)^1}+\frac{C_2}{(1+R)^2}+\cdot\cdot\cdot=\sum_{t-1}^{n}\frac{C_t}{(1+R)^t} \qquad \text{[식 12-8]}$$

단, C_t : t시점의 현금흐름
R : 할인율

그런데 이 투자안을 수행하는데 현재시점에서 지출하는 투자비용이 C0라고 하자. 그러면 이 투자안을 수행하는 것은 결국 [식 12-8]로 계산된 값을 얻기 위해서 C_0에 해당하는 금액을 지불하는 것이다.

이를 쉽게 설명하면 어떤 기계를 사면 앞으로 들어올 현금흐름의 현재가치가 [식 12-8]인데, 현재 이 기계가격은 C_0라는 것이다. 여기서 [식 12-8]로 계산된 투자안의 균형가치가 투자비용 C_0보다 더 커야 이익이 될 것이다. 이때의 이익을 순현재가치(NPV: net present value), 또는 줄여서 순현가라고 하며 다음 식과 같이 구한다.

$$NPV = \sum_{t=1}^{n} \frac{C_t}{(1+R)^t} - C_0 \qquad \text{[식 12-9]}$$

현재가치기준으로 측정한 순이익이기 때문에 '순현재가치'라고 부른다고 생각하면 될 것이다. 순현재가치법은 투자안의 순현재가치가 0보다 크면 투자안을 채택한다는 것이다. 물론 여러 투자안에서 하나를 선택해야 한다면 순현재가치가 가장 큰 것을 선택하면 될 것이다.

예제 12-5

가격이 450만원인 설비를 구입하려고 한다. 이 설비를 구입하면 앞으로 3년 동안 매년 200만원씩의 영업현금흐름이 예상된다. 할인율은 연 10%라고 하자.

(1) 이 투자안의 가치를 산출하라.

(2) 이 투자안의 순현가를 산출하여 투자 여부를 판단하라.

풀이

(1) 이 투자안에 대한 현금흐름을 다음과 같이 시간선상에 나타내보자.

0	1	2	3
−450	200	200	200만원

이 투자안의 현재가치(균형가격)는 곧 앞으로 3년 동안 유입될 현금흐름의 현재가치이므로 다음과 같이 산출할 수 있다.

$$\frac{200}{(1+0.1)} + \frac{200}{(1+0.1)^2} + \frac{200}{(1+0.1)^3} = 497.4(\text{만원})$$

(2) 그런데 이러한 현금흐름을 얻으려면 450만원(시장가격)을 주고 설비를 구입해야 하므로 투자안의 순현재가치는 다음과 같다.

$$NPV = 497.4 - 450 = 47.4(\text{만원})$$

여기서 순현가가 양(+)의 값을 가지므로 설비를 구입한다.[5)]

5) 이렇게 구한 순현가는 차익거래에서 얻는 재정이익과 같은 것이다. 즉, 균형가격과 시장가격의 차이에 해당한다. 결국 NPV는 시장의 불균형상태에서 얻는 이익이므로 균형시장에서는 0이 된다.

투자안의 유연성

그러나 현실적으로는 투자환경의 변화로 이미 결정을 내린 투자안에 대해서 어떤 추가적인 의사결정을 하게 될 수도 있다. 이러한 추가적인 의사결정이 가능한 것을 유연성(flexibility)이라고 한다. 순현재가치법은 이러한 유연성을 반영하지 못하는 한계점이 있다.

예를 들어 2011년에 금값이 역사상 최고치를 경신하면서 종전에는 수익성이 없어서 버려졌던 미국 서부의 금광사업이 재개되고 있다는 소식이 전해졌다. 이러한 금광사업은 채굴을 중단하거나 다시 시작할 수 있는 옵션을 포함하고 있는 것이므로 일단 사업이 시작되면 끝까지 마쳐야 하는 사업에 비해서 그 가치가 더 크다고 할 수 있다.

뿐만 아니라 어떤 사업은 그 자체로는 수익성이 별로 없지만 그 사업과 연관된 후속사업이 기대된다면 후속사업을 수행할 수 있는 가능성도 전체 사업의 가치를 평가하는 데 고려해야 할 것이다. 그리고 금광사업처럼 사업을 수행하는 도중에 잠시 중단했다가 상황변화를 반영해서 궤도수정(사업을 확장하거나 축소하는 등)을 할 수 있다면 이 역시 그 사업에 옵션이 포함되어 있는 것이므로 사업의 가치가 높아진다.

실물자산의 유연성에 대한 내용을 살펴보면 어떤 경우에는 콜옵션이 포함된 경우가 있고 또 어떤 경우에는 풋옵션이 포함된 경우가 있다. 그래서 실물투자에 대한 자본예산과 관련해서 OPM이 응용되는 분야를 콜옵션과 풋옵션으로 나누어서 각각 살펴보겠다. 여기서 기본적인 개념이 되는 것은 '오늘의 의사결정은 내일 이용할 수 있는 옵션에 의해서 영향을 받을 수 있다'는 사실이다.

02 콜옵션과 자본예산

후속투자기회

투자안의 NPV가 0보다 작은데도 불구하고 후속투자기회(follow-on opportunity)가 있기 때문에 이를 수행하는 경우가 있다. 대규모 연속공사에서 건설회사가 초기단계의 공사에 터무니없이 낮은 가격으로 입찰하는 경우가 있는데 이러한 경우가 대표적인 예라고 할 수 있다. 건설회사는 초기단계공사의 연고권에 근거한 후속투자의 기회를 감안하는 것이다. 따라서 초기단계공사의 경제성을 평가할 때에는 후속투자기회를 평가해서 포함시켜야 할 것이다. 그리고 여기서 후속투자의 기회는 반드시 수행해야 하는 의무가 아니라 선택의 문제이기 때문에 콜옵션의 성격을 갖게 된다. 따라서 이러한 후속투자기회의 가치를 평가할 때에 OPM이 이용될 수 있다.

어떤 투자안의 NPV가 음(−)의 값을 갖지만 후속투자의 기회가 있다면 이러한 투자안을 평가할 때에는 콜옵션으로 평가한 후속투자의 가치까지 반영된 NPV를 구해서 투자여부를 결정해야 할 것이다. 이러한 후속투자기회까지 반영된 NPV를 전략적 NPV(strategic NPV)라고 하는데 다음과 같은 식으로 표현할 수 있다.

$$\text{전략적 NPV} = \text{최초 NPV} + \text{후속투자기회}$$

이러한 내용을 옵션의 체계에서 그림으로 나타내면 [그림 12-9]와 같다.

그림 12-9
후속투자의 기회

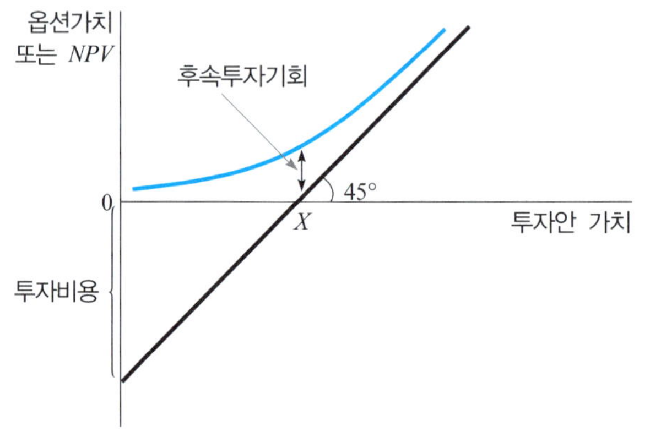

[그림 12-9]에 대해 좀 더 자세하게 설명해보자. 수평축은 투자안에서 예상되는 미래현금흐름의 현재가치를 나타낸다. 그리고 이때의 X는 투자안을 수행하기 위한 투자비용이다. 따라서 우상향하는 직선 45° 선은 후속투자기회를 고려하지 않은 투자안의 NPV를 나타내는 선이 된다. 그리고 ↕로 표시된 부분은 후

속투자의 기회를 옵션으로 평가한 가치를 보여준다. 그러므로 45° 선과 ↕ 로 표시된 부분을 합한 곡선은 후속투자기회까지 감안하여 평가한 투자안의 가치를 의미하는 것이다.

예제 12-6

NPV가 −45억원인 투자안 A가 있다. 그런데 이 투자안을 채택하면 2년 후 투자비용이 740억원이고 NPV가 60억원인 투자안 B를 수행할 수 있다고 한다. 투자안에 대한 할인율은 연 20%이고 무위험이자율은 연 9%이다. 투자안 B의 변동성(σ)은 0.32라고 하고 다음 각 물음에 답하라.

(1) 순현가법으로 투자안 A의 채택 여부를 밝혀라.
(2) 후속투자의 기회를 고려할 때 투자안 A의 채택 여부를 밝혀라.

풀이

(1) 투자안 A는 순현재가치가 −45억원으로 음수이므로 채택하지 않는다.

(2) 투자안 B에 대한 콜옵션을 갖고 있으므로 이 가치를 평가해서 투자안 A의 가치에 반영해야 한다.

|——————|——————|——————|———

NPV = −45 $PV_2 = 800$

$C_2 = 740$

옵션가격표를 이용하기 위해서 다음과 같이 옵션가격표의 횡축과 종축에 해당하는 값들을 구한다.

$$\sigma\sqrt{t} = 0.32 \times \sqrt{2} = 0.4525$$

$$S = \frac{PV_2}{e^{R_f t}} = \frac{800}{e^{0.2 \times 2}} = 536$$

$$\frac{S}{Xe^{-R_f t}} = \frac{536}{740 \times e^{-0.09 \times 2}} = 0.8676$$

옵션가격표에서 0.4525와 0.8676이 만나는 곳의 값은 0.122가 된다. 따라서 후속투자의 가능성을 콜옵션으로 평가한 값은 다음과 같다.

$$C = S \times 0.122 = 536 \times 0.122 = 65.4$$

투자안 A에 이러한 옵션가치를 더하면 다음과 같이 양(+)의 값을 가지므로 채택하는 것이 바람직하다.

$$-45+65.4 = 20.4 > 0$$

확장가능성

처음 투자를 시작하고 나중에 가서 투자안의 규모를 확대할 수 있다면 이러한 가능성은 실물옵션에 해당된다. 최초 투자 후 사업의 성과가 기대 이상이라면 경영자는 사업규모를 늘리고 싶어할 것이다. 이러한 경우 사업규모를 늘릴 수 없는 것보다 늘릴 수 있는 것이 더 가치가 클 것이다. 이러한 옵션을 확장옵션(expansion option)이라고 하는데 예를 들면 투자안을 수행하는 과정에서 생산한 제품에 대한 시장반응이 처음에 예상한 것보다 좋은 경우에 생산성을 상승시키려고 추가적인 투자를 하는 것이 한 예이다.

사업규모를 확장하는 경우 확장시점에서 평가한 확장투자안의 가치를 V라고 하고 확장에 필요한 투자비용을 X라고 하자. 이 경우 확장시점에서 평가한 확장옵션의 가치는 다음과 같다.

$$\text{확장옵션의 만기가치} = V - X \qquad V > X$$
$$= 0 \qquad V < X$$

이 값을 간단하게 표현하면 다음과 같은 콜옵션의 만기가치가 되는 것이다.

$$\text{확장옵션의 만기가치} = \max\,[V - X,\ 0]$$

위와 같은 만기가치를 갖는 확장옵션의 내재가치(현재가치)를 구하는 과정에 옵션가격결정모형을 이용하는 것이다. 이러한 확장옵션을 평가하는 것은 앞서 설명한 후속투자가능성을 평가하는 것과 유사하다. 다만 후속투자가능성은 후속투자의 시점이 정해져서 유럽형 콜옵션의 형태를 가질 가능성이 높고 확장옵션은 경영자가 확장시점을 결정하는 것이어서 미국형 콜옵션의 형태를 가질 가능성이 높다.

03 풋옵션과 자본예산

지급보증

풋옵션의 개념이 이용되는 가장 일반적인 분야는 지급보증(guarantee)이다. 지급보증이 기업에 의해서 제공되거나 정부, 또는 금융기관 등에 의해서 제공되더라도 이는 모두 미래의 현금흐름이 일정금액 미만으로 떨어질 때에 이 일정금액의 현금흐름을 보장하는 것이다.

Merton(1977)은 이러한 지급보증의 가치를 풋옵션으로 평가할 수 있음을 보였다. 만약 지급보증이 있는 경우 부채의 만기일에 부채사용기업의 만기가치(V)가 상환해야 할 채무액(B)보다 크다고 해보자. 이 경우에는 기업에 의해 부채가 상환될 것이므로 보증가치는 0이다.

그러나 부채사용기업의 만기가치(V)가 상환해야 할 채무액(B)보다 작은 경우에는 채권자는 보증기관으로부터 채무액(B)을 지급받게 되며 이에 따라 보증기관은 보증금액과 기업가치의 차이에 해당하는 금액($B-V$)만큼 손실을 보게 된다.

이러한 논리에 따라서 부채의 만기일에서 지급보증의 만기가치(G)는 다음과 같이 나타낼 수 있다.

$$G = \max[B - V, 0]$$

지급보증의 이러한 만기가치가 갖는 구조적 특성은 풋옵션구조와 동일하다. 즉, 보증기관이 지급보증을 한다는 것은 피보증기업에게 만기일에 가서 기업자산을 채무액(B)에 해당하는 금액으로 보증기관에게 팔 수 있는 권리를 부여한 것이다. 따라서 지급보증인은 보증금액이 행사가격인 풋옵션을 발행한 것과 같은 위치가 된다.

그리고 여기서 지급보증의 대가는 곧 이러한 풋옵션을 옵션가격결정모형(OPM)에 의해서 평가한 값이 된다.[6] 만약 지급보증기간이 다기간이라면 이는

6) 풋옵션의 가치는 동일한 조건의 콜옵션가치를 OPM으로 구하고 이 값을 풋-콜패리티(put-call parity)에 대입해서 산출할 수 있다. 옵션을 다루는 어떤 교재에서도 쉽게 확인할 수 있는 내용이다.

일련의 풋옵션들의 합으로 볼 수 있을 것이다.

처분옵션

어떤 자산을 구입하면서 미래시점에서 이를 일정한 가격에 처분할 수 있다고 하자. 이때 이러한 처분가능성은 옵션이다. 즉, 해당자산의 가치를 기초자산으로 하고 처분금액을 행사가격으로 하는 풋옵션의 성격을 갖는다.

2006년 금호아시아나그룹은 대우건설을 인수하기 위해서 국내외 재무적 투자자들로부터 인수대금의 절반이 넘는 3조 5천억원을 조달하였다. 그리고 이들에게 2년 후 대우건설 주식을 1주당 32,000원에 금호산업에게 팔 수 있는 풋백옵션을 발행하였다. 당시 재무적 투자자들이 대우건설의 주식을 1주당 26,000원에 인수하였으니 이들은 2년간 수익률로 다음과 같이 연 10%를 넘는 파격적인 수익률을 보장받은 셈이다.

$$26{,}000 \times (1+R)^2 = 32{,}000 \rightarrow R = 10.94\%$$

재무적 투자자의 입장에서는 만기에서 최소한 얻게 되는 가치가 32,000원이므로 이것이 투자자의 만기손익의 하한선이 된다. 따라서 처분옵션의 만기가치는 다음과 같이 표현된다.

$$\text{만기가치} = \max[\,32{,}000\text{원} - S_t,\ 0\,]$$

단, 여기서 S_t는 2008년 말에서 대우건설의 주가

재무적 투자자들은 2008년 말 대우건설 주식을 1주당 32,000원에 처분할 수 있는 풋옵션을 갖고 있으므로 매우 유리한 입장인 것이다. 그런데 2008년 글로벌 금융위기가 닥쳐서 대우건설의 주가는 12,800원 정도의 수준으로 떨어졌다. 이에 재무적 투자자들은 당연히 풋백옵션을 행사하였다. 금호아시아나는 이에 필요한 4조원이 넘는 자금을 마련하기 위해서 대우건설을 다시 매각하였다. 이뿐만 아니라 알짜배기 계열사까지도 처분하고 재무적 곤경에 빠지게 되는 처지가 되었다. 무모한 기업인수과정에서 발행한 처분옵션이 인수기업의 발목을 잡은 사례라고 할 수 있다.

금호아시아나그룹이 발행한 풋백옵션은 금융옵션이라고 할 수 있다. 그러나 우리 주변에는 실물옵션의 사례도 쉽게 찾아볼 수 있다. 예를 들어 벤츠나

BMW 등 수입 고급차를 판매하는 조건에서 3년 지난 시점에서 차량구입가격의 50%에 해당하는 금액으로 되사는 조건을 제시하는 경우를 본다. 수입차업체들이 처분옵션을 발행하고 차량구매자들은 이 처분옵션을 기초자산과 함께 구입한 것이다.

요약

1. 옵션은 유리할 때에만 권리를 행사하는 것이기 때문에 그 만기가치는 음(−)이 될 수 없다. 따라서 만기가치는 항상 0 또는 양(+)의 값을 갖는다.
2. 옵션가격결정모형(OPM)은 콜옵션의 내재가치를 구하는 모형으로 확실성모형, 이항분포모형, 블랙숄즈모형 등이 있다.
3. 콜옵션의 내재가치는 콜옵션의 만기가치(=만기주가−행사가격)를 현재가치로 할인한 값이므로 모든 OPM은 현재주가에서 행사가격의 현재가치를 차감하는 구조를 갖는다.
4. OPM은 주가변동에 대한 가정을 어떻게 하느냐에 따라서 확실성모형, 이항분포모형, 블랙숄즈모형으로 구분되는데 현실적 상황에 가장 잘 맞는 블랙숄즈모형이 많이 이용된다.
5. 자기자본의 만기가치는 자산을 기초자산으로 하는 콜옵션의 구조를 갖기 때문에 OPM을 이용해서 자기자본의 내재가치를 평가할 수 있다.
6. 실물투자의 유연성을 옵션으로 평가하는 것을 실물옵션이라고 하는데 이는 콜옵션이 포함된 경우와 풋옵션이 포함된 경우로 구분할 수 있다.

연습문제

진위형

1. 실물옵션은 재무상태표의 차변에 있는 자산과 관련된 것이다. ( )
2. 주가의 변동성이 커지면 콜옵션의 가치는 높아지지만 풋옵션의 가치는 낮아진다. ( )
3. 콜옵션에서 내가격 상태가 되면 동일한 조건의 풋옵션은 외가격 상태가 된다. ( )
4. 자기자본은 콜옵션의 성격을 갖고 타인자본(부채)은 풋옵션의 성격을 갖는다. ( )

객관식

1. 옵션이 경제적 가치를 갖게 되는 이유는 무엇인가?
   ① 미래 주가의 불확실성　　② 낮은 행사가격
   ③ 우량한 기초주식　　④ 짧은 만기
2. 풋옵션에서 내가격이란 다음 중 어느 것인가?
   ① 행사가격>기초주가　　② 행사가격<기초주가
   ③ 행사가격=기초주가　　④ 답이 없다.
3. 콜옵션가격결정모형의 기본구조를 바르게 나타내고 있는 것은?
   ① 행사가격의 현재가치에서 현재주가를 차감하는 구조
   ② 현재주가에서 행사가격의 현재가치를 차감하는 구조
   ③ 현재주가를 행사가격의 현재가치로 나누는 구조
   ④ 행사가격의 현재가치를 현재주가로 나누는 구조

4. 다음 중 가장 현실적인 옵션가격결정모형은 어느 것인가?

① 확실성모형 ② 이항분포모형

③ 블랙숄즈모형 ④ 실물옵션모형

5. 자기자본을 옵션으로 볼 때 행사가격은 무엇인가?

① 부채액면금액 ② 총자산의 평가액

③ 부채의 이자와 원금의 현재가치 ④ 총자산의 만기가치

6. 자본예산의 기법 중 가장 우수한 방법으로 평가받고 있는 것은?

① 순현재가치법 ② 내부수익률법

③ 평균이익률법 ④ 회수기간법

7. 실물옵션에서 행사가격에 해당하는 것은 다음 중 어느 것인가?

① 투자비용 ② 투자안의 현재가치

③ 투자수익 ④ 투자안의 순현재가치

8. 실물투자의 유연성을 평가할 수 있는 기법끼리 바르게 묶은 것은?

① 실물옵션과 의사결정트리분석

② 순현재가치법과 실물옵션

③ 의사결정트리분석과 순현재가치법

④ 순현재가치법, 실물옵션, 의사결정트리분석

9. 다음의 실물투자 중에서 풋옵션이 포함된 경우는 어느 것인가?

① 후속투자의 기회 ② 투자안의 연기가능성

③ 생산설비의 확대가능성 ④ 지급보증의 가치

10. 차를 팔면서 판매회사는 고객이 원하면 3년 후에 차량가액의 50%에 해당하는 금액으로 자동차회사가 되사주겠다고 한다. 고객이 차를 사면 어떤 실물옵션을 갖게 되는 것인가?

① 처분기회 - 풋옵션 ② 지급보증 - 풋옵션

③ 처분기회 - 콜옵션 ④ 지급보증 - 콜옵션

11. 위험부채, 무위험부채, 지급보증의 관계를 바르게 나타낸 식은?
   ① 위험부채의 가치 = 무위험부채의 가치 + 지급보증의 가치
   ② 무위험부채의 가치 = 위험부채의 가치 + 지급보증의 가치
   ③ 지급보증의 가치 = 무위험부채의 가치 + 위험부채의 가치
   ④ 답이 없다.

●● 주관식

1. 옵션의 가치에 영향을 주는 변수들을 콜옵션가격결정모형을 보면서 추정하고 각 변수들이 어떤 방향으로 영향을 주는지도 설명하시오.
2. 재무상태표를 중심으로 차변에서 옵션평가모형이 적용되는 사례를 들어보시오.
3. 후속투자기회와 확장옵션의 공통점과 차이점을 설명하시오.

금리(자본비용)의 차이가 매우 작은 편이다. 이러한 상황에서는 자본비용의 측정에 작은 오차라도 발생하면 기업가치 전체에 큰 차이를 가져올 수 있다.

④ 위험의 부담

넷째, 은행의 본질적 기능이 중개기능인데 이 중개기능에 따르는 위험을 채권자는 거의 부담하지 않는다. 은행의 채권자란 예금을 맡기는 고객이기 때문에 제조기업의 채권자와는 성격이 크게 다르다. 따라서 주주에게 초점을 두어 가치평가하는 것이 더 합리적이라고 볼 수 있다.

⑤ 단일의 의사결정

다섯째, 기업가치접근법은 투자결정과 자금조달결정의 기능이 분리된 제조업에 적합한 것이다. 즉, 투자결정이 영업현금흐름을 결정하고 자금조달결정이 할인율(자본비용)을 결정하여 현재가치가 산출된 것이 기업가치인 것이다. 그러나 은행의 경우에는 자금조달결정이 곧 영업현금흐름을 결정하게 되어 제조업의 경우와 차이가 있다.

은행의 재무제표

① 재무상태표

은행가치를 평가하기 위해서는 먼저 은행의 재무제표를 살펴보고 이를 제조업의 재부제표와 비교해볼 필요가 있다. 먼저의 은행의 재무상태표를 제시한 것이 〈표 13-1〉과 같다.

표 13-1 은행의 재무상태표

<table>
<tr><th colspan="2">재무상태표</th></tr>
<tr><td rowspan="2">자 산
1. 현금예금
2. 유가증권
3. 대출채권
4. 유형자산</td><td>부 채
1. 예수금
2. 차입금
3. 발행금융채권</td></tr>
<tr><td>자 본
1. 자본금
2. 자본잉여금
3. 이익잉여금</td></tr>
</table>

제시된 은행의 재무상태표를 보면 자산의 대출채권과 부채의 예수금이 제조기업과 가장 큰 차이점이라는 것을 알 수 있다. 예수금은 고객에게 받은 예금부채이고 대출채권은 기업에게 대출해준 금액이다. 그리고 이들 항목의 비중이 매우 크다는 것도 큰 차이점이다.

② 손익계산서

이번에는 은행의 손익계산서를 살펴보자. 간단하게 요약된 형태의 손익계산서가 〈표 13-2〉에 제시되어 있다.

표 13-2 은행의 손익계산서

손익계산서	
영업수익	1. 이자수익 2. 수수료수익 3. 기타 영업수익
영업비용	1. 이자비용 2. 수수료비용 3. 기타영업비용 4. 판매비와 관리비
영업이익	영업이익

제시된 은행의 손익계산서에서 보면 이자수익과 수수료수익이 주요 영업수익원이 되고 있는 것을 확인할 수 있다. 이자수익은 대출채권에서 발생하는 것이고 수수료수익은 신탁업무, 신용카드업무, 외국환업무 등에서 발생하는 것들이다.

그리고 영업비용의 주요항목으로는 이자비용, 수수료비용, 판매비와 관리비를 들 수 있다. 이자비용은 예금채무와 차입금에서 발생하는 것이고 수수료비용은 여수신 외의 부수업무에서 발생하는 것이다. 여기서는 이자비용이 영업비용에 포함되어 있는 점을 관심 있게 볼 필요가 있다.

판매비와 관리비는 정상적인 영업활동에서 계속적으로 발생하는 간접비용으로서 광고비, 인건비, 각종 경비 등이 대표적인 항목이다. 이렇게 집계된 영업수익에서 영업비용을 차감하면 영업이익이 산출된다.

02 자기자본가치접근법의 적용

은행의 영업이익

은행의 손익계산서와 제조기업의 손익계산서와 가장 큰 차이점은 손익계산서에서 이자비용의 위치이다. 제조기업의 경우에는 영업수익에서 영업비용을 차감하여 영업이익을 구한 후 이자비용을 영업외비용으로 처리하고 있다. 따라서 제조기업의 영업이익은 기업이 벌어들인 소득흐름으로서 채권자와 주주에게 배분될 금액이라고 할 수 있다. 그리고 영업외비용으로 처리된 이자비용이 채권자에게 지급되는 금액으로서 별도로 표시된다. 따라서 이자비용까지 차감한 후의 이익이 주주에게 배분될 금액이 된다.

그러나 은행의 영업이익은 제조기업의 영업이익과 성격이 다르다. 제조기업의 영업이익은 채권자와 주주에게 배분될 금액이지만 되는데 은행의 경우에는 이자비용이 영업비용에 포함되어 영업이익이 산출된 것이므로 주주에게만 배분될 금액인 것이다.

자기자본가치를 구하는 두 가지 방법

은행을 비롯한 금융기관의 가치를 평가할 때에도 현금흐름할인법(DCF법)이 적용된다. 그런데 금융기관의 가치를 평가할 때에는 자기자본가치를 금융기관의 가치로 본다고 하였다. 여기서 금융기관의 자기자본가치를 구하는 방법을 다음과 같이 두 가지로 볼 수 있다.

① 기업잉여현금흐름에서 자기자본가치를 구하는 방법

첫 번째 방법은 기업의 잉여현금흐름(FCF: free cash flow)을 구해서 전체기업가치를 산출한 후 이로부터 부채의 시장가치를 차감하여 자기자본가치를 추정하는 방법이다. 이러한 과정을 그림으로 나타내면 [그림 13-2]와 같다. 그러나 앞서 밝혔듯이 은행의 경우에는 전체 기업가치를 구하는 기업가치접근법(enterprise approach)을 적용하는 것이 적합하지 않다고 하였다.

그림 13-2
FCF에서 자기자본가치를 구하는 방법

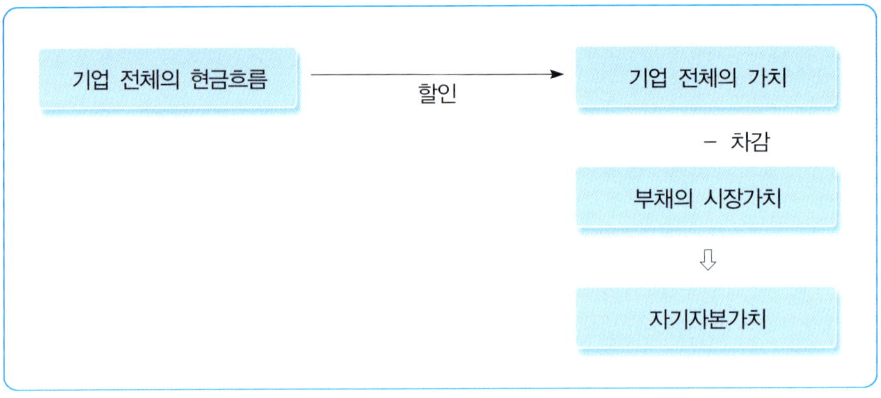

② 주주잉여현금흐름에서 자기자본가치를 구하는 방법

두 번째 방법은 처음부터 자기자본의 소유주들에게 귀속될 현금흐름(FTE: flow to equity)을 측정해서 이의 현재가치를 구해서 직접 자기자본가치로 보는 것이다. 은행의 경우에는 이 방법이 적합하다고 인식되어 전통적으로 이러한 방법을 많이 사용하고 있다. 그래서 보통 은행의 가치라고 하면 은행 전체의 가치가 아니라 은행의 자기자본가치를 말하는 경우가 많다.

그림 13-3
FTE에서 자기자본가치를 구하는 방법

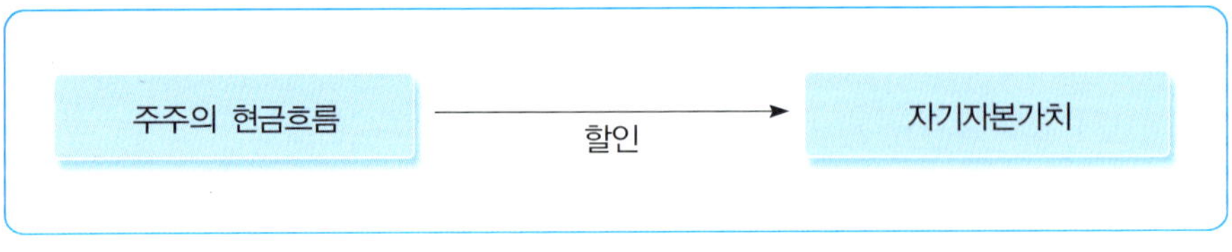

은행의 자기자본가치

① 제조기업의 주주현금흐름

은행의 가치, 좀 더 정확하게 말하면 은행의 자기자본가치를 구하기 위해서는 제일 먼저 자기자본의 소유주에게 귀속될 현금흐름을 측정해야 한다. 이 현금흐름을 주주현금흐름(FTE) 또는 주주잉여현금흐름(FCFE: free cash flow to equity)이라고 한다. 제조기업의 가치를 평가하는 방법으로 자기자본가치접근법을 소개하면서 이 현금흐름의 측정식을 소개하였다. 기본적인 모형은 순이익에 감가상각비를 더하는 다음 식이다.

$$FTE = NI + Dep$$

단, NI : 당기순이익(net income)
Dep : 감가상각비

그리고 주주에게 귀속되는 현금흐름만을 측정해야 하므로 만약 자본적 지출과 운전자본 및 부채의 변동이 있는 경우라면 이들 항목까지 반영해야 하므로 다음과 같은 측정식을 사용한다고 하였다.[3)]

FTE = NI + Dep − 자본적 지출 − 추가운전자본 + 부채증가액

② 은행의 주주현금흐름

은행의 주주현금흐름을 구하는 것도 이와 동일한 원리가 적용된다. 다만 계정과목이 제조기업과 다르기 때문에 용어와 분류상의 차이가 있을 뿐이다. 이러한 원리를 적용해서 은행의 주주에게 귀속되는 현금흐름을 측정하는 식을 제시하면 다음과 같다.

FTE = 영업현금흐름 − 자금의 운용 + 자금의 조달

위 식을 구성하는 항목에 대해서 좀 더 구체적으로 설명해보겠다.

첫째, 위 식에서 영업현금흐름은 앞서 제시한 은행의 손익계산서에서의 영업이익과는 다른 것이다. 은행 손익계산서상의 영업이익에서 법인세를 차감하고 감가상각비(비현금지출비용)을 더한 값을 말하는 것이다. 제조기업의 주주현금흐름 측정식에서 (NI+Dep)에 해당하는 것으로 보면 된다.

둘째, 자금의 운용은 신규대출, 유형자산의 증가, 예금의 감소, 기타부채의 감소 등을 포함하는데 이들은 모두 주주현금흐름을 감소시키는 것들이다. 이들은 모두 제조기업의 주주현금흐름 측정식에서 자본적 지출과 추가운전자본에 해당하는 것이다.

셋째, 자금의 조달은 대출금회수, 예금의 증가, 기타부채의 증가를 포함하는데 이들은 모두 현금흐름을 증가시키는 항목들이다. 제조기업의 주주현금흐름 측정식에서 부채증가액과 같은 것이다.

3) 자기자본가치접근법에서 주주현금흐름을 측정하는 내용을 다시 한 번 확인해보기 바란다.

이렇게 설명한 은행의 주주현금흐름을 산출하는 구조를 표로 나타내서 요약하면 다음과 같다.

| 표 13-3 은행의 주주현금흐름 산출구조

<table>
<tr><th>항 목</th><th>산출방법</th><th>출 처</th></tr>
<tr><td>(1) 영업현금흐름</td><td>영업이익
− 세금 + 특별손익
+ 감가상각비</td><td>손익계산서</td></tr>
<tr><td>(2) 자금의 운용</td><td>신규대출
+ 유가증권 증가
+ 유형자산 증가
− 예금의 감소
− 기타부채감소</td><td rowspan="2">재무상태표</td></tr>
<tr><td>(3) 자금의 원천</td><td>회수된 대출금
+ 예금의 증가
+ 기타부채증가</td></tr>
<tr><td colspan="3">(4) 주주현금흐름 = (1) − (2) + (3)</td></tr>
</table>

은행의 주주현금흐름을 측정하는 또 다른 방법은 배당금(dividends), 자기주식매입(equity repurchase), 신주발행(equity issues) 등과 같이 주주에게 지급되거나 주주로부터 수취하는 모든 현금흐름요소를 더하는 것이다. 그래서 다음의 식으로도 주주현금흐름을 측정할 수 있다.

FTE = 배당금 + 자기주식매입 − 유상증자

위와 같이 산출한 은행의 주주현금흐름은 기본적으로 주주들에게 지불될 수 있는 배당금과 같은 금액이 될 것이다. 그렇다고 해서 현실적으로는 이 현금흐름이 실제 배당금과 반드시 일치하는 것은 아니다. 왜냐하면 은행의 최고경영자들은 배당금을 여러 가지 요인을 고려하면서 완만한 추세를 갖도록 인위적으로 조정하기 때문이다.

③ 자기자본비용

미래의 현금흐름을 할인한 현재가치로 자산의 가치를 평가하는 것이 현금흐름할인법이다. 은행의 자기자본가치를 구하기 위해서 자기자본 소유주에게 귀속되는 주주현금흐름을 측정하였으므로 다음 단계로는 이 현금흐름의 현재가치를 구해야 할 것이다. 현재가치를 구하기 위해서는 할인율이 필요한데 여기서 측정된 현금흐름이 자기자본 소유주에게 귀속되는 것이므로 현금흐름의 위험도 자기자본 소유주가 부담하는 위험이 된다.

분산투자가 가능한 현실적 상황에서는 주주의 위험을 체계적 위험(베타)으로 측정한다. 베타와 기대수익률의 관계를 나타내는 식, 즉 자본자산가격결정모형(CAPM)에 베타를 대입해서 기대수익률을 구하여 이를 자기자본비용으로 이용한다. 이렇게 구한 자기자본비용이 은행의 자기자본가치를 산출할 때 적용되는 할인율이 되는 것이다.

03 이자마진 평가모형

이자마진의 의의

은행의 본질적 기능은 금융중개기능이다. 금융중개기능이란 구체적으로 고객의 자금을 예금으로 받아서 이 자금을 기업에게 빌려주는 것이다. 따라서 은행은 예금을 낮은 이자율로 받고 대출은 높은 이자율로 주어 그 이자 차이만큼을 수익원으로 한다. 여기서 대출이자와 예금이자의 차이를 순이자마진(NIM: net interest margin), 또는 간단하게 이자마진이라고 하는데, 흔히 실무에서는 예대마진이라고 부른다.

은행으로서는 대출이자는 수익이고 예금이자는 비용이어서 이자마진은 은행의 사업성과라고 할 수 있다. 그렇지만 이러한 사업활동에는 인건비를 비롯한 다양한 판매 및 관리비도 발생되기 때문에 이들 비용까지 차감해야 진정한 사업성과를 파악할 수 있다. 그래서 예금관련 지급이자는 직접비용으로 집계하고 판매 및 일반관리비는 간접비용으로 집계한 금액을 대출관련 수입이자에서 차감하여 예대마진으로 볼 수도 있다.

이자마진 평가모형

이자마진 평가모형은 이자마진으로 측정된 은행의 성과를 이용해서 은행가치를 구하는 방법이다. 이자마진은 손익계산서에서 측정된 플로우(flow) 개념이기 때문에 이를 자본비용으로 할인해서 스톡(stock) 개념으로 자본화시켜야 한다. 그런데 은행의 영업이익은 영업이익이라는 용어가 주는 의미와는 달리 지급이자까지 차감된 값이어서 실제로는 주주에게 귀속되는 금액이라고 할 수 있다. 따라서 이를 자본화시킬 때 적용할 할인율은 자기자본비용이 된다. 법인세는 납부해야 하므로 세후영업이익(즉, 순이익)을 자기자본비용으로 할인하여 현재가치를 구하면 은행가치가 된다. 그러나 이렇게 구한 은행가치는 대출 및 예금과 관련된 영업가치이다. 만약 은행이 영업외자산을 보유하고 있다면 이를 더해주어야 전체 은행가치를 구할 수 있다.[4)]

다음의 사례를 통해서 이자마진 평가모형을 통한 은행가치평가의 과정을 좀 더 자세하게 살펴보자.

예제 13-1

가나은행의 재무상태표가 다음과 같다. 대출금리는 12%, 예금금리는 5%이고 총자산의 4%에 해당하는 판매관리비가 발생한다. 법인세율은 30%이다.

재무상태표

현금 및 예치금	150	예 금	1,000
대 출	950	자 본	100
총자산	1,100	총자본	1,100

(1) 가나은행의 손익계산서를 작성하고 이러한 상황이 계속된다고 가정하여 영업가치를 구하라. 단, 자기자본비용은 10%이다.

(2) 가나은행의 영업외자산까지 포함한 가나은행의 기업가치는 얼마가 되는가?

풀이

(1) 가나은행의 손익계산서는 다음과 같다.

4) 제6장 EVA를 이용한 기업가치평가에서도 기업가치를 구할 때에 비영업용자산을 더하는 사례가 있었다.

손익계산서

수입이자 (950×12%)	114
지급이자 (1,000×5%)	50
판매관리비 (1,100×4%)	44
영업이익	20
법인세 (20×30%)	6
순이익	14

가나은행의 영업가치는 순이익 14억원 무한연금의 현재가치에 해당되므로 다음과 같이 구할 수 있다.

$$\text{가나은행의 영업가치} = \frac{14}{0.1} = 140\text{ (억원)}$$

(2) (1)에서 구한 영업가치는 영업활동에서 수익을 창출하는 것이다. 그러나 현금 및 예치금과 같은 것들은 직접적으로 수익을 창출하지 않지만 은행의 자산으로 계상되어 있는데, 이러한 것들은 영업외가치를 갖는 것이므로 은행의 기업가치를 구할 때에는 포함시켜야 한다.

$$\text{가나은행의 기업가치} = 140 + 150 = 290\text{ (억원)}$$

제3절 금리변화와 채권가격

은행을 비롯한 금융기관의 가치평가에 가장 큰 영향을 미치는 것은 금리이다. 금리는 은행의 영업수익과 영업비용을 결정하는 요소이면서 미래 현금흐름의 현재가치를 계산할 때에 할인율로 이용되는 자본비용에 영향을 미치기도 한다. 따라서 금리변화가 은행가치에 미치는 영향을 살펴볼 필요가 있다. 그런데 이러한 영향을 분석하는 과정에서는 금리와 채권가격의 관계가 이용되기 때문에 이를 먼저 살펴보고 그 원리를 금융기관의 경영기법으로 확대해서 적용하는 것이 좋겠다.

01 듀레이션

듀레이션이란?

듀레이션(duration)이란 맥콜리(Macaulay)가 채권가격의 금리변화에 대한 민감도를 측정하기 위해서 고안해낸 개념이다. 구체적으로는 현금흐름이 발생하는 각 기간을 그 기간에 발생하는 현금흐름의 현재가치가 전체현금흐름의 현재가치에서 차지하는 비율을 가중치로 해서 산출한 가중평균기간으로 정의 된다. 이를 산출하기 위해서 다음과 같은 식이 이용된다.

$$D = \sum_{t=1}^{n} t \times \left[\frac{\frac{C_t}{(1+r)^t}}{\sum_{t=1}^{n} \frac{C_t}{(1+r)^t}} \right] = \sum_{t=1}^{n} t \times \frac{t\text{시점 현금흐름현가}}{\text{채권현가 }(B_0)}$$

복잡한 위 식을 사용하는 것보다는 아래와 같이 단순하게 정리해서 사용하는 것이 좋다.

$$D = 1 \times \frac{PV(C_1)}{PV} + 2 \times \frac{PV(C_2)}{PV} + \cdots + n \times \frac{PV(C_n)}{PV}$$

여기서 분모의 PV는 전체 현금흐름의 현재가치이므로 이는 곧 채권가격, B_0가 된다.

채권만기와 듀레이션

위와 같이 산출된 듀레이션은 채권수명을 나타내는 지표로서의 의미를 갖는다. 일반적으로 채권수명에 대한 개념으로 만기(maturity)를 이용하지만 이는 최종현금흐름의 발생시점만을 나타낼 뿐이다. 이를 보완하기 위해서 만기 이전의 현금흐름을 고려한 만기 개념으로서 듀레이션이 도입된 것이다.

이처럼 듀레이션은 만기 이전의 현금흐름까지 고려한 것이므로 그 현금흐름의 형태에 의해서 영향을 받게 된다. 다음과 같이 서로 다른 형태의 현금흐름을 가져다주는 채권들에서 그 유형별로 만기와 듀레이션이 어떤 관계에 있는지 살펴본다.

① 할인채

할인채(discount bond)의 경우에는 만기에 원금만 지급되고 그 사이에 이자 지급은 없다. 따라서 듀레이션의 산출식에서 만기 이전의 기간에 대한 가중치는 0이고 만기에 대한 가중치는 1이 되기 때문에 할인채권의 듀레이션은 곧 만기와 같게 된다. 즉, D=만기.

② 이표채

이표채(coupon bond)의 경우에는 만기까지 이자가 지급되다가 만기에 원금이 지급되는 형태의 현금흐름을 갖는다. 따라서 듀레이션의 산출식에서 만기 이전의 기간에 대한 가중치가 양(+)의 값을 갖고 이에 따라 만기에 대한 가중치는 1보다 작게 된다. 그러므로 듀레이션은 만기보다 짧다. 즉, D<만기.

③ 영구채

영구채(perpetual bond)은 만기가 없이 이자만 일정한 금액(C)으로 무한히 지급되는 형태의 채권이다. 즉, 채권의 만기가 무한한 경우인데 이러한 경우의 듀레이션을 구해보자.

영구채권의 현재가치는 무한연금의 현가계산에서 살펴보았듯이 $B_0 = \frac{C}{r}$ 이다. 이를 듀레이션 산출식에 대입하면 다음과 같이 간단하게 정리된다.

$$
\begin{aligned}
D &= \sum_{t=1}^{n} t \times \left[\frac{\frac{C_t}{(1+r)^t}}{B_0} \right] = \sum_{t=1}^{n} t \times \frac{\frac{C}{(1+r)^t}}{\frac{C}{r}} \\
&= \sum_{t=1}^{n} t \times \frac{r}{(1+r)^t} = r \sum_{t=1}^{n} \frac{t}{(1+r)^t} \\
&= r \times \left(\frac{1+r}{r^2} \right) = \frac{1+r}{r}
\end{aligned}
$$

이처럼 영구채권의 경우 만기는 무한하더라도 듀레이션은 시장금리에 의해서 유한한 기간으로 결정된다. 예를 들어 시장금리가 10%라면 영구채권의 듀레이션은 다음과 같이 11년이 된다는 것이다.

$$D = \frac{1+0.1}{0.1} = 11\,(\text{년})$$

예제 13-2

액면가액 1,000원이고 만기 3년, 액면금리가 7%인 채권이 있다. 이 채권에 대한 다음 각 물음에 답하라.

(1) 시장금리는 6%라고 하면 이 채권의 시장가치는 얼마인가?
(2) 이 채권의 듀레이션을 구하라.

풀이

(1) 이 채권의 시장가치는 매년 이자 70원과 만기 원금 1,000원의 현재가치이므로 다음과 같이 구하면 1,026.73원임을 알 수 있다.

기간	현금흐름	현가계수	현재가치
1	70	$\frac{1}{1.06}$	66.04
2	70	$\frac{1}{1.06^2}$	62.30
3	1,070	$\frac{1}{1.06^3}$	898.39
			1,026.73

(2) 여기에서 듀레이션을 구하면 다음과 같이 2.81년이 산출된다.

$$D = 1 \times \frac{66.04}{1{,}026.73} + 2 \times \frac{62.30}{1{,}026.73} + 3 \times \frac{898.39}{1{,}026.73} = 2.81(\text{년})$$

듀레이션의 결정요인

듀레이션은 채권의 만기, 채권의 액면금리, 그리고 시장금리, 이 세 가지 요인에 의해서 결정된다. 결론부터 말하면 만기가 길수록 듀레이션은 길어지지만, 액면금리와 시장금리가 높을수록 듀레이션은 짧아진다. 구체적으로 이들 결정요인이 듀레이션에 어떻게 영향을 미치는지를 살펴본다.

① 채권의 만기

채권의 만기가 길수록 듀레이션은 길어진다. 이는 듀레이션 산출식에서도 확인되지만 더 쉽게 이해하기 위해서 액면금리와 시장금리가 동일한 상황에서 만기가 서로 다른 할인채권의 듀레이션을 생각해보자. 할인채권의 경우는 만기가 곧 듀레이션과 같으므로 만기가 긴 할인채권의 듀레이션이 만기가 짧은 할인채권보다 듀레이션이 길다는 것을 알 수 있다.

② 채권의 액면금리

액면금리란 표면금리, 쿠폰금리라고도 하는데 실제로 지급되는 이자금액을 결정하는 금리로서 채권발행시점에서 약정된 금리이다.

채권의 액면금리가 높을수록 듀레이션은 짧아진다. 액면금리가 높아진다는 것은 만기 이전의 현금흐름이 똑같이 증가한다는 것을 의미한다. 각 기간의 현금흐름이 똑같이 증가하더라도 듀레이션 산출식에서 살펴보면 각 기간의 가중치는 현재가치를 기준으로 산출되기 때문에 현시점과 가까운 기간의 가중치가 현시점에서 먼 기간의 가중치보다 상대적으로 커지기 때문에 듀레이션은 짧아지는 것이다.

이를 보다 쉽게 이해하기 위해서 만기와 시장금리는 동일한 상황에서 할인채와 이표채의 듀레이션을 비교해볼 수 있다. 할인채는 액면금리가 0인 경우이고 이표채는 액면금리가 양(+)이기 때문이다. 여기서 할인채의 듀레이션은 만기와 같지만 이표채의 경우는 듀레이션이 만기보다 짧음을 확인할 수 있다.

③ 시장금리

시장금리란 채권수익률, 만기수익률이라고도 하는데 채권가격을 산출할 때에 할인율로 이용되는 금리를 말한다.

시장금리가 높을수록 듀레이션은 짧아진다. 시장금리가 증가하면 곧 각 기간의 현금흐름의 현재가치를 산출할 때에 적용할 할인율이 증가한다는 것이다. 할인율이 증가하면 이에 따라서 현시점에서 먼 기간의 현금흐름의 현재가치가 지수적으로 작아지기 때문에 상대적으로 현시점과 가까운 기간의 가중치가 커진다. 따라서 듀레이션은 짧아진다.

02 듀레이션의 이용

듀레이션과 채권가격의 변화

시장금리의 변화는 현재 채권가격에 역관계를 갖고 영향을 미친다. 따라서 금리변화에 따라 채권가격이 얼마나 변화하는가를 파악하려면 변화된 금리에 따라서 산출한 채권가격과 변화전의 채권가격을 비교하면 될 것이다. 그러나 금리변화에 따라 매번 채권가격을 다시 산출한다는 것은 매우 번거로운 일이다.

그런데 듀레이션을 이용하면 금리변화에 따른 채권가격의 변화를 쉽게 측정할 수 있다. 이를 확인하기 위해서 채권가격 결정식을 다음과 같이 표현해보자.

$$B_0 = \sum_{t=1}^{n} \frac{C_t}{(1+r)^t}$$

금리변화에 따른 채권가격의 변화를 측정하기 위해서 위 식을 금리(r)에 대해서 미분한 후 이를 채권가격의 변화금액 dB_0에 대해서 정리하면 다음과 같은 식이 도출된다.

$$dB_0 = -\frac{dr}{1+r} D B_0$$

단, dr : 금리변화분

B_0: 채권가격

D: 채권의 듀레이션

이 식의 경제적 의미는 듀레이션이 긴 채권일수록 금리변화로 인한 가격변화가 더 크다는 것이다. 따라서 금리가 상승할 때에 듀레이션이 긴 채권은 듀레이션이 짧은 채권보다 훨씬 큰 폭으로 가격이 하락하게 된다.

그런데 수정듀레이션(modified duration)을 이용하면 위 식을 보다 더 간단하게 표현할 수 있다. 수정듀레이션(D')은 다음과 같이 정의된다.

$$D' = \frac{D}{1+r}$$

따라서 위 식을 이용해서 금리변화와 채권가격의 관계식을 다음과 같이 고쳐 쓸 수 있다.

$$dB = -\,dr\,D'\,B_0$$

만약 변화율을 측정하려면 위 식의 양변을 채권가격 B_0로 나누면 된다.

$$\frac{dB}{B_0} = -\,dr\,D'$$

예제 13-3

액면가액 1,000원, 액면이자율 7%, 만기 3년인 채권이 있다. 시장금리가 6%였는데 1% 상승하였다고 가정하고 다음 각 물음에 답하라.

(1) 채권가격의 변화를 듀레이션을 통해서 측정하라.
(2) 그리고 수정듀레이션을 산출하여 이를 통해서 채권가격의 변화율을 구하라.

풀이

(1) 금리변화에 따른 채권가격의 변화를 측정하는 다음 식을 이용한다.

$$dB_0 = -\frac{dr}{1+r}\,D\,B_0$$
$$= -\frac{0.01}{1+0.01} \times 2.81 \times 1{,}026.73 = -27.22$$

즉, 시장금리가 1% 상승하면 채권가격은 27.22원만큼 하락한다.

(2) 먼저 다음과 같이 수정듀레이션을 구한다.

$$D' = \frac{D}{1+r} = \frac{2.81}{1+0.06} = 2.65$$

이를 이용해서 다음과 같이 채권가격의 변화율을 측정할 수 있다.

$$\frac{dB}{B_0} = -\,dr\,D' = -0.01 \times 2.65 = -0.0265(2.65\%)$$

즉, 시장금리가 1% 상승하면 채권가격은 2.65%만큼 하락한다.

은행의 듀레이션 이용전략

위와 같이 금리변화가 채권가격에 미치는 효과를 듀레이션을 이용해서 쉽게 파악할 수 있음을 확인하였다. 이러한 원리는 은행이 자기자본가치를 관리하기 위한 전략으로 자주 이용된다. 은행의 자기자본가치는 자산에서 부채를 차감한 값이므로 자산과 부채의 대응전략이라고 할 수 있다. 여기에는 단순대응과 듀레이션대응이 있다. 차례대로 살펴보자.

① 단순대응

채권을 보유하여 매입포지션(long position)에 있는 투자자의 부는 금리의 변화에 영향을 받는다. 따라서 이러한 투자자가 동일한 채권에 대해서 공매를 통해서 매도포지션(short position)을 취하면 된다. 금리 변화가 보유채권에 미치는 효과를 똑같은 크기로 상쇄할 수 있어서 완전헤지가 가능하기 때문이다. 이를 달리 표현하면 채권보유에 따른 현금유입과 똑같은 현금유출이 되도록 부채를 조달하면 완전헤지가 된다는 것과 동일한 의미이다.

② 듀레이션 대응

위와 같이 채권을 보유할 때에 필요자금을 그 채권과 현금흐름이 동일한 부채로 조달하는 것이 가장 확실한 헤지전략이지만 이러한 부채를 찾는 것은 현실적으로 쉽지 않다. 이때에 현재 보유하고 있는 자산의 듀레이션과 현재 부담하고 있는 부채의 듀레이션을 적절하게 조정하여 헤지를 도모할 수 있다.

이러한 내용을 확인하기 위해서 듀레이션을 이용하여 금리 변화에 따른 자산가치의 변화량 dA와 부채가치의 변화량 dL을 측정해보자.

$$dA = -\frac{dr}{1+r} D_A \cdot A, \qquad dL = -\frac{dr}{1+r} D_L \cdot L$$

여기서 D_A, D_L은 각각 자산과 부채의 듀레이션을 의미하고 A,B는 각각 자산과 부채의 시장가치를 의미한다. 그런데 자기자본가치가 금리 변화로부터 헤지되려면 $dA = dL$가 성립하여야 하므로 다음이 성립한다.[5)]

5) 여기서 만약 자산과 부채의 금리가 다르더라도 금리의 변화분 dr이 같다면 수정듀레이션을 이용하여 다음 식이 성립되도록 하면 된다. 즉, $D_A' \cdot A = D_L' \cdot L$

$$D_A \cdot A = D_L \cdot L$$

이 식이 듀레이션 대응(duration matching)을 나타내는 가장 중요한 식이다. 이를 살펴보면 현재 보유자산과 현재 부담하고 있는 부채의 시장가치 크기가 같다면 자산과 부채의 듀레이션을 동일하게 유지하면 금리변동으로부터 헤지가 됨을 알 수 있을 것이다. 그러나 자산과 부채의 시장가치가 다르다면 이를 고려해서 위 식이 성립되도록 각 듀레이션을 조정해야 할 것이다.[6)]

예제 13-4

가나은행의 재무상태표는 다음과 같다.

재무상태표 (단위: 억원)

자 산	550	부 채	440
		자 본	110

재무담당이사는 금리변동으로부터 은행가치(자기자본가치)를 헤지하고자 자산과 부채의 듀레이션을 똑같이 2.5년이 되도록 하였다. 현재 자산과 부채에 적용되는 금리는 모두 10%라고 가정하여 다음 물음에 답하라.

(1) 금리가 1% 상승하였다고 가정하고 이러한 헤지전략의 타당성을 확인하라.
(2) 부채의 듀레이션은 변경할 수 없다면 자산의 듀레이션을 얼마로 조정해야 완전한 헤지가 가능한가?

풀이

(1) 금리 1% 상승에 따른 자산가치의 변화금액은 다음과 같다.

$$dA = -\frac{dr}{1+r} D_A \cdot A$$

$$= -\frac{0.01}{1+0.01} \times 2.5 \times 550 = -12.5 \text{ (억원)}$$

그리고 금리 1% 상승에 따른 부채가치의 변화금액은 다음과 같다.

$$dL = -\frac{dr}{1+r} D_L \cdot L$$

$$= -\frac{0.01}{1+0.01} \times 2.5 \times 440 = -10 \text{ (억원)}$$

6) 이러한 원리는 뒤에서 설명하게 될 자산부채종합관리(ALM)의 한 방법으로 중요하게 이용된다.

자산가치가 더 크게 하락하여 은행의 자기자본가치는 2.5억원 감소하였기에 완전한 헤지라고 할 수 없다. 이를 부분헤지라고 한다.

(2) 완전헤지를 위해서는 자산과 부채의 규모를 감안해서 다음 식이 성립되도록 해야 한다.

$$D_A \cdot A = D_L \cdot L$$

부채의 듀레이션 2.5년은 변경할 수 없다고 하므로 위 식을 다음과 같이 정리하여 자산의 듀레이션을 구한다.

$$D_A = D_L \times \frac{L}{A} = 2.5 \times \frac{440}{550} = 2\text{년}$$

따라서 자산의 듀레이션을 2.5년에서 2년으로 줄여야 한다.

---

③ 만기전략

앞서 설명한 대응전략은 주로 헤지를 위한 방법이었지만 듀레이션을 이용해서 손실의 폭은 줄이고 이익은 보다 많게 할 수도 있다. 채권의 만기전략을 이용하는 방법이 바로 그것인데 이에 대해서 구체적으로 살펴보자.

채권의 만기를 이용하여 이익을 얻기 위한 전략은 일반적으로 금리 상승이 예상될 때 채권가격 하락폭을 줄이기 위해서 금리탄력성이 낮은 단기채권을 구입하고 금리탄력성이 높은 장기채권을 매각하는 것이다. 물론 금리 하락이 예상되면 이와 반대로 장기채권을 매입하고 단기채권을 구입하면 된다.

이러한 원리는 듀레이션을 이용할 때에도 그대로 적용된다. 즉, 채권포트폴리오관리자들은 금리상승이 예상되면 채권가격의 하락폭이 큰 긴 듀레이션의 채권을 매각하고 상대적으로 하락폭이 작은 짧은 듀레이션의 채권을 매입하여 채권포트폴리오 전체의 듀레이션을 짧게 하여 채권포트폴리오의 가치하락을 최소한으로 줄일 수 있다. 이와 반대로 금리 하락이 예상되면 이와 반대로 듀레이션이 짧은 채권을 매각하고 듀레이션이 긴 채권을 매입하여 전체 듀레이션을 길게 함으로써 채권포트포리오의 가치를 최대한 높일 수 있다.

여기서 말하는 채권은 은행의 대출에 해당되고 채권포트폴리오는 곧 대출포트폴리오에 해당되는 것이므로 지금까지 설명한 원리가 은행의 경영기법으로 이용될 수 있는 것이다.

제4절 은행경영기법

01 은행경영기법의 변천

금리의 변동에 민감한 대표적인 투자자는 채권투자자이다. 그러나 금융기관들은 금리 변동에 더욱 민감하다. 왜냐하면 금융기관의 경우에는 수익과 비용, 그리고 이에 따른 영업이익이 모두 금리에 의해서 결정되기 때문이다. 결과적으로 금융기관의 경우에는 자산과 부채의 가치 모두가 금리의 변동에 직접적으로 영향을 받게 된다. 그래서 금융기관들은 시대적인 상황에 맞춰서 기업가치를 극대화하려고 노력해왔다.

경영환경의 변화에 따라 은행의 관리기법은 자금조달과 운용측면에서 변화되어 왔다. 구체적으로는 재무상태표의 어느 쪽에 중점을 두느냐에 따라서 자산관리시대, 부채관리시대를 거쳐서 자산부채종합관리시대로 변화되어 왔다.

자산관리시대

① 자금조달측면

자산관리시대는 1960년대 이전의 시기를 말한다. 이 시기에는 저금리시대로서 금리변동위험이 적었으며 은행예금을 대체할 금융상품이 많지 않아서 은행의 입장에서는 상대적으로 안정적으로 자금을 조달할 수 있었다.

② 자금운용측면

2차 대전 후 실물경제가 회복되면서 대출수요가 증가하였기 때문에 자금운용의 측면에서는 일정한 수준의 유동성을 유지하면서 높은 수익성을 확보하는 데 노력을 기울였다.

③ 관리기법의 특징

자금조달은 안정적이었기 때문에 은행들은 예금유치에 대해서는 수동적이었지만 수익성을 높이기 위해서 자금의 운용에 중점을 둔 시대였다.

부채관리시대

① 자금조달측면

부채관리시대는 1960년대부터 1970년대 중반까지의 시기에 해당된다. 이 시기에 경기가 좋아져 대출수요가 늘자 미국은행들은 경쟁적으로 높은 금리를 제시하면서 예금을 유치하였다. 특히 Regulation Q로 자금동원에 제약을 받게 되면서 이를 회피할 수 있는 다양한 금융상품을 만들어 자금을 조달하기 위해서 많은 노력을 하였다.[7)]

② 자금운용측면

세계 경기가 전반적으로 호황을 맞고 있었기 때문에 양질의 대출수요의 급증하면서 금리가 상승하기 시작하였다. 그래서 은행입장에서는 좋은 대출기회를 안정적으로 확보하고 있는 셈이었다.

③ 관리기법의 특징

양질의 대출수요가 상존하는 상황에서 자금동원이 중요하게 되었기 때문에 자금의 운용보다는 자금동원에 치중하였다. 그래서 금리경쟁과 금리규제를 피할 수 있는 새로운 여러 가지 형태의 금융상품을 개발하였다. CD, RP, CP, Euro Dollar 등의 상품들이 모두 이 시기에 출시된 것이다.

자산부채종합관리시대

① 자금조달측면

자산부채종합관리시대는 1970년대 중반 이후부터의 시기를 말한다. 브레튼 우즈체제의 붕괴로 변동환율제가 도입되면서 이에 따라 환위험이 크게 증가하였다. 그리고 1980년대 이후에는 금리자유화가 진행되면서 금리변동 위험도 크게 증가하여 자금조달에 신중을 기하게 되었다.

② 자금운용측면

변동환율제가 되고 금리도 자유화되면서 자금의 운용측면에서 불확실성이

7) Regulation Q란 1966년에 미국에서 제정된 법률로서 그 내용은 은행의 안정성을 확보하기 위해서 상업은행이 저축성예금에 대해 지급하는 수신금리의 상한을 규제하는 것이다.

크게 증대되었다. 뿐만 아니라 1970년대 중반의 에너지파동은 전반적인 경기침체를 가져와서 많은 기업들이 파산하였다. 은행도 대출포트폴리오의 질이 나빠져서 회수하지 못하는 대출도 크게 증가하였다.

③ 관리기법의 특징

자산과 부채가 모두 불안정하게 되었기 때문에 이 둘을 연계하여 동시에 종합적으로 관리할 필요가 절실하게 되었다. 이에 따라서 자산과 부채를 종합관리하면서 위험의 극소화와 수익성의 극대화를 통해서 은행가치를 높이려는 자산부채종합관리(ALM: asset liability management)기법이 등장하였다.

02 순이자마진분석

순이자마진이란?

순이자마진(NIM: net interest margin)이란 수입이자와 지급이자의 차이로서 은행의 가장 중요한 수입원이다. 그리고 순이자마진분석(NIM analysis)이란 이러한 순이자마진의 변화를 요인별로 분석하여 관리하는 기법을 말한다.

적용절차

이자마진의 변동을 분석하여 은행관리기법으로 적용할 때에는 구체적으로 다음과 같이 두 단계를 거친다.

① 재무상태표 각 항목에 대한 분석

먼저 재무상태표의 각 항목에 대해 이자마진의 변화를 금리(rate), 운용자산의 크기(volume), 자산과 부채항목 구성(mix)의 변화로 분리하여 분석한다. 이때의 분석모형은 다음과 같다.

<t=1 시점> <t=2 시점>

$M_1 \times V_1 \times R_1$　　$M_2 \times V_1 \times R_1$　　$M_2 \times V_2 \times R_1$　　$M_2 \times V_2 \times R_2$

mix 차이　　volume 차이　　rate 차이

이자마진의 총차이

여기서 V : 총수익자산　M : 해당항목의 구성비율　R : 금리

② 분석결과의 종합

재무상태표상의 모든 항목에 대해 분석한 후 R-V-M의 영향을 종합하여 은행 전체의 순이자마진변동의 원인을 찾고 이자변동에 민감한 항목에 초점을 맞추어 향후 예상되는 금리 변동에 대처한다.

한계점

주로 과거성과에 대한 분석에 초점을 두고 있기 때문에 미래 금리환경에 대한 대처능력은 부족하다고 볼 수 있다.

예제 13-5

가나은행의 상업대출에 관련된 양년도의 자료는 다음과 같다. 상업대출항목에 대한 이자마진분석을 해보자.

	당해연도	전년도
상업대출	120,000백만원	100,000백만원
금리	10%	9%
총수익자산	240,000백만원	250,000백만원

풀이

가나은행의 순이자마진변화에 대한 분석결과를 요약하면 다음과 같다.

		차이	총차이
전년도	0.4 × 250,000 × 0.09		
	0.5 × 250,000 × 0.09	mix 차이 +2,250	
	0.5 × 240,000 × 0.09	vol. 차이 −450	총차이 +3,000
당해연도	0.5 × 240,000 × 0.1	rate 차이 +1,200	

03 갭관리

갭관리란?

갭관리(GAP management)란 이자마진의 변화요인 volume, rate, mix 중에서 rate와 mix에 초점을 두고 통제가 어려운 rate의 변화에 대응하여 자산과 부채의 구성(mix)을 조정하여 관리하는 기법이다. 즉, 이자마진의 금리변화에 대한 민감도를 GAP으로 측정하고 이를 이용해서 예상되는 금리변화에 따른 최적구성을 도출하는 전략을 말한다.

갭(GAP)의 개념

① 금리위험 노출도

GAP이란 이자마진의 금리변화에 대한 민감도로서 금리변동위험에 노출되어 있는 정도라고 할 수 있다. 이는 다음과 같이 측정된다.

$$GAP = RSA - RSL \text{ , 또는 } GAP\text{비율} = \frac{RSA}{RSL}$$

여기서 RSA는 금리변동에 민감한 자산(rate sensitive asset)으로서 변동금리 조건으로 이루어진 대출과 같은 것들이다. 또한 RSL은 금리변동에 민감한 부채(rate sensitive liability)로서 변동금리 조건으로 받은 예금이나 차입금과 같은 것들이 이에 해당한다. 따라서 변동금리대출이 변동금리예금보다 많으면 GAP은 0보다 크고 GAP비율은 1보다 크게 된다.

② GAP 유형과 금리변동의 영향

금리가 상승할 때, 즉 $\Delta r>0$인 경우에 GAP의 유형에 따라서 순이자마진(NIM)이 어떻게 변화하는가를 살펴보자.

표 13-4 금리변화와 GAP, NIM의 관계

유 형	GAP	이자마진의 변화
RSA > RSL	GAP>0, GAP비율 > 1	이자수익의 증가 > 이자비용의 증가 → NIM의 증가
RSA < RSL	GAP<0, GAP비율 < 1	이자수익의 증가 < 이자비용의 증가 → NIM의 감소
RSA = RSL	GAP=0, GAP비율=1	이자수익의 증가 = 이자비용의 증가 → NIM의 변동 없음

위의 표에서 첫 번째 경우를 살펴보자. 변동금리대출이 변동금리예금보다 더 큰 경우에 여수신금리가 똑같이 1%씩 상승하였다고 하자. 그렇다면 대출에서 늘어나는 이자수익이 예금에서 늘어나는 이자비용보다 더 크다는 것이므로 NIM의 증가로 나타난다. 이때에 NIM의 변화는 수입이자의 증가분에서 지급이자의 증가분을 차감하여 산출할 수도 있지만 GAP에 금리의 변화분 Δr을 곱하여 직접 산출하는 것이 더 편리하다.

위와 동일한 논리로 금리가 상승할 때 GAP<0에서는 NIM이 감소하게 된다. 그러나 GAP=0에서는 수입이자와 지급이자가 동일한 크기로 변화할 것이므로 NIM의 변화가 없다. 물론 금리가 하락할 때에는 이와 반대의 결과를 가져다줄 것이다.

③ 유효 GAP

위에서는 분석을 단순하게 하기 위해서 자산과 부채에 적용되는 금리가 똑같이 변화한다고 가정한 것이지만 현실적으로는 각 항목에 적용되는 금리변동이 상이할 수 있다. 그러나 모든 금리는 같은 방향으로 변화하므로 회귀분석 등의 기법을 이용하면 상이한 금리민감도를 고려한 GAP을 구할 수 있다. 이때의 GAP을 유효 GAP(effective GAP)이라고 한다.

예를 들어 대출금리가 1% 변화할 때에 예금금리가 0.7% 변화한다고 가정하면, 유효 $GAP = RSA - 0.7 \times RSL$이 되며 이자마진의 변화는 이같이 구한 유효 GAP에 대출금리의 변화분을 곱하면 산출할 수 있다.

GAP전략

GAP전략이란 미래의 금리 변화를 예상하여 NIM이 증가되도록 GAP을 조정해 나가는 것을 말한다. 이러한 GAP전략은 앞서 살펴본 금리변동에 따른 GAP 유형과 NIM의 변화에서 유추할 수 있다. 그 내용을 정리하면 다음과 같다.

표 13-5
GAP전략

금리의 예상	GAP전략
상 승	GAP 증대
하 락	GAP 축소
불확실	GAP=0 (헤징)

표에서 보듯이 금리가 상승할 때 GAP을 증대시키거나 금리가 하락할 때 GAP을 축소시키면 이자마진의 증가효과를 얻을 수 있다. 금리변동이 불확실할 때에는 변동금리대출과 변동금리예금을 일치시켜서 GAP을 0으로 만들면 금리변동으로부터 헤지할 수 있다.

04 듀레이션갭관리

듀레이션갭관리란?

은행의 자산과 부채는 대부분 만기가 있고 현금흐름이 고정적이어서 듀레이션 개념을 적용할 수 있다. 듀레이션갭관리(Duration GAP management)란 이러한 가능성을 은행관리기법에 이용하는 것이다. 즉, 금리변화에 따라서 은행가치를 극대화할 수 있는 전략을 자산과 부채의 듀레이션을 이용하여 전체적인 관점에서 파악하고 이를 수행할 수 있는 구체적인 방법을 모색하는 것이다.

은행가치변화의 측정

은행의 경우도 제조기업과 마찬가지로 자기자본가치는 자산가치에서 부채가치를 차감하여 결정된다. 따라서 금리 변동에 따른 자기자본가치의 변화(ΔV_K)는 다음과 같이 자산가치의 변화에서 부채가치의 변화를 차감하여 산출한다.

$$\Delta V_K = \Delta V_A - \Delta V_L$$

그런데 금리 변동에 의한 가치변화는 듀레이션을 이용하여 측정할 수 있다. 금리변동과 채권가격변화의 관계식을 이용하면 위 식은 다음과 같이 표현된다.

$$-\frac{\Delta r_K}{1+r_K} D_K V_K = -\frac{\Delta r_A}{1+r_A} D_A V_A + \frac{\Delta r_L}{1+r_L} D_L V_L$$

여기서 Δr이 모두 동일하다고 가정하면 수정듀레이션 D'을 이용해서 위 식은 다음과 같이 간단하게 정리된다.

$$D_K' V_K = D_A' V_A - D_L' V_L$$

위 식의 의미는 자본의 수정듀레이션은 자산과 부채의 수정듀레이션으로부터 구할 수 있다는 것이다. 그리고 이를 구하면 금리의 변화에 따른 자기자본의 가치변화를 다음과 같이 직접 측정할 수 있다는 것이다.

$$\Delta V_K = -\Delta r \cdot D_K' V_K$$

만약 여기서 금리의 변화로부터 은행가치(자기자본가치)를 헤지하려면 $D_K' V_K = 0$이어야 하며 이를 달성하기 위해서는 $D_A' V_A = D_L' V_L$이 되도록 해야 한다. 이 역시 앞서 소개한 듀레이션대응을 이용한 헤지전략을 나타내는 식과 동일한 것이다.

듀레이션 전략

① 듀레이션 전략의 의미

은행가치 변화를 자본의 수정듀레이션이나 듀레이션갭으로 측정하였지만 이 두 가지 지표는 모두 자본듀레이션에서 비롯되는 것들이다. 따라서 이들을 관리한다는 것은 곧 은행의 자기자본가치를 높이기 위해서는 금리의 변화에 따라서 자본듀레이션을 적절하게 관리해나가야 함을 의미하는 것이다.

그런데 자본듀레이션은 자산과 부채의 듀레이션으로부터 산출되는 것이므로 자본듀레이션관리의 구체적인 실천방안은 결국 개별적인 자산 및 부채 듀레이션의 관리로 귀착된다.

이러한 관계를 고려하여 미래 금리의 변화에 대한 예상에 따라서 듀레이션을 관리하는 방법은 다음과 같이 요약할 수 있다.

I 표 13-6
듀레이션전략의 실현

금리의 예상	목 표	실현방법
상 승	DK 감소 (< 0)	DA 감소, DL 증가
하 락	DK 증가 (> 0)	DA 증가, DL 감소
불확실	DK = 0 (hedge)	DA와 DL 일치

② 구체적인 실현방법

자산과 부채 듀레이션의 구체적인 실현방법으로서 금리가 상승할 것으로 예상되는 경우에 D_A를 감소시키는 방법과 D_L을 증가시키는 방법을 생각해보자.

그런데 앞서 듀레이션의 결정요인을 공부하면서 만기가 짧을수록, 만기 전 현금흐름이 클수록, 시장금리가 높아질수록 듀레이션이 짧게 된다는 것을 밝힌 바 있다. 이러한 원리를 고려하면 구체적인 실현방법을 찾을 수 있을 것이다.

즉, D_A를 짧게 하려면 장기대출을 단기대출로 대체하고, 고정금리대출보다는 변동금리대출을 유도하며, 현금유입을 빠르게 하기 위해서 만기일시상환보다는 분할상환조건의 대출을 도모하는 것이 유리하다.

한편, D_L을 길게 하려면 만기가 긴 장기성예금을 개발하고 변동금리예금보다는 고정금리예금을 유도하며, 현금유출을 늦추기 위해서 만기 전 이자지급조건보다는 만기에 원리금을 지급하는 예금을 유치하는 것이 은행가치를 높이는 데 도움이 된다.

예제 13-6

가나은행의 현재 재무상태표와 각 구성항목의 듀레이션에 관련된 정보는 다음과 같다. 단, ( ) 안의 숫자는 수정듀레이션을 의미한다.

재무상태표

현 금	100		정기예금	600	(1)
상업대출	400	(1.25)	C. D.	300	(5)
주택대출	500	(7)	자 본	100	

금리가 2% 상승한 경우에 은행가치의 변화를 측정해보자.

풀 이

(1) 개별항목의 가치변화를 집계해서 은행가치변화를 측정하는 방법
수정듀레이션이 주어졌으므로 $\Delta V = -\Delta r \cdot D' V$을 이용한다.

① 상업대출의 가치변화	$-0.02 \times 1.25 \times 400$	$=$	-10
② 주택대출의 가치변화	$-0.02 \times 7 \times 500$	$=$	-70
자산가치변화			-80
③ 정기예금의 가치변화	$-0.02 \times 1 \times 600$	$=$	-12
④ CD의 가치변화	$-0.02 \times 5 \times 300$	$=$	-30
부채가치변화			-42

따라서 자본의 가치변화 $= -80-(-42) = -38$

(2) 자본의 듀레이션을 이용하는 방법
먼저 자산과 부채의 수정듀레이션으로부터 자본의 듀레이션을 구한다.

$$\text{자산} \quad D_A' = \frac{100}{1,000} \times 0 + \frac{400}{1,000} \times 1.25 + \frac{500}{1,000} \times 7 = 4\text{년}$$

$$\text{부채} \quad D_L' = \frac{600}{900} \times 1 + \frac{300}{900} \times 5 = \frac{7}{3}\text{년}$$

자산, 부채, 자본금액과 위의 듀레이션을 다음 식에 대입한다.

$$D_K' V_K = D_A' V_A - D_L' V_L$$

$$D_K' \times 100 = 4 \times 1,000 - \frac{7}{3} \times 900 \rightarrow D_K' = 19$$

자본의 수정슈레이션을 다음 식에 대입한다.

$$\Delta V_K = -\Delta r \cdot D_K' \ V_K$$

$= -0.02 \times 19 \times 100 = -38$, 즉 은행가치는 38만큼 감소하였다.

요 약

1. 금융자율화와 다양한 금융상품의 등장으로 금융환경이 크게 변화하면서 금융기관 사이의 합병이 활발해지면서 금융기관의 가치평가도 중요한 과제가 되고 있다.

2. 금융기관은 일반 제조기업과는 달리 기업가치접근법에 의한 평가방법이 잘 맞지 않는다. 그래서 자기자본가치접근법이 금융기관의 가치평가에 이용된다.

3. 금융기관의 주주현금흐름을 구하는 것은 일반 제조기업과 원리는 동일하지만 회계처리와 사용하는 용어에서 차이가 있다. 영업이익에 자금조달을 더하고 자금운용을 차감해서 구하는 방법이 있고 배당금에 자사주매입을 더하고 유상증자를 차감해서 구하는 방법도 있다.

4. 은행가치를 관리하는 기법으로 자산부채종합관리라는 방법이 있다. 주로 금리변수를 매개변수로 해서 대출과 예금을 동시에 관리하는 것이다.

5. 자산부채종합관리는 크게 순이자마진을 분석하는 방법, 갭을 분석하는 방법, 듀레이션을 이용하는 방법 등 세 가지로 구분할 수 있다.

6. 듀레이션은 금리변화에 따른 채권가격의 변화를 측정하는데 유용하게 사용되는 개념인데 이를 이용하면 금리변화에 따른 은행가치변화를 측정하고 관리하는 것이 편리하다.

연습문제

진위형

1. 금융기관의 가치평가에는 자산가치접근법보다 자기자본가치접근법이 더 많이 사용된다.
2. 금융기관과 일반 제조업의 손익계산서의 가장 큰 차이는 지급이자의 위치이다.
3. 영구채는 만기가 없기 때문에 듀레이션을 결정하는 요인은 액면금리와 시장금리, 두 가지 요소이다.

객관식

1. 듀레이션은 일종의 평균만기 개념으로 이해할 수 있다. 채권의 유형별로 듀레이션을 설명한 것이다. 잘못된 것은?
   ① 할인채권은 채권의 만기와 듀레이션이 같다.
   ② 이표채는 듀레이션이 채권의 만기보다 짧다.
   ③ 영구채는 만기가 없으므로 듀레이션도 없다.
   ④ 답이 없다.

2. 금융기관의 사업부 중에서 예금이 대출을 초과하는 사업부는?
   ① 소매금융사업부　② 도매금융사업부
   ③ 자금관리사업부　④ 비용센터

3. 금융기관에게 적합한 가치평가기법을 가장 정확하게 표현한 것은 다음 중 어느 것인가?
   ① 기업가치접근법　② 자기자본가치접근법
   ③ 상대가치평가법　④ 자산접근법

4. 다음의 은행계정 중 어느 것 때문에 은행의 가치평가에서 기업가치접근법을 사용하기 어려운 것인가?

① 지급이자　　② 판매비와 일반관리비

③ 수입이자　　④ 법인세

5. 은행의 관리기법은 어떻게 변화되어 왔는가?

① 부채관리 → 자산관리 → 자산과 부채의 종합관리

② 자산관리 → 부채관리 → 자산과 부채의 종합관리

③ 자산과 부채의 종합관리 → 자산관리 → 부채관리

④ 자산과 부채의 종합관리 → 부채관리 → 자산관리

6. 현금의 듀레이션은 얼마인가?

① −1　　② 0　　③ +1　　④ 답이 없다.

7. 시장금리가 20%라고 하면 액면금리가 10%인 영구채의 듀레이션은 얼마인가?

① 5　　② 6　　③ 11　　④ 12

주관식

1. 듀레이션대응이란 무엇인가? 은행가치를 관리하는 기법의 차원에서 간단하게 설명하시오.
2. 순이자마진분석이 갭분석이나 듀레이션분석과 비교해서 갖고 있는 한계점은 무엇인가 설명하시오.
3. 금리상승이 예상되면 은행가치를 높이기 위해서 대출을 어떤 방식으로 운용해야 하는가?
4. 일반 제조기업과 은행의 손익계산서상에서 가장 중요한 차이를 보이는 항목은 무엇인가?

Chapter 14

세법의 가치평가

자본시장에서는 기업인수가 일반화되고 있으며 기업을 상속 또는 증여하는 일도 빈번해지면서 기업가치를 평가하는 문제는 중요한 문제가 되고 있다. 기업가치를 평가하면서 반드시 관련법규를 따라야 하는 경우가 있는데 세법을 적용해야 하는 경우가 대표적이다. 세법은 기업가치 평가방법을 현실에 적합하도록 여러 차례 개정을 해왔다. 이 장에서는 주식이나 부동산 등의 자산가치를 평가하는 세법의 규정에 대해서 살펴본다. 세법의 평가기준은 시가주의가 원칙이다. 그렇지만 시가가 없는 비상장주식의 경우에는 보충적 평가방법을 두어 이 방법을 적용하도록 하고 있다. 보충적 평가방법에서는 주식의 가치를 순손익가치와 순자산가치라는 두 가지 요소로 평가하고 있다. 비상장주식 이외의 부동산이나 무형자산 등의 평가방법도 함께 살펴본다.

제1절 가치평가의 관련법규

01 강제규정의 필요성

지금까지 살펴본 기업가치평가기법들은 이론적으로 우수한 방법들이라고 할 수 있다. 왜냐하면 일정한 가정하에 과학적인 방법으로 도출해낸 모형들을 이용해서 기업, 주식 등의 내재가치를 산출하고 있기 때문이다. 그러나 이러한 모형들이 전제로 하고 있는 가정들 중에는 비현실적인 면도 있다. 그리고 기업가치를 평가하는 과정에서 주관적인 판단을 해야 하는 경우도 있게 된다.

이론적 모형을 이용한 평가 결과를 판단근거로 해서 투자결정을 수행하고 그 결과로 발생하는 손익을 독자적으로 부담하는 경우라면 문제가 없다. 그렇지만 그 평가결과에 따라서 다수의 이해관계자가 서로 다른 손익을 부담하게 되는 경우에는 의견충돌의 가능성이 생긴다. 특히 주관적 판단에 해당하는 부분에서는 서로 상반된 주장까지 할 수 있는데 이러한 경우에는 강제적으로 준수해야 할 규정이 필요하다.

02 세법과 자본시장법

이러한 관점에서 기업가치 또는 주식가치를 평가할 때 지켜야 할 우리나라의 관련규정을 살펴볼 필요가 있다. 대표적인 규정으로 세금을 부과할 때의 과세표준을 정하고 있는 세법과 유가증권을 발행하거나 거래할 때에 평가기준을 정하고 있는 자본시장법이 있다. 물론 여기서 소개되는 세법과 자본시장법의 관련규정을 적용해서 평가한 결과가 이론적 모형의 결과보다 우수하다고 말할 수는 없다. 그렇기 때문에 이들 규정도 계속적으로 개정하면서 좀 더 실질적 가치를 잘 반영하려고 노력하고 있다.

03 세법의 기본원칙

시가주의

세법에서는 법인세법, 소득세법, 상속세 및 증여세법 등에서 재산평가의 원칙을 밝히고 있는데 이들 모든 법들이 시가를 우선적으로 적용해서 재산을 평가하는 것을 원칙으로 한다. 여기서 시가란 불특정다수인 사이에서 자유로운 거래가 이루어지는 경우 통상적으로 성립된다고 인정되는 가액을 말하는데 간단하게 시장가격이라고 생각하면 된다.

시가주의 적용의 한계

시장이 활성화되어 있어서 시장가격이 쉽게 확인되는 경우에는 위와 같은 기본원칙을 적용하는데 문제가 없다. 그러나 현실적으로 모든 개별 자산들에 대해서 평가기준일 현재의 시장가격을 확인한다는 것은 다음과 같은 이유에서 매우 어려운 일이 될 수 있다.

첫째, 평가대상이 되는 자산이 거래되는 시장이 없는 경우이다. 이러한 경우에는 그 자산이 거래된 사실이 없기 때문에 시장가격도 있을 수가 없다.

둘째, 시장이 존재하여도 평가기준일 현재에 거래된 사실이 없는 경우이다. 그렇다고 오래전에 거래된 가격을 기준으로 평가할 수는 없다. 왜냐하면 그 사이에 그 가치가 크게 변동했을 수도 있기 때문이다.

보충적 평가방법

세법에서 시가주의를 원칙으로 하지만 위와 같은 문제 때문에 이를 적용하기가 어려운 경우가 많다. 이러한 경우를 대비해서 세법에서는 시가주의로 평가하기 어려운 상황에 적용할 수 있는 별도의 규정을 두어서 이를 따르도록 하고 있다. 여기서 많이 이용되는 방법으로 상속세 및 증여세법(이하 '상증법'이라고 줄임)에서 규정하고 있는 '보충적 평가방법'이라는 것이 있다. 그래서 세법에서 재산평가규정을 말할 때에는 항상 상증법이 자주 거론되곤 하는 것이다.

제2절 상장주식의 평가

01 유가증권시장의 상장주식

주식의 종류

기업가치평가와 관련해서 가장 중요한 평가대상은 주식이다. 주식은 유가증권시장(코스피시장)에서 거래되는 주식도 있고 코스닥시장에서 거래되는 주식도 있을 것이다. 이들 주식은 유가증권시장이나 코스닥시장에서 거래되면서 형성된 시장가격을 따라서 평가하면 될 것이다. 이러한 시장에서 거래되지 않는 주식(비상장주식)의 경우에는 시장가격이 없는 경우이므로 상속세법 및 증여세법의 보충적 평가방법을 따른다.

이제부터 유가증권시장의 상장주식, 코스닥시장의 상장주식, 그리고 비상장주식에 대한 평가방법을 순서대로 살펴본다.

평가대상기간

① 평가기준일 시가 적용의 문제점

유가증권시장에서 거래되는 주식들은 비교적 역사도 오래되고 거래빈도도 활발하여 신뢰할 만한 시장가격을 확인하기 수월한 편이다. 그래서 유가증권시장의 상장주식은 시가원칙을 쉽게 적용할 수 있다. 그러나 거래가 활발한 시장이라고 해도 평가기준일의 거래가격만을 이용해서 평가한다면 평가결과가 왜곡될 수 있다. 예를 들어 8월 18일이 평가기준일이라고 하자. 그런데 8월 18일 거래가격만 갖고 특정회사의 주식을 평가한다면 주식가격이 높게 평가되는 것이 유리한 투자자들은 작전세력을 동원해서 일시적으로 주가를 높일 수 있다. 이와는 반대로 과세대상이 되는 납세자의 입장이라면 주가가 낮아야 세금을 적게 낼 수 있으므로 일시적으로라도 평가기준일의 주가를 낮추려고 할 것이다.

② 문제 사례

실제로 금융위기에서 주가가 폭락하였을 때를 이용해서 주식증여를 하면서 경영권을 승계하고 증여세부담도 피하는 사례가 많다. 그래도 이는 적극적으로 주가를 조종하는 것은 아니므로 절세전략이라고 할 수 있다. 그러나 특정일의 주가에 의해서 손익이 결정되는 경우 해당상품을 판매한 금융기관 직접 나서서 주가를 조종하는 사례도 있었다. D증권은 자신들이 2005년에 발행한 주가연계증권(ELS)의 기초자산이 되는 삼성SDI 주가를 평가기준일에 고의로 떨어뜨림으로써 자신들이 입게 될 손실을 고객에게 떠넘겨서 문제가 되기도 하였다.

③ 소득세법

세법에서는 특정일의 주가를 평가기준으로 했을 때 생길 수 있는 이러한 문제점들을 해결하기 위해서 평가기간을 길게 설정하고 있다. 소득세법에서는 해당 주식을 양도한 경우에는 양도일 이전 1개월 최종시세가액의 평균액으로 해당주식을 평가하도록 하고 있다. 취득의 경우에도 취득일 이전 최종시세가액의 평균액으로 해당주식을 평가한다.

③ 상속세 및 증여세법

그러나 상증법에서는 평가기준일을 중심으로 그 이전 2개월과 그 이후 2개월 모두 4개월에 해당하는 기간의 주가평균을 구한 값을 해당 주식의 평가액으로 하고 있다. 그리고 매일의 주가는 그날의 최종거래가격(종가)을 기준으로 한다. 구체적으로 평가기준일이 8월 18일이라면 6월 19일부터 10월 17일까지의 종가평균을 구한 값이 해당주식의 평가액이 되는 것이다.

발행주식수의 변화

평가대상기간 중에 증자나 합병 등의 사유가 발생해서 발행주식수에 변화가 생기는 경우가 있다. 이러한 경우 주식의 시장가격에는 큰 변화가 있을 수 있다. 그러므로 단순하게 평가기준일의 이전 2개월, 평가기준일의 이후 2개월의 평균주가를 그대로 적용하면 주식가격의 실질적 가치를 정확하게 반영할 수 없는 경우가 생길 수 있다. 세법에서는 이러한 변화가 어느 시점에서 발생하였는가에 따라서 다음과 같이 세 가지 경우로 구분해서 평균주가를 산출하도록 규정하고 있다.

① 평가기준일 이전에 발생한 경우

평가기준일 이전에 증자나 합병 등으로 발행주식수에 변화가 생겼다면 그 다음 날부터 평가기준일 이후의 2개월이 되는 날까지의 기간을 대상으로 평균주가를 구하여 해당 주식의 가치를 평가한다.

예를 들어 8월 18일이 평가기준일인데 7월 20일에 증자(또는 합병)로 발행주식수에 변화가 생겼다고 하자. 그러면 7월 21부터 10월 17일까지의 종가평균값으로 그 주식의 가치를 평가하는 것이다.

② 평가기준일 이후에 발생한 경우

평가기준일 이후에 증자나 합병 등으로 발행주식수에 변화가 생겼다면 평가기준일 이전의 2개월이 되는 날부터 증자나 합병이 발생한 날의 전일까지의 기간을 대상으로 평균주가를 구하여 해당 주식의 가치를 평가한다.

예를 들어 8월 18일이 평가기준일인데 9월 2일에 증자(또는 합병)로 발행주식수에 변화가 생겼다고 하자. 그러면 6월 19일부터 9월 1일까지의 종가평균값으로 그 주식의 가치를 평가하는 것이다.

③ 평가기준일 이전과 이후에 모두 발생한 경우

흔치 않겠지만 평가기준일 이전과 이후에 모두 증자나 합병 등이 발생한 경우도 있을 수 있다. 이러한 경우에는 평가기준일 이전의 해당 사건이 발생한 다음 날부터 평가기준일 이후 해당 사건이 발생한 날의 전일까지의 기간을 대상으로 평균주가를 구하여 주식가치를 평가한다.

예를 들어 8월 18일이 평가기준일인데 7월 20일에 증자(또는 합병)가 있었고 9월 2일에 또 다시 증자(또는 합병)가 있었다고 하자. 그러면 7월 21일부터 9월 1일까지의 종가평균값으로 그 주식의 가치를 평가하는 것이다.

IPO기업의 주식평가

① 상장 준비 중인 경우

기업공개(IPO: initial public offering)를 위해서 금융위원회에 유가증권신고를 한 기업의 주식을 평가하는 경우를 말한다. 이렇게 기업공개를 준비 중인 기업의 평가기준일이 유가증권신고 직전 6월부터 유가증권시장에 최초로 주식을 상장하기 전까지의 기간에 해당되는 경우에는 그 주식을 다음의 규정을 따라서 평가하도록 하고 있다.

② 코스닥기업이 상장 준비 중인 경우

상장 준비 중인 기업의 주식을 평가할 때에는 원칙적으로 공모가격을 기준으로 평가한다. 여기서 공모가격이란 우리가 흔히 IPO가격을 산출할 때 따라야 할 자본시장법의 규정을 적용해서 산출한 가격을 말한다.[1)]

그러나 만약 이렇게 유가증권시장에 상장할 준비 중인 코스닥기업의 주식가격을 상증법에서 정하는 코스닥시장 상장주식에 대한 평가규정을 적용해서 산출했을 때 그 값이 자본시장법 상의 공모가격보다 크다면 이 값을 적용해야 한다.

요약해서 말하면 자본시장법을 적용한 공모가격과 세법의 코스닥시장 주식의 평가액 중에서 큰 값으로 해당 기업의 주식을 평가하는 것이다.

③ 비상장기업이 상장 준비 중인 경우

비상장기업이 상장 준비 중인 경우에도 기본적인 평가원칙은 자본시장법에 의하여 금융위원회가 정하는 기준에 따라서 결정된 공모가격으로 주식을 평가하는 것이다. 그러나 상증법에서 정하는 보충적 평가방법으로 산출한 가격이 공모가격보다 큰 경우에는 이 값을 적용하도록 하고 있다.

결론을 요약하면 자본시장법을 적용한 공모가격과 세법의 비상장주식평가액을 비교해서 큰 값으로 해당 기업의 주식을 평가하는 것이다.

02 코스닥시장의 상장주식

① 평가방법

코스닥시장에 상장되어 있는 기업의 주식가치를 평가하는 방법은 유가증권시장(코스피시장)에서 거래되는 주식을 평가하는 방법과 기본적으로 동일하다. 즉, 소득세법에서는 양도일이나 취득일 이전 1개월의 최종시세가액의 평균액으로 평가한다. 그리고 상증법에서는 평가기준일 이전 2개월, 이후 2개월에 해당하는 4개월을 평가기간으로 종가평균액으로 평가하면 된다.

1) 공모가격에 대한 구체적인 내용은 뒤에서 자본시장법에 따른 주식평가방법을 소개하면서 자세하게 다룰 것이다.

증자나 합병 등의 사유로 발행주식수의 변화가 발생한 경우에 평가기간을 조정하는 것도 유가증권시장의 상장주식(코스피종목)의 경우와 동일하다.

그런데 코스닥의 경우에는 코스피와 달리 거래규모가 작아서 작전세력에 의한 주가조작 등의 사유가 발생할 가능성이 큰 편이다. 따라서 코스닥시장 상장주식을 평가할 때에는 평가기준일 전후로 6월 이내에 매매거래가 정지되거나 투자유의, 투자경고 또는 관리종목으로 지정 고시된 경우에 예외적 평가규정을 적용한다. 즉, 이러한 경우에는 시장가격을 인정하지 않고 비상장주식을 평가하는 보충적 평가방법을 적용해서 산출된 값을 기준으로 해당 주식을 평가한다.

② 상장 준비 중인 경우

비상장기업이 코스닥시장에 상장 준비 중인 경우를 말한다. 이러한 경우 자본시장법에 의하여 금융위원회가 정하는 기준에 따라서 결정된 공모가격을 기준으로 해당기업의 주식을 평가한다. 그러나 이러한 비상장기업의 주식을 상증법에서 정하는 보충적 평가방법으로 산출한 가격이 공모가격보다 큰 경우에는 이 값을 적용하도록 하고 있다.

제3절 비상장주식의 평가

01 평가의 중요성

평가의 어려움

비상장주식의 가치를 평가하는 것은 매우 어려운 작업이다. 왜냐하면 실제로 한 번도 거래된 적이 없어서 시장가격으로 볼 수 있는 근거를 구할 수 없기 때문이다. 그렇다보니 세법상의 규정을 적용해서 산출한 평가금액이 실제의 주식가치를 제대로 반영하지 못하는 경우가 자주 생긴다. 이러한 이유로 평가금액과 실제가치와의 괴리가 크게 되면 세금을 부과하는 과정에서 공정성의 문제가 제기될 수 있다.

경영권승계와 비상장회사

비상장주식의 평가문제는 삼성그룹의 경영권승계와 관련해서 가장 크게 불거졌다고 볼 수 있다. 삼성그룹의 경영권과 관련해서는 그룹 내의 에버랜드라는 회사가 중요한 역할을 한다. 이 회사가 삼성전자, 삼성생명 등 중요한 다른 회사들의 주식을 갖고 있기 때문이다. 그런데 이 회사의 전환사채를 낮은 가격으로 그룹의 후계자인 이재용 씨에게 발행하였다. 이재용 씨는 이 전환사채의 전환권을 행사하여 에버랜드주식을 취득하고 자연스럽게 삼성그룹의 대주주로 떠올랐다.

그런데 여기서 적은 금액으로 대기업의 경영권을 확보할 수 있었던 것은 에버랜드주식을 취득할 때에 취득가격이 낮았기 때문이다. 여기서 에버랜드주식의 취득가격은 전환사채의 전환권 행사가격인데 이는 에버랜드라는 회사의 주식평가액과 깊은 연관성이 있다. 시민단체에서는 부당한 방법으로 경영권을 승계한 것이라는 주장을 했다. 그러나 에버랜드가 비상장회사이고 이 회사 주식을 평가하면서 세법의 비상장주식평가규정을 적용하였기 때문에 법적인 문제는 없다는 결론으로 마무리되었다.

세법상 평가규정의 문제

이렇다 보니 경영권승계와 관련해서 삼성그룹 이외에도 많은 대기업들은 그룹 내의 비상장회사를 활용하는 데 적극적인 경우가 많다. 그룹 내의 일감을 특정회사에 몰아준다든가 하는 것도 경영권승계와 무관하지 않은데 이러한 과정에서도 비상장회사가 중요한 역할을 하고 있는 것을 확인할 수 있다.

이렇게 비상장회사를 많이 활용하는 이유는 이 방법이 세금부담을 최대한 피할 수 있기 때문이다. 이는 그만큼 세법에서 규정하고 있는 비상장주식의 평가규정이 현실을 제대로 반영하지 못하고 있다는 반증이 될 수도 있다. 즉, 세법상 평가규정을 적용해서 산출한 평가액이 실제 경제적 가치보다 작다는 뜻이다.

02 비상장주식의 평가원칙

일반법인

세법에서는 비상장주식의 가치를 평가할 때에 해당 회사의 수익 및 자산, 두 가지 요소를 고려해서 평가금액을 산출하도록 하고 있다. 세법에서는 수익요소에 해당하는 것을 순손익가치라고 하고 자산요소에 해당하는 것을 순자산가치라고 한다.

1주당 순손익가치와 순자산가치를 각각 구한 후 순손익가치에는 3, 순자산가치에는 2의 비중을 주어 평균한 값을 1주당 평가액으로 본다. 이러한 내용의 평가식을 제시하면 다음과 같다.

$$1\text{주당 평가액} = \frac{\text{순손익가치} \times 3 + \text{순자산가치} \times 2}{5}$$

위와 같은 평가식의 구조를 보면 순손익가치에는 60%의 비중을 주고 순자산가치에는 40%의 비중을 주어서 상대적으로 수익요소를 더 중시하고 있다.

부동산과다보유법인

그러나 부동산이 많은 부동산과다보유법인의 경우에는 수익요소보다 자산요소가 더 중요하다고 보고 순손익가치와 순자산가치의 비중을 바꾸어서 1주당 평가액을 산출한다. 즉, 순자산가치에 3, 순손익가치에 2의 비중을 주어서 다음과 같은 평가식을 이용해서 주식가치를 평가한다.

$$1\text{주당 평가액} = \frac{\text{순손익가치} \times 2 + \text{순자산가치} \times 3}{5}$$

단, 여기서 부동산이 많은 부동산과다보유법인이란 기업이 보유하고 있는 부동산가액이 자산총액의 50% 이상인 법인을 의미한다. 이 경우 자산총액의 50% 이상 여부는 당해법인의 장부가액(토지는 기준시가)을 기준으로 판단한다.

순자산가치로만 평가하는 경우

위와 같이 비상장주식을 평가할 때에는 순손익가치와 순자산가치를 적절하게 결합해서 평가하는 것이 기본원칙이지만 과거의 수익력을 기준으로 순손익가치를 반영하는 것이 불합리한 경우도 있다. 다음과 같은 경우가 이에 해당하는데 이러한 경우에는 순손익가치를 반영하지 않고 순자산가치로만 평가하도록 한다.

첫째, 상속세 및 증여세 과세표준 신고기한 이내에 평가대상이 되는 법인이 청산절차를 진행하고 있거나 사업자의 사망 등으로 인해서 사업이 계속되기 곤란하다고 인정되는 법인을 평가하는 경우.

둘째, 사업개시 전의 법인이나 사업개시 후 3년 미만의 법인, 그리고 휴업 또는 폐업 중에 있는 법인을 평가하는 경우. 곧 살펴보겠지만 순손익가치를 구하려면 과거 3년간의 영업실적을 반영해야 하는데 3년 미만의 영업실적을 반영하면 왜곡된 평가결과를 가져올 수 있기 때문이다.

셋째, 최근 3년간 계속해서 손실을 기록한 법인을 평가하는 경우.

예제 14-1

비상장기업인 대한기업(주)의 주식가치를 평가하려고 한다. 이 기업의 순손익가치와 순자산가치를 구한 결과는 다음과 같다.

순손익가치	100,000원
순자산가치	120,000

(1) 대한기업(주)의 1주당 가치는 얼마인가?
(2) 만약 이 기업이 부동산과다보유법인이라면 1주당 가치는 얼마인가?
(3) 만약 이 기업이 청산절차가 진행 중이라면 1주당 가치는 얼마인가?

풀이

(1) 1주당 가치는 1주당 순손익가치 10만원과 1주당 순자산가치 12만원을 각각 3, 2의 가중치로 평균하여 다음과 같이 108,000원이 된다.

$$\frac{100,000 \times 3 + 120,000 \times 2}{5} = 108,000 \text{ 원}$$

(2) 부동산과다보유법인이라면 (1)에서의 가중치를 바꾸어서 적용한다.

$$\frac{100,000 \times 2 + 120,000 \times 3}{5} = 112,000\text{원}$$

(3) 청산절차 중이거나 사업개시 후 3년이 경과되지 않았거나 최근 3년 동안 계속하여 결손인 법인의 주식은 순자산가치로만 평가하므로 1주당 가치는 120,000원이다.

03 순손익가치

1주당 순손익가치의 계산

수익가치는 계속기업을 전제로 평가하는 것이다. 그래서 기업의 자산을 미래의 수익창출에 계속적으로 사용한다고 가정해서 이로부터 예상되는 현금흐름을 할인해서 평가하는 것이다. 이와 같이 미래의 현금흐름을 예측해서 평가하는 것이 합리적이고 그동안 기업가치를 평가하면서 적용해온 현금흐름할인법(DCF법)이 이에 해당하는 것이다.

그러나 이렇게 미래의 현금흐름을 예측하는 것은 일정한 가정을 전제로 하기 때문에 논리적이고 합리적임에도 불구하고 과세기준으로 삼기에는 객관성이 부족한 면이 있다. 납세자가 이의를 제기할 수 있기 때문이다. 그래서 세법에서는 순손익액의 산출방법을 명확하게 규정하고 있다.

우선 소득세법에서는 1주당 순손익금액을 산출할 때 해당 주식의 양도일 또는 취득일이 속하는 사업연도의 직전 사업연도의 1주당 순손익금액으로 하고 있다. 그런데 상증법에서는 과거 최근 3년간의 1주당 순손익금액을 가중평균하여 1주당 순손익금액으로 하고 있다.

그리고 이렇게 이 평균손익금액을 순손익가치환원율로 나누어 평가하는 방법으로 1주당 순손익가치를 산출하도록 규정하고 있다. 이와 같이 설명한 1주당 순손익가치를 구하는 평가식은 다음과 같이 나타낼 수 있다.

$$1\text{주당 순손익가치} = \frac{1\text{주당 순손익금액}}{\text{순손익가치 환원률}}$$

최근 3년간 1주당 순손익금액의 가중평균

상증법의 보충적 평가방법에서 1주당 순손익금액을 구하기 위해서는 우선 위의 평가식에서 분자에 해당하는 과거 최근 3년간의 순손익금액을 가중평균한 값을 산출해야 한다.

가중평균 손익금액을 산출하기 위해서 다음의 값들을 먼저 구한다.

A : 평가기준일 전 1년이 되는 사업연도의 1주당 순손익액
B : 평가기준일 전 2년이 되는 사업연도의 1주당 순손익액
C : 평가기준일 전 3년이 되는 사업연도의 1주당 순손익액

그리고 평가기준일 전 1년이 되는 사업연도의 1주당 순손익액에 3, 평가기준일 전 2년이 되는 사업연도의 1주당 순손익액에 2, 평가기준일 전 3년이 되는 사업연도의 1주당 순손익액에 1의 가중치를 부여하여 평균값을 구한다. 이러한 내용을 식으로 표현하면 다음과 같다.

$$\text{가중평균손익금액} = \frac{A \times 3 + B \times 2 + C \times 1}{6}$$

이 평가식의 구조를 보면 평가기준일과 가까운 순손익액에 더 큰 가중치를 부여함으로써 최근의 영업성과를 더 비중 있게 반영하는 것을 알 수 있다. 그러나 이렇게 산출한 가중평균손익금액이 음수가 나오면 0원으로 평가한다. 이러한 처리방식의 논리적 근거는 OPM을 이용하여 제시할 수 있다. 즉, 주식은 기업의 자산을 기초자산으로 하고 부채금액을 행사가격으로 하는 옵션으로 볼 수 있다. 이러한 옵션은 만기의 상황에 따라서 유리한 경우에만 행사하는 조건부 청구권(contingent claim)이므로 그 가치는 아무리 작더라도 음의 값을 가질 수 없기 때문이다.

예제 14-2

비상장기업인 대한기업(주)의 주식가치를 평가하려고 한다. 이 기업의 과거 최근 3년간의 1주당 순손익액은 다음과 같다.

3년 전 사업연도 순손익액	6,000원
2년 전 사업연도 순손익액	9,000
1년 전 사업연도 순손익액	12,000

(1) 1주당 순손익가치를 구하기 위한 가중평균 손익금액은 얼마인가?
(2) 만약 위의 금액 중 1년 전 순손익액이 손실금액이라면 가중평균 손익금액은 얼마인가?

풀이

(1) 최근 3년간의 순손익액에서 1년 전 손익액에 3, 2년 전 손익액에 2, 3년 전 손익액에 1의 가중치를 부여하여 다음과 같이 가중평균 손익금액을 구한다.

$$\frac{6{,}000 \times 1 + 9{,}000 \times 2 + 12{,}000 \times 3}{6} = 10{,}000\,(\text{원})$$

(2) 만약 1년 전 순손익액 12,000원이 손실금액이라면 가중평균 손익금액은 다음과 같다.

$$\frac{6{,}000 \times 1 + 9{,}000 \times 2 + (-12{,}000) \times 3}{6} = -2{,}000\,(\text{원})$$

그러나 가중평균 손익금액이 음수가 되면 0원으로 평가해야 하므로 대한기업(주)의 가중평균 손익금액은 0원이다.

순손익금액의 계산

위에서 살펴본 바와 같이 가중평균 손익금액을 구하기 위해서는 과거 최근 3개년의 순손익금액을 계산해야 한다. 순손익액은 법인세법에 의한 각 사업연도소득에 대하여 법인세법에 따라서 세무조정한 내용 중 일부를 가산 또는 차감해서 산출한다.

① 각 사업연도소득에 가산하는 항목

각 사업연도 소득에 가산해야 하는 항목 중 중요한 것들을 살펴보자. 우선 실질적인 현금유입액인데 익금불산입된 항목들이다. 예를 들어 국세 및 지방세 과오납환금금이자, 익금불산입된 수입배당금, 기관투자자가 상장법인 등으로부터 받은 배당소득의 90%에 해당하는 금액, 비업무용토지에 대한 취득세 환급액 등이 이에 해당된다. 이들은 조세정책적 목적으로 익금불산입된 것이지만 실질적으로 법인의 순자산을 증가시키는 현금유입에 해당하기 때문에 각 사업연도소득에 더해 주는 것이다. 그리고 실질적인 현금유입액 중 익금불산입된 항목 이외에 중요한 가산항목으로 준비금 등 일시환입액도 있다.

② 각 사업연도소득에서 차감하는 항목

각 사업연도 소득에서 차감해야 하는 항목 중 중요한 것들을 살펴보자. 우선 실질적인 현금유출액인데 손금불산입된 항목들이다. 예를 들어 벌금, 과태료, 가산금, 체납처분비가 이에 해당된다. 그리고 업무와 관련 없는 지출, 기부금한도초과액, 접대비 손금불산입액, 과다경비 등의 손금불산입액, 지급이자의 손금불산입액 등 주로 세법상의 한도를 초과해서 지출된 비용들이 이에 해당된다. 이들은 조세정책적 목적으로 손금불산입된 것이지만 실질적으로 법인의 순자산을 감소시키는 현금유출에 해당하기 때문에 각 사업연도소득에서 차감해주는 것이다. 그리고 실질적인 현금유출액 중 손금불산입된 항목 이외에 중요한 차감항목으로 건설자금이자가 있다.

이와 같은 주요 항목들을 열거해서 순손익금액을 산출하는 구조를 나타내면 다음의 〈표 14-1〉과 같다.

순손익금액을 산출하는 〈표 14-1〉과 같은 구조를 보면 세법에 익숙하지 않은 사람들에게는 상당히 어렵게 보일 수 있다. 그러나 이렇게 산출한 금액은 결과적으로 손익계산서상 당기순이익과 같게 되거나 비슷한 금액이 된다.[2) 왜냐하면 손익계산서상 당기순이익을 기준으로 법인세법을 따라 세무조정(익금산입, 익금불산입, 손금산입, 손금불산입)한 항목들을 가산 또는 차감해서 각사업연도소득금액을 구하는데 상증법에서 비상장주식을 평가할 때 순손익금액의 계산은 법인세법상 사업연도소득금액에서 세무조정과는 반대로 가산 또는 차감하기 때문이다. 즉, 법인세법에 따른 세무조정의 절차를 간단하게 요약하면 〈표 14-1〉

2) 특정연도에 법인세법상의 결손이 없고 가지급금 인정이자가 발생하지 않은 상태에서 법인세법의 규정대로 회계처리한 후 법인세비용을 법인세총결정세액으로 반영한 경우에는 손익계산서 상 당기순이익과 상증법에서의 순손익액이 일치하게 된다.

표 14-1 순손익금액의 산출구조

(1) 각 사업연도소득		
(2) 가산항목	실질적인 현금유입 중 익금불산입된 항목	– 국세 및 지방세 과오납환급금이자 – 익금불산입된 수입배당금 – 기관투자자가 상장법인 등으로부터 받은 배당소득의 90%에 해당하는 금액 – 비업무용토지에 대한 취득세 환급액
	기타 항목 – 준비금 등 일시환입액	
(3) 차감항목	실질적인 현금유출 중 손금불산입된 항목	– 벌금, 과태료, 가산금, 체납처분비 – 업무와 관련 없는 지출 – 기부금한도초과액 – 접대비 손금불산입액 – 과다경비 등의 손금불산입액 – 지급이자의 손금불산입액
	기타 항목 – 건설자금이자	
(4) 순손익금액 = (1) + (2) – (3)		

에서 (4)에서 (3)을 가산하고 (2)를 차감하여 (1)을 구하는 것이라고 할 수 있다.

③ 발행주식수

위와 같은 과정을 거쳐서 구한 각 사업연도의 순손익금액을 각 사업연도 종료일 현재의 발행주식총수로 나누면 1주당 순손익액을 구할 수 있다. 여기서 회사가 자기주식을 보유하고 있는 경우에는 보유목적에 따라서 발행주식수를 조정해야 한다.

만약 주식을 소각하거나 감자를 목적으로 자기주식을 보유하고 있다면 자본에서 차감하는 자본조정의 성격이므로 발행주식수에서 자기주식수를 차감해서 1주당 순손익액을 산출해야 한다. 그러나 일시적으로 보유한 후 처분할 자기주식이라면 자산으로 보아 평가하는 것이므로 발생주식수에 포함시킨다.

순손익가치환원율

과거 최근 3년간의 1주당 순손익액을 구하고 이들 3개년간의 순손익액의 가중평균을 구하면 그 다음에 할 일은 가중평균 손익금액을 자본화시켜야 한다. 이렇게 자본화시킨 값이 1주당 순손익가치가 된다.

가중평균 손익금액을 자본화시키기 위해서는 이를 현재가치로 할인해야 하는데 일단 계속기업의 가정을 전제로 하기 때문에 무한연금의 현재가치를 구하는 방법을 적용하면 된다. 즉, 가중평균 손익금액을 할인율로 나누어주면 된다.

이때의 할인율을 순손익가치환원율이라고 하는데, 이론적으로 순손익가치환원율은 앞에서 공부한 자기자본비용(k_e)에 해당하는 것이다. 재무이론에서 자기자본비용을 구할 때에는 위험과 수익률의 관계식을 나타내는 자본자산가격결정모형(CAPM)이나 차익거래가격결정모형(APM)을 이용해서 구한다. 그러나 세법에서는 금융기관이 보증한 3년 만기 회사채의 유통수익률을 감안하여 국세청장이 고시하는 이자율을 사용한다.

예제 14-3

비상장기업인 대한기업(주)의 주식을 평가하기 위해서 최근 3년간의 순손익액과 발행주식수를 조사한 결과는 다음과 같다. ( )안의 주식수는 소각목적으로 취득한 자기주식이다.

연 도	순손익액	발행주식수
평가기준일 3년 전	6.6억원	11만주
평가기준일 2년 전	9억원	11만주 (1만주)
평가기준일 1년 전	12억원	10만주

(1) 대한기업(주)의 최근 3년간의 1주당 순손익가치를 구하라.
(2) (1)의 결과로부터 순손익가치를 산출하기 위한 가중평균 손익금액을 구하라.
(3) 만약 국세청장이 고시한 순손익가치환원율이 10%라면 대한기업(주)의 1주당 순손익가치는 얼마인가?

풀이

(1) 다음과 같이 최근 3년간의 순손익액을 발행주식수로 나누어 1주당 순손익가치를 구한다.

$$\text{평가기준일 3년 전} \quad \frac{6.6\text{억원}}{11\text{만주}} = 6{,}000\text{원}$$

$$\text{평가기준일 2년 전} \quad \frac{9\text{억원}}{11\text{만주} - 1\text{만주}} = 9{,}000\text{원}$$

$$\text{평가기준일 1년 전 } \frac{12\text{억원}}{10\text{만주}} = 12{,}000\text{원}$$

(2) 최근 3년간의 순손익액에서 1년 전 손익액에 3의 가중치를 부여하고 2년 전 손익액에 2, 3년 전 손익액에 1의 가중치를 부여하여 평균값을 구하면 가중평균 손익금액이 다음과 같이 10,000원이 된다.

$$\frac{6{,}000 \times 1 + 9{,}000 \times 2 + 12{,}000 \times 3}{6} = 10{,}000\text{원}$$

(3) 순손익가치환원율이 10%라면 무한연금의 현재가치를 구하는 방식으로 다음과 같이 1주당 순손익가치를 구할 수 있다.

$$\frac{10{,}000}{10\%} = 100{,}000$$

04 순자산가치

1주당 순자산가치의 계산

① 소득세법

순자산가치란 기업을 청산한다고 가정하였을 때 주주에게 귀속되는 잔여재산 분배가액을 말하는 것이다. 따라서 기업의 자산총계에서 채권자에게 주어야 할 부채총계를 차감하여 구한다. 소득세법에서는 이렇게 산출한 순자산가치를 당해 법인이 발행한 주식총수로 나누어 산출한 값을 1주당 순자산가치로 본다. 소득세법에서의 1주당 순자산가치 계산식을 나타내면 다음과 같다.

$$\text{1주당 순자산가치} = \frac{\text{자산총계} - \text{부채총계}}{\text{발행주식수}}$$

그리고 자산총계와 부채총계를 구할 때에는 기본적으로 장부가액을 적용하는 것을 원칙으로 한다. 다만 토지는 기준시가로 평가한다.

② 상속세 및 증여세법

상증법에서 비상장주식의 순자산가치를 계산하는 구조는 소득세법과 크게 다르지 않다. 그러나 순자산가치를 계산하면서 영업권을 인정한다는 점이 큰 차이점이라고 할 수 있다. 따라서 영업권을 별도로 평가해서 1주당 순자산가치를 구하는 분수식에서 분자에 포함시켜야 한다. 상증법에서의 1주당 순자산가치 계산식을 나타내면 다음과 같다.

$$1\text{주당 순자산가치} = \frac{\text{자산총계} - \text{부채총계} + \text{영업권}}{\text{발행주식수}}$$

자산과 부채를 평가할 때 소득세법에서는 장부가액을 원칙으로 한 것과는 달리 상증법에서 개별자산별로 평가를 해서 반영하도록 하고 있다.

예제 14-4

비상장기업인 대한기업(주)의 주식을 평가하기 위해서 이 기업의 자산총계와 부채총계 및 영업권의 가치를 구한 결과가 다음과 같다. 대한기업(주)의 발행주식수는 10만주이다.

연 도	순손익액
자산 총계	60억원
부채 총계	20
영업권평가액	2

(1) 소득세법을 적용해서 대한기업(주)의 1주당 순자산가치를 구하라.
(2) 상증법을 적용해서 대한기업(주)의 1주당 순자산가치를 구하라.

풀이

(1) 소득세법에서는 자산총계에서 부채총계를 차감한 금액을 순자산가치로 본다. 따라서 1주당 순자산가치는 다음과 같다.

$$\frac{60\text{억원} - 20\text{억원}}{10\text{만주}} = 40{,}000\text{원}$$

(2) 상증법에서는 자산총계에서 부채총계를 차감하고 이에 영업권가치를 더한 금액을 순자신가치로 본다. 따라서 1주당 순자산가치는 다음과 같다.

$$\frac{60억원 - 20억원 + 2억원}{10만주} = 42,000원$$

자산총계의 계산

① 평가원칙

비상장주식을 평가하면서 순자산가치를 산출하는 식에 포함된 '자산총계'는 평가기준일 현재 기업회계기준에 의해서 작성된 재무상태표상의 장부가액을 기초로 평가한다.

그렇지만 개별자산에 대한 평가는 자산별로 평가기준일 현재 상증법에 의한 평가액으로 하기 때문에 장부가액과의 차액인 평가차액을 반영하여야 한다. 이외에도 상증법에서 자산으로 인정하는 것은 가산하고 자산으로 인정하지 않는 것은 차감해야 한다.

② 자산에 가산할 항목

자산에 가산할 주요 항목들을 소개하면 다음과 같다.

첫째, 세법상 평가액과 회계상 평가액의 차액을 가산한다. 평가기준일 현재 개별자산을 상증법에 의해서 평가한 금액이 기업회계기준에 의해서 작성된 재무상태표상의 장부가액(취득원가에서 감가상각비누계액을 차감한 가액)과 차이가 있는 경우에는 그 평가차액을 반영하여야 한다. 즉, 상증법에 의한 평가액이 장부가액보다 더 크면 큰 만큼 올려주어야 한다. 상증법에 의한 평가액이 장부가액보다 작더라도 정당한 사유가 없으면 장부가액으로 평가해야 한다.

둘째, 법인세법상 유보금액을 가산한다. 이는 기업회계기준으로 비상장주식을 평가하기 때문에 기업회계기준을 적용하지 않음으로 발생하는 유보 등에 대해서만 자산에 가산항목이 된다.

셋째, 유상증자금액을 가산한다. 직전 사업연도 말 현재의 재무상태표를 기준으로 평가할 경우에 직전 사업연도종료일로부터 평가기준일까지 유상증자한 금액을 가산해야 한다는 것이다.

넷째, 자기주식은 보유목적에 따라서 다르게 처리한다. 즉, 주식소각이나 감자를 목적으로 취득한 자기주식은 자산으로 보지 않고 일시보유목적으로 취득한 자기주식은 자산에 가산한다.

다섯째, 손해배상채권 등 평가기준일 현재 지급받을 권리가 확정된 가액은 자산에 가산한다.

③ 자산에서 차감할 항목

자산에서 차감할 주요 항목들을 소개하면 다음과 같다.

첫째, 선급비용으로 재무상태표상에 계상된 것 중 평가기준일 현재 비용으로 확정된 부분을 자산에서 차감한다.

둘째, 무형고정자산 중 개발비와 이연법인세 등은 경제적 가치가 있다고 보기 어려우므로 자산에서 차감한다.

표 14-2
자산총계의 계산

(1) 재무상태표상의 자산총액	
(2) 가산항목	– 평가차액 – 법인세법상 유보금액 – 자기주식 – 지급받을 권리가 확정된 채권
(3) 차감항목	– 선급비용 – 개발비 – 이연법인세
(4) 상증법상의 자산총계 = (1) + (2) − (3)	

부채총계의 계산

① 평가원칙

부채총계도 자산총계를 평가하는 방식과 동일하다. 즉, 기업회계기준에 의해서 작성된 재무상태표상의 장부가액과 상증법의 평가액을 비교해서 그 평가차액을 반영한다. 그리고 추가로 상증법에서 부채로 인정하는 것은 가산하고 부채로 인정하지 않는 것은 차감하여 계산한다.

② 부채에 가산할 항목

부채에 가산할 주요 항목들을 소개하면 다음과 같다.

첫째, 세법상 평가액과 회계상 평가액의 차액을 가산한다. 평가기준일 현재 개별부채를 상증법에 의해서 평가한 금액이 기업회계기준에 의해서 작성된 재무상태표상의 장부가액과 차이가 있는 경우에는 그 평가차액을 반영하여야 한다.

둘째, 부채로 계상되지 않은 법인세 등을 가산한다. 평가기준일이 속한 사업연도 개시일로부터 평가기준일까지 발생한 소득에 대한 법인세, 농어촌특별세, 주민세 등을 계산하여 부채에 가산한다.

셋째, 이익처분으로 확정된 배당금과 상여금 등을 가산한다. 이는 평가대상 법인이 가결산을 하면서 평가기준일 현재 이익처분으로 확정된 배당금이나 상여금 등이 부채에 계상되지 않았으면 확정부채로 가산하라는 의미이다.

넷째, 퇴직금추계액을 가산한다. 즉, 평가기준일 현재 재직하고 있는 임직원 전원이 퇴직할 경우에 퇴직급여로 지급되어야 할 퇴직금추계액 전부를 부채에 가산한다는 것이다.

③ 부채에서 차감할 항목

부채에서 차감할 주요 항목들을 소개하면 다음과 같다.

첫째, 준비금과 충당금을 차감한다. 준비금은 기업회계기준상 부채로 인정되지 않은 것이 결산조정에 의해 부채로 반영된 경우에는 이를 부채에서 차감한다. 그리고 대손충당금은 추정에 의한 평가성충당금이고 퇴직급여충당금은 장래에 발생할 부채이지만 아직 확정되지 않은 것이므로 부채로 인정하지 않는다. 대신 확정된 퇴직금 추계액을 부채에 가산한다.

둘째, 보증채무는 부채에 포함시키지 않는다. 단, 주채무자가 변제불능상태이고 주채무자에게 구상권을 행사할 수 없는 보증채무는 부채에 포함한다.

셋째, 이연법인세대는 부채에서 차감한다. 이연법인세 항목은 실질적인 경제적 가치나 의무를 수반하는 것이 아니기 때문에 이를 차감하는 것이다.

표 14-3 부채총계의 계산

(1) 재무상태표상의 부채총액	
(2) 가산항목	− 평가차액 − 부채로 계상되지 않은 법인세 − 이익처분으로 확정된 부채 − 퇴직금 추계액
(3) 차감항목	− 준비금과 충당금 − 보증채무 − 이연법인세
(4) 상증법상의 부채총계 = (1) + (2) − (3)	

영업권의 가치평가

① 영업권의 의의

영업권이란 기업이 통제할 수 있고 경제적 가치도 있는 무형고정자산이라고 할 수 있다. 이러한 자산은 법률적으로 또는 계약상 권리로 존재할 수도 있고 경제적 사실상의 권리로 존재할 수도 있다. 영업권은 사실상의 권리로서 영업양수나 합병시에 그 대가를 지급하게 된다.

② 영업권의 평가방법

영업권을 평가하는 방식은 여러 가지가 있으나 상증법에서는 초과이익 개념을 이용해서 평가하고 있다. 초과이익 개념이란 회사가 벌어들이는 이익이 동일한 산업의 정상이익을 초과하는 금액을 기초로 영업권을 평가하는 방식이다.

구체적으로 상증법에서 초과이익금액은 다음과 같은 식으로 산출한다.

$$\text{초과이익금액} = \text{최근 3년간의 순손익액의 가중평균금액} \times 50\% - \text{평가기준일 현재 자기자본} \times 10\%$$

여기서 최근 3년간의 순손익액의 가중평균금액은 비상장주식의 순손익가치를 평가할 때 적용하는 규정을 준용해서 산출한다. 그런데 상증법에서는 정상이익을 산출하면서 10%의 수익률을 적용하고 있음을 확인할 수 있다.

그리고 평가기준일 현재 자기자본이란 상증법에 의해서 계산한 순자산가액을 말하는데 자산총계에서 부채총계를 차감하여 계산한다. 만약 이렇게 자기자본을 확인할 수 없는 경우에는 다음 중 큰 값을 자기자본으로 사용한다.

$$\text{자기자본} = \text{Max}\ [\ ①,\ ②\ ]$$

$$① \ \text{자기자본} = \frac{\text{사업소득금액}}{\text{자기자본이익률}}$$

$$② \ \text{자기자본} = \frac{\text{수입금액}}{\text{자기자본회전율}}$$

이러한 방식을 따라서 초과이익금액이 산출되면 이 금액을 평가기준일 이후의 영업권지속연수를 감안해서 현재가치로 환산하여 영업권의 가치로 본다. 단,

영업권지속연수는 원칙적으로 5년으로 한다. 따라서 영업권의 가치를 평가하는 식은 다음과 같이 나타낼 수 있다.

$$\text{영업권평가액} = \sum_{t=1}^{n}\left[\frac{\text{각 연도 초과이익금액}}{(1+\frac{10}{100})^{t}}\right]$$

위의 평가식에서 n은 영업권지속연수이므로 5년이 된다. 그리고 초과이익금액의 현재가치를 구하기 위한 할인율은 10%로 되어 있는데 이는 1년 만기 정기예금이자율을 고려해서 재정경제부령이 정한 것이다.

③ 영업권의 평가예제

영업권을 간단하게 설명하면 초과이익금액의 현재가치라고 할 수 있다. 구체적으로 상증법에서는 초과이익을 가중평균손익금액의 50%에서 자기자본의 10%를 차감해서 구하도록 하고 있다. 그리고 이러한 초과이익이 5년간 지속된다고 보며 이의 현재가치를 구하기 위한 할인율은 10%로 제시되어 있다.

이러한 과정을 확인할 수 있는 다음과 같은 영업권의 평가예제를 살펴보자.

예제 14-5

비상장기업인 대한기업(주)의 영업권의 가치를 평가하려고 한다. 과거 최근 3년간의 순손익액은 다음과 같다.

연 도	순손익액
평가기준일 3년 전	6억원
평가기준일 2년 전	9
평가기준일 1년 전	10

(1) 대한기업(주)의 과거 최근 3년간의 가중평균손익금액을 구하라.
(2) 대한기업(주)의 자산총계는 60억원, 부채총계는 20억원이다. (1)의 결과로부터 대한기업(주)의 초과이익금액을 구하라.
(3) (2)의 결과를 이용해서 대한기업(주)의 영업권가치를 산출하라.

풀이

(1) 최근 3년간의 가중평균손익금액은 다음과 같이 산출한다.

$$\frac{6\times1+9\times2+10\times3}{6}=9\text{억원}$$

(2) 초과이익금액은 가중평균손익금액의 50%에 해당하는 금액에서 자기자본의 10%에 해당하는 정상이익을 차감해서 구한다.

$$9\text{억원}\times50\%-(60\text{억원}-20\text{억원})\times10\%=0.5\text{억원}$$

(3) 상증법에서는 초과이익을 5년간 지속된다고 본다. 따라서 초과이익 0.5억원에 해당하는 5년간 미래 현금흐름을 10%의 할인율로 현재가치를 구하면 된다. 즉, 다음과 같이 영업권은 1.9억원이 된다.

$$\frac{0.5}{(1+0.1)}+\frac{0.5}{(1+0.1)^2}+\frac{0.5}{(1+0.1)^3}+\frac{0.5}{(1+0.1)^4}+\frac{0.5}{(1+0.1)^5}=1.9\text{억원}$$

05 할증평가의 특례

할증평가의 배경

상증법에서는 경영권프리미엄을 인정하고 있다. 경영권의 변화가 수반되는 거래에서는 주식가치가 단순하게 화폐적 의미만 있는 것이 아니기 때문이다. 즉, 일반투자자가 갖고 있는 삼성전자주식의 가치와 이건희 회장이 보유하고 있는 삼성전자주식의 가치는 분명히 차이가 있다. 일반투자자들이 보유한 삼성전자주식은 투자이익을 목적으로 한 주식이지만 이건희 회장이 보유한 삼성전자주식은 삼성그룹의 경영권과 관련되어 있기 때문이다. 상증법에서는 이러한 배경에서 최대주주가 보유한 주식을 평가할 때에는 할증평가하도록 하는 규정을 두고 있다.

할증평가의 내용

상증법에서는 경영권프리미엄과 관련하여 최대주주 등에 대한 할증평가를 규정하고 있는데 그 대상과 할증폭은 다음의 표와 같다.

표 14-4 할증평가의 내용

지분율	할증률	
	일반기업	중소기업
50% 이하	20%	10%
50% 초과	30%	15%

위와 같은 할증평가의 규정이 있지만 다음의 경우에는 이를 적용하지 않는다.

첫째, 중소기업의 최대주주 등이 보유하는 주식 등을 2006년 12월 31일 이전에 상속받거나 증여받은 경우.

둘째, 평가기준일 전 3년 이내의 사업연도부터 계속해서 법인세법상 결손금이 있는 법인의 주식을 평가하는 경우.

06 주식평가방법의 비교

세법에서는 가치평가의 방법을 시가에 의하는 것을 원칙으로 한다. 그렇지만 세부적인 분야에서는 적용방법이 약간씩 차이가 있다. 여기서는 소득세법과 상증법에서 주식을 평가하는 방법이 어떻게 다른가를 비교해보았다.

세부적인 내용은 본문에서 설명하였으므로 여기서는 표로 그 내용을 요약하였다.

표 14-5 주식평가방법의 비교

주식의 종류		소득세법	상속세 및 증여세법
상장주식		양도일 또는 취득일 이전 1개월 최종시세가액 평균액	평가기준일 이전과 이후 각 2개월간 최종시세가액 평균액
비상장주식	1주당 순손익액	양도일 또는 취득일이 속하는 사업연도의 직적 사업연도의 1주당 순손익액	과거 최근 3년간 1주당 순손익금액의 가중평균한 값
	1주당 순자산가액	장부가액(토지는 기준시가)이 원칙 영업권은 인정하지 않음	개별자산별로 평가하는 것이 원칙 영업권을 평가해서 가산
할증평가		특례규정 없음	최대주주가 보유한 주식의 경우에는 할증평가하는 특례규정이 있음

제4절 기타재산의 가치평가

01 국공채 등 채권의 평가

상장 채권

상장된 국공채 및 사채는 다음의 두 금액 중 큰 금액으로 평가한다.

① 평가기준일 이전 2개월간 공표된 매일의 최종시세가액의 평균액

② 평가기준일 이전 최근일의 최종시세가액

비상장 채권

상장되지 않은 국공채 및 사채는 다음과 같은 방법으로 평가한다.

① 타인으로부터 매입한 국채 등은 매입가액에 평가기준일까지 발생한 미수이자를 더한 금액으로 평가한다.

② 위에 해당되지 않는 국채 등은 평가기준일 현재 처분할 경우에 받을 수 있다고 예상되는 처분예상금액으로 평가한다.

02 부동산의 평가

토 지

토지는 평가기준일 현재 고시되어 있는 개별 공시지가에 의해서 평가한다. 개별 공시지가는 '부동산 가격공시 및 감정평가에 관한 법률'에 의한 개별 공시지가를 의미한다. 만약 개별 공시지가가 없는 토지라면 납세지관할 세무서장이 인근 유사토지의 개별공시지가를 참작하여 산출한 금액으로 평가한다.

건 물

건물은 기준시가에 의해서 평가한다. 기준시가는 건물의 신축연도와 신축가격, 건물의 구조, 건물의 용도, 건물의 위치 등을 참작하여 국세청장이 매년 1회 이상 산정해서 고시하므로 이를 이용해서 평가하면 된다.

03 기타 유형자산의 평가

상품과 제품 등의 자산은 기본적으로 재취득원가를 이용해서 평가하는 것이 원칙이다. 만약 재취득원가가 확인되지 않는다면 장부가액으로 평가한다.

선박, 항공기, 차량, 기계장비 등의 자산도 재취득원가를 이용해서 평가한다. 역시 재취득원가가 확인되지 않으면 취득금액에서 감가상각누계액을 차감한 장부가액으로 평가한다. 이 역시 적용하기 어려운 경우라면 지방세법상 시가표준액을 이용해서 평가해야 한다.

04 무형자산의 평가

매입한 무형자산

무형자산의 평가에서는 평가대상이 되는 무형자산이 타인으로부터 매입한 것인지 아니면 회사가 직접 만든 것인지에 따라서 평가방법이 달라진다. 만약 타인으로부터 매입한 무형자산이라면 매입가액에서 평가기준일까지의 법인세법상 감가상각누계액을 차감한 금액으로 평가한다.

영업권, 특허권 등

회사가 직접 만들어낸 무형자산으로 대표적인 것은 영업권, 특허권, 실용신안권, 저작권 등이 있다.

영업권의 가치평가방법은 이미 앞에서 구체적인 예제와 함께 설명하였다. 특허권, 실용신안권, 상표권, 디자인권, 저작권과 광업권, 채석권 같은 무형자산의 평가방법도 영업권의 가치평가방법과 유사하다. 즉, 평가대상이 되는 무형자산을 보유함으로써 예상되는 미래현금을 현재가치로 계산하는 것이다. 현재가치를 산출할 때에 적용하는 할인율도 영업권과 마찬가지로 10%이다.

요약

1. 세법에서는 과세목적으로 각종 자산에 대한 평가규정을 두고 있지만 평가의 기본원칙은 시가주의이다.
2. 상장주식의 경우에는 시가가 쉽게 확인되어 평가하기가 수월하지만 비상장주식의 경우에는 거래가격이 없어서 별도로 평가규정을 두고 있다.
3. 상증법에서 비상장주식에 대해서 별도의 평가규정을 두고 있는데 이를 보충적 평가방법이라고 한다.
4. 보충적 평가방법에서는 순손익가치와 순자산가치의 가중평균으로 비상장주식을 평가하도록 규정하고 있다.
5. 순손익가치는 최근 과거 3년간의 가중평균손익금액을 현재가치로 할인한 것으로서 이때의 할인율은 국세청장이 고시하는 이자율을 사용하도록 하고 있다.
6. 비상장주식도 최대주주가 보유하고 있는 것은 경영권을 갖고 있는 것이므로 경영권프리미엄을 인정하여 일괄적으로 할증평가하도록 규정하고 있다.
7. 영업권 등 무형자산을 평가할 때에는 무형자산으로 인해서 얻게 되는 수익을 내용연수 동안에 측정해서 현재가치로 계산하면 된다.

연습문제

진위형

1. 세법에서 주식가치를 평가하면서 적용하는 기본원칙은 시가주의이다. ( )
2. 상장주식이라면 소득세법의 평가규정과 상증법의 평가규정의 내용이 동일하다. ( )
3. 상증법에서의 할증평가규정은 경영권프리미엄을 반영하기 위한 것이다. ( )

객관식

1. 세법에서 보충적 평가방법을 적용해서 평가하도록 규정하고 있는 것은?
   ① 모든 주식 ② 상장주식
   ③ 비상장주식 ④ 영업권

2. 세법의 보충적 평가방법에서 주식가치를 평가할 때에는 순손익가치와 순자산가치를 평균한 값을 이용한다. 일반기업을 평가할 때 이 두 가치에 부여하는 가중치는 각각 얼마인가?
   ① 순손익가치에 40%, 순자산가치에 60%
   ② 순손익가치와 순자산가치에 모두 50%씩
   ③ 순손익가치에 60%, 순자산가치에 40%
   ④ 답이 없다.

3. 상증법에서 주식을 평가하는 기본원칙은 무엇인가?
   ① 시가주의 ② 취득원가주의
   ③ 지분평가방법 ④ 보충적 평가방법

4. 보충적 평가방법에서 비상장주식을 평가할 때에 고려하는 두 가지 요소는 무엇인가?
   ① 가중평균손익금액, 순자산가치
   ② 순손익가치, 순자산가치
   ③ 순손익가치, 가중평균손익금액
   ④ 답이 없다.

5. 보충적 평가방법에서 비상장주식을 평가하는 방법을 설명한 것이다. 잘못된 것은 어느 것인가?
   ① 일반법인은 순손익가치의 비중이 더 크다.
   ② 부동산과대보유법인은 순자산가치만으로 평가한다.
   ③ 가중평균손익금액은 과거 3년간의 자료를 평균한 값이다.
   ④ 최대주주의 경우에는 일괄할증의 평가를 적용한다.

6. 세법에서는 무형자산에 대해서 현금흐름할인법을 적용하여 평가하도록 규정하고 있다. 분자에 해당하는 값을 산출하는 구조가 나머지들과 다른 하나는 어느 것인가?
   ① 영업권 ② 특허권
   ③ 실용신안권 ④ 저작권

7. 주식평가와 관련한 소득세법과 상증법을 비교해서 설명한 것이다. 잘못된 것은?
   ① 비상장주식을 평가하면서 소득세법에서는 영업권을 인정하지 않는다.
   ② 상장주식을 평가하면서 상증세법은 2개월 평균종가를 적용한다.
   ③ 비상장주식을 평가하면서 소득세법은 일괄할증의 규정이 없다.
   ④ 비상장주식을 평가하면서 상증세법은 일반법인과 부동산과다보유법인에게 다른 규정을 적용한다.

●● 주관식

1. 상증법에서 규정하고 있는 보충적 평가방법에서 비상장주식을 평가하는 모형을 소개하시오.
2. 한국기업(주)은 비상장기업이다. 이 기업의 3년전 순이익 3,000원, 2년 전 순이익 2,000원 1년 전 순이익 2,300원이다. 가중평균손익금액을 구하시오. 그리고 가중평균손익금액을 이용해서 순손익가치를 구하시오. 단 순손익가치환원율은 8.1%라고 하자.
3. 2에서 구한 순손익가치를 이용해서 답하시오. 만약 이 기업의 순자산가치가 35,000원이라면 이 기업의 1주당 가치는 얼마인가?
4. 한국기업(주)의 최대주주인 이승희 씨는 주식 55%를 보유하고 있다. 이승희 씨가 보유한 주식의 1주당 평가액은 얼마인가?

Chapter 15

IPO기업의 주식평가

○○○ 비상장주식을 평가하는 세법의 규정은 현실을 반영하는데 한계가 있다. 지나치게 획일적인 규정을 적용하다 보니 업종별, 규모별 차이가 반영되지 않는다. 이에 비하면 자본시장법의 비상장주식평가규정은 현실적 상황을 더 잘 반영하고 있다. 자본시장법에서 기업공개(IPO)를 하면서 신규공모주식의 가격을 결정하는 방법은 업종별 특성까지 반영하고 있기 때문이다. 이 장에서는 자본시장법의 '유가증권의 발행 및 공시 등에 관한 규정'에서 제시된 신규공모주식의 발행가격결정방식을 다룬다. 여기에서 신규공모주식의 발행가격을 결정할 때에도 수익가치와 자산가치가 중요한 요소가 되고 있다. 그리고 유사기업을 이용한 상대가치평가방법은 특히 중요하다. 최근의 신규공모주식은 거의 상대가치를 이용해서 발행가격을 결정하고 있기 때문이다.

제1절 비상장주식의 가치평가

01 세법 규정의 한계

비상장기업의 주식을 평가하는 방법으로는 상속세 및 증여세법(이하 '상증법')이 많이 사용되고 있다. 상증법에서는 모든 자산을 시가평가방법을 원칙적으로 채택하고 있다. 그러나 비상장기업의 주식과 같이 시가가 확인되지 않는 경우에는 보충적 평가방법을 따르도록 하고 있다.

비상장주식의 평가에 적용되어 온 보충적 평가방법은 주식의 실질가치를 제대로 반영하지 못하고 있다는 문제점이 학계와 실무계에서 지속적으로 제기되어 왔다. 그렇기 때문에 세법의 비상장주식평가규정은 이러한 문제점을 해결하기 위해서 획일적 평가방법을 탈피하면서도 논리적인평가방법과 기준을 도입하는 등 계속적으로 개정해왔다.

특히 개별기업의 특성이 반영될 수 있는 방안으로 국세청에 '평가심의위원회' 제도를 두고 필요한 경우 이 위원회의 심의에 따르도록 하였다. 그러나 이 제도는 일반적인 비상장주식의 가치평가에 적용되는 것이 아니고 보충적 평가방법에 의한 주식평가액이 동종 업종에 속한 유사기업의 주가에 비해서 불합리하다고 인정되는 경우에만 적용한다. 따라서 실무적으로는 '평가심의위원회' 제도에 따라서 비상장주식을 평가하는 경우는 오히려 이례적이라고 할 수 있다.

02 자본시장법[1]의 비상장주식 평가

자본시장법에서 비상장기업의 주식을 평가하는 방법은 합병, 유상증자, 기업공개 등의 분야에 제시되어 있다. 그 중 기업공개를 하는 기업의 신규공모주의 평가규정이 대표적으로 이용되고 있다. 이렇게 처음으로 기업을 공개하면서

1) 종전의 증권거래법은 2009년부터 자본시장법(자본시장과 금융투자업에 관한 법률)으로 대체되었다.

증권시장에 주식을 상장하는 과정을 IPO(initial public offer)라고 한다.

IPO기업의 신규공모주식의 발행가격은 구체적으로 '유가증권의 발행 및 공시 등에 관한 규정'에 의한 산정공식에 따르도록 되어 있다. 이 규정 역시 세법과 마찬가지로 수익가치와 자산가치를 이용해서 산출한 본질가치를 공모주식의 가격으로 평가하도록 하고 있다. 그러나 여기서는 세법과는 달리 수익가치와 자산가치를 이용한 본질가치 이외에도 상대가치라는 평가방법을 인정하고 있다. 이는 유사기업의 주가수준을 이용해서 공모주식의 가격으로 평가하는 방법인데 세법이 반영하지 못하는 업종별 특성을 반영한다는 장점이 되고 있다. 이러한 장점으로 인해서 증권회사들은 실무적으로 상대가치에 의한 공모주식의 가격 산출방법을 많이 이용하고 있다.

제2절 IPO기업의 주식평가

01 기업공개와 상장

기업공개

기업공개(going public)란 소수의 주주들에 의해서 폐쇄적으로 운영되어 오던 기업의 주식을 다수의 대중들에게 매각하는 것을 말한다. 이로써 주식은 많은 사람들에 의하여 분산해서 소유되고 이해관계자들이 많아지면서 기업은 공적인 성격을 갖게 되는 것이다.

처음으로 기업공개를 하는 것을 IPO라고 하며 IPO기업은 기업공개를 통해서 종전보다 유리한 조건으로 자금을 조달할 수 있게 된다. 따라서 사업확장에 도움이 될 뿐만 아니라 유능한 인재를 확보하기도 용이해지는 면이 있다. 물론 이해관계자가 늘어나서 기업의 재무상태나 영업성과에 관련된 정보를 투자자와 정부당국에 수시로 제공해야 하는 등의 사무량의 부담이 증가되는 면도 있다.

상 장

상장(listing)이란 발행주식이 유가증권시장(코스피시장)이나 코스닥시장에서 거래될 수 있도록 하는 절차를 말한다. 대개는 기업공개를 하면서 유가증권시장이나 코스닥시장에 상장을 함께 진행하는 경우가 많다. 왜냐하면 상장을 하기 위해서는 기업공개를 먼저 해야 하기 때문이다. 그리고 기업공개로 인한 자금조달효과, 신용상승효과, 세제상의 혜택 등은 최종적으로 상장을 통해서 얻을 수 있기 때문에 상장을 하지 않고 기업공개만 하는 경우는 없다. 이렇다 보니 상장이라는 용어와 기업공개를 함께 사용하는 경우가 많은 것이다.

02 공모가격의 결정

주관회사

기업공개를 하는 기업은 당연히 그 주식이 시장에서 거래된 적이 없기 때문에 공정한 시장가치를 확인할 수가 없다. 따라서 재무상태나 영업성과 등을 참조해서 공모가격을 결정하게 된다. IPO기업의 주식을 넘겨받아서 일반투자자들에게 매각하는 업무를 인수(underwriting)라고 한다. 금융기관들이 이러한 인수업무를 수행하는데 대개는 여러 개의 금융기관들이 공동으로 인수한다. 이러한 여러 개의 인수회사를 대표하여 IPO기업과 인수조건 등을 결정하고 인수 및 청약업무를 총괄적으로 수행하는 회사를 주관회사라고 한다. 주관회사는 기업공개의 과정에서 가장 중요한 역할을 담당하게 된다.

IPO절차

IPO의 절차는 주관회사가 금융당국에 유가증권신고서를 제출하면서 시작된다. 그리고 기관투자가 등의 수요예측을 거쳐서 공모가격이 결정되면 일반투자자로부터 주식의 청약을 받아서 배정을 하는 것으로 끝난다. 이러한 IPO절차를 단계별로 그림에 나타내면 다음과 같다.

그림 15-1
IPO절차

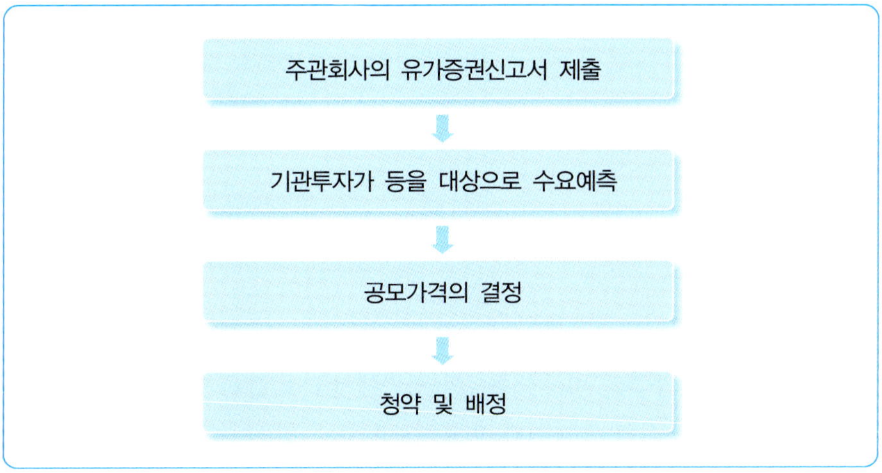

공모가격의 결정

IPO기업의 신규공모주식의 가격은 수요예측의 결과를 근거로 인수회사와 발행회사가 협의하여 결정한다. 이 과정에서 주관회사는 공모주식의 가치를 분석해서 금융당국에 제출하는 유가증권신고서에 주식가치평가액을 기재한다. 그리고 다음 단계로 수요예측을 수행하고 그 결과를 갖고 발행회사와 협의하여 공모가격을 결정하게 된다.

여기서 수요예측이란 주관회사가 발행기업의 공모희망가격을 제시하고 수요상황을 파악하는 것을 말한다. 즉, 주관회사가 기관투자가들을 상대로 공모주 청약예정가격과 수량을 제출받아 이를 집계하여 공모희망가격을 산정하는 것이다.

03 본질가치

종전의 규정

종전에 자본시장법에서는 비상장기업이 기업공개를 할 때 신규공모주의 가치를 평가하는 과정에서 '본질가치'라는 개념을 이용하였다. 구체적으로는 유가증권시장 또는 코스닥시장에 주식을 상장할 때 유가증권의 발행 및 공시 등에 관한 규정의 시행세칙에서 규정하는 공모가격은 '본질가치'로 하거나 '본질가치와 상대가치의 산출평균'으로 하도록 하였다.

여기서 본질가치는 자산가치와 수익가치의 평균값을 말하는데 자산가치에는 2, 수익가치에는 3의 가중치를 부여하여 다음과 같이 산출된다.

$$\text{본질가치} = \frac{\text{자산가치} \times 2 + \text{수익가치} \times 3}{5}$$

위 식을 보면 상대적으로 수익가치에 더 큰 비중을 두고 있는데 이러한 특징은 상증법의 비상장주식의 평가에서도 똑같은 것이다. 이 식을 상증법에서 비상장주식의 평가식과 비교해보자.

$$\text{1주당 평가액} = \frac{\text{순자산가치} \times 2 + \text{순손익가치} \times 3}{5}$$

두 식을 비교해보면 표현하는 용어만 다를 뿐 실질적 내용이 똑같다는 것을 확인할 수 있다. 그리고 또 하나의 다른 개념인 상대가치란 이미 주식평가모형에서 설명하였듯이 유사회사의 PER, PBR 등 주가관련비율을 이용해서 신규공모주의 가격을 결정하는 방법이다.

현재의 규정

지금은 유가증권의 발행 및 공시 등에 관한 규정의 시행세칙에서 공모가격을 '본질가치'로 하거나 '본질가치와 상대가치의 산출평균'으로 하라는 규정이 폐지되고 발행회사가 주관회사와 협의하여 자율적인 방법으로 평가할 수 있도록 개정되었다. 즉, 신규공모주의 가격결정에 아무런 제한규정이 없는 셈이다. 그러나 자율적으로 평가방법이 변경되었다고 해서 종전의 평가규정이 무의미한 것은 아니다. 갑자기 새로운 평가방법이 나타날 수는 없기 때문이다.

그러다 보니 실무에서는 대부분이 종전의 방법을 그대로 사용하고 있는 실정이다. 다만 비교적 이해관계자들의 동의를 쉽게 얻을 수 있는 '상대가치'로 신규공모주의 가격을 결정하는 경우가 많은 편이다. 그런데 상대가치 개념을 사용해서 신규공모주의 가격을 결정한다고 해도 그 과정에서 자산가치, 수익가치 등 본질가치를 이용하게 되어 있어서 이에 대한 이해가 필요하다.

예제 15-1

비상장기업인 대한기업(주)이 기업공개를 하면서 신규공모주의 가격을 산출하려고 한다. 신규공모주가격으로 (종전)자본시장법상의 본질가치를 이용하기 위해 다음의 정보를 구했다.

자산가치	50,000원
수익가치	48,000

위 정보를 이용해서 대한기업(주)의 주식가치를 평가하라.

풀이

본질가치는 다음과 같이 자산가치에 2, 수익가치에 3의 가중치를 부여하여 가중평균한 값이다.

$$\text{본질가치} = \frac{50{,}000 \times 2 + 48{,}000 \times 3}{5} = 48{,}800\text{ 원}$$

04 자산가치

산출식

자산가치, 수익가치, 상대가치와 관련된 규정은 유가증권의 발행 및 공시 등에 관한 규정과 동 시행세칙에 규정되어 있다. 이들 관련규정에서 자산가치란 분석기준일 현재의 발행회사의 주당 순자산가액으로 정의하고 있으며 다음의 산출식을 제시하고 있다.

$$\text{자산가치} = \frac{\text{순자산}}{\text{발행주식의 총수}}$$

위 식에서 발행주식의 총수는 분석기준일 현재의 총발행주식수로 한다. 그리고 순자산은 법에 따라 제출하는 주요사항보고서를 제출하는 날이 속하는 사업연도의 직전사업연도(직전사업연도가 없는 경우에는 최근 감사보고서 작성대상

시점으로 한다. 이하 '최근사업연도'라고 한다) 말의 재무상태표상의 자본총계로 한다.

순자산

위 산출식에서 분자에 해당하는 순자산은 기본적으로 재무상태표상의 자본총계이다. 그러나 여기서 자본총계는 회계상의 숫자이므로 실질적인 가치를 산출하기 위해서 몇 가지 항목들을 가감하도록 명시하고 있다.

① 차감항목

다음의 항목들은 재무상태표상의 자본총계에서 차감할 항목들이다.

- 실질가치가 없는 무형자산 및 회수가능성이 없는 채권을 차감한다.
- 투자주식 중 취득원가로 평가하는 시장성 없는 주식의 순자산가액이 취득원가보다 낮은 경우에는 순자산가액과 취득원가와의 차이를 차감한다.
- 퇴직급여충당금의 잔액이 기업회계기준에 따라 계상해야 할 금액보다 적을 때에는 그 차이에 해당하는 금액을 차감한다.
- 전환권조정계정과 신주인수권조정계정에 상당하는 전환권대가 또는 신주인수권대가의 금액은 차감한다. 단, 최근 사업연도 말 이후부터 분석기준일 현재까지 전환권 또는 신주인수건을 행사한 경우에는 분석기준일 현재의 금액으로 차감액을 계산한다.
- 최근 사업연도 말 이후부터 분석기준일 현재까지 발생한 전기오류수정손실 등을 차감한다.

② 가산항목

다음의 항목들은 재무상태표상의 자본총계에 가산할 항목들이다.

- 자기주식은 가산한다.
- 최근 사업연도 말 이후부터 분석기준일 현재까지 유상증자, 전환사채의 권환권 행사 및 신주인수권부사채의 신주인수권 행사에 의하여 증가한 자본금을 가산한다.
- 최근 사업연도 말 이후부터 분석기준일 현재까지 발생한 자산재평가적립금, 주식발행초과금 등 자본잉여금을 가산한다.

지금까지 설명한 자산가치를 구하는 과정을 표로 요약해서 정리하면 다음과 같다.

표 15-1 자산가치의 산출과정

(1) 자산총계	
(2) 부채총계	
(3) 자본총계 = (1) − (2)	
(4) 차감항목	− 실질가치 없는 무형자산과 회수가능성 없는 채권 − 투자주식의 평가손실 − 퇴직급여충당금 부족액 − 전환권대가 또는 신주인수권대가 − 전기오류수정손실
(5) 가산항목	− 자기주식 − 최근 사업연도 말 이후 자본금 증가 − 최근 사업연도 말 이후 자본잉여금 증가
(6) 순자산 = (3) − (4) + (5)	
(7) 발행주식총수	
(8) 자산가치 = (6) / (7)	

05 수익가치

산출식

유가증권의 발행 및 공시 등에 관한 규정에서 수익가치란 1주당 추정이익을 자본화시킨 값을 말한다. 구체적으로 수익가치를 산출하기 위한 다음 식을 제시하고 있다.

$$수익가치 = \frac{주당추정이익}{자본환원율}$$

위 식에서 자본환원율은 분석기준일 현재 국민은행, 우리은행, 신한은행 및 한국외환은행(이하 '시중은행'이라고 한다)의 1년 만기 정기예금 최저이율의 단순평균치의 1.5배를 적용한다.

예를 들어 시중은행의 1년 만기 정기예금 최저이율의 단순평균치가 6%라면 여기서 적용할 자본환원율은 9%(=6%×1.5)가 되는 것이다. 이는 주식수익률의 위험프리미엄을 3%로 본다는 것이다. 우리가 주식의 기대수익률(또는 자기자본비용)을 구하기 위해서 자주 이용하는 자본자산가격결정모형(CAPM)을 생각해 보자.

$$E(R_i) = R_f + [E(R_m) - R_f] \cdot \beta_i$$

위 식에서 무위험이자율 R_f가 6%이고 위험프리미엄인 $[E(R_m) - R_f] \cdot \beta_i$이 3%가 되어 자본환원율(자기자본비용)이 $E(R_i)$로서 9%가 된다는 뜻이다. 이러한 방식에서는 시중금리의 변화에 자본환원율이 연동되어 움직이기 때문에 세법에서 자본환원율로 규정하고 있는 '국세청장이 고시하는 이자율'보다 훨씬 시의성이 높은 규정이라고 할 수 있다. 그러나 업종별, 기업별로 존재하는 위험의 차이를 반영하지 못하고 있다는 문제점은 여전히 남아 있다.

주당추정이익

위 산출식에서 분자에 해당하는 주당추정이익은 미래에 예상되는 주당순이익(EPS: earnings per share)이라고 할 수 있다. 구체적으로 주당추정이익은 다음 산식에 의하여 산정한 제1차 사업연도(분석기준일이 속하는 사업연도) 및 제2차 사업연도(분석기준일이 속하는 사업연도의 그 다음 사업연도)의 주당추정이익을 평균한 가액으로 한다.

$$\text{주당추정이익} = \frac{\text{추정경상이익} + \text{유상증자추정이익} - \text{우선주배당조정액} - \text{법인세 등}}{\text{사업연도 말 현재의 발행주식수}}$$

주당추정이익을 산출하는 식을 구성하는 세부항목을 좀 더 구체적으로 설명하면 다음과 같다.

① 유상증자추정이익

유상증자추정이익은 제1차 사업연도 개시일부터 분석기준일까지 당해 회사가 유상증자를 실시한 경우에 가산할 수 있는데 다음 식으로 산정한다.

$$\text{유상증자추정이익} = \text{유상증자금액} \times \text{이자율} \times \frac{\text{경과일수}}{365}$$

여기서 이자율은 1년 만기 정기예금 최고이율을 말하며 경과일수란 사업연도 개시일부터 주금납입일까지의 경과일수를 말한다.

② 우선주배당조정액

우선주배당조정액은 발행회사가 배당에 관하여 우선적 내용이 있는 주식을 발행한 경우 보통주배당을 초과하는 우선배당예정액으로 한다.

③ 법인세 등

법인세 등은 각 사업연도의 추정경상이익에 각 사업연도의 유상증자추정이익을 가산하여 산정하며 한시적인 법인세 등의 감면사항은 고려하지 아니한다.

④ 평균방식

주당추정이익은 제1차 사업연도의 추정이익과 제2차 사업연도의 추정이익을 평균하여 산출한 가액으로 한다. 그런데 이 두 사업연도의 추정이익 크기에 따라서 다음과 같은 두 가지의 평균방식을 적용하도록 하고 있다.

첫 번째, 제1차 사업연도의 추정이익≤제2차 사업연도의 추정이익인 경우에는 제1차 사업연도의 추정이익에 3, 제2차 사업연도의 추정이익에 2의 가중치를 부여하여 가중평균한 가액을 주당추정이익으로 한다. 이는 미래의 이익을 추정해서 사용하는데 더 가까운 미래의 추정치에 더 큰 비중을 부여한다는 것이다. 더 미래로 갈수록 불확실성이 커지는 상황을 고려한 것으로 보인다.

두 번째, 제1차 사업연도의 추정이익>제2차 사업연도의 추정이익인 경우에는 두 사업연도의 추정이익을 단순평균한 가액으로 한다는 단서조항을 두고 있다.

지금까지 설명한 수익가치를 구하는 과정을 표로 요약해서 정리하면 다음과 같다.

표 15-2 수익가치의 산출과정

(1)	추정 2개년 경상이익
(2)	유상증자추정이익
(3)	법인세 차감 전 추정이익 = (1) − (2)
(4)	법인세 등, 우선주배당금 조정
(5)	각 사업연도 추정이익 = (3) − (4)
(6)	발행주식총수 (공모주식수포함)
(7)	각 사업연도 주당 추정이익 = (5) / (6)
(8)	주당 추정이익의 평균값
(9)	자본환원율
(10)	주당 수익가치 = (8) / (9)

06 상대가치

산출식

상대가치란 발행회사와 업종이 유사한 주권상장법인(이하 '유사회사'라고 한다)의 주가를 기준으로 발행회사와 유사회사의 주당경상이익과 주당순자산을 비교하여 평가한다. 구체적으로는 유사회사별 비교가치를 평균한 가액의 30% 이상을 할인한 가액과 유사회사 주가의 산술평균 중 작은 것을 상대가치로 삼는다. 따라서 다음의 산출식으로 상대가치를 구한다.

상대가치 = Min[비교가치의 30% 이상 할인가액, 유사회사주가의 산술평균]

그리고 여기서 유사회사별 비교가치는 다음과 같이 구한다.

$$\text{유사회사별 비교가치} = \text{유사회사의 주가} \times \left[\frac{\text{발행회사의 주당경상이익}}{\text{유사회사의 주당경상이익}} + \frac{\text{발행회사의 주당순자산}}{\text{유사회사의 주당순자산}} \right] \div 2$$

① 한국표준산업분류표

상대가치평가에서는 유사회사가 중요한 개념이 된다. 여기서 유사회사란 한국표준산업분류표에 의하여 업종이 동일한 세세분류에 속하는 2개 이상의 전 상장회사를 의미한다. 그러나 세세분류에 해당하는 유사회사가 없거나 2개 미만인 경우에는 이보다 구분단위가 큰 세분류에 따른다.

참고로 설명하면 우리나라의 표준산업분류표에서는 산업을 대분류(17개 항목) → 중분류(60개 항목) → 소분류(160개 항목) → 세분류(334개 항목) → 세세분류(1천195개 항목)로 분류하고 있다.

② 유사회사의 요건

상대가치평가에서 유사회사가 되기 위해서는 발행회사와 자본금, 매출액규모, 주요 재무비율, 주당수익력 및 제품구성비 등이 가장 유사한 상장법인이어야 하는데 다음과 같은 구체적인 요건을 충족해야 한다.

첫째, 주당경상이익이 액면가액의 10% 이상일 것

둘째, 주당순자산이 액면가액 이상일 것

셋째, 상장일이 속하는 사업연도의 결산을 종료하였을 것

넷째, 최근 사업연도의 재무제표에 대한 감사인의 감사의견이 적정 또는 한정일 것

산출식에 대한 설명

① 유사회사의 주가

유사회사의 주가는 당해 기업의 보통주를 기준으로 분석기준일 이전 1개월간의 종가를 산출평균하여 산정한다. 이렇게 구한 산정가액이 분석기준일의 전일종가보다 높으면 분석기준일의 전일종가로 한다. 이 경우 계산기간 내에 배당락 또는 권리락이 있을 때에는 그 후의 가액으로 산정한다.

② 주당경상이익

발행회사와 유사회사의 주당경상이익은 다음 산식에 의하여 산정한다. 이 경우에 발행주식의 총수는 분석기준일 현재 당해 회사의 총발행주식수로 한다.

$$\text{주당경상이익} = \left[\frac{\text{최근 사업연도의 경상이익}}{\text{발행주식의 총수}} + \frac{\text{직전 사업연도의 경상이익}}{\text{발행주식의 총수}}\right] \div 2$$

③ 주당순자산

주당 순자산은 앞에서 설명한 자산가치와 같은 개념이다. 따라서 산출방법도 자산가치를 구하는 것과 동일하다. 다만 유사회사의 주당순자산을 구하는 경우 최근 사업연도 말 이후부터 분석기준일 현재까지 발생한 특별손실, 전기오류수정손실 등을 차감하지 않는다.

지금까지 설명한 상대가치를 구하는 과정을 표로 요약해서 정리하면 다음과 같다.

표 15-3 상대가치의 산출과정

(1)	발행회사의 주당경상이익 / 유사회사의 주당경상이익
(2)	발행회사의 주당순자산 / 유사회사의 주당순자산
(3)	(1)과 (2)의 평균값 = [(1)+(2)] / 2
(4)	유사회사의 주가 (이전 1개월 종가평균)
(5)	유사회사의 비교가치 = (4)×(3)
(6)	유사회사들의 비교가치 평균값
(7)	할인율 30% 이상
(8)	할인된 비교가치 평균값 = (6)×0.7
(9)	유사회사들의 주가 평균값
(10)	상대가치 = Min [(8), (9)]

제3절 IPO기업의 주식평가사례

01 신규공모의 개요

상대가치에 의한 평가

종전에 코스피시장이나 코스닥시장에 주식을 상장하면서 공모가액을 산정하는 방법은 다음과 같았다. 즉, 유가증권의 발행 및 공시 등에 관한 규정 시행세칙에서 규정하는 본질가치(자산가치와 수익가치를 가중평균한 값)로 공모가액을 하거나 또는 본질가치와 상대가치의 산출평균을 공모가액으로 하는 것이다.

그러나 이러한 규정은 2002년에 폐지되고 그 이후에는 발행회사가 주관회사와 협의하여 자율적인 방법으로 평가할 수 있도록 되었다. 따라서 현재는 공모주평가에 아무런 제약이 없다. 그렇다고 해서 갑자기 새로운 평가방법이 등장한 것은 아니기에 발행회사와 주관회사는 종전의 방법을 따르고 있다. 다만 수익가치를 구하는 경우 현금흐름과 할인율의 추정에 주관적 판단이 개입될 소지가 크고 자산가치를 구하는 경우 무형자산의 가치를 산정하기 힘든 면이 있어서 상대가치가 많이 사용되고 있는 실정이다.

발행회사, 유사회사

여기에서 소개할 IPO기업은 가나기업(주)이라고 하자. 이 회사는 2001년 보통주식 430,000주를 신주공모의 방법으로 발행하여 코스닥시장에 상장한 회사이다.

유사회사는 유가증권의 발행 및 공시 등에 관한 규정 시행세칙에 의거해서 발행회사의 자본금, 매출액규모, 주요재무비율, 주당수익력 및 제품구성비 등이 가장 유사한 회사로서 주당경상이익이 액면가액의 10% 이상, 주당순자산이 액면가액 이상, 상장일이 속하는 사업연도의 결산을 종료해야 하고 최근 사업연도 재무제표에 대한 외부감사인의 감사의견이 적정 또는 한정인 상장회사를 말한다. 분석기준일 현재 가나기업(주)이 속한 업종에 속한 회사의 사업내용을 검토한 결과 A기업, B기업, C기업, 세 개 회사가 유사회사로 선정되었다.

02 신규공모가액의 산출과정

유사회사의 주가

A기업, B기업, C기업, 등 세 개의 유사회사의 주가를 먼저 조사한 결과는 다음과 같다. 분석기준일의 전일부터 소급하여 과거 1개월간의 종가자료를 구하고 이를 산술평균한 값이 다음과 같다.

표 15-4 유사회사의 주가자료

일 자	A기업	B기업	C기업
3/21	24,700	3,420	15,300
3/22	24,750	3,440	14,700
3/23	24,300	3,480	14,900
중략	–	–	–
4/18	26,600	3,180	18,150
4/19	26,300	3,150	18,600
4/20	25,300	3,140	20,200
1개월 평균	24,293	3,217	16,352
유사회사의 주가	24,293	3,140	16,352

유사회사의 주가가 최종적으로 결정된 과정을 보면 A기업과 C기업은 분석기준일 이전 1개월간의 종가평균이 24,293원, 16,352원으로 분석기준일의 직전일 4/20의 주가 25,300원, 20,200원보다 낮은 수준이므로 1개월 평균값이 유사회사의 주가가 되었다. 그러나 이들 회사와는 달리 B기업의 경우에는 1개월 평균값 3,217원이 직전일 4/20의 주가 3,140보다 높으므로 직전일 주가가 유사회사의 주가가 되었다.

유사회사의 순자산과 경상이익

① 주당순자산가치

유사회사의 주당순자산은 분석기준일 속하는 사업연도의 직전사업연도말의 재무상태표상의 자본총계에서 조정항목을 차감하고 가산함으로써 산정된다.

A기업, B기업, C기업, 등 세 개의 회사에 대해서 이러한 조정과정을 거친 후 주당순자산가치가 산출되기까지의 과정이 다음의 표에 나타나 있다.

Ⅰ표 15-5
주당순자산가치의 산출
(단위: 천원)

항 목	A기업	B기업	C기업
자본총계	10,062,624	11,542,676	38,172,344
조정항목 계	−79,536	−4,131,933	−62,502
무형자산평가감	−79,536	−4,131,933	−62,502
유상증자 등 기타	−	−	−
순자산	9,983,088	7,410,743	38,109,842
발행주식수	600,000주	8,187,500주	1,900,000주
주당순자산가치(원)	16,638	905	20,058

② 주당경상이익

그리고 유사회사의 주당경상이익은 최근 사업연도의 경상이익과 직전 사업연도의 경상이익을 각 시점의 발행주식 총수로 나눈 값을 평균하여 산출한다.

A기업, B기업, C기업, 등 세 개의 회사에 대해서 이러한 조정과정을 거친 후 주당경상이익이 산출되기까지의 과정이 다음의 표에 나타나 있다.

Ⅰ표 15-6
주당경상이익의 산출
(단위: 천원)

항 목	A기업	B기업	C기업
최근 사업연도의 경상이익	1,868,634	2,005,302	3,534,889
직전 사업연도의 경상이익	977,655	1,819,059	5,036,397
발행주식수	600,000	8,187,500	1,900,000
주당경상이익(원)	2,371.91	233.55	2,255,60

상대가치의 산출

앞에서 구한 유사회사의 주가, 유사회사의 주당순자산, 유사회사의 주당경상이익을 이용해서 IPO기업의 신규공모가액을 구할 수 있다. A기업, B기업, C기업 등 세 개의 유사회사의 관련자료를 이용해서 발행회사인 가나기업(주)의 공모가액이 산출되는 과정을 표로 제시하면 다음과 같다.

표 15-7 상대가치의 산출과정

항 목	A기업	B기업	C기업
1. 유사회사의 주가	24,293원	3,140원	16,352원
2. 액면가액	5,000	500	5,000
3. 유사회사의 주당순자산	16,638	905	20,058
4. 발행회사의 주당순자산	18,401		
5. 유사회사의 주당경상이익	2,372	234	2,256
6. 발행회사의 주당경상이익	3,915		
7. 유사회사의 비교가치	33,480	58,233	21,690
8. 비교가치의 평균	37,801		
9. 유사회사의 주가평균	24,015		
10. 상대가치	24,015		

위 표에서 유사회사의 주가평균은 다음과 같이 B기업의 주가를 10배 한 것을 이용하여 산출한 값이다. 이는 A기업, C기업은 1주당 액면금액이 5,000원인데 B기업은 500원이기 때문에 이를 반영한 것이다.

$$\frac{24{,}293 + 3{,}140 \times 10 + 16{,}352}{3} = 24{,}015$$

그리고 유사회사별 비교가치는 다음과 같은 식을 이용해서 구한다고 하였다.

$$\text{유사회사별 비교가치} = \text{유사회사의 주가} \times \left[\frac{\text{발행회사의 주당경상이익}}{\text{유사회사의 주당경상이익}} + \frac{\text{발행회사의 주당순자산}}{\text{유사회사의 주당순자산}} \right] \div 2$$

따라서 A기업의 비교가치가 산출된 과정을 구체적으로 확인해보면 다음과 같다. 다른 유사회사들의 비교가치도 동일한 과정을 확인할 수 있다.

$$24{,}293 \times \left[\frac{18{,}401}{16{,}638} + \frac{3{,}915}{2{,}372}\right] \div 2 = 33{,}480\text{원}$$

그리고 위에서 최종적으로 제시된 상대가치는 다음과 같은 비교식에서 산출된 값이다.

$$\begin{aligned}\text{상대가치} &= Min\,[\text{비교가치의 30\% 이상 할인가액, 유사회사주가의 산술평균}] \\ &= Min\,[\,37{,}801 \times 0.7,\ 24{,}015\,] = 24{,}015\text{원}\end{aligned}$$

제4절 합병에서 주식평가

IPO기업의 신규공모주의 가격결정과 관련해서는 자본시장법과 그 위임규정인 유가증권의 발행 및 공시 등에 관한 규정에서 그 방법을 제시하고 있어서 이와 관련된 내용을 살펴보았다. 그런데 해당규정에는 합병과정에서 합병기업과 피합병기업의 주식가치를 평가하는 방법을 함께 제시하고 있다. 이 내용은 IPO기업의 신규공모주의 가격결정과정에서 사용한 개념들이 그대로 이용되고 있어서 여기서 추가로 설명한다.

01 합병의 개요

서로 다른 두 기업이 하나의 기업으로 합쳐지는 것을 합병이라고 한다. 법적으로는 두 기업이 모두 해산하고 동시에 새로운 기업이 만들어지는 신설합병과 한 기업이 다른 기업을 흡수해서 합쳐지는 흡수합병, 두 가지 유형이 있다. 현실적으로는 신설합병보다는 흡수합병이 많은 편이다.

합병이 되면 피합병기업의 주주들은 자신의 보유주식을 반납하고 합병교부금이나 합병기업의 주식을 교부받게 된다. 이때 얼마의 교부금을 받게 되는가 또는 합병기업의 주식을 몇 주를 받게 되는가를 결정해야 하는데 이것이 합병과 관련된 가장 민감한 문제라고 할 수 있다. 이러한 문제는 결국 합병기업과 피합병기업의 주식가치를 각각 얼마로 평가하는가 하는 합병가액의 결정문제로 귀결된다.

02 합병가액의 결정

자본시장법에서는 서로 다른 두 기업이 합병하고자 하는 경우에는 자본시장법시행령에 의하여 산정한 합병가액에 의하도록 규정하고 있다. 그런데 여기서 말하는 두 기업의 결합은 상장법인과 상장법인이 될 수도 있고 상장법인과 비상장법인이 될 수도 있으며 비상장법인과 비상장법인이 될 수도 있다. 각각의 경우에 합병가액의 결정방법을 설명한다.

상장법인과 상장법인의 합병

코스피나 코스닥의 상장법인 사이의 합병인 경우에는 최근 유가증권시장 또는 코스닥시장에서의 거래가격을 기준으로 합병가액을 결정한다. 상장법인은 거래가격이 존재하여 평가가 쉬운 편이다. 그러나 합병을 앞두고 주가조작의 가능성도 있으므로 일정한 기준주가를 정해서 적용한다.

여기서 기준주가란 합병계약 체결일을 기준으로 최근 1개월 평균종가, 최근 1주일 평균종가, 최근일의 종가, 세 가지 가격을 평균한 값을 말한다. 그리고 평균종가를 구할 때에는 거래량을 가중치로 평균한 값을 구한다. 그러나 이렇게 세 가지 가격을 평균한 값이 최근일 종가보다 높으면 최근일 종가를 기준주가로 한다.

다음의 예제를 이용해서 좀 더 구체적인 내용을 살펴보자.

예제 15-2

진희기업(주)과 승희기업(주)은 모두 상장법인이다. 이 두 기업이 합병을 앞두고 기준주가를 구하려고 한다. 두 기업의 주가자료를 구한 결과가 다음과 같다.

구 분	진희기업(주)	승희기업(주)
1개월 평균종가	15,500원	10,000원
1주일 평균종가	17,000	9,000
최근일 종가	20,000	7,000

(1) 진희기업(주)의 기준주가를 구하라.
(2) 승희기업(주)의 기준주가를 구하라.
(3) 진희기업(주)이 승희기업(주)을 흡수합병한다고 할 때 합병비율을 구하라.

풀이

(1) 진희기업(주)의 세 가지 가격의 평균값은 다음과 같이 17,000원이다.

$$\frac{15,500 + 17,000 + 20,000}{3} = 17,500\text{원}$$

이 값은 최근일 종가 20,000원보다 작으므로 17,000원이 기준주가가 된다.

(2) 승희기업(주)의 세 가지 가격의 평균값은 다음과 같이 8,667원이다.

$$\frac{10,000 + 9,000 + 7,000}{3} = 8,667\text{원}$$

이 값보다 최근일 종가 7,000원이 더 작으므로 최근일 종가 7,000원이 기준주가가 된다.

(3) 합병비율은 승희기업(주)의 주주들이 자신들이 보유하고 있는 주식 1주에 대해서 받게 되는 진희기업(주)의 주식수이다. 따라서 이를 주식교환비율이라고도 하는데 구체적인 값은 다음과 같이 산출된다.

$$\frac{7,000}{17,500} = 0.4$$

즉, 승희기업(주)의 주식 1주에 대해서 진희기업(주)의 주식을 0.4주를 받게 된다.

상장법인과 비상장법인의 합병

상장법인과 비상장법인이 합병을 하는 경우에는 각각의 주식평가방법이 서로 다르게 적용된다. 상장법인의 경우에는 앞에서 설명한 것과 마찬가지로 기준주가를 이용해서 평가한다.

그러나 상장법인과 합병하는 비상장법인의 주식은 자본시장법과 유가증권의 발행 및 공시 등에 관한 규정에 따라서 평가해야 한다. 구체적인 방법은 자산가치와 수익가치를 평균하는 것이다. 평균하는 방법은 자산가치에 2, 수익가치에 3의 가중치를 부여하는 것이다. 이를 앞에서 본질가치라고 표현했는데 산출식을 다시 한 번 제시하면 다음과 같다.

$$\text{본질가치} = \frac{\text{자산가치} \times 2 + \text{수익가치} \times 3}{5}$$

비상장법인과 비상장법인의 합병

비상장법인과 비상장법인이 합병을 하는 경우에 대해서는 자본시장법에서 규정하고 있는 평가방법이 별도로 존재하지 않는다. 따라서 당사자 간에 협의를 거쳐서 자율적으로 평가하면 된다.

요약

1. 세법은 업종별 특성을 구분하지 않고 획일적으로 비상장주식을 평가하는데 비해서 자본시장법은 유사회사의 개념을 이용해서 업종별 특성을 발행가격에 반영한다.
2. 현재 자본시장법에서는 발행가격결정에 특별한 제한을 두지 않고 발행회사와 주관회사가 협의하여 자율적으로 결정하도록 하고 있다.
3. 그러나 현실적으로 발행가격이 종전의 자본시장법에서 규정하는 본질가치 또는 상대가치를 이용해서 발행가격을 정하고 있는 실정이다.
4. 특히 상대가치를 이용하는 경우가 많은데 그 이유는 주관적 요소가 덜 개입되어 이해관계자의 동의를 쉽게 얻을 수 있기 때문이다.
5. 본질가치는 수익가치와 자산가치의 평균값으로 구한다. 수익가치는 미래의 주당추정이익을 자본화시킨 값이고 자산가치는 순자산을 발행주식수를 나눈 값이다. 이러한 구조는 세법의 보충적 평가방법과 내용이 비슷한 것이다.
6. 상대가치는 먼저 유사회사의 비교가치와 주가평균을 구한 후, 30% 이상 할인한 비교가치와 주가평균 중 작은 값을 상대가치로 평가하도록 되어 있다.
7. 자본시장법에서는 합병시 주식평가방법에 대해서도 규정을 하고 있으므로 해당 기업은 이 규정을 따라야 한다.

연습문제

진위형

1. IPO기업의 신규공모주식의 가격을 결정하는 방법에서 본질가치를 구하기 위해서는 유사회사를 이용하게 된다. ( )
2. 유사회사는 표준산업분류표의 세분류에 포함되어 있는 회사를 말한다. ( )
3. IPO기업의 수익가치를 구할 때 적용되는 자본환원율은 업종별 차이를 반영하지 못한다. ( )

객관식

1. 세법의 순손익가치와 순자산가치는 자본시장법의 수익가치와 자산가치에 대응되는 개념이다. 순손익가치와 수익가치를 구하는 과정을 비교해서 설명한 것이다. 옳지 않은 것은?
   ① 순손익가치는 과거 3년간 순이익에서 구한다.
   ② 수익가치는 미래 2년간 추정이익에서 구한다.
   ③ 주식가격을 구할 때에 부여하는 가중치는 똑같다.
   ④ 순이익을 자본화시킬 때 적용하는 할인율은 똑같다.

2. 자본시장법에서 상대가치를 구할 때에는 유사회사의 비교가치를 먼저 구해야 한다. 유사회사의 비교가치를 결정하는 요소가 아닌 것은?
   ① 유사회사주가　　② 발행회사의 주당순이익
   ③ 발행회사의 주당순자산　　④ 유사회사의 주당경상이익

3. IPO기업의 신규공모주가를 결정하는 방법으로 가장 많이 사용되고 있는 것은?
   ① 수익가치　　② 자산가치
   ③ 본질가치　　④ 상대가치

4. 다음 중 본질가치를 구성하는 요소들을 바르게 묶은 것은?

① 수익가치, 자산가치 ② 자산가치, 상대가치

③ 상대가치, 수익가치 ④ 수익가치, 자산가치, 상대가치

5. 다음의 본질가치에 대한 설명 중에서 올바른 것은 어느 것인가?

① 종전 자본시장법에서 사용했던 용어인데 현행법에서는 사용하지 않는다.

② 수익가치에 40%, 자산가치에 60%의 가중치를 부여하여 산출한 평균값이다.

③ 현행법에서는 상대가치라는 용어가 대신 사용된다.

④ 주식의 실질가치를 가장 잘 반영하는 것으로 평가되고 있다.

6. 수익가치를 산출할 때 적용하는 자본환원율에 대한 설명이다. 올바른 것은?

① 세법상 보충적 평가방법에서 사용하는 순손익가치환원율과 같다.

② 시중 정기예금 최고이율의 1.5배를 사용한다.

③ 재경부장관이 고시하는 이자율을 사용한다.

④ 시중 정기예금 최저이율의 1.5배를 사용한다.

7. 유사회사는 한국표준산업분류표의 어느 단계에서 골라야 하는가?

① 중분류 ② 소분류

③ 세분류 ④ 세세분류

8. 유사회사별 비교가치를 구하기 위해서 필요한 정보는 다음 중 어느 것인가?

① 유사회사 주가

② 유사회사와 발행회사의 주당경상이익

③ 유사회사와 발행회사의 주당순자산가액

④ 이상의 모두

9. 자본시장법에 따르면 비상장법인과 비상장법인이 합병할 때 주식평가는 어떻게 하도록 규정하고 있는가?

① 본질가치에 의해서 ② 상대가치에 의해서

③ 현재가치에 의해서 ④ 자율적으로 알아서

주관식

1. 세법의 순손익가치와 자본시장법의 수익가치의 공통점과 차이점을 설명하시오.
2. IPO 절차를 단계별로 제시하시오.
3. 상대가치평가방법을 유사회사별 비교가치, 유사회사 주가를 이용해서 설명하시오.
4. 상대가치평가에서는 유사회사가 매우 중요한 역할을 한다. 유사회사가 되기 위한 요건을 열거하시오.
5. 자본시장법에서는 상장기업들이 합병을 할 때에는 기준주가와 최근일 주가 중에서 낮은 금액으로 평가하도록 하고 있다. 기준주가는 어떻게 구하는가?

부록

Appendix

부표 : 〈표 1〉 미래가치계수

〈표 2〉 연금의 미래가치계수

〈표 3〉 연속복리 미래가치계수

〈표 4〉 현재가치계수

〈표 5〉 연금의 현재가치계수

〈표 6〉 연속복리 현재가치계수

〈표 7〉 콜옵션가격표

〈표 8〉 표준정규분포표

연습문제 정답 및 해설

〈표 1〉 미래가치계수 (CVIF) $CVIF = (1+R)^n$

	이 자 율								
기간	1%	2%	3%	4%	5%	6%	7%	8%	9%
1	1.0100	1.0200	1.0300	1.0400	1.0500	1.0600	1.0700	1.0800	1.0900
2	1.0201	1.0404	1.0609	1.0816	1.1025	1.1236	1.1449	1.1664	1.1881
3	1.0303	1.0612	1.0927	1.1249	1.1576	1.1910	1.2250	1.2597	1.2950
4	1.0406	1.0824	1.1255	1.1699	1.2155	1.2625	1.3108	1.3605	1.4116
5	1.0510	1.1041	1.1593	1.2167	1.2763	1.3382	1.4026	1.4693	1.5386
6	1.0615	1.1262	1.1941	1.2653	1.3401	1.4185	1.5007	1.5869	1.6771
7	1.0721	1.1487	1.2299	1.3159	1.4071	1.5036	1.6058	1.7138	1.8280
8	1.0829	1.1717	1.2668	1.3686	1.4775	1.5938	1.7182	1.8509	1.9926
9	1.0937	1.1951	1.3048	1.4233	1.5513	1.6895	1.8385	1.9990	2.1719
10	1.1046	1.2190	1.3439	1.4802	1.6289	1.7908	1.9672	2.1589	2.3674
11	1.1157	1.2434	1.3842	1.5395	1.7103	1.8983	2.1049	2.3316	2.5804
12	1.1268	1.2682	1.4258	1.6010	1.7959	2.0122	2.2522	2.5182	2.8127
13	1.1381	1.2936	1.4685	1.6651	1.8856	2.1329	2.4098	2.7196	3.0658
14	1.1495	1.3195	1.5126	1.7317	1.9799	2.2609	2.5785	2.9372	3.3417
15	1.1610	1.3459	1.5580	1.8009	2.0789	2.3966	2.7590	3.1722	3.6425
16	1.1726	1.3728	1.6047	1.8730	2.1829	2.5404	2.9522	3.4259	3.9703
17	1.1843	1.4002	1.6528	1.9479	2.2920	2.6928	3.1588	3.7000	4.3276
18	1.1961	1.4282	1.7024	2.0258	2.4066	2.8543	3.3799	3.9960	4.7171
19	1.2081	1.4568	1.7535	2.1068	2.5270	3.0256	3.6165	4.3157	5.1417
20	1.2202	1.4859	1.8061	2.1911	2.6533	3.2071	3.8697	4.6610	5.6044
21	1.2324	1.5157	1.8603	2.2788	2.7860	3.3996	4.1406	5.0338	6.1088
22	1.2447	1.5460	1.9161	2.3699	2.9253	3.6035	4.4304	5.4365	6.6586
23	1.2572	1.5769	1.9736	2.4647	3.0715	3.8197	4.7405	5.8715	7.2579
24	1.2697	1.6084	2.0328	2.5633	3.2251	4.0489	5.0724	6.3412	7.9111
25	1.2824	1.6406	2.0938	2.6658	3.3864	4.2919	5.4274	6.8485	8.6231
30	1.3478	1.8114	2.4273	3.2434	4.3219	5.7435	7.6123	10.063	13.268
40	1.4889	2.2080	3.2620	4.8010	7.0400	10.286	14.974	21.725	31.409
50	1.6446	2.6916	4.3839	7.1067	11.467	18.420	29.457	46.902	74.358
60	1.8167	3.2810	5.8916	10.520	18.679	32.988	57.946	101.26	176.03

CVIF>99,999

〈표 1〉 계속

이 자 율										
10%	12%	14%	15%	16%	18%	20%	24%	28%	32%	36%
1.1000	1.1200	1.1400	1.1500	1.1600	1.1800	1.2000	1.2400	1.2800	1.3200	1.3600
1.2100	1.2544	1.2996	1.3225	1.3456	1.3924	1.4400	1.5376	1.6384	1.7424	1.8496
1.3310	1.4049	1.4815	1.5209	1.5609	1.6430	1.7280	1.9066	2.0972	2.3000	2.5155
1.4641	1.5735	1.6890	1.7490	1.8106	1.9388	2.0736	2.3642	2.6844	3.0360	3.4210
1.6105	1.7623	1.9254	2.0114	2.1003	2.2878	2.4883	2.9316	3.4360	4.0075	4.6526
1.7716	1.9738	2.1950	2.3131	2.4364	2.6996	2.9860	3.6352	4.3980	5.2899	6.3275
1.9487	2.2107	2.5023	2.6600	2.8262	3.1855	3.5832	4.5077	5.6295	6.9826	8.6054
2.1436	2.4760	2.8526	3.0590	3.2784	3.7589	4.2998	5.5895	7.2058	9.2170	11.703
2.3579	2.7731	3.2519	3.5179	3.8030	4.4355	5.1598	6.9310	9.2234	12.166	15.917
2.5937	3.1058	3.7072	4.0456	4.4114	5.2338	6.1917	8.5944	11.806	16.060	21.647
2.8531	3.4785	4.2262	4.6524	5.1173	6.1759	7.4301	10.657	15.112	21.199	29.439
3.1384	3.8960	4.8179	5.3503	5.9360	7.2876	8.9161	13.215	19.343	27.983	40.037
3.4523	4.3635	5.4924	6.1528	6.8858	8.5994	10.699	16.386	24.759	36.937	54.451
3.7975	4.8871	6.2613	7.0757	7.9875	10.147	12.839	20.319	31.691	48.757	74.053
4.1772	5.4736	7.1379	8.1371	9.2655	11.974	15.407	25.196	40.565	64.359	100.71
4.5950	6.1304	8.1372	9.3576	10.748	14.129	18.488	31.243	51.923	84.954	136.97
5.0545	6.8660	9.2765	10.761	12.468	16.672	22.186	38.741	66.461	112.14	186.28
5.5599	7.6900	10.575	12.375	14.463	19.673	26.623	48.039	86.071	148.02	253.34
6.1159	8.6128	12.056	14.232	16.777	23.214	31.948	59.568	108.89	195.39	344.54
6.7275	9.6463	13.743	16.367	19.461	27.393	38.338	73.864	139.38	257.92	468.57
7.4002	10.804	15.668	18.822	22.574	32.324	46.005	91.592	178.41	340.45	637.26
8.1403	12.100	17.861	21.645	26.186	38.142	55.206	113.57	228.36	449.39	866.67
8.9543	13.552	20.362	24.891	30.376	45.008	66.247	140.83	292.30	593.20	1178.7
9.8497	15.179	23.212	28.625	35.236	53.109	79.497	174.63	374.14	783.02	1603.0
10.835	17.000	26.462	32.919	40.874	62.669	95.396	216.54	478.90	1033.6	2180.1
17.449	29.960	50.950	66.212	85.850	143.37	237.38	634.82	1645.5	4142.1	10143.
45.259	93.051	188.88	267.86	378.72	750.38	1469.8	5455.9	19427.	66521.	*
117.39	289.00	700.23	1083.7	1670.7	3927.4	9100.4	46890.	*	*	*
304.48	897.60	2595.9	4384.0	7370.2	20555.	56348.	*	*	*	*

〈표 2〉 연금의 미래가치계수(CVIFA)

$$CVIFA = \frac{(1+R)^n - 1}{R}$$

	이 자 율								
기간	1%	2%	3%	4%	5%	6%	7%	8%	9%
1	1.0000	1.0000	1.0000	1.0000	1.0000	1.0000	1.0000	1.0000	1.0000
2	2.0100	2.0200	2.0300	2.0400	2.0500	2.0600	2.0700	2.0800	2.0900
3	3.0301	3.0604	3.0909	3.1216	3.1525	3.1836	3.2149	3.2464	3.2781
4	4.0604	4.1216	4.1836	4.2465	4.3101	4.3746	4.4399	4.5061	4.5731
5	5.1010	5.2040	5.3091	5.4163	5.5256	5.6371	5.7507	5.8666	5.9847
6	6.1520	6.3081	6.4684	6.6330	6.8019	6.9753	7.1533	7.3359	7.5233
7	7.2135	7.4343	7.6625	7.8983	8.1420	8.3938	8.6540	8.9228	9.2004
8	8.2857	8.5830	8.8932	9.2142	9.5491	9.8975	10.260	10.637	11.028
9	9.3685	9.7546	10.159	10.583	11.027	11.491	11.978	12.488	13.021
10	10.462	10.950	11.464	12.006	12.578	13.181	13.816	14.487	15.193
11	11.567	12.169	12.808	13.486	14.207	14.972	15.784	16.645	17.560
12	12.683	13.412	14.192	15.026	15.917	16.870	17.888	18.977	20.141
13	13.809	14.680	15.618	16.627	17.713	18.882	20.141	21.495	22.953
14	14.947	15.974	17.086	18.292	19.599	21.015	22.550	24.215	26.019
15	16.097	17.293	18.599	20.024	21.579	23.276	25.129	27.152	29.361
16	17.258	18.639	20.157	21.825	23.657	25.673	27.888	30.324	33.003
17	18.430	20.012	21.762	23.698	25.840	28.213	30.840	33.750	36.974
18	19.615	21.412	23.414	25.645	28.132	30.906	33.999	37.450	41.301
19	20.811	22.841	25.117	27.671	30.539	33.760	37.379	41.446	46.018
20	22.019	24.297	26.870	29.778	33.066	36.786	40.995	45.762	51.160
21	23.239	25.783	28.676	31.969	35.719	39.993	44.865	50.423	56.765
22	24.472	27.299	30.537	34.248	38.505	43.392	49.006	55.457	62.873
23	25.716	28.845	32.453	36.618	41.430	46.996	53.436	60.893	69.532
24	26.973	30.422	34.426	39.083	44.502	50.816	58.177	66.765	76.790
25	28.243	32.030	36.459	41.646	47.727	54.865	63.249	73.106	84.701
30	34.785	40.568	47.575	56.085	66.439	79.058	94.461	113.28	136.31
40	48.886	60.402	75.401	95.026	120.80	154.76	199.64	259.06	337.88
50	64.463	84.579	112.80	152.67	209.35	290.34	406.53	573.77	815.08
60	81.670	114.05	163.05	237.99	353.58	533.13	813.52	1253.2	1944.8

$CVIFA > 99{,}999$

〈표 2〉 계속

이 자 율										
10%	12%	14%	15%	16%	18%	20%	24%	28%	32%	36%
1.0000	1.0000	1.0000	1.0000	1.0000	1.0000	1.0000	1.0000	1.0000	1.0000	1.0000
2.1000	2.1200	2.1400	2.1500	2.1600	2.1800	2.2000	2.2400	2.2800	2.3200	2.3600
3.3100	3.3744	3.4396	3.4725	3.5056	3.5724	3.6400	3.7776	3.9184	4.0624	4.2096
4.6410	4.7793	4.9211	4.9934	5.0665	5.2154	5.3680	5.6842	6.0156	6.3624	6.7251
6.1051	6.3528	6.6101	6.7424	6.8771	7.1542	7.4416	8.0484	8.6999	9.3983	10.146
7.7156	8.1152	8.5355	8.7537	8.9775	9.4420	9.9299	10.980	12.136	13.406	14.799
9.4872	10.089	10.730	11.067	11.414	12.142	12.916	14.615	16.534	18.696	21.126
11.436	12.300	13.233	13.727	14.240	15.327	16.499	19.123	22.163	25.678	29.732
13.579	14.776	16.085	16.786	17.519	19.086	20.799	24.712	29.369	34.895	41.435
15.937	17.549	19.337	20.304	21.321	23.521	25.959	31.643	38.593	47.062	57.352
18.531	20.655	23.045	24.349	25.733	28.755	32.150	40.238	50.398	63.122	78.998
21.384	24.133	27.271	29.002	30.850	34.931	39.581	50.895	65.510	84.320	108.44
24.523	28.029	32.089	34.352	36.786	42.219	48.497	64.110	84.853	112.30	148.47
27.975	32.393	37.581	40.505	43.672	50.818	59.196	80.496	109.61	149.24	202.93
31.772	37.280	43.842	47.580	51.660	60.965	72.035	100.82	141.30	198.00	276.98
35.950	42.753	50.980	55.717	60.925	72.939	87.442	126.01	181.87	262.36	377.69
40.545	48.884	59.118	65.075	71.673	87.068	105.93	157.25	233.79	347.31	514.66
45.599	55.750	68.394	75.836	84.141	103.74	128.12	195.99	300.25	459.45	700.94
51.159	64.440	78.969	88.212	98.603	123.41	154.74	244.03	385.32	607.47	954.28
57.275	72.052	91.025	102.44	115.38	146.63	186.69	303.60	494.21	802.86	1298.8
64.002	81.699	104.77	118.81	134.84	174.02	225.03	377.46	633.59	1060.8	1767.4
71.403	92.503	120.44	137.63	157.41	206.34	271.03	469.06	812.00	1401.2	2404.7
79.543	104.60	138.30	159.28	183.60	244.49	326.24	582.63	1040.4	1850.6	3271.3
88.497	118.16	158.66	184.17	213.98	289.49	392.48	723.46	1332.7	2443.8	4450.0
98.347	133.33	181.87	212.79	249.21	342.60	471.98	898.09	1706.8	3226.8	6053.0
164.49	241.33	359.79	434.75	530.31	790.95	1181.9	2640.9	5873.2	12941.	28172.3
442.59	767.09	1342.0	1779.1	2360.8	4163.2	7343.9	22729.	69377.	*	*
1163.9	2400.0	4994.5	7217.7	10436.	21813.	45497.	*	*	*	*
3034.8	7471.6	18535.	29220.	46058.	*	*	*	*	*	*

〈표 3〉 연속복리 미래가치계수($e^{R \cdot t}$)

	연속복리 이자율									
기간	1%	2%	3%	4%	5%	6%	7%	8%	9%	10%
1	1.0101	1.0202	1.0305	1.0408	1.0513	1.0618	1.0725	1.0833	1.0942	1.1052
2	1.0202	1.0408	1.0618	1.0833	1.1052	1.1275	1.1503	1.1735	1.1972	1.2214
3	1.0305	1.0618	1.0942	1.1275	1.1618	1.1972	1.2337	1.2712	1.3100	1.3499
4	1.0408	1.0833	1.1275	1.1735	1.2214	1.2712	1.3231	1.3771	1.4333	1.4918
5	1.0513	1.1052	1.1618	1.2214	1.2840	1.3499	1.4191	1.4918	1.5683	1.6487
6	1.0618	1.1275	1.1972	1.2712	1.3499	1.4333	1.5220	1.6161	1.7160	1.8221
7	1.0725	1.1503	1.2337	1.3231	1.4191	1.5220	1.6323	1.7507	1.8776	2.0138
8	1.0833	1.1735	1.2712	1.3771	1.4918	1.6161	1.7507	1.8965	2.0544	2.2255
9	1.0942	1.1972	1.3100	1.4333	1.5683	1.7160	1.8776	2.0544	2.2479	2.4596
10	1.1052	1.2214	1.3499	1.4918	1.6487	1.8221	2.0138	2.2255	2.4596	2.7183
11	1.1163	1.2461	1.3910	1.5527	1.7333	1.9348	2.1598	2.4109	2.6912	3.0042
12	1.1275	1.2712	1.4333	1.6161	1.8221	2.0544	2.3164	2.6117	2.9447	3.3201
13	1.1388	1.2969	1.4770	1.6820	1.9155	2.1815	2.4843	2.8292	3.2220	3.6693
14	1.1503	1.3231	1.5220	1.7507	2.0138	2.3164	2.6645	3.0649	3.5254	4.0552
15	1.1618	1.3499	1.5683	1.8221	2.1170	2.4596	2.8577	3.3201	3.8574	4.4817
16	1.1735	1.3771	1.6161	1.8965	2.2255	2.6117	3.0649	3.5966	4.2207	4.9530
17	1.1853	1.4049	1.6653	1.9739	2.3396	2.7732	3.2871	3.8962	4.6182	5.4739
18	1.1972	1.4333	1.7160	2.0544	2.4596	2.9447	3.5254	4.2207	5.0531	6.0496
19	1.2092	1.4623	1.7683	2.1383	2.5857	3.1268	3.7810	4.5722	5.5290	6.6859
20	1.2214	1.4918	1.8221	2.2255	2.7183	3.3201	4.0552	4.9530	6.0496	7.3891
21	1.2337	1.5220	1.8776	2.3164	2.8577	3.5254	4.3492	5.3656	6.6194	8.1662
22	1.2461	1.5527	1.9348	2.4109	3.0042	3.7434	4.6646	5.8124	7.2427	9.0250
23	1.2586	1.5841	1.9937	2.5093	3.1582	3.9749	5.0028	6.2965	7.9248	9.9742
24	1.2712	1.6161	2.0544	2.6117	3.3201	4.2207	5.3656	6.8210	8.6711	11.0232
25	1.2840	1.6487	2.1170	2.7183	3.4903	4.4817	5.7546	7.3891	9.4877	12.1825
30	1.3499	1.8221	2.4596	3.3204	4.4817	6.0496	8.1662	11.0232	14.8797	20.0855
35	1.4191	2.0138	2.8577	4.0552	5.7546	8.1662	11.5883	16.4446	23.3361	33.1155
40	1.4918	2.2255	3.3201	4.9530	7.3891	11.0232	16.4446	24.5235	36.5982	54.5982
45	1.5683	2.4596	3.8574	6.0496	9.4877	14.8797	23.3361	36.5982	57.3975	90.0171
50	1.6487	2.7183	4.4817	7.3891	12.1825	20.0855	33.1155	54.5982	90.0171	148.4132
55	1.7333	3.0042	5.2070	9.0250	15.6426	27.1126	46.9931	81.4509	141.1750	244.6919
60	1.8221	3.3201	6.0496	11.0232	20.0855	36.5982	66.6863	121.5104	221.4064	403.4288

〈표 3〉 계속

연속복리 이자율										
11%	12%	13%	15%	16%	18%	20%	22%	24%	26%	28%
1.1163	1.1275	1.1388	1.1618	1.1735	1.1972	1.2214	1.2461	1.2712	1.2969	1.3231
1.2461	1.2712	1.2969	1.3499	1.3771	1.4333	1.4918	1.5527	1.6161	1.6820	1.7507
1.3910	1.4333	1.4770	1.5683	1.6161	1.7160	1.8221	1.9348	2.0544	2.1815	2.3164
1.5527	1.6161	1.6820	1.8221	1.8965	2.0544	2.2255	2.4109	2.6117	2.8292	3.0649
1.7333	1.8221	1.9155	2.1170	2.2255	2.4596	2.7183	3.0042	3.3201	3.6693	4.0522
1.9348	2.0544	2.1815	2.4596	2.6117	2.9447	3.3201	3.7434	4.2207	4.7588	5.3656
2.1598	2.3164	2.4843	2.8577	3.0649	3.5254	4.0552	4.6646	5.3656	6.1719	7.0993
2.4109	2.6117	2.8292	3.3201	3.5966	4.2207	4.9530	5.8124	6.8210	8.0045	9.3933
2.6912	2.9447	3.2220	3.8574	4.2207	5.0531	6.0496	7.2427	8.6711	10.3812	12.4286
3.0042	3.3201	3.6693	4.4817	4.9530	6.0496	7.3891	9.0250	11.0232	13.4637	16.4446
3.3535	3.7434	4.1787	5.2070	5.8124	7.2427	9.0250	11.2459	14.0132	17.4615	21.7584
3.7434	4.2207	4.7588	6.0496	6.8210	8.6711	11.0232	14.0132	17.8143	22.6464	28.7892
4.1787	4.7588	5.4195	7.0287	8.0045	10.3812	13.4637	17.4615	22.6464	29.3708	38.0918
4.6646	5.3656	6.1719	8.1662	9.3933	12.4286	16.4446	21.7584	28.7892	38.0918	50.4004
5.2070	6.0496	7.0287	9.4877	11.0232	14.8797	20.0855	27.1126	36.5982	49.4024	66.6863
5.8124	6.8210	8.0045	11.0232	12.9358	17.8143	24.5325	33.7844	46.5255	64.0715	88.2347
6.4883	7.6906	9.1157	12.8071	15.1803	21.3276	29.9641	42.0980	59.1455	83.0963	116.7459
7.2427	8.6711	10.3812	14.8797	17.8143	25.5337	36.5982	52.4573	75.1886	107.7701	154.4700
8.0849	9.7767	11.8224	17.2878	20.9052	30.5694	44.7012	65.3659	95.5835	139.7702	204.3839
9.0250	11.0232	13.4637	20.0855	24.5325	36.5982	54.5982	81.4509	121.5104	181.2722	270.4264
10.0744	12.4286	15.3329	23.3361	28.7892	43.8160	66.6863	101.4940	154.4700	235.0974	357.8092
11.2459	14.0132	17.4615	27.1126	33.7844	52.4573	81.4509	126.4694	196.3699	304.9049	473.4281
12.5535	15.7998	19.8857	31.5004	39.6464	62.8028	99.4843	157.5905	249.6350	395.4404	626.4068
14.0132	17.8143	22.6464	36.5982	46.5255	75.1886	121.5104	196.3699	317.3483	512.8585	828.8175
15.6426	20.0855	25.7903	42.5211	54.5982	90.0171	148.4132	244.6916	403.4288	665.1416	1096.633
27.1126	36.5982	49.4024	90.0171	121.5104	221.4064	403.4288	735.0952	1339.431	2440.602	4447.067
46.9931	66.6863	94.6324	190.5663	270.4264	544.5719	1096.633	2208.348	4447.067	8955.293	18033.74
81.4509	121.5104	181.2722	403.4288	601.8450	1339.431	2980.958	6634.244	14764.78	32859.63	73130.44
141.1750	221.4064	347.2344	854.0588	1339.431	3294.468	8103.084	19930.37	49020.80	120571.7	296558.6
244.6919	403.4288	665.1416	1808.042	2980.958	8103.084	22026.47	59874.14	162754.8	442413.4	1202604
424.1130	735.0952	1274.106	3827.626	6634.244	19930.37	59874.14	179871.9	540364.9	1623346	4876801
735.0952	1339.431	2440.602	8103.084	14764.78	49020.80	162754.8	540364.9	1794075	5956538	19776403

〈표 4〉 현재가치계수 (PVIF)

$$PVIF = \frac{1}{(1+R)^n}$$

	이 자 율								
기간	1%	2%	3%	4%	5%	6%	7%	8%	9%
1	0.9901	0.9804	0.9709	0.9615	0.9524	0.9434	0.9346	0.9259	0.9174
2	0.9803	0.9612	0.9426	0.9246	0.9070	0.8900	0.8734	0.8573	0.8417
3	0.9706	0.9423	0.9151	0.8890	0.8638	0.8396	0.8163	0.7938	0.7722
4	0.9610	0.9238	0.8885	0.8548	0.8227	0.7921	0.7629	0.7350	0.7084
5	0.9515	0.9057	0.8626	0.8219	0.7835	0.7473	0.7130	0.6806	0.6499
6	0.9420	0.8880	0.8375	0.7903	0.7462	0.7050	0.6663	0.6302	0.5963
7	0.9327	0.8706	0.8131	0.7599	0.7107	0.6651	0.6227	0.5835	0.5470
8	0.9235	0.8535	0.7894	0.7307	0.6768	0.6274	0.5820	0.5403	0.5019
9	0.9143	0.8368	0.7664	0.7026	0.6446	0.5919	0.5439	0.5002	0.4604
10	0.9053	0.8203	0.7441	0.6756	0.6139	0.5584	0.5083	0.4632	0.4224
11	0.8963	0.8043	0.7224	0.6496	0.5847	0.5268	0.4751	0.4289	0.3875
12	0.8874	0.7885	0.7014	0.6246	0.5568	0.4970	0.4440	0.3971	0.3555
13	0.8787	0.7730	0.6810	0.6006	0.5303	0.4688	0.4150	0.3677	0.3262
14	0.8700	0.7579	0.6611	0.5775	0.5051	0.4423	0.3878	0.3405	0.2992
15	0.8613	0.7430	0.6419	0.5553	0.4810	0.4173	0.3624	0.3152	0.2745
16	0.8528	0.7284	0.6232	0.5339	0.4581	0.3936	0.3387	0.2919	0.2519
17	0.8444	0.7142	0.6050	0.5134	0.4363	0.3714	0.3166	0.2703	0.2311
18	0.8360	0.7002	0.5874	0.4936	0.4155	0.3503	0.2959	0.2502	0.2120
19	0.8277	0.6864	0.5703	0.4746	0.3957	0.3305	0.2765	0.2317	0.1945
20	0.8195	0.6730	0.5537	0.4564	0.3769	0.3118	0.2584	0.2145	0.1784
21	0.8114	0.6598	0.5375	0.4388	0.3589	0.2942	0.2415	0.1987	0.1637
22	0.8034	0.6468	0.5219	0.4220	0.3418	0.2775	0.2257	0.1839	0.1502
23	0.7954	0.6342	0.5067	0.4057	0.3256	0.2618	0.2109	0.1703	0.1378
24	0.7876	0.6217	0.4919	0.3901	0.3101	0.2470	0.1971	0.1577	0.1264
25	0.7798	0.6095	0.4776	0.3751	0.2953	0.2330	0.1842	0.1460	0.1160
30	0.7419	0.5521	0.4120	0.3083	0.2314	0.1741	0.1314	0.0994	0.0754
40	0.6717	0.4529	0.3066	0.2083	0.1420	0.0972	0.0668	0.0460	0.0318
50	0.6080	0.3715	0.2281	0.1407	0.0872	0.0543	0.0339	0.0213	0.0134

* The factor is zero to four decimal places.

〈표 4〉 계속

이 자 율										
10%	12%	14%	15%	16%	18%	20%	24%	28%	32%	36%
0.9091	0.8929	0.8772	0.8696	0.8621	0.8475	0.8333	0.8065	0.7813	0.7576	0.7353
0.8264	0.7972	0.7695	0.7561	0.7432	0.7182	0.6944	0.6504	0.6104	0.5739	0.5407
0.7513	0.7118	0.6750	0.6575	0.6407	0.6086	0.5787	0.5245	0.4768	0.4348	0.3975
0.6830	0.6355	0.5921	0.5718	0.5523	0.5158	0.4823	0.4230	0.3725	0.3294	0.2923
0.6209	0.5674	0.5194	0.4972	0.4761	0.4371	0.4019	0.3411	0.2910	0.2495	0.2149
0.5645	0.5066	0.4556	0.4323	0.4104	0.3704	0.3349	0.2751	0.2274	0.1890	0.1580
0.5132	0.4523	0.3996	0.3759	0.3538	0.3139	0.2791	0.2218	0.1776	0.1432	0.1162
0.4665	0.4039	0.3506	0.3269	0.3050	0.2660	0.2326	0.1789	0.1388	0.1085	0.0854
0.4241	0.3606	0.3075	0.2843	0.2630	0.2255	0.1938	0.1443	0.1084	0.0822	0.0628
0.3855	0.3220	0.2697	0.2472	0.2267	0.1911	0.1615	0.1164	0.0847	0.0623	0.0462
0.3505	0.2875	0.2366	0.2149	0.1954	0.1619	0.1346	0.0938	0.0662	0.0472	0.0340
0.3186	0.2567	0.2076	0.1869	0.1685	0.1372	0.1122	0.0757	0.0517	0.0357	0.0250
0.2897	0.2292	0.1821	0.1625	0.1452	0.1163	0.0935	0.0610	0.0404	0.0271	0.0184
0.2633	0.2046	0.1597	0.1413	0.1252	0.0985	0.0779	0.0492	0.0316	0.0205	0.0135
0.2394	0.1827	0.1401	0.1229	0.1079	0.0835	0.0649	0.0397	0.0247	0.0155	0.0099
0.2176	0.1631	0.1229	0.1069	0.0930	0.0708	0.0541	0.0320	0.0193	0.0118	0.0073
0.1978	0.1456	0.1078	0.0929	0.0802	0.0600	0.0451	0.0258	0.0150	0.0089	0.0054
0.1799	0.1300	0.0946	0.0808	0.0691	0.0508	0.0376	0.0208	0.0118	0.0068	0.0039
0.1635	0.1161	0.0829	0.0703	0.0596	0.0431	0.0313	0.0168	0.0092	0.0051	0.0029
0.1486	0.1037	0.0728	0.0611	0.0514	0.0365	0.0261	0.0135	0.0072	0.0039	0.0021
0.1351	0.0926	0.0638	0.0531	0.0443	0.0309	0.0217	0.0109	0.0056	0.0029	0.0016
0.1228	0.0826	0.0560	0.0462	0.0382	0.0262	0.0181	0.0088	0.0044	0.0022	0.0012
0.1117	0.0738	0.0491	0.0402	0.0329	0.0222	0.0151	0.0071	0.0034	0.0017	0.0008
0.1015	0.0659	0.0431	0.0349	0.0284	0.0188	0.0126	0.0057	0.0027	0.0013	0.0006
0.0923	0.0588	0.0378	0.0304	0.0245	0.0160	0.0105	0.0046	0.0021	0.0010	0.0005
0.0573	0.0334	0.0196	0.0151	0.0116	0.0070	0.0042	0.0016	0.0006	0.0002	0.0001
0.0221	0.0107	0.0053	0.0037	0.0026	0.0013	0.0007	0.0002	0.0001	*	*
0.0085	0.0035	0.0014	0.0009	0.0006	0.0003	0.0001	*	*	*	*

〈표 5〉 연금의 현재가치계수(PVIFA)

$$PVIFA = \left[\frac{1}{R} - \frac{1}{R(1+R)^n}\right]$$

	이 자 율								
기간	1%	2%	3%	4%	5%	6%	7%	8%	9%
1	0.9901	0.9804	0.9709	0.9615	0.9524	0.9434	0.9346	0.9259	0.9174
2	1.9704	1.9416	1.9135	1.8861	1.8594	1.8334	1.8080	1.7833	1.7591
3	2.9410	2.8839	2.8286	2.7751	2.7232	2.6730	2.6243	2.5771	2.5313
4	3.9020	3.8077	3.7171	3.6299	3.5460	3.4651	3.3872	3.3121	3.2397
5	4.8534	4.7135	4.5797	4.4518	4.3295	4.2124	4.1002	3.9927	3.8897
6	5.7955	5.6014	5.4172	5.2421	5.0757	4.9173	4.7665	4.6229	4.4859
7	6.7282	6.4720	6.2303	6.0021	5.7864	5.5824	5.3893	5.2064	5.0330
8	7.6517	7.3255	7.0197	6.7327	6.4632	6.2098	5.9713	5.7466	5.5348
9	8.5660	8.1622	7.7861	7.4353	7.1078	6.8017	6.5152	6.2469	5.9952
10	9.4713	8.9826	8.5302	8.1109	7.7217	7.3601	7.0236	6.7101	6.4177
11	10.3676	9.7868	9.2526	8.7605	8.3064	7.8869	7.4987	7.1390	6.8052
12	11.2551	10.5753	9.9540	9.3851	8.8633	8.3838	7.9427	7.5361	7.1607
13	12.1337	11.3484	10.6350	9.9856	9.3936	8.8527	8.3577	7.9038	7.4869
14	13.0037	12.1062	11.2961	10.5631	9.8986	9.2950	8.7455	8.2442	7.7862
15	13.8651	12.8493	11.9379	11.1184	10.3797	9.7122	9.1079	8.5595	8.0607
16	14.7179	13.5777	12.5611	11.6523	10.8378	10.1059	9.4466	8.8514	8.3126
17	15.5623	14.2919	13.1661	12.1657	11.2741	10.4773	9.7632	9.1216	8.5436
18	16.3983	14.9920	13.7535	12.6593	11.6896	10.8276	10.0591	9.3719	8.7556
19	17.2260	15.6785	14.3238	13.1339	12.0853	11.1581	10.3356	9.6036	8.9501
20	18.0456	16.3514	14.8775	13.5903	12.4622	11.4699	10.5940	9.8181	9.1285
21	18.8570	17.0112	15.4150	14.0292	12.8212	11.7641	10.8355	10.0168	9.2922
22	19.6604	17.6580	15.9369	14.4511	13.1630	12.0416	11.0612	10.2007	9.4424
23	20.4558	18.2922	16.4436	14.8568	13.4886	12.3034	11.2722	10.3741	9.5802
24	21.2434	18.9139	16.9355	15.2470	13.7986	12.5504	11.4693	10.5288	9.7066
25	22.0232	19.5235	17.4131	15.6221	14.0939	12.7834	11.6536	10.6748	9.8226
30	25.8077	22.3965	19.6004	17.2920	15.3725	13.7648	12.4090	11.2578	10.2737
40	32.8347	27.3555	23.1148	19.7928	17.1591	15.0463	13.3317	11.9246	10.7574
50	39.1961	31.4236	25.7298	21.4822	18.2559	15.7619	13.8007	12.2335	10.9617

〈표 5〉 계속

이 자 율									
10%	12%	14%	15%	16%	18%	20%	24%	28%	32%
0.9091	0.8929	0.8772	0.8696	0.8621	0.8475	0.8333	0.8065	0.7813	0.7576
1.7355	1.6901	1.6467	1.6257	1.6052	1.5656	1.5278	1.4568	1.3916	1.3315
2.4869	2.4018	2.3216	2.2832	2.2459	2.1743	2.1065	1.9813	1.8684	1.7663
3.1699	3.0373	2.9137	2.8550	2.7982	2.6901	2.5887	2.4043	2.2410	2.0957
3.7908	3.6048	3.4331	3.3522	3.2743	3.1272	2.9906	2.7454	2.5320	2.3452
4.3553	4.1114	3.8887	3.7845	3.6847	3.4976	3.3255	3.0205	2.7594	2.5342
4.8684	4.5638	4.2883	4.1604	4.0386	3.8115	3.6046	3.2423	2.9370	2.6775
5.3349	4.9676	4.6389	4.4873	4.3436	4.0776	3.8372	3.4212	3.0758	2.7860
5.7590	5.3282	4.9464	4.7716	4.6065	4.3030	4.0310	3.5655	3.1842	2.8681
6.1446	5.6502	5.2161	5.0188	4.8332	4.4941	4.1925	3.6819	3.2689	2.9304
6.4951	5.9377	5.4527	5.2337	5.0286	4.6560	4.3271	3.7757	3.3351	2.9776
6.8137	6.1944	5.6603	5.4206	5.1971	4.7932	4.4392	3.8514	3.3868	3.0133
7.1034	6.4235	5.8424	5.5831	5.3423	4.9095	4.5327	3.9124	3.4272	3.0404
7.3667	6.6282	6.0021	5.7245	5.4675	5.0081	4.6106	3.9616	3.4587	3.0609
7.6061	6.8109	6.1422	5.8474	5.5755	5.0916	4.6755	4.0013	3.4834	3.0764
7.8237	6.9740	6.2651	5.9542	5.6685	5.1624	4.7296	4.0333	3.5026	3.0882
8.0216	7.1196	6.3729	6.0472	5.7487	5.2223	4.7746	4.0591	3.5177	3.0971
8.2014	7.2497	6.4674	6.1280	5.8178	5.2732	4.8122	4.0799	3.5294	3.1039
8.3649	7.3658	6.5504	6.1982	5.8775	5.3162	4.8435	4.0967	3.5386	3.1090
8.5136	7.4694	6.6231	6.2593	5.9288	5.3527	4.8696	4.1103	3.5458	3.1129
8.6487	7.5620	6.6870	6.3125	5.9731	5.3837	4.8913	4.1212	3.5514	3.1158
8.7715	7.6446	6.7429	6.3587	6.0113	5.4099	4.9094	4.1300	3.5558	3.1180
8.8832	7.7184	6.7921	6.3988	6.0442	5.4321	4.9245	4.1371	3.5592	3.1197
8.9847	7.7843	6.8351	6.4338	6.0726	5.4509	4.9371	4.1428	3.5619	3.1210
9.0770	7.8431	6.8729	6.4641	6.0971	5.4669	4.9476	4.1474	3.5640	3.1220
9.4269	8.0552	7.0027	6.5660	6.1772	5.5168	4.9789	4.1601	3.5693	3.1242
9.7791	8.2438	7.1050	6.6418	6.2235	5.5482	4.9966	4.1659	3.5712	3.1250
9.9148	8.3045	7.1327	6.6605	6.2463	5.5541	4.9995	4.1666	3.5714	3.1250

〈표 6〉 연속복리 현재가치계수($e^{-R\cdot t}$)

	연속복리 이자율									
기간	1%	2%	3%	4%	5%	6%	7%	8%	9%	10%
1	0.9900	0.9802	0.9704	0.9608	0.9512	0.9418	0.9324	0.9231	0.9139	0.9048
2	0.9802	0.9608	0.9418	0.9231	0.9048	0.8869	0.8694	0.8521	0.8353	0.8187
3	0.9704	0.9418	0.9139	0.8869	0.8607	0.8353	0.8106	0.7866	0.7634	0.7408
4	0.9608	0.9231	0.8869	0.8521	0.8187	0.7866	0.7558	0.7261	0.6977	0.6703
5	0.9512	0.9048	0.8607	0.8187	0.7788	0.7408	0.7047	0.6703	0.6376	0.6065
6	0.9418	0.8869	0.8353	0.7866	0.7408	0.6977	0.6570	0.6188	0.5827	0.5488
7	0.9324	0.8694	0.8106	0.7558	0.7047	0.6570	0.6126	0.5712	0.5326	0.4966
8	0.9231	0.8521	0.7866	0.7261	0.6703	0.6188	0.5712	0.5273	0.4868	0.4493
9	0.9139	0.8353	0.7634	0.6977	0.6376	0.5827	0.5326	0.4868	0.4449	0.4066
10	0.9048	0.8187	0.7408	0.6703	0.6065	0.5488	0.4966	0.4493	0.4066	0.3679
11	0.8958	0.8025	0.7189	0.6440	0.5769	0.5169	0.4630	0.4148	0.3716	0.3329
12	0.8869	0.7866	0.6977	0.6188	0.5488	0.4868	0.4317	0.3829	0.3396	0.3012
13	0.8781	0.7711	0.6771	0.5945	0.5220	0.4584	0.4025	0.3535	0.3104	0.2725
14	0.8694	0.7558	0.6570	0.5712	0.4966	0.4317	0.3753	0.3263	0.2837	0.2466
15	0.8607	0.7408	0.6376	0.5488	0.4724	0.4066	0.3499	0.3012	0.2592	0.2231
16	0.8521	0.7261	0.6188	0.5273	0.4493	0.3829	0.3263	0.2780	0.2369	0.2019
17	0.8437	0.7118	0.6005	0.5066	0.4274	0.3606	0.3042	0.2567	0.2165	0.1827
18	0.8353	0.6977	0.5827	0.4868	0.4066	0.3396	0.2837	0.2369	0.1979	0.1653
19	0.8270	0.6839	0.5655	0.4677	0.3867	0.3198	0.2645	0.2187	0.1809	0.1496
20	0.8187	0.6703	0.5488	0.4493	0.3679	0.3012	0.2466	0.2019	0.1653	0.1353
21	0.8106	0.6570	0.5326	0.4317	0.3499	0.2837	0.2299	0.1864	0.1511	0.1225
22	0.8025	0.6440	0.5169	0.4148	0.3329	0.2671	0.2144	0.1720	0.1381	0.1108
23	0.7945	0.6313	0.5016	0.3985	0.3166	0.2516	0.1999	0.1588	0.1262	0.1003
24	0.7866	0.6188	0.4868	0.3829	0.3012	0.2369	0.1864	0.1466	0.1153	0.0907
25	0.7788	0.6065	0.4724	0.3679	0.2865	0.2231	0.1738	0.1353	0.1054	0.0821
30	0.7408	0.5488	0.4066	0.3012	0.2231	0.1653	0.1225	0.0907	0.0672	0.0498
35	0.7047	0.4966	0.3499	0.2466	0.1738	0.1225	0.0863	0.0608	0.0429	0.0302
40	0.6703	0.4493	0.3012	0.2019	0.1353	0.0907	0.0608	0.0408	0.0273	0.0183
45	0.6376	0.4066	0.2592	0.1653	0.1054	0.0672	0.0429	0.0273	0.0174	0.0111
50	0.6065	0.3679	0.2231	0.1353	0.0821	0.0498	0.0302	0.0183	0.0111	0.0067
55	0.5769	0.3329	0.1920	0.1108	0.0639	0.0369	0.0213	0.0123	0.0071	0.0041
60	0.5488	0.3012	0.1653	0.0907	0.0498	0.0273	0.0150	0.0082	0.0045	0.0025

〈표 6〉 계속

연속복리 이자율									
11%	12%	13%	14%	15%	17%	20%	23%	25%	30%
0.8958	0.8869	0.8781	0.8694	0.8607	0.8437	0.8187	0.7945	0.7788	0.7408
0.8025	0.7866	0.7711	0.7558	0.7408	0.7118	0.6703	0.6313	0.6065	0.5488
0.7189	0.6977	0.6771	0.6570	0.6376	0.6005	0.5488	0.5016	0.4724	0.4066
0.6440	0.6188	0.5945	0.5712	0.5488	0.5066	0.4493	0.3985	0.3679	0.3012
0.5769	0.5488	0.5220	0.4966	0.4724	0.4274	0.3679	0.3166	0.2865	0.2231
0.5169	0.4868	0.4584	0.4317	0.4066	0.3606	0.3012	0.2516	0.2231	0.1653
0.4630	0.4317	0.4025	0.3753	0.3499	0.3042	0.2466	0.1999	0.1738	0.1225
0.4148	0.3829	0.3535	0.3263	0.3012	0.2576	0.2019	0.1588	0.1353	0.0907
0.3716	0.3396	0.3104	0.2837	0.2592	0.2165	0.1653	0.1262	0.1054	0.0672
0.3329	0.3012	0.2725	0.2466	0.2231	0.1827	0.1353	0.1003	0.0821	0.0498
0.2982	0.2671	0.2393	0.2144	0.1920	0.1541	0.1108	0.0797	0.0639	0.0369
0.2671	0.2369	0.2101	0.1864	0.1653	0.1300	0.0907	0.0633	0.0498	0.0273
0.2393	0.2101	0.1845	0.1620	0.1423	0.1097	0.0743	0.0503	0.0388	0.0202
0.2144	0.1864	0.1620	0.1409	0.1225	0.0926	0.0608	0.0400	0.0302	0.0150
0.1920	0.1653	0.1423	0.1225	0.1054	0.0781	0.0498	0.0317	0.0235	0.0111
0.1720	0.1466	0.1249	0.1065	0.0907	0.0659	0.0408	0.0252	0.0183	0.0082
0.1541	0.1300	0.1097	0.0926	0.0781	0.0556	0.0334	0.0200	0.0143	0.0061
0.1381	0.1153	0.0963	0.0805	0.0672	0.0469	0.0273	0.0159	0.0111	0.0045
0.1237	0.1023	0.0846	0.0699	0.0578	0.0396	0.0224	0.0127	0.0087	0.0033
0.1108	0.0907	0.0743	0.0608	0.0498	0.0334	0.0183	0.0101	0.0067	0.0025
0.0993	0.0805	0.0652	0.0529	0.0429	0.0282	0.0150	0.0080	0.0052	0.0018
0.0889	0.0714	0.0573	0.0460	0.0369	0.0238	0.0123	0.0063	0.0041	0.0014
0.0797	0.0633	0.0503	0.0400	0.0317	0.0200	0.0101	0.0050	0.0032	0.0010
0.0714	0.0561	0.0442	0.0347	0.0273	0.0169	0.0082	0.0040	0.0025	0.0007
0.0639	0.0498	0.0388	0.0302	0.0235	0.0143	0.0067	0.0032	0.0019	0.0006
0.0369	0.0273	0.0202	0.0150	0.0111	0.0061	0.0025	0.0010	0.0006	0.0001
0.0213	0.0150	0.0106	0.0074	0.0052	0.0026	0.0009	0.0003	0.0002	0.0000
0.0123	0.0082	0.0055	0.0037	0.0025	0.0011	0.0003	0.0001	0.0000	0.0000
0.0071	0.0045	0.0029	0.0018	0.0012	0.0005	0.0001	0.0000	0.0000	0.0000
0.0041	0.0025	0.0015	0.0009	0.0006	0.0002	0.0000	0.0000	0.0000	0.0000
0.0024	0.0014	0.0008	0.0005	0.0003	0.0001	0.0000	0.0000	0.0000	0.0000
0.0014	0.0007	0.0004	0.0002	0.0001	0.0000	0.0000	0.0000	0.0000	0.0000

〈표 7〉 콜옵션가격표

기초자산가격 / 행사가격의 현재가치	표준편차 × $\sqrt{만기}$																					
	0.05	0.10	0.15	0.20	0.25	0.30	0.35	0.40	0.45	0.50	0.55	0.60	0.65	0.70	0.75	0.80	0.85	0.90	0.95	1.00	1.05	1.10
0.40	*	*	*	*	*	*	*	0.002	0.005	0.010	0.017	0.025	0.036	0.047	0.061	0.075	0.091	0.107	0.125	0.143	0.161	0.180
0.45	*	*	*	*	*	*	0.002	0.005	0.010	0.017	0.026	0.037	0.049	0.063	0.079	0.095	0.112	0.130	0.148	0.167	0.186	0.206
0.50	*	*	*	*	*	0.001	0.004	0.009	0.017	0.026	0.038	0.051	0.065	0.081	0.098	0.115	0.133	0.152	0.171	0.191	0.210	0.230
0.55	*	*	*	*	*	0.003	0.008	0.016	0.026	0.037	0.051	0.066	0.082	0.099	0.117	0.136	0.155	0.174	0.194	0.214	0.233	0.253
0.60	*	*	*	*	0.002	0.007	0.014	0.024	0.037	0.051	0.066	0.083	0.100	0.119	0.137	0.157	0.176	0.196	0.216	0.236	0.256	0.275
0.65	*	*	*	0.001	0.005	0.012	0.023	0.035	0.050	0.066	0.083	0.101	0.119	0.138	0.158	0.177	0.197	0.217	0.237	0.257	0.277	0.296
0.70	*	*	*	0.004	0.010	0.020	0.033	0.048	0.065	0.082	0.100	0.119	0.138	0.158	0.178	0.198	0.218	0.238	0.257	0.277	0.297	0.316
0.75	*	*	0.002	0.008	0.018	0.031	0.046	0.063	0.081	0.100	0.119	0.138	0.158	0.178	0.198	0.218	0.238	0.258	0.277	0.297	0.316	0.335
0.80	*	*	0.005	0.015	0.028	0.044	0.062	0.080	0.099	0.118	0.138	0.158	0.178	0.198	0.218	0.237	0.257	0.277	0.296	0.316	0.335	0.354
0.82	*	*	0.007	0.019	0.033	0.050	0.068	0.087	0.106	0.126	0.146	0.166	0.186	0.206	0.225	0.245	0.265	0.284	0.304	0.323	0.342	0.361
0.84	*	0.002	0.010	0.023	0.039	0.057	0.075	0.094	0.114	0.134	0.154	0.174	0.193	0.213	0.233	0.253	0.272	0.292	0.311	0.330	0.349	0.367
0.86	*	0.003	0.013	0.028	0.045	0.063	0.082	0.102	0.122	0.142	0.161	0.181	0.201	0.221	0.241	0.260	0.280	0.299	0.318	0.337	0.356	0.374
0.88	*	0.005	0.017	0.034	0.052	0.070	0.090	0.110	0.129	0.149	0.169	0.189	0.209	0.229	0.248	0.268	0.287	0.306	0.325	0.344	0.362	0.381
0.90	*	0.008	0.022	0.040	0.059	0.078	0.098	0.117	0.137	0.157	0.177	0.197	0.217	0.236	0.256	0.275	0.294	0.313	0.332	0.351	0.369	0.387
0.92	0.001	0.012	0.028	0.047	0.066	0.086	0.106	0.125	0.145	0.165	0.185	0.205	0.225	0.244	0.263	0.283	0.302	0.320	0.339	0.357	0.376	0.393
0.94	0.003	0.017	0.035	0.054	0.074	0.094	0.114	0.134	0.153	0.173	0.193	0.213	0.232	0.252	0.271	0.290	0.309	0.327	0.346	0.364	0.382	0.400
0.96	0.006	0.023	0.042	0.062	0.082	0.102	0.122	0.142	0.162	0.181	0.201	0.220	0.240	0.259	0.278	0.297	0.316	0.334	0.352	0.370	0.388	0.406
0.98	0.012	0.031	0.051	0.071	0.091	0.111	0.130	0.150	0.170	0.189	0.209	0.228	0.247	0.266	0.285	0.304	0.322	0.341	0.359	0.377	0.394	0.412
1.00	0.020	0.040	0.060	0.080	0.099	0.119	0.139	0.159	0.178	0.197	0.217	0.236	0.255	0.274	0.292	0.311	0.329	0.347	0.365	0.383	0.400	0.418
1.02	0.031	0.050	0.070	0.089	0.109	0.128	0.148	0.167	0.186	0.205	0.224	0.243	0.262	0.281	0.299	0.318	0.336	0.354	0.372	0.389	0.406	0.423
1.04	0.045	0.061	0.080	0.099	0.118	0.137	0.156	0.175	0.194	0.213	0.232	0.251	0.270	0.288	0.306	0.324	0.342	0.360	0.378	0.395	0.412	0.429
1.06	0.060	0.073	0.091	0.109	0.128	0.146	0.165	0.184	0.203	0.221	0.240	0.258	0.277	0.295	0.313	0.331	0.349	0.366	0.384	0.401	0.418	0.435
1.08	0.075	0.086	0.102	0.119	0.137	0.156	0.174	0.192	0.211	0.229	0.248	0.266	0.284	0.302	0.320	0.338	0.355	0.373	0.390	0.407	0.424	0.440
1.10	0.091	0.100	0.114	0.130	0.147	0.165	0.183	0.201	0.219	0.237	0.255	0.273	0.291	0.309	0.327	0.344	0.362	0.379	0.396	0.412	0.429	0.445
1.12	0.107	0.113	0.126	0.141	0.157	0.174	0.192	0.209	0.227	0.245	0.263	0.281	0.298	0.316	0.333	0.351	0.368	0.385	0.401	0.418	0.435	0.451
1.14	0.123	0.127	0.138	0.152	0.167	0.184	0.201	0.218	0.235	0.253	0.270	0.288	0.305	0.323	0.340	0.357	0.374	0.391	0.407	0.424	0.440	0.456
1.16	0.138	0.141	0.150	0.163	0.177	0.193	0.210	0.226	0.243	0.261	0.278	0.295	0.312	0.329	0.346	0.363	0.380	0.396	0.413	0.429	0.445	0.461
1.18	0.153	0.154	0.162	0.174	0.187	0.203	0.219	0.235	0.251	0.268	0.285	0.302	0.319	0.336	0.353	0.369	0.386	0.402	0.418	0.434	0.450	0.466
1.20	0.167	0.168	0.174	0.185	0.198	0.212	0.227	0.243	0.259	0.276	0.292	0.309	0.326	0.342	0.359	0.375	0.392	0.408	0.424	0.440	0.455	0.471
1.25	0.200	0.200	0.204	0.212	0.223	0.235	0.249	0.264	0.279	0.295	0.310	0.326	0.342	0.358	0.374	0.390	0.406	0.421	0.437	0.452	0.468	0.483
1.30	0.231	0.231	0.233	0.239	0.247	0.258	0.271	0.284	0.298	0.313	0.328	0.343	0.358	0.373	0.389	0.404	0.419	0.435	0.450	0.465	0.480	0.494
1.35	0.259	0.259	0.260	0.264	0.271	0.281	0.292	0.304	0.317	0.331	0.345	0.359	0.374	0.388	0.403	0.418	0.433	0.447	0.462	0.476	0.491	0.505
1.40	0.286	0.286	0.286	0.289	0.294	0.302	0.312	0.323	0.335	0.348	0.361	0.375	0.389	0.403	0.417	0.431	0.445	0.460	0.474	0.488	0.502	0.516
1.45	0.310	0.310	0.311	0.312	0.317	0.323	0.332	0.342	0.353	0.364	0.377	0.390	0.403	0.416	0.430	0.444	0.458	0.471	0.485	0.499	0.512	0.526
1.50	0.333	0.333	0.333	0.335	0.338	0.343	0.351	0.360	0.370	0.381	0.392	0.404	0.417	0.430	0.443	0.456	0.469	0.483	0.496	0.509	0.522	0.535
1.75	0.429	0.429	0.429	0.429	0.429	0.431	0.435	0.440	0.446	0.453	0.461	0.470	0.480	0.490	0.500	0.511	0.522	0.533	0.545	0.556	0.567	0.579
2.00	0.500	0.500	0.500	0.500	0.500	0.501	0.502	0.505	0.508	0.513	0.519	0.525	0.533	0.540	0.549	0.558	0.567	0.576	0.586	0.595	0.605	0.615
2.25	0.556	0.556	0.556	0.556	0.556	0.556	0.556	0.558	0.560	0.563	0.567	0.571	0.577	0.583	0.590	0.597	0.604	0.612	0.620	0.629	0.637	0.646
2.50	0.600	0.600	0.600	0.600	0.600	0.600	0.600	0.601	0.602	0.604	0.607	0.610	0.614	0.619	0.624	0.630	0.636	0.643	0.650	0.657	0.665	0.672
2.75	0.636	0.636	0.636	0.636	0.636	0.636	0.636	0.637	0.637	0.639	0.641	0.643	0.646	0.650	0.654	0.659	0.664	0.670	0.676	0.682	0.688	0.695
3.00	0.667	0.667	0.667	0.667	0.667	0.667	0.667	0.667	0.667	0.668	0.669	0.671	0.673	0.676	0.680	0.684	0.688	0.693	0.698	0.703	0.709	0.715
3.50	0.714	0.714	0.714	0.714	0.714	0.714	0.714	0.714	0.714	0.715	0.715	0.716	0.718	0.720	0.722	0.724	0.728	0.731	0.735	0.739	0.743	0.748
4.00	0.750	0.750	0.750	0.750	0.750	0.750	0.750	0.750	0.750	0.750	0.751	0.751	0.752	0.753	0.754	0.756	0.759	0.761	0.764	0.767	0.771	0.775
4.50	0.778	0.778	0.778	0.778	0.778	0.778	0.778	0.778	0.778	0.778	0.778	0.778	0.779	0.780	0.781	0.782	0.784	0.785	0.788	0.790	0.793	0.796

* Value is zero to three decimal places

〈표 7〉 계속

표준편차 × $\sqrt{만기}$

기초자산가격 / 행사가격의 현재가치

	1.15	1.20	1.25	1.30	1.35	1.40	1.45	1.50	1.55	1.60	1.65	1.70	1.75	2.00	2.25	2.50	2.75	3.00	3.50	4.00	4.50	5.00
0.40	0.200	0.219	0.239	0.259	0.279	0.299	0.319	0.338	0.358	0.378	0.397	0.416	0.435	0.525	0.607	0.679	0.742	0.795	0.876	0.929	0.962	0.981
0.45	0.225	0.245	0.265	0.285	0.305	0.325	0.345	0.364	0.384	0.403	0.422	0.440	0.459	0.546	0.625	0.694	0.754	0.805	0.883	0.933	0.964	0.982
0.50	0.250	0.270	0.290	0.310	0.330	0.349	0.369	0.388	0.407	0.426	0.444	0.462	0.480	0.565	0.641	0.708	0.766	0.814	0.888	0.936	0.966	0.983
0.55	0.273	0.293	0.313	0.333	0.352	0.371	0.391	0.409	0.428	0.446	0.464	0.482	0.500	0.582	0.656	0.720	0.775	0.822	0.893	0.939	0.967	0.983
0.60	0.295	0.315	0.335	0.354	0.373	0.392	0.411	0.429	0.448	0.465	0.483	0.500	0.517	0.597	0.668	0.731	0.784	0.829	0.897	0.942	0.969	0.984
0.65	0.316	0.336	0.355	0.374	0.393	0.411	0.430	0.448	0.466	0.483	0.500	0.517	0.534	0.611	0.680	0.740	0.792	0.835	0.901	0.944	0.970	0.985
0.70	0.336	0.355	0.374	0.393	0.411	0.429	0.447	0.465	0.482	0.499	0.516	0.532	0.548	0.624	0.691	0.749	0.799	0.841	0.905	0.946	0.971	0.985
0.75	0.354	0.373	0.392	0.410	0.428	0.446	0.464	0.481	0.498	0.514	0.531	0.547	0.562	0.636	0.700	0.757	0.805	0.846	0.908	0.948	0.972	0.986
0.80	0.372	0.391	0.409	0.427	0.444	0.462	0.479	0.496	0.512	0.528	0.544	0.560	0.575	0.646	0.709	0.764	0.811	0.851	0.911	0.949	0.973	0.986
0.82	0.379	0.397	0.415	0.433	0.451	0.468	0.485	0.501	0.518	0.534	0.549	0.565	0.580	0.650	0.713	0.767	0.814	0.853	0.912	0.950	0.973	0.986
0.84	0.386	0.404	0.422	0.439	0.457	0.474	0.490	0.507	0.523	0.539	0.554	0.570	0.585	0.654	0.716	0.770	0.816	0.854	0.913	0.950	0.973	0.986
0.86	0.392	0.410	0.428	0.445	0.463	0.479	0.496	0.512	0.528	0.544	0.559	0.575	0.589	0.658	0.719	0.772	0.818	0.856	0.914	0.951	0.974	0.987
0.88	0.399	0.417	0.434	0.451	0.468	0.485	0.501	0.518	0.533	0.549	0.564	0.579	0.594	0.662	0.722	0.775	0.820	0.858	0.915	0.952	0.974	0.987
0.90	0.405	0.423	0.440	0.457	0.474	0.490	0.507	0.523	0.538	0.554	0.569	0.584	0.598	0.666	0.725	0.777	0.822	0.859	0.916	0.652	0.974	0.987
0.92	0.411	0.429	0.446	0.463	0.479	0.496	0.512	0.528	0.543	0.559	0.573	0.588	0.602	0.669	0.728	0.780	0.824	0.861	0.916	0.953	0.975	0.987
0.94	0.417	0.435	0.452	0.468	0.485	0.501	0.517	0.533	0.548	0.563	0.578	0.592	0.607	0.673	0.731	0.782	0.826	0.862	0.917	0.953	0.975	0.987
0.96	0.423	0.440	0.457	0.474	0.490	0.506	0.522	0.537	0.553	0.568	0.582	0.597	0.611	0.676	0.734	0.784	0.827	0.864	0.918	0.954	0.975	0.987
0.98	0.429	0.446	0.463	0.479	0.495	0.511	0.527	0.542	0.557	0.572	0.586	0.601	0.615	0.679	0.737	0.787	0.829	0.865	0.919	0.954	0.975	0.987
1.00	0.435	0.451	0.468	0.484	0.500	0.516	0.532	0.547	0.562	0.576	0.591	0.605	0.618	0.683	0.739	0.789	0.831	0.866	0.920	0.954	0.976	0.988
1.02	0.440	0.457	0.473	0.489	0.505	0.521	0.536	0.551	0.566	0.580	0.595	0.609	0.622	0.686	0.742	0.791	0.833	0.868	0.921	0.955	0.976	0.988
1.04	0.446	0.462	0.478	0.494	0.510	0.526	0.541	0.556	0.570	0.585	0.599	0.612	0.626	0.689	0.744	0.793	0.834	0.869	0.921	0.955	0.976	0.988
1.06	0.451	0.467	0.484	0.499	0.515	0.530	0.545	0.560	0.574	0.589	0.602	0.616	0.629	0.692	0.747	0.795	0.836	0.870	0.922	0.956	0.976	0.988
1.08	0.456	0.473	0.488	0.504	0.520	0.535	0.550	0.564	0.578	0.592	0.606	0.620	0.633	0.695	0.749	0.797	0.837	0.871	0.923	0.956	0.976	0.988
1.10	0.462	0.478	0.493	0.509	0.524	0.539	0.554	0.568	0.582	0.596	0.610	0.623	0.636	0.698	0.752	0.799	0.839	0.873	0.924	0.957	0.977	0.988
1.12	0.467	0.483	0.498	0.513	0.529	0.543	0.558	0.572	0.586	0.600	0.614	0.627	0.640	0.700	0.754	0.800	0.840	0.874	0.924	0.957	0.977	0.988
1.14	0.472	0.487	0.503	0.518	0.533	0.548	0.562	0.576	0.590	0.604	0.617	0.630	0.643	0.703	0.756	0.802	0.842	0.875	0.925	0.957	0.977	0.988
1.16	0.477	0.492	0.507	0.522	0.537	0.552	0.566	0.580	0.594	0.607	0.621	0.634	0.646	0.706	0.758	0.804	0.843	0.876	0.926	0.958	0.977	0.988
1.18	0.482	0.497	0.512	0.527	0.541	0.556	0.570	0.584	0.597	0.611	0.624	0.637	0.649	0.708	0.760	0.806	0.844	0.877	0.926	0.958	0.978	0.989
1.20	0.486	0.501	0.516	0.531	0.546	0.560	0.574	0.588	0.601	0.614	0.627	0.640	0.653	0.711	0.763	0.807	0.846	0.878	0.927	0.958	0.978	0.989
1.25	0.498	0.513	0.527	0.541	0.556	0.569	0.583	0.597	0.610	0.523	0.635	0.648	0.660	0.717	0.768	0.811	0.849	0.881	0.928	0.959	0.978	0.989
1.30	0.509	0.523	0.537	0.551	0.565	0.579	0.592	0.605	0.618	0.631	0.643	0.655	0.667	0.723	0.772	0.815	0.852	0.883	0.930	0.960	0.979	0.989
1.35	0.519	0.533	0.547	0.561	0.574	0.587	0.600	0.613	0.626	0.638	0.650	0.662	0.674	0.729	0.777	0.819	0.855	0.885	0.931	0.961	0.979	0.989
1.40	0.529	0.543	0.557	0.570	0.583	0.596	0.609	0.621	0.633	0.645	0.657	0.669	0.680	0.734	0.781	0.822	0.858	0.888	0.933	0.962	0.979	0.990
1.45	0.539	0.552	0.566	0.579	0.591	0.604	0.616	0.629	0.641	0.652	0.664	0.675	0.687	0.739	0.785	0.826	0.860	0.890	0.934	0.962	0.980	0.990
1.50	0.549	0.561	0.574	0.587	0.599	0.612	0.624	0.636	0.647	0.659	0.670	0.682	0.692	0.744	0.789	0.829	0.863	0.892	0.935	0.963	0.980	0.990
1.75	0.590	0.602	0.613	0.624	0.635	0.646	0.657	0.668	0.678	0.688	0.699	0.709	0.719	0.765	0.806	0.843	0.874	0.900	0.940	0.966	0.982	0.991
2.00	0.625	0.635	0.645	0.655	0.665	0.675	0.684	0.694	0.703	0.713	0.722	0.731	0.740	0.783	0.821	0.854	0.883	0.907	0.944	0.968	0.983	0.991
2.25	0.655	0.663	0.672	0.681	0.690	0.699	0.708	0.716	0.725	0.733	0.742	0.750	0.758	0.797	0.833	0.863	0.890	0.913	0.948	0.970	0.984	0.992
2.50	0.680	0.688	0.696	0.704	0.711	0.719	0.727	0.735	0.743	0.751	0.759	0.766	0.774	0.810	0.843	0.872	0.897	0.918	0.951	0.972	0.985	0.992
2.75	0.702	0.709	0.716	0.723	0.730	0.737	0.745	0.752	0.759	0.766	0.773	0.781	0.788	0.821	0.852	0.879	0.902	0.922	0.953	0.973	0.986	0.993
3.00	0.721	0.727	0.734	0.740	0.747	0.753	0.760	0.767	0.773	0.780	0.786	0.793	0.799	0.831	0.859	0.885	0.907	0.926	0.955	0.974	0.986	0.993
3.50	0.753	0.758	0.763	0.769	0.774	0.780	0.785	0.791	0.797	0.802	0.808	0.814	0.819	0.847	0.872	0.895	0.915	0.933	0.959	0.977	0.987	0.994
4.00	0.779	0.783	0.787	0.792	0.796	0.801	0.806	0.811	0.816	0.821	0.826	0.831	0.836	0.860	0.883	0.904	0.922	0.938	0.962	0.978	0.988	0.994
4.50	0.799	0.803	0.807	0.810	0.814	0.818	0.823	0.827	0.831	0.836	0.840	0.844	0.849	0.871	0.892	0.911	0.927	0.942	0.965	0.980	0.989	0.994

* Value is zero to three decimal places

〈표 8〉 표준정규분포표

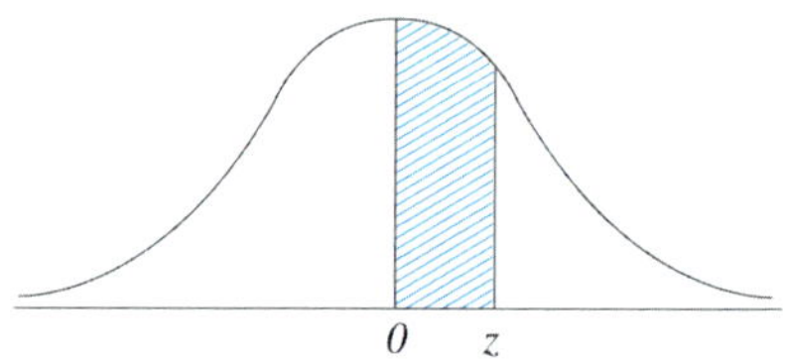

z	.00	.01	.02	.03	.04	.05	.06	.07	.08	.09
0.0	.0000	.0040	.0080	.0120	.0160	.0199	.0239	.0279	.0319	.0359
0.1	.0398	.0438	.0478	.0517	.0557	.0596	.0636	.0675	.0714	.0754
0.2	.0793	.0832	.0871	.0910	.0948	.0987	.1026	.1064	.1103	.1141
0.3	.1179	.1217	.1255	.1293	.1331	.1368	.1406	.1443	.1480	.1517
0.4	.1554	.1591	.1628	.1664	.1700	.1736	.1772	.1808	.1844	.1879
0.5	.1915	.1950	.1985	.2019	.2054	.2088	.2123	.2157	.2190	.2224
0.6	.2258	.2291	.2324	.2357	.2389	.2422	.2454	.2486	.2518	.2549
0.7	.2580	.2612	.2642	.2673	.2704	.2734	.2764	.2794	.2823	.2852
0.8	.2881	.2910	.2939	.2967	.2996	.3023	.3051	.3078	.3106	.3133
0.9	.3159	.3186	.3212	.3238	.3264	.3289	.3315	.3340	.3365	.3389
1.0	.3413	.3438	.3461	.3485	.3508	.3531	.3554	.3577	.3599	.3621
1.1	.3643	.3665	.3686	.3708	.3729	.3749	.3770	.3790	.3810	.3830
1.2	.3649	.3869	.3688	.3907	.3925	.3944	.3962	.3980	.3997	.4015
1.3	.4032	.4049	.4066	.4082	.4099	.4115	.4131	.4147	.4162	.4177
1.4	.4192	.4207	.4222	.4236	.4251	.4265	.4279	.4292	.4306	.4319
1.5	.4332	.4345	.4357	.4370	.4382	.4394	.4406	.4418	.4429	.4441
1.6	.4452	.4463	.4474	.4484	.4495	.4505	.4515	.4525	.4535	.4545
1.7	.4554	.4564	.4573	.4582	.4591	.4599	.4608	.4616	.4625	.4633
1.8	.4641	.4649	.4656	.4664	.4671	.4678	.4686	.4693	.4699	.4709
1.9	.4713	.4719	.4726	.4732	.4738	.4744	.4750	.4756	.4761	.4767
2.0	.4772	.4778	.4783	.4788	.4793	.4798	.4803	.4808	.4812	.4817
2.1	.4821	.4826	.4830	.4834	.4838	.4842	.4846	.4850	.4854	.4857
2.2	.4861	.4864	.4868	.4871	.4875	.4878	.4881	.4884	.4887	.4890
2.3	.4893	.4896	.4898	.4901	.4904	.4906	.4909	.4911	.4913	.4916
2.4	.4918	.4920	.4922	.4925	.4927	.4929	.4931	.4932	.4934	.4936
2.5	.4938	.4940	.4941	.4943	.4945	.4946	.4948	.4949	.4951	.4952
2.6	.4953	.4955	.4956	.4957	.4959	.4960	.4961	.4962	.4963	.4964
2.7	.4965	.4966	.4967	.4968	.4969	.4970	.4971	.4972	.4973	.4974
2.8	.4974	.4975	.4976	.4977	.4977	.4978	.4979	.4979	.4980	.4981
2.9	.4981	.4982	.4982	.4983	.4984	.4984	.4985	.4985	.4986	.4986
3.0	.4987	.4987	.4987	.4988	.4988	.4989	.4989	.4989	.4990	.4990
3.1	.4990	.4991	.4991	.4991	.4992	.4992	.4992	.4992	.4993	.4993
3.2	.4993	.4993	.4994	.4994	.4994	.4994	.4994	.4995	.4995	.4995
3.3	.4995	.4995	.4995	.4996	.4996	.4996	.4996	.4996	.4996	.4997
3.4	.4997	.4997	.4997	.4997	.4997	.4997	.4997	.4997	.4997	.4998
3.5	.4998	.4998	.4998	.4998	.4998	.4998	.4998	.4998	.4998	.4998
3.6	.4998	.4998	.4999	.4999	.4999	.4999	.4999	.4999	.4999	.4999
3.7	.4999	.4999	.4999	.4999	.4999	.4999	.4999	.4999	.4999	.4999
3.8	.4999	.4999	.4999	.4999	.4999	.4999	.4999	.4999	.4999	.4999
3.9	.5000	.5000	.5000	.5000	.5000	.5000	.5000	.5000	.5000	.5000

Exercise

연습문제 정답 및 해설

제1장 가치평가의 개요

진위형

1. (정답) ×

(해설) 투자가치는 주관적 성격을 갖는 것으로 투자주체에 따라서 달라질 수 있는 값이다.

2. (정답) O

(해설) 시장가격과 내재가치가 다른 불균형상태에서만 차익거래로 이익을 얻을 수 있다.

3. (정답) ×

(해설) 기업가치접근법은 재무상태표의 차변에서 접근하는 방법이다.

4. (정답) O

(해설) 자기자본가치접근법은 금융기관의 가치를 평가할 때 잘 이용된다.

객관식

1. (정답) ③

(해설) 가치와 가격의 개념을 구분한 사람은 가치투자의 창시자인 벤자민 그레이엄이다.

2. (정답) ②

(해설) 시장가치는 시장에서 객관적으로 형성되는 값이다.

3. (정답) ①

(해설) 시장가치는 시장의 수요와 공급에 의해서 결정되고 나머지 것들은 모두 이론적 모형을 통해서 산출된다.

4. (정답) ④
(해설) 재무이론의 중요한 세 영역은 기업재무론, 증권투자론, 금융기관경영론이다.

5. (정답) ③
(해설) 차익거래는 불균형시장에서 이익을 얻을 수 있는 거래이다.

6. (정답) ④
(해설) 시장가치는 시장의 수요와 공급에 의해서 결정된다.

7. (정답) ③
(해설) 자기자본접근법(equity approach)은 재무상태표의 대변을 분석하는 기법이다.

8. (정답) ④
(해설) 자기자본접근법(equity approach)은 은행과 같은 금융기관평가에 적합한 기법이다.

9. (정답) ②
(해설) 투자가치는 투자의 주체에 따라서 값이 달라질 수 있는 주관적 요소가 개입된다.

주관식

1. 가격은 시장에서 형성된 거래가격을 말하고 가치는 이론적 모형에 여러 가지 변수를 대입해서 산출한 값을 말한다.

2. 재무상태표에서 차변의 자산을 대상으로 미래의 현금흐름을 측정해서 기업가치를 구하는 것이 기업가치접근법이다. 이에 비해서 재무상태표에서 대변에 있는 부채의 가치와 자기자본의 가치를 구해서 합한 값으로 기업가치를 구하는 것은 자기자본가치접근법이다. 또는 금융기관과 같이 자기자본가치를 곧 기업가치로 평가하는 경우도 있다.

3. 시장가치가 내재가치보다 작으면 해당자산을 매입하는 차익거래가 발생한다. 매입은 시장가치를 높여서 내재가치와 같게 만들어 균형상태가 된다. 그리고 시장가치가 내재가치보다 크면 해당자산을 매도하는 차익거래가 발생한다. 매도는 시장가치를 낮추어서 내재가치와 같게 만들어 균형상태가 된다.

제2장 화폐의 시간적 가치

진위형

1. (정답) O

(해설) 이자의 재투자를 전제로 하는 것은 복리계산, 그렇지 않은 것은 단리계산이라고 한다.

2. (정답) O

(해설) 계속기업을 전제로 하기 때문에 무한연금의 현재가치 개념이 많이 이용된다.

3. (정답) ×

(해설) 대개 정상적인 기업들은 성장하게 마련이므로 성장을 반영한 일정성장모형이 더 현실적이라고 할 수 있다.

4. (정답) O

(해설) 성장률이 할인율보다 크면 무한대의 값이 되어서 일정성장모형을 사용할 수 없다.

5. (정답) O

(해설) 재무이론의 대부분 분야에서 현재가치 개념이 더 많이 이용되기 때문이다.

객관식

1. (정답) ④

(해설) 채권의 현금흐름은 원금과 이자이다. 원금은 액면금액이고 이자는 액면금액에 표면금리를 곱해서 산출된다. 할인율을 현금흐름과는 관계가 없고 채권의 현재가치에 영향을 준다.

2. (정답) ①

(해설) 채권의 표면금리가 커지면 이자현금유입이 커지므로 채권의 현재가치가 커지게 된다.

3. (정답) ④

(해설) 기업은 무한히 존속한다고 가정하기 때문에 영구연금의 현재가치와 밀접한 관련이 있다.

4. (정답) ①

(해설) 할인채의 현재가치 $= \dfrac{100}{(1+0.1)^3} = 75.13$ 만원

영구채의 현재가치 $= \dfrac{100 \times 7\%}{0.1} = 70$ 만원

따라서 할인채의 가치가 더 크다.

5. (정답) ③

(해설) 한국기업의 주식가격은 미래 배당금의 현재가치이다. 따라서 이 주식의 가격은 다음과 같다. $\frac{1,500}{0.12} = 12,500$원

6. (정답) ④

(해설) 일정한 비율로 성장하는 기업의 주가를 산출하는 것이다. 일정성장모형을 이용하여 주가를 산출하면 다음과 같다. $\frac{1,500}{0.12-0.02} = 15,000$ 원

7. (정답) ①

(해설) 현재가치는 현금흐름을 할인율(이자율, 수익률)로 나누어서 산출한다.

8. (정답) ④

(해설) 포트폴리오효과는 분산투자로 위험이 감소되는 효과로서 현재가치 개념과는 무관하다.

9. (정답) ③

(해설) 재무이론에서는 현재가치의 개념이 가장 중요하다.

●● 주관식

1. 배당평가모형이란 주식의 내재가치를 구할 때에 그 주식을 보유하면서 얻게 되는 배당금을 현재가치로 계산한 값을 내재가치로 본다는 것이다.

2. 재무이론에서 현재가치분야가 적용되는 분야는 매우 많다. 대표적인 분야로 기업가치평가, 주식과 채권의 가치 평가, 실물투자안의 경제성 평가 분야를 들 수 있다.

3. 기업은 무한하게 계속적으로 존재한다고 가정하기 때문에 기업이 벌어들이는 현금흐름도 무한하게 된다. 무한한 현금흐름을 현재가치로 계산하는 것이 무한연금의 현재가치이므로 기업가치평가에 중요한 것이다.

제3장 위험과 수익률

진위형

1. (정답) ×

(해설) 채권 중에서도 국공채는 무위험자산이라고 할 수 있지만 회사채의 경우에는 채무불이행이 높은 것도 있기 때문에 무위험자산이라고 단정할 수 없다.

2. (정답) O

(해설) 자본자산가격결정모형에는 자본시장선과 증권시장선이 포함되지만 일반적으로 증권시장선을 지칭한다.

3. (정답) ×

(해설) 표준편차는 %단위로 측정되지만 베타는 지수단위로 측정된다.

4. (정답) O

(해설) 시장포트폴리오는 개념상 모든 주식으로 구성된 포트폴리오여서 주가지수를 대용치로 사용한다.

5. (정답) O

(해설) 위험자산을 평가하려면 기대수익률(평균)과 위험(분산 또는 표준편차)를 이용한다.

객관식

1. (정답) ④

(해설) 체계적 위험은 분산투자로도 제거할 수 없다.

2. (정답) ①

(해설) 주식수익률은 주가상승률에 배당수익률을 더해서 산출한다.

3. (정답) ④

(해설) 기업요인과 관련된 것은 비체계적 위험이다.

4. (정답) ②

(해설) 재무이론에서 불확실한 상황이란 미래수익의 확률분포를 알고 있는 상황을 말하는 것이다.

5. (정답) ①

(해설) 불확실한 상황에서 투자대상은 기대수익률(평균)과 위험(표준편차, 또는 분산)에 의해서 결정된다.

6. (정답) ①

(해설) CAPM이라면 정확하게 자본시장선과 증권시장선을 모두 포함하는 개념이므로 위험과 기대수익률의 관계를 나타내는 식이라고 할 수 있다.

7. (정답) ①

(해설) 시장포트폴리오란 주식시장에 상장된 주식 전체를 의미한다. 따라서 시장포트폴리오의 변동은 주가지수의 변동으로 파악할 수 있다.

8. (정답) ③

(해설) 베타가 크면 기대수익률(균형수익률)이 커져서 주식가격은 작아진다.

9. (정답) ④

(해설) 시장포트폴리오의 베타는 자기 자신에 대한 민감도이므로 +1이다.

10. (정답) ②

(해설) 은행금리는 무위험이자율인데 CAPM의 기울기를 나타내는 값은 시장수익률(주가지수예상변동률)에서 무위험이자율을 차감한 값이다. 따라서 무위험이자율이 높으면 기울기는 작아지게 된다.

11. (정답) ④

(해설) CAPM은 위험을 측정하는데 사용하는 식이 아니다.

12. (정답) ④

(해설) 시장포트폴리오는 자본시장선과 증권시장선에 모두 필요한 개념이다.

13. (정답) ④

(해설) $E(R_i) = R_f + [E(R_m) - R_f] \cdot \beta_i$

$= 8 + [12 - 8] \times 2.5 = 18\%$

주관식

1. 무위험자산은 미래수익이 확정된 금액으로 파악되는 것으로서 예금이나 국공채가 이에 해당된다. 반면에 위험자산은 미래수익이 얼마가 될지 확정값으로 알 수 없는 것인데 주식이나 부동산 같은 것들이 이에 해당된다.

2. 체계적 위험은 분산투자로도 제거할 수 없는 위험이고 비체계적 위험은 분산투자로 제거할 수 있다. 따라서 분산투자를 하면 위험이 감소하는데 이렇게 감소하는 위험은 비체계적 위험이다.
체계적 위험은 경제전체의 변동에 기인하는 것이고 비체계적 위험은 개별기업의 특성에 기인한 것이다.

3. 불확실한 상황에서는 주식을 평가할 때 미래수익에 대한 확률분포에서 평균(기대수익률)과 분산(위험)에 의해서 평가한다는 것이 평균-분산기준이다. 그리고 기대수익률이 같으면 위험이 낮은 주식을 선택하고 위험이 같으면 기대수익률이 높은 주식을 선택한다는 것이 지배원리이다.

4. 〈공통점〉 자본시장선과 증권시장선 모두 위험과 기대수익률의 관계를 나타내는 식이다.
〈차이점〉 자본시장선은 총위험과 기대수익률의 관계식이고 증권시장선은 체계적 위험과 기대수익률의 관계식이다.

5. 특정주식의 수익률 자료(Y)와 종합주가지수의 변동률 자료(X)를 갖고 회귀분석을 한다. 여기서 추정된 회귀식의 기울기를 베타로 사용한다.

6. $E(R_i) = 0.08 + (0.11 - 0.08) \times \beta_i$

7. $E(R_i) = 0.08 + (0.11 - 0.08) \times \beta_i$
$= 0.08 + (0.11 - 0.08) \times 3 = 0.17$

8. $\frac{8,500}{0.17} = 50,000$ 원

9. 현재주가(시장가치)는 48,000원으로서 균형가격(내재가치)인 50,000원보다 저평가되어 있으므로 이 주식을 매입한다.

10. 이 주식을 48,000원에 매입한 후 시장의 불균형이 해소되면서 50,000원이 되면 매각해서 2,000원의 이익을 얻을 수 있다.

제4장 현금흐름할인법

진위형

1. (정답) ×

(해설) 자본적 지출과 순운전자본의 증감까지 고려해야 한다.

2. (정답) ×

(해설) 재무이론에서는 현금기준에 따른 현금흐름으로 기업가치를 평가한다.

3. (정답) O

(해설) 매출액을 기준으로 많은 비용들이 추정되기 때문에 판매예측이 미래현금흐름을 측정하는 과정에서 가장 중요하다.

4. (정답) O

(해설) 무한한 미래의 현금흐름을 구체적으로 측정할 수 없기 때문에 무한연금을 가정하게 된다.

5. (정답) ×

(해설) FCF와 FCFF는 용어만 다를 뿐, 같은 내용이다.

객관식

1. (정답) ③

(해설) 현금흐름을 할인율로 현재가치를 구하는 것이 DCF법의 핵심적 내용이다.

2. (정답) ②

(해설) 영업현금흐름은 세후EBIT에 감가상각비를 더하여 구한다.

3. (정답) ③

(해설) 잉여현금흐름 = 240 − 30 + 50 = 260

4. (정답) ①

(해설) 잉여현금흐름 = 영업현금흐름 − 자본적지출 − 추가운전자본

5. (정답) ④

(해설) 잉여현금흐름 = 315 − 13 − 5 = 297, 기업가치 = 297/0.09 = 3,300

6. (정답) ④

(해설) 모두 현재가치로 계산하고 이를 합한 것이 기업가치의 평가액이다.

7. (정답) ①

(해설) 위험조정할인율에서 위험은 현금흐름에 포함된 변동성을 말한다. 그 변동성은 표준편차 또는 베타로 측정할 수 있다.

8. (정답) ③

(해설) 위험과 수익률의 관계식인 자본자산가격결정모형을 이용하는 것이 가장 일반적인 방법이다.

9. (정답) ④

(해설) 예측기간 이후의 현금흐름을 예측기간 말 시점에서 평가한 값을 말한다.

10. (정답) ④

(해설) 잔여가치, 계속가치, 영구가치, 종점가치 모두 continuing value을 번역한 용어이다.

주관식

1. 영업현금흐름은 세후영업이익에 감가상각비를 더한 값이다. 그리고 잉여현금흐름은 영업현금흐름에 자본적 지출과 순운전자본의 증감을 반영해서 산출한 값이다.

2. 기업가치를 결정하는 것은 잉여현금흐름이다. 그러나 자본적 지출과 순운전자본의 증감이 없는 경우라면 영업현금흐름과 잉여현금흐름이 동일한 값을 갖게 되므로 영업현금흐름도 기업가치를 결정하는 현금흐름이 된다.

3. 현금흐름할인법에서는 모든 사산의 가치를 분자의 현금흐름, 분모의 할인율로 구성된 분수값으로 평가한다. 그런데 분모의 할인율은 분자의 현금흐름이 갖는 변동성을 감안해서 결정되는데 이를 위험조정할인율이라고 한다.

4. 계속기업의 잉여현금흐름은 무한하다. 그러나 무한한 현금흐름을 구체적인 수치로 예측할 수는 없기 때문에 앞으로 3년 또는 5년 정도의 기간을 구체적인 수치로 예측하고 그 이후의 기간은 무한연금으로 간주한다. 이때 구체적인 수치로 예측할 수 있는 3년 또는 5년 정도의 기간을 예측기간이라고 한다.

제5장 자본비용

진위형

1. (정답) O

(해설) 세후타인자본비용 = 세전타인자본비용×(1 − 법인세율)이므로 올바른 말이다.

2. (정답) ×

(해설) 가중치는 시장가치를 기준으로 산출해야 한다.

3. (정답) ×

(해설) 유보이익의 자본비용은 보통주와 동일한 수준이다.

4. (정답) O

(해설) 세후타인자본비용을 사용할 수 있는 것은 영업이익이 있는 경우에 적용되는 말이다.

객관식

1. (정답) ④

(해설) 기업가치를 산출하기 위한 할인율은 가중평균자본비용이다.

2. (정답) ①

(해설) 타인자본비용은 명시적 자본비용이다.

3. (정답) ①

(해설) 유보이익으로 투자하는 것은 이를 주주에게 배당하고 다시 주식을 발행하여 조달하는 것과 실질적으로 동일하기 때문이다.

4. (정답) ②

(해설) 우선주는 일정액의 배당을 받지만 보장된 것은 아니다. 그리고 세금의 절감효과가 없기 때문에 타인자본비용보다 높지만 보통주 자본비용보다는 낮다.

5. (정답) ③

(해설) 이자비용의 감세효과가 반영된 세후타인자본비용이 가장 낮은 수준이다.

6. (정답) ④

(해설) 투자안의 가치도 투자안의 현금흐름을 자본비용으로 할인해서 구하기 때문에 역관계에 있다.

7. (정답) ③

(해설) 법인세율이 높으면 세후타인자본비용이 낮아져서 가중평균자본비용이 낮아지는 효과가 있다.

8. (정답) ①

(해설) 이자비용의 감세효과가 클수록 세후타인자본비용는 세전타인자본비요보다 크게 낮아진다.

9. (정답) ④

(해설) 부채수준이 높아지면 재무레버리지효과로 인해서 주식의 위험이 커지기 때문에 자기자본비용이 높아진다.

10. (정답) ①

(해설) 기업가치와 가중평균자본비용은 역관계에 있다.

주관식

1. 지급이자는 손비처리되어 과세대상이익을 줄여주는 효과가 있다. 따라서 법인세를 적게 납부하게 되는데 이를 이자비용의 감세효과라고 한다.

2. 자기자본비용은 주주의 기대수익률이고 타인자본비용은 채권자의 채권수익률이다. 주식의 위험이 채권의 위험보다 더 크기 때문에 주주의 기대수익률이 더 높고 따라서 자기자본비용이 더 높은 수준이 되는 것이다.
또한 영업이익에서 채권자에 대한 이자비용이 먼저 지급되고 난 후에 산출된 순이익이 주주에게 귀속되므로 지급순서에서도 채권자가 앞서서 위험이 더 작다고 할 수 있다.

3. (1) 세전 타인자본비용은 약정 이자율 10%이다.
(2) 세후 타인자본비용은 이자비용의 감세효과를 고려한 것으로서 다음과 같이 7%가 된다.

$$10\% \times (1-0.3) = 7\%$$

4. 무위험이자율은 8%이고 주가지수예상변동률은 12%($=\frac{2,240}{2,000}-1$)이므로 증권시장선은 다음과 같다.

$$\begin{aligned} E(R_i) &= R_f + [E(R_m) - R_f]\beta_i \\ &= 0.08 + [0.12 - 0.08]\beta_i \end{aligned}$$

5. 자기자본비용은 증권시장에 베타를 대입해서 구한다.

$$\begin{aligned} k_e = E(R_i) &= R_f + [E(R_m) - R_f]\beta_i \\ &= 0.08 + [0.12 - 0.08] \times 2.5 = 0.18 \end{aligned}$$

6. 가중평균자본비용은 세후타인자본비용과 자기자본비용을 자본구성비율로 가중평균한

값이다. 부채비율이 300%이므로 부채는 자본의 3배이다. 따라서 가중평균자본비용은 다음과 같이 구할 수 있다.

$$k_0 = \frac{S}{S+B}k_e + \frac{B}{S+B}k_i$$
$$= \frac{1}{4}\times 0.18 + \frac{3}{4}\times 0.08 = 0.105$$

단, 여기서 법인세율에 대한 조건이 없으므로 세전타인자본비용과 세후타인자본비용을 동일하다고 보았다.

7. 기업가치는 잉여현금흐름을 가중평균자본비용으로 할인한 현재가치이다. 계속기업이므로 무한연금의 현재가치를 구하는 방식으로 다음과 같이 기업가치를 구할 수 있다.

$$V = \frac{21\text{억원}}{10.5\%} = 200\text{억원}$$

제6장 EVA와 기업가치

진위형

1. (정답) O

(해설) 주주에게 지급될 자기자본비용(금액)까지 차감한 값이다.

2. (정답) ×

(해설) 경제적 부가가치(EVA) = 투자자본×(ROIC − WACC)이므로 경제적 부가가치에서도 WACC가 필요하다.

3. (정답) O

(해설) 두 가지 조건을 모두 충족해야만 투자자본이 된다.

4. (정답) ×

(해설) 순이익이 아니라 세후순영업이익(NOPAT)을 투자자본으로 나눈 값이다.

5. (정답) O

(해설) ROIC가 WACC보다 커야 EVA가 양의 값을 갖고 EVA의 현재가치인 MVA도 양의 값을 갖게 된다.

객관식

1. (정답) ④

   (해설) 현재의 투자자본에 미래 경제이익의 현재가치(시장부가가치 MVA)를 더하여 기업가치를 구한다.

2. (정답) ②

   (해설) 종전의 DCF법에서는 자본비용을 %로 측정하였지만 EVA체계에서는 금액단위로 측정한다.

3. (정답) ①

   (해설) 초과이익, 잔여이익, 경제이익 모두 경제적 부가가치의 다른 이름이다.

4. (정답) ③

   (해설) 투자자본은 영업에 투자된 자본으로서 자본비용을 부담하고 있는 것을 말한다.

5. (정답) ③

   (해설) 공사계약이행보증금은 회사의 영업활동과정에 필요한 것이므로 투자자본에 포함된다.

6. (정답) ③

   (해설) 가치중심경영의 가장 핵심적 성과지표는 EVA이다.

7. (정답) ②

   (해설) MVA는 EVA를 가중평균자본비용으로 할인한 현재가치이다.

8. (정답) ④

   (해설) 투자자본에 ROIC를 곱하면 NOPAT가 산출된다.

9. (정답) 4

   (해설) 기업 간 성과비교는 EVA만의 특징이라고 할 수 없다. 다른 성과지표(예를 들면 당기순이익)도 가능하다.

주관식

1. 투자자본을 구하는 방법은 다음과 같이 세 가지가 있다.
   첫째, 투자자본 = 영업용 순운전자본 + 영업용고정자산
   둘째, 투자자본 = 영업용총자산 − 비이자발생부채
   셋째, 투자자본 = 이자발생부채 + 자본 − 비영업용자산

2. 순이익이 있다는 것은 채권자의 몫은 제대로 지급하였다는 뜻이다. 그러나 경제적 부가가치가 음(−)의 값을 갖는다면 주주에게 지급할 몫은 다 주지 못하였다는 것이고

기업가치는 오히려 감소한다고 보아야 한다.

3. 먼저 투자자본은 100억원이라는 것을 알 수 있다. 그리고 투자수익률 15%는 주어져 있으므로 다음과 같이 가중평균자본비용을 산출한다.

$$11 \times \frac{60}{100} + 13 \times \frac{40}{100} = 11.8(\%)$$

이 결과를 이용해서 다음과 같이 EVA를 구한다.

EVA = 투하자본 × (투자수익률 − 자본비용)
= (15% − 11.8%) × 100억원 = 3.2억원

제7장 주주현금흐름할인법

진위형

1. (정답) ×

(해설) 부채상환액, 부채추가조달액 등도 반영하여야 한다.

2. (정답) ×

(해설) 금융기관의 경우를 제외하고 일반적으로 자기자본가치에 부채가치를 더해서 기업가치를 구한다.

3. (정답) O

(해설) 예측기간 이후의 현금흐름은 구체적인 금액으로 추정하기 어렵기 때문에 무한연금으로 본다.

객관식

1. (정답) ④

(해설) 주주현금흐름 = 당기순이익 + 감가상각비 − 자본적지출 − 순운전자본증가 + 부채조달 − 부채상환

2. (정답) ①

(해설) 성장률 = 유보율 × 자기자본순이익률(ROE)

3. (정답) ②

(해설) 성장률이나 수익률 등 재투자를 전제로 산출되는 비율은 기하평균으로 구한다.

4. (정답) ①

(해설) 주주현금흐름은 자기자본비용으로 할인하는 것이 논리적이다.

5. (정답) ④
   (해설) 자기자본가치접근법도 현금흐름할인법을 적용한다.

6. (정답) ③
   (해설) 주주현금흐름의 가장 기본적인 형태는 당기순이익에 감가상각비를 더하는 것이다.

7. (정답) ②
   (해설) 부채의 상환은 주주현금흐름을 감소시키는 것이고 부채의 추가조달은 주주현금흐름을 증가시키는 것이다.

8. (정답) ④
   (해설) 자본적 지출은 차감하고 순운전자본의 증가(감소)는 차감(가산)한다.

9. (정답) ①
   (해설) 금융기관은 이자비용이 영업비용으로 처리되기 때문에 기업가치접근법보다는 자기자본가치접근법으로 평가하는 것이 적합하다.

주관식

1. 주주현금흐름의 측정식은 다음과 같다.
   주주현금흐름 = 당기순이익 + 감가상각비 − 자본적지출 − 순운전자본증가 + 부채조달 − 부채상환

2. 예측기간 내의 현금흐름은 추정재무제표를 작성해서 구체적인 수치로 측정한다. 그리고 예측기간 이후의 현금흐름은 무한연금으로 측정한다.

3. 현금흐름의 증가율을 성장률이라고 한다. 과거성장률을 평균한 값을 이용하거나 이론적 모형을 따라서 자기자본순이익률에 유보율을 곱해서 산출한다.

4. 과거성장률을 평균한 값을 미래성장률로 사용할 수 있다. 평균방식은 산술평균방식과 기하평균방식이 있는데 기하평균방식이 더 논리적인 방법이다.

제8장 자기자본비용

진위형

1. (정답) O

(해설) 부채비율이 높으면 레버리지효과가 생겨서 순이익의 변동성이 커진다.

2. (정답) ×

(해설) PER만 자기자본비용을 구하는데 이용될 수 있다.

3. (정답) O

(해설) 세후타인자본비용＝세전타인자본비용×(1－법인세율)이므로 올바른 말이다.

객관식

1. (정답) ①

(해설) CAPM이 가장 많이 이용된다.

2. (정답) ④

(해설) 실증연구의 결과 APM이 더 큰 설명력을 갖는 것으로 확인되었다.

3. (정답) ②

(해설) CAPM을 이용한다. 5＋[11－5]×1.5＝14%

4. (정답) ③

(해설) Hamada모형을 이용한다. [1＋(1－0.4)×100%]×1.5＝2.4

5. (정답) ②

(해설) CAPM에서 자기자본비용을 결정하는 유일한 변수는 베타이다.

6. (정답) ④

(해설) 하마다모형은 부채주식의 베타와 무부채주식의 베타 사이에 성립하는 관계식을 말한다.

7. (정답) ①

(해설) PER의 역수를 자기자본비용으로 이용한다.

8. (정답) ①

(해설) 시장포트폴리오의 시장포트폴리오에 대한 민감도는 1이다.

9. (정답) ①

(해설) 부채를 사용하면 재무레버리지효과로 인해서 베타는 점점 커진다.

10. (정답) ①

(해설) 회사채 수익률은 정기예금 이자율과 달리 무위험이자율이 아니므로 자본자산가격결정모형(CAPM)을 이용하는 과정에서 필요한 변수가 아니다.

주관식

1. 〈공통점〉 두 모형 모두 자기자본비용을 구하는 모형이다.

〈차이점〉 CAPM은 시장과의 민감도, 즉 베타만으로 자기자본비용을 구하는 모형이고 APM은 여러 가지 경제변수에 대한 민감도로 자기자본비용을 구하는 모형이다.

2. 특정주식의 수익률 자료(Y)와 종합주가지수의 변동률 자료(X)를 갖고 회귀분석을 한다. 여기서 추정된 회귀식의 기울기를 베타로 사용한다.

3. 부채를 많이 사용하면 주식베타가 증가하고 이에 따라서 자기자본비용도 올라간다. 주주현금흐름이 일정하다면 자기자본비용(할인율)이 올라가면 자기자본가치는 감소하게 된다.

4. 기업이 사용하고 있는 부채의 이자율이 무위험이자율과 같을 때 부채주식의 베타와 무부채주식의 베타 사이에 성립하는 관계식이다. 따라서 경영위험을 나타내는 무부채주식의 베타에 재무위험을 반영할 때 이용된다.

제9장 자기자본가치평가모형

진위형

1. (정답) O

(해설) 재투자를 위한 자금을 확보해야 하기 때문에 주주현금흐름보다 적은 금액이 배당금으로 지급되는 것이다.

2. (정답) ×

(해설) 미래 수행할 투자안의 NPV를 현재시점에서 평가한 금액에 해당하는 것이다.

3. (정답) O

(해설) 전환기간은 높은 성장이 안정적 성장으로 전환되는 기간을 말하는데 2단계 배당평가모형을 현실화시키는 개념이다.

객관식

1. (정답) ③

(해설) 다른 것은 모두 현금흐름할인방식인데 상대가치평가모형만 다른 기업의 주가수준을 이용한다.

2. (정답) ①

(해설) 이익의 증가율과 같은 것으로 보며 경제성장률보다는 크지 않아야 한다.

3. (정답) ②

(해설) 제로성장주가 = 8,400/0.15 = 56,000,
일정성장주가 = 5,040/(0.15－0.1) = 100,800,
PVGO = 100,800－56,000 = 44,800

4. (정답) ①

(해설) 성장률이 자기자본비용보다 작은 경우가 안정성장기간이다.

5. (정답) ①

(해설) 1주당 시가×발행주식수 = 시가총액

6. (정답) ④

(해설) 일정성장모형의 공식을 보면 무위험이자율은 주가결정요인이 아니라는 것을 알 수 있다.

7. (정답) ②

(해설) 고든모형이란 일정한 비율로 배당금이 증가하는 일정성장모형을 말한다.

8. (정답) ③

(해설) 자기자본비용보다 성장률이 낮은 기간을 안정성장기간이라고 한다.

주관식

1. 미래 배당금을 할인해서 현재가치를 구하는 방법으로 배당평가모형과 성장기회평가모형이 있다.

2. 고든모형은 일정성장모형으로 성장률이 일정하다는 것이다. 이때 성장률은 경제성장률보다 작은 값이어야 한다. 만약 경제성장률보다 크다면 한 기업의 규모가 경제전체

의 규모보다 커지는 결과가 되기 때문이다.

3. 일정성장모형의 성장률은 할인율보다 작아야 한다. 만약 성장률이 할인율보다 크다면 주식가격이 특정한 값으로 확정되지 않고 무한대의 값을 갖기 때문이다.

제10장 상대가치평가모형

진위형

1. (정답) O

(해설) 주가수익률(PER)이 가장 널리 이용된다.

2. (정답) O

(해설) 현재 PER를 이용한 평가액은 현재주가인데 균형상태라고 했으므로 내재가치와 같다.

3. (정답) O

(해설) 증권거래법에서는 상대가치평가방식을 강제하지 않지만 이해관계자들의 동의를 얻기 쉬운 상대가치평가방식이 많이 이용된다.

객관식

1. (정답) ③

(해설) 유사기업의 주가관련비율을 이용한 주식가치산출방법을 상대가치평가모형이라고 한다.

2. (정답) ②

(해설) 주식의 내재가치 = 정상 PER × EPS(주당순이익)

3. (정답) ④

(해설) 현재 PER를 이용하면 현재주가가 나오기 때문에 내재가치를 구하는 것이 아니다.

4. (정답) ①

(해설) 상대가치평가모형은 현재 시장의 평가를 반영하기 때문에 객관적이라고 할 수 있다.

5. (정답) ②

(해설) 증권거래법에서는 유사기업의 주식가격을 이용하는 상대가치평가방식을 이용한다.

6. (정답) ①

(해설) 비교계수를 구하는 식을 보면 PER과 PBR이 함께 이용되는 것을 알 수 있다.

7. (정답) ③

(해설) 순이익, 순자산, 매출액 중에서 회계기준의 차이에 의해서 가장 영향을 덜 받는 것은 매출액이기 때문이다.

주관식

1. 주가수익비율(PER), 주가순자산비율(PBR), 주가매출액비율(PSR) 등이 있다. 그리고 간혹 주가현금흐름비율(PCR: price cash flow ratio)이 이용되기도 한다.

2. 주식내재가치를 구하기 위해서 산업평균의 PER, 유사기업의 PER, 해당기업의 과거 PER 등을 이용할 수 있다.

3. 기업공개를 하는 경우 주식평가는 상대가치평가모형에 많이 의존한다. 그 이유는 이해관계자가 많은 상황에서 객관성이 중요하기 때문이다.

제11장 자산접근법

진위형

1. (정답) ×

(해설) 자산접근법은 청산기업의 평가에 적합하다.

2. (정답) O

(해설) 자산항목을 개별적으로 평가하여 더한 값을 전체자산가치로 평가하는 방법이다.

3. (정답) ×

(해설) 자산접근법으로 구한 자산가치에서 부채평가액을 차감해서 자기자본가치를 구할 수 있다.

객관식

1. (정답) ③

(해설) 중고가치 → 재생산원가 → 대체원가의 순서로 시장가치를 적용한다.

2. (정답) ①

(해설) 운용리스와 우발채무는 재무상태표에 나타나지 않는 부외부채이다.

3. (정답) ②

(해설) 확정기여형은 연금운용성과에 대해서 개인이 책임을 지고 회사의 책임은 없다.

4. (정답) ①

(해설) 자산접근법은 청산기업의 가치평가에 적합한 방법이다.

5. (정답) ①

(해설) 기본적인 평가기준은 시장가치이다. 시장가치를 적용하는 순서는 중고가치, 재생산원가, 대체원가의 순이다.

6. (정답) ①

(해설) 현금과 현금성자산은 거의 장부가액이 시장가치이다. 따라서 별도의 평가방법이 필요하지 않는 경우가 많다.

7. (정답) ①

(해설) 무형자산이 향후 가져올 초과이익의 현재가치를 계산해서 그 평가액으로 사용한다.

8. (정답) ①

(해설) 확정급여형은 지급액이 정해져 있으므로 퇴직연금의 활용결과 부족액이 발생하면 기업이 부담해야 한다.

9. (정답) ③

(해설) 운용리스는 주식으로 전환될 옵션이 없는 것이므로 혼합청구권이라고 할 수 없다.

주관식

1. 자산접근법에서의 시장가치란 중고가치, 재생산원가, 대체원가의 순서로 적용하는 것이다.

2. 자산을 평가할 때에는 가공의 자산으로 과대평가되지 않는지 살펴야 하고 부채를 평가할 때에는 부외항목을 누락하여 과소평가되지 않는지 중점적으로 살펴야 한다.

3. 운용리스료는 손익계산서의 비용항목으로 나타나고 재무상태표에는 나타나지 않기 때문이다. 실제 경제적 효과의 관점에서 보면 향후 지출하게 될 리스료의 현재가치가 부채항목과 같다.

4. 혼합청구권이란 주식으로 전환될 수 있는 청구권을 말한다. 단순하게는 스톡옵션이 이

에 해당되고 부채와 연계되어 있는 것으로는 전환사채, 신주인수권부사채 등이 있다.

제12장 OPM을 이용한 가치평가

진위형

1. (정답) O

(해설) 실물옵션은 투자결정(자산취득)과 관련된 것으로 재무상태표의 차변에 해당된다.

2. (정답) ×

(해설) 주가의 변동성이 커지면 콜옵션이나 풋옵션 모두 이익을 낼 수 있는 기회가 많아져서 가치가 높아지게 된다.

3. (정답) O

(해설) 콜옵션의 내가격은 행사가격보다 주가가 높은 상태인데 이러한 경우는 풋옵션의 외가격상태가 된다.

4. (정답) ×

(해설) 부채는 기초자산에서 콜옵션의 가치를 차감한 값이지 풋옵션의 성격을 갖는 것은 아니다.

객관식

1. (정답) ①

(해설) 기초주식의 가격이 불확실해서 이익이 생기는 경우에만 옵션을 행사할 수 있기 때문에 경제적 가치가 있는 것이다.

2. (정답) ①

(해설) 풋옵션의 경우 행사가격이 기초주가보다 높아야 옵션행사로 이익을 얻을 수 있다.

3. (정답) ②

(해설) 모든 OPM은 현재주가에서 행사가격의 현재가치를 차감하는 구조를 갖는다.

4. (정답) ③

(해설) 블랙숄즈모형이 가장 현실적 상황에 적합한 모형이다.

5. (정답) ①

(해설) 주주는 부채만기에 가서 부채액면을 상환하고 자산을 취득할 수 있는 옵션을 가진 위치에

있다. 따라서 부채액면이 자산을 취득하기 위한 행사가격이 된다.

6. (정답) ①
(해설) 순현재가치법이 가장 우수한 평가기법으로 받아들여지고 있다.

7. (정답) ①
(해설) 투자비용이 실물옵션에서 행사가격에 해당하는 것이다. 투자비용을 지불하고 자산을 구입하는 것과 같으므로.

8. (정답) ①
(해설) 유연성의 평가에는 실물옵션과 의사결정트리분석을 이용한다. 그러나 실물옵션평가모형이 더 우수한 것으로 인정받고 있다.

9. (정답) ④
(해설) 지급보증을 받으면 풋옵션을 갖고 있는 것과 동일한 경제적 위치가 된다.

10. (정답) ①
(해설) 고객은 자동차회사로부터 풋옵션을 받은 것이다. 차량가액의 50%가 행사가격이 되는 것이다.

11. (정답) ②
(해설) 위험부채에 지급보증을 한 것이 무위험부채이다.

주관식

1. 현재주가가 높을수록 콜옵션가격은 높아진다.
행사가격이 높아지면 콜옵션가격은 낮아진다.
무위험이자율이 높아지면 콜옵션가격은 높아진다.
만기가 길면 콜옵션가격은 높아진다.
주가변동성이 커지면 콜옵션가격은 높아진다.

2. 차변에서는 자산옵션 또는 실물옵션이 있다. 이에 해당하는 예로는 후속투자기회, 연기가능성, 확대 및 축소가능성, 처분기회 등이 있다.

3. 〈공통점〉 모두 미래에 사업을 추가할 수 있는 콜옵션이 실물투자에 포함되어 있는 것이다.
〈차이점〉 후속투자기회는 투자시점이 대개 정해져 있어서 유럽형 콜옵션일 가능성이 높지만 확장옵션은 경영자가 확장시점을 결정할 수 있는 경우가 많아서 미국형 콜옵션일 가능성이 높다.

제13장 금융기관의 가치평가

진위형

1. (정답) O

(해설) 자산가치접근법은 금융기관평가에 잘 맞지 않기 때문이다.

2. (정답) O

(해설) 지급이자가 금융기관은 영업비용이고 제조업은 영업외비용이다.

3. (정답) ×

(해설) 영구채의 듀레이션을 결정하는 요인은 시장금리뿐이다.

객관식

1. (정답) ③

(해설) 영구채는 만기가 없지만 듀레이션은 시장금리에 의해서 유한한 값으로 결정된다.

2. (정답) ①

(해설) 소매금융사업부는 주로 개인고객들을 대상으로 하는 사업단위로서 대체로 예금이 대출보다 많은 특징이 있다.

3. (정답) ②

(해설) 은행과 같은 금융기관을 평가하기에는 자기자본가치접근법이 가장 적합하다.

4. (정답) ①

(해설) 일반 제조기업의 경우에는 지급이자가 영업외항목이어서 영업현금흐름을 현재가치로 계산해서 기업가치를 구할 수 있지만 은행의 경우에는 지급이자가 영업비용으로 처리되어서 기업가치를 직접 구하기가 어렵다.

5. (정답) ②

(해설) 자산관리→부채관리→자산과 부채의 종합관리로 변화되어 왔다.

6. (정답) ②

(해설) 현금은 미래에 들어올 현금흐름이 없으므로 듀레이션은 0이다.

7. (정답) ②

(해설) 영구채 듀레이션 = (1+시장금리)/시장금리. 따라서 1.2/0.2=6이다.

주관식

1. 금리변화에 따른 대출가치의 변화와 예금가치의 변화를 일치시켜서 헤지하기 위해서 듀레이션을 이용하는 것이다. 기본원리는 자산듀레이션×자산규모=부채듀레이션×부채규모가 성립되도록 하는 것이다.

2. 순이자마진분석은 지나간 업적에 대한 분석을 하는 것이고 갭분석, 듀레이션분석은 미래의 금리변화에 대응하는 방법이다.

3. 자본의 듀레이션을 짧게 해야 한다. 이를 위해서 DA를 짧게 해야 하는데 구체적으로는 장기대출을 단기대출로 대체하고, 고정금리대출보다는 변동금리대출을 유도하며, 현금유입을 빠르게 하기 위해서 만기일시상환보다는 분할상환조건의 대출을 도모하는 것이 유리하다.

4. 지급이자이다. 일반 제조기업은 지급이자가 영업외항목이지만 은행의 경우에는 영업비용에 해당되기 때문이다.

제14장 세법의 가치평가

진위형

1. (정답) O

   (해설) 시가에 의한 평가가 원칙이고 시가가 확인되지 않는 경우에 보충적 평가방법을 적용한다.

2. (정답) ×

   (해설) 소득세법은 기준일 이전 1개월 평균가격이고 상증세법은 이전 이후 각 2개월 평균가격으로 한다.

3. (정답) O

   (해설) 최대주주가 보유한 주식은 할증평가대상인데 이는 경영권프리미엄 때문이다.

객관식

1. (정답) ③

   (해설) 보충적 평가방법은 비상장주식에만 적용하는 방법이다.

2. (정답) 3

(해설) 일반기업은 순손익가치에 60%, 순자산가치에 40%의 가중치를 부여하고 부동산과다보유법인의 경우에는 반대로 부여한다.

3. (정답) ①

(해설) 평가의 기본원칙은 시가주의이다. 시가가 확인되지 않는 비상장주식의 경우 보충적 평가방법을 적용하는 것이다.

4. (정답) ②

(해설) 순손익가치와 순자산가치, 2가지 요소로 평가한다.

5. (정답) ②

(해설) 부동산과다보유법인은 순자산가치의 비중이 더 크다. 순자산가치만으로 평가하는 것은 아니다.

6. (정답) ①

(해설) 다른 무형자산은 미래수익의 현재가치를 구하는데 영업권은 초과수익의 현재가치를 구하기 때문에 분자값을 구하는 것이 다른 무형자산과 차이가 있다.

7. (정답) ②

(해설) 상증법에서 상장주식은 평가기준일 앞뒤로 각 2개월씩 모두 4개월의 주가평균값으로 평가한다.

주관식

1. 순손익가치에 60%, 순자산가치에 40%의 비중을 주고 가중평균한 값으로 비상장주식의 가치를 평가한다.

2. 가중평균손익금액은 다음과 같다.

$$\frac{3,000\times1+2,000\times2+2,300\times3}{6}=2,316.7\text{원}$$

이를 순손익가치로 만들면 다음과 같다.

$$\frac{2,316.7}{0.081}=28,600\text{원}$$

3. 순손익가치에 60%, 순자산가치에 40%의 가중치를 부여해서 평균값을 산출하면 다음과 같다.

$$\frac{28,600\times3+35,000\times2}{5}=31,160\text{원}$$

4. 일반법인으로 50% 이상을 보유한 최대주주라면 할증률이 30%이다. 따라서 1주당 평가액은 다음과 같다.

$$31,160\times1.3=40,508\text{원}$$

5. 부동산과다보유법인이라면 순손익가치와 순자산가치의 가중치가 바뀐다. 따라서 1주당 평가액은 다음과 같다.

$$\frac{28,600 \times 2 + 35,000 \times 3}{5} = 32,440\text{ 원}$$

제15장 IPO기업의 주식평가

진위형

1. (정답) ×

(해설) 유사회사를 이용하는 것은 상대가치를 구하기 위함이다.

2. (정답) ×

(해설) 세분류가 아니고 세세분류이다.

3. (정답) O

(해설) 일률적으로 시중은행의 정기예금 최저금리 1.5배를 적용하기 때문에 업종별 차이는 반영하지 않는 것이다.

객관식

1. (정답) ④

(해설) 순손익가치를 구할 때의 할인율은 국세청장이 고시하는 이자율을 사용하고 수익가치를 구할 때의 할인율은 정기예금금리의 1.5배를 사용한다.

2. (정답) ②

(해설) 유사회사의 주가와 발행회사 및 유사회사의 주당경상이익, 주당순자산이 필요하다.

3. (정답) ④

(해설) 무형자산의 가치를 측정할 필요도 없고 동종업종의 특성을 반영할 수 있으며 이해관계자들의 동의를 쉽게 얻을 수 있기 때문에 상대가치가 많이 이용된다.

4. (정답) ①

(해설) (종전) 증권거래법에서는 본질가치를 수익가치와 자산가치의 평균값으로 산출하도록 규정하고 있다.

5. (정답) ①

(해설) 현행 증권거래법에서는 사용되지 않는 용어이지만 실무에서는 여전히 사용되고 있다. 그리

고 본질가치에 해당하는 개념은 지금도 사용되고 있다.

6. (정답) ④
(해설) 증권거래법에서는 자본환원율로 시중의 정기예금 최저이율의 1.5배를 사용하도록 규정하고 있다.

7. (정답) ④
(해설) 세세분류에서 찾아야 한다.

8. (정답) ④
(해설) 비교가치산출식을 보면 예시된 모든 정보가 필요하다.

9. (정답) ④
(해설) 별도의 규정이 없다. 따라서 자율적으로 알아서 하면 된다.

주관식

1. 〈공통점〉 모두 수익력을 자본화시킨 값이다.
〈차이점〉 세법은 과거수익자료를, 증권거래법은 미래수익자료를 이용한다. 세법은 국세청장고시이율로 할인하고 증권거래법은 정기예금금리의 1.5배를 할인율로 이용한다.

2. 1단계－주관회사가 금융당국에 유가증권신고서를 제출한다.
2단계－기관투자가 등을 대상으로 수요예측을 수행한다.
3단계－공모가격을 결정한다.
4단계－청약 및 배정을 한다.

3. 상대가치는 30% 이상 할인된 유사회사의 비교가치와 유사회사의 주가 중 작은 값으로 결정한다.

4. 상대가치평가에서 유사회사가 되기 위해서는 발행회사와 자본금, 매출액규모, 주요재무비율, 주당수익력 및 제품구성비 등이 가장 유사한 상장법인이어야 하는데 다음과 같은 구체적인 요건을 충족해야 한다.
첫째, 주당경상이익이 액면가액의 10% 이상일 것.
둘째, 주당순자산이 액면가액 이상일 것.
셋째, 상장일이 속하는 사업연도의 결산을 종료하였을 것.
넷째, 최근 사업연도의 재무제표에 대한 감사인의 감사의견이 적정 또는 한정일 것

5. 기준주가는 1개월 전 주가, 1주일 전 주가, 1일전 주가를 평균한 값을 말한다.

찾아보기
INDEX

ㅅ

ㅇ

ㅈ

ㅊ

저자소개

이의경(李義景)

[약력]
성균관대학교 경제학과
서울대학교 대학원 경영학석사(재무관리)
서울대학교 대학원 경영학박사(재무관리)
공인회계사(삼일회계법인)
전주대학교 교수
공인회계사시험 출제위원
미국 일리노이대학교 연구교수
한국재무관리학회 상임이사 및 편집위원
현재, 대진대학교 경영학과 교수

[저서와 논문]
재무관리-이론과 응용, 제4판(경문사, 2010)
증권강의, 제5판(신론사, 2008)
선물과 옵션, 제2판(명경사, 2010)
한국기업의 임원근속기간과 설비투자수준에 관한 연구(한국재무관리학회, 1998)
Hamda모형의 사용에 대한 이의제기(한국경영학회, 1999)
How to Teach M&M' s Capital Structure Irrelevance Theory : A Simple Arbitrage Approach(*Journal of Financial Education*, 2006)
세법의 주가설명력과 주가결정력(한국세무학회, 2007)

기업가치평가

초판인쇄 2013년 4월 30일
초판발행 2013년 5월 8일

저 자 이의경
펴 낸 이 한헌주
펴 낸 곳 도서출판 **경문사**
주 소 서울특별시 서대문구 독립문로 21-9
전 화 738-7035
팩 스 722-4678
E-mail kmsp@korea.com
홈페이지 http://www.kmsp.co.kr
등 록 1995년 11월 9일 제300-1995-138호

정가 35,000원
ISBN 978-89-420-0785-1 93320